JN322444

ポール・L・ワクテル|著
Paul L. Wachtel

杉原保史|監訳
杉原保史・小林眞理子|訳

ポール・ワクテルの心理療法講義

心理療法において実際は何が起こっているのか？

Inside the Session
What Really Happens in Psychotherapy

Ψ
金剛出版

カレンとサミーア，ケニーとマーガレットに

Inside the Session
What Really Happens in Psychotherapy

by

Paul L. Wachtel, PhD

Copyright © 2011 by American Psychological Association (APA)
The Work has been translated and republished in Japanese language
by permission of the APA through The English Agency (Japan), Ltd.

日本語版序文

Inside the Session の日本語訳が出ることをとても嬉しく思います。本書は私の面接室で日々何が起きているかを非常に細かく，たっぷりと描写しています。また本書は，日本の読者に，私がどのように面接しているのか，編集なしのありのままの像を存分に提供することでしょう。本書には，3つのセッションの逐語録が，一語も漏らさず収録されているのです。

それらの逐語録には，治療者として私が誇れるような発言も含まれていますし，もっと違ったように言えばよかったと思うような発言も含まれています——どんな治療者のセッションもほとんどつねにそうであるように。その結果，本書の逐語録は，私が間違いをどのように扱うかを伝えるものにもなっています（少なくとも間違いに気づいたときには！）。サフランとムーランのグループの重要な仕事が示したように（たとえば，Safran & Kraus, 2014 ; Safran & Muran, 2000 ; Safran, Muran & Eubanks-Carter, 2011），間違いを犯すこと（彼らはそれを治療同盟の「ほころび」と呼びました）は，治療者としてのわれわれの仕事の本質的部分なのです。そして，こうした間違いやほころびの**修復**こそ，治療過程の重要部分なのです。

セッションの完全な逐語録に加えて，本書には，患者と私自身の発言のそれぞれについて私がどう感じたか，何を考えたかについての，私自身の詳細なコメントも含まれています。その点で本書は，単に「セッションのなか」を見るだけのものではなく，**私自身の頭のなか**を見るものにもなっています。関係論的な志向をもつ治療者であり理論家として（Wachtel (2008, 2014a, 2014b) を参照），私はトゥー・パーソンの視点に立っています。そこでは面接室における治療者の存在と，情動的に関与しながらの治療者の協働的な参与が，治療作業の本質的特徴であり，理解されるべき本質的要素であるとみなされています。したがって，単に私の言葉を観察するだけでなく，セッションに参与している私の主観的体験も知ることで，読者はセッションをより深く理解できるようになるでしょう。

本書の日本語版が出ることは，私にとって，これまでの翻訳とは違った体験です。幸運にも，私の本はこれまでにも何冊か日本語に翻訳されてきました。最も初期の著作のひとつである『豊かさの貧困』(30年余りを経て第2版が英語でまもなく刊行されます)に始まり，『心理療法の統合を求めて』，そして『心理療法家の言葉の技術』(初版・第2版)です。けれども今回の翻訳の場合，それに先立つ2012年3月，私は日本を訪れ，東京と大阪で幅広い日本の仲間たちと幅広く交流する機会を得ました。その日本訪問の際に，本書の監訳者であり，そしてこれまでの私のいくつかの邦訳書の訳者である杉原保史氏にも出会いました。そのため，この翻訳は以前のものに比べ，私にとってより「個人的な」感情を帯びたものとなりました。

　どのような本の翻訳においても異文化間の次元はつねに存在していますが，本書に関して言えば，3つのセッションのうち2つのセッションの患者であるルイーズは，アメリカ合衆国ではなく，スウェーデンで育ったという事実が，この異文化間の次元をさらに引き立たせています。この文化的差異にどういう意味があるのか，セッション中，私にはよくわかりませんでした。彼女は今やアメリカ人と結婚しており，アメリカ合衆国に住んでいて，ほとんど訛りのない英語を話しています。彼女と面接しているとき，彼女がスウェーデンで育ったということは，私にとってほとんど「付随的な」ことのように感じられました。ですから，私はそのことをほとんど考慮しませんでした(これから読んでもらえばおわかりのように，彼女の人生には他国に移住したこと以上に深い混乱があったのですから，なおのことそうでした)。けれども，スウェーデンでのワークショップでルイーズとのセッションのビデオを提示したとき，私は，文化と文化的差異を考慮することの重要性をあらためて思い知らされました。読者もこれから目にすることになるように，ルイーズが自分の結婚式に新郎の両親を招待しなかったということを私が知った場面は，彼女とのセッションにおける重要な場面のひとつでした。それはセッション中盤のことでしたが，このとき私はとても驚きました。このことは，彼女に対する夫の両親の行動を説明する重要な背景要因だと思われました。けれども私がスウェーデンでこのケースを提示したとき，スウェーデンの聴衆は，スウェーデンではそうしたことは珍しくなく，挑発的な行為だとは受け取られないだろうと教えてくれました。この情報は彼女の選択についての私の理解に重要な次元を付け加えてくれましたし，私の理解を修正してくれました。

日本の読者にとって，おそらく，これらの逐語録はそれと同種の体験をもたらすことでしょう。ルイーズの行動のどの側面が，あるいは，彼女の行動についての私の前提のどの側面が日本の読者には奇妙に感じられるのか，私にはっきりとわかるわけではありません。けれども何らかの受け取り方の違いがあるだろうということは自信をもって言えます。心理療法は不可避的に文化的文脈のなかで生じます。自分の前提がいかに人々に見出す可能性に限界をもたらしているのかを深く自覚することは，われわれの理論と実践を前進させる助けとなりえます。

　日本を訪問し，日本の仲間たちと交流したことで，私はアメリカ文化と日本文化の類似点と相違点について，そして2つの社会における心理療法や人格力動の諸前提について，多くを学びました。みなさんも予想されるように，私はその相違点に驚かされるとともに，われわれに共通の人間性に由来する本質的な類似点にも驚かされました。日本の読者が本書を読み進まれる際にも，きっとこうした類似点と相違点とをともに体験されることでしょう。そのことが，みなさんが本書を読む体験をより豊かにしてくれることを願っています。誰にとっても，われわれの行為の何が普遍的であり，何が時間と場所とがもたらした特殊なものであるのかを考慮することは，われわれの考えをさらに研ぎ澄ます有用な道筋です。日本語訳を読まれた読者のみなさんから，本書に提示された面接のなかのどのような部分に調和的な感覚を感じ，何を相対的で文化的な価値を反映したものだと思ったかを聞くことができれば嬉しく思います。その対話は，互いを啓発するものとなるでしょう。

　今回もまた私の著書を日本の読者に届けてくれた杉原保史氏に心から感謝しています。治療セッションにおける口語体の英語の微妙なニュアンスを適切な日本語にするために，彼とともに翻訳に携わってくれた小林眞理子氏にも感謝しています。

文献

Safran, J.D. & Kraus, J. (2014). Alliance ruptures, impasses and enactments : A relational perspective. *Psychotherapy* 51 ; 381-387.

Safran, J.D. & Muran, J.C. (2000). *Negotiating the Therapeutic Alliance : A Relational Treatment Guide*. New York : Guilford Press.

Safran, J.D., Muran, J.C. & Eubanks-Carter, C. (2011). Repairing alliance ruptures. *Psychotherapy* 48-1 ; 80-87.

Wachtel, P.L. (2008). *Relational Theory and the Practice of Psychotherapy.* New York : Guilford Press.
Wachtel, P.L. (2014a). *Cyclical Psychodynamics and the Contextual Self : The Inner World, the Intimate world and the World of Culture and Society.* New York : Routledge.
Wachtel, P.L. (2014b). An integrative relational point of view. *Psychotherapy* 51 ; 342-349.

序文

　心理療法の文献は臨床例であふれている。けれども、そうした文献のなかで、セッションの全体を一語一語にわたって説明したものはほとんど見当たらない。臨床例は、その本質からして**選ばれた**ものである。そこにこそ、それらの強みがあるのだ。それらは適切な例だからこそ選ばれたのである。そして、著者から見て、特定の要素をとりわけわかりやすく示していたり、明らかにしていたりするものだからこそ選ばれたのである。しかし、そのことはまたそれらの弱みでもある。われわれは、それらが選ばれたものだというまさにその事実に用心しなければならない。うまく適合するもの、うまく説明するもの、よく例示するものを選ぶという行為によって、ほとんど必然的に、うまく**適合しないもの**が排除される。なにもそれはその著者に悪意による動機があるからではなく、単にわれわれの知覚と記憶が、自分のスキーマにうまく適合しないものを切り捨て、よく適合するものを見たり思い出したりするように働く性質のものだからである。例を提示するにあたって、われわれはもみ殻から小麦を選り分け、地ではなく図に焦点づける。しかし、何がもみ殻で何が小麦なのか、何が図で何が地なのかという問題こそ、最も重要な論争の的なのだ。いったいなぜ、こんなにも善良で聡明な人たちが、治療過程について、あるいは何が有効な治療的変化をもたらすのかについて、驚くほど異なった見解をもっているのかを理解したいと願うならば、それぞれの人に、何がもみ殻で何が小麦なのか、つまり何に注目し、何に焦点づけ、何に基づいて自分の理論や見方を形成するのか、そして、何をあまり関係ないもの、注目しないほうがよいものとして周辺に追いやっているのかを尋ねることこそが、最善の出発点となるだろう。

　私は臨床例を提示することが役に立たないと主張しているのではない。長年にわたって私は、自ら経験した臨床例を、自分の著書のなかで豊富に提示してきた。私の著書のひとつである『心理療法家の言葉の技術』は、患者に対してわれわれが何かを言うとき、どのように言葉を選ぶと有用な言い方となるのか、あるいは

有用でない言い方となるのかに関して，いくつかのポイントを論じるために，特に選ばれた例を**数多く収録**したものである。その本を執筆するにあたって，私は「最もぴったりくる例」を選ぶのに多くの時間を費やした。自分の考えを伝えるために，このように例を提示し，具体的に明瞭化することは，必要なことであり価値あることであると私は信じている。けれども，そこで**選ばれなかった**例から，臨床作業についてのまったく異なった像を引き出すこともできるだろう。本書はまさにこの第2のアプローチに基づくものである。

　本書において私は，3つのセッションの完全な逐語録を提示しよう。逐語録を提示しながら，セッションの進行にともなって，そのときそのときに私が何を考え，どのように感じていたのかを説明していこう。特に適切な例を選んで提示するアプローチとは対照的に，本書の本質は，適切なものと適切でないものを何ら選別せず同じように提示し，何が適切で何がそうでないのかを**読者の判断**に委ねている点にあると言えるだろう。さらに言えば，私は本書において，セッションのなかの不適切と思える部分も削除せずに提示しただけでなく，セッション自体も選別せずに提示した。つまり，私はセッションの録音テープの貯蔵室に飛び込んで「うまくいったセッション」を選び出すようなことはしなかったということだ。本書は，「心理療法の諸システム」というアメリカ心理学会のビデオ教材シリーズのために，デモンストレーションのセッションを録画することになったところに端を発している。このビデオ教材シリーズの手続きは，標準的には次のようなものとなっている。治療者がシカゴに行き，ビデオ制作のプロデューサーが集めた4人の異なる患者と1回のセッションをもつ。それから，4つのセッションのうち，最も自分の仕事をよく伝えていると思われるセッションを選ぶ。けれども，私がシカゴに着いてみると，今回は2人の患者しかいなかった。さらに悪いことに，ルイーズとのセッション（第3章）が終わったとき，ディレクターが部屋に入ってきて「悪い知らせがあります」と言ったのだ。それは，音声録音に問題があったということだった。そこで彼は，私とルイーズに向かって「この後すぐに，もう1回セッションをもつ気はありますか？」と尋ねたのだ。そういうわけで，この後で明らかになるように，私はその日，3つのセッションをもつことになったのである。ルイーズと2セッション（第3章と第4章），メリッサと1セッション（第5章）である。もし2セッションしかなかったら，私は本書を刊行することを考えなかっただろう。しかし技術的なアクシデントのために（実際のところ，後になって録音に問題はなかったことが判明したのだが），ルイー

ズとの2回目のセッションがもたれた。そしてともかく、3セッションあるということが、本書のための臨界質量となったのだった。適切なセッションを選ぶ作業は不必要だったし、実際なされなかった。私は3セッションを行ない、その3セッションを本書に提示した。

　本書は、学生や初学の治療者のために書かれたものであると同時に、経験を積んだ実践家のために書かれたものでもある。初学の治療者にとっては、本書を読むことで、私の肩越しにセッションを観察し、セッションの過程で私が行なったことのみならず、私がどう考えていたか、何を体験していたか、**なぜ私はそうしたのか**、そして重要なことだが、振り返ってみてどこで好機を逃したり失敗したように思えるか、といったことを知る機会になることを願っている。学生は、経験を積んだ臨床家がセッションを行なっている間に何を感じているのか、何を考えているのかを、たいていは知るよしもない。ましてや、失敗したり好機を逃した場面に触れることなどまずないだろう。たいてい経験を積んだ臨床家はスーパーヴァイザーの位置にいて、学生のほうが考えや感情を告白し、欠点を曝露する危険を冒すのである。本書における私の意図は、これを逆転させること、つまり、学生に私の仕事を観察する機会を与え、さらにはセッション中の私の考えや感情を知る機会を与え、学生自身が判断できるように十分なデータを提供することにある。

　経験を積んだ臨床家にとっても、本書は、私が患者とともに座っているとき、そして後から振り返ってセッションについて考えるとき、またより一般的に心理療法の本質や治療過程について考えるとき、私の心に何が浮かんでいるのかを知る機会となるだろう。この仕事に就いている人の多くは、同僚の実践や、実践中の同僚の心のなかを観察する機会をあまり与えられていない。心理療法は、ひとたび独り立ちして実践するようになると、たいてい、かなり孤独な仕事である。私の実践を逐語的に記述して共有することによって、さらにはセッション中の思考過程や感情を思い出せる限り詳細に述べることによって、こうした孤立を和らげることに、私なりにささやかに寄与したいと思う。また私は、理論的な章においても、セッションの逐語録の合間に提示した解説的コメントにおいても、心理療法がどのように効果を発揮するのか、そしてどのように実践されるべきなのかについて、探索的な問いを投げかけたいとも思っている。本書は、臨床的な理論と実践を導いてきた多様な前提に新しい見方をもたらすことを目指している。本書はまた、治療過程についての洗練され統合された説明を提示することを狙って

序文　009

いる。この説明は，長年の臨床経験に基づいたものであると同時に，調査研究の文献の注意深い検討に裏づけられたものである。本書に提示された治療作業は，心理力動論，認知行動論，システム論，体験論の伝統に由来する視点を統合する仕事に基づいたものである。そしてその統合の過程において，それは，それぞれの伝統における多くの前提やなじみの方法について，その価値を認めていくと同時に，疑問を投げかけてきたのである。

● 言葉についての注意書き

　言うまでもなく，言葉は，われわれ人間を人間たらしめるものであり，おそらくは心理療法家にとって最も重要な道具である。しかしまた言葉は，われわれの人生における分断的な力ともなりうるものである。つまり言葉は，何らかの集団に属する人々が自分たちを他の人々から区別する道具となることもあるのだ。たとえば，国家や民族集団のレベルでは，そうした区別は悲劇となることもある。また，心理療法の領域においてさえも，理論的方向づけの違いに関して，そうした区別が非常に問題となることがある。私は，統合的な理論家・実践家として，多様な理論的立場の治療者と日常的に近しく対話してきた。そして，彼らが他の理論的立場に由来する考えに価値を見出すことができるよう対話を続けてきた。そうした経験のなかで，私は，言葉がいかに**障害**となりうるかということに繰り返し驚かされてきた。つまり，それぞれの治療者にとって，いかに（立場の違いによってそれぞれに違う）特定の用語が過度に価値づけられた決まり文句となっているか，そして他の用語は聞きたくもないような成人指定の不快な用語となっているかに驚かされてきた。自らの言葉を過度に価値づけ，他の立場の言葉を嫌悪する傾向が，他の立場の考えや実践の魅力を見ないようにする働きを積極的に果たしているとき，その傾向は最も強固になるように思われた。

　私はここでこの大問題を扱うつもりはない。多くの著作を通して，私は，異なる立場の治療者たちがよく似た考えにかなり違った言葉でアプローチしてきたことを明らかにしようと努めてきた（特に，P.L. Wachtel（1997）を参照）。そうした仕事によって私は，それらがすべて本当は同じものだと主張しているのではない。もし統合しようとしている要素が実際には同じものであるならば，統合的な治療アプローチにはほとんど何の価値もないということになるであろう。心理療

法の領域における主要な学派のそれぞれに由来する考え方や治療作業の仕方の間には**非常に重要な違い**がある。そして，私の統合的な努力の狙いは，こうした違いを利用することにあった。つまり，これらの違いを活用して，治療の全体が，その構成要素となった部分の総和よりも大きくなるような治療的枠組みをつくるのである。私の統合的な枠組みの簡単な説明は，本書の第 1 部「基礎となる前提と原理」に提示されている。そしてそれらが実際の臨床場面においてどのような姿で現われるのかは，第 2 部「セッション」における逐語録と解説的コメントに見ることができるだろう。この序文では，2 つのかなり特殊な言葉の問題を強調するにとどめよう。これらの問題はいずれも，われわれを分断し，互いに相手の話を聞けなくさせる可能性を強く帯びたものである。ここでは，この困難な問題に対する私自身のアプローチを示そうと思う。

　第 1 の言葉の問題は，心理療法の世界に限らず，いわば，われわれの文化全般における重要な断層線となっているものである。数十年にわたって，社会的意識の高い英語の用い手は，人間一般を指す表現において女性が不在となってしまう，長年の言語上の習慣（人間を指す "mankind" という言葉の場合にせよ，"Every writer should keep his language simple" というような単純な文章表現の場合にせよ）を乗り越えようと苦闘してきた。問題は，書き手が，彼または彼女の文章のなかに多くの従属節を用いる必要があるほど彼または彼女の考えが複雑であるとき，彼または彼女の言葉を簡素にしつづけるのは難しいということにある。こうして今，私は，いらいらせずには読めないような文をわざと上に書いてみた。性差別主義的でない言葉の使い方がもたらす問題が伝わっただろうか。

　著者はそれぞれ，この問題に対する自分自身の解決策を見出さねばならない。本書における私の基本的な解決策は，治療者一般を指すために女性代名詞を用い，患者一般を指すために男性代名詞を用いるというものである。読者がこのことを念頭に置いて読むならば，本書はより明確で平易になるだろうし，2 つの役割に性別を分化させることによって，いくつかの複雑な文章の文意はより明確になるだろう（「患者が彼の物語を治療者に話すとき，彼女は注意深く聞く」という文と「患者が彼女の物語を治療者に話すとき，彼女は注意深く聞く」という文を読み比べてみよう。後者の文は，一読したとき，彼女というのが誰のことなのかわかりにくいだろう）。患者と治療者に代名詞を分化させるというこの方法は，私が臨床的問題に関する著作のほとんどにおいて用いてきた解決策であり，おおむねうまく機能してきたものである。しかしここで私は読者に対し，さらに若干の

問題について注意を喚起しておきたい。第2部のセッションに登場する2人の患者は（患者という言葉については，このすぐ後に詳しく述べる）いずれも女性であり，治療者は男性である。したがって本書においては，ルイーズやメリッサについて言及したすぐ後に，より一般化された陳述をするときには，治療者役割に言及していなくても女性代名詞を使っている場合がある。つまり，上に述べた一般的ルール（患者は男性で，治療者は女性というルール）はまったく例外なく運用されているわけではないということだ。一般に人は男性の場合もあれば女性の場合もあるのと同じで，私の用いる一般化においても，女性代名詞が用いられることもあれば男性代名詞が用いられることもあるということだ。さらに，単純な文の場合には，今や一般的となった「彼または彼女」という形式を用いたところもある。いずれにせよ，それぞれの代名詞が誰を指しているのかは，読者にはっきりわかるように書いたつもりではある。けれども，この言葉の問題に対する私の取り組み方は，他の多くの人の取り組み方とは異なるようなので，ここに説明しておいた。

　読者の注意を喚起しておきたい第2の言葉の問題は，**患者**と**クライエント**という言葉に関するものである。ある種の治療者のコミュニティにおいては，**患者**という言葉が好まれる。別のコミュニティにおいては，**クライエント**という言葉が一般に用いられる。それぞれの治療者が，自分の属する準拠集団のなかで議論するときには，このことはほとんど問題にならない。しかし統合的な理論家であり治療者として，私は「両者が入り混じった集団」に対して数多くのワークショップを行なってきた。そのような場面で，私は，これらの用語のいずれを用いるかということに，人々が強い反応を示すことを知って，強く印象づけられてきた。**クライエント**という用語は，認知行動療法家と，（当然のことながら）クライエント中心療法をはじめとする人間性主義的-体験論的な治療者とが共に好んで用いる用語である。この用語は，次の2つの理由から**患者**に代わる用語として導入された。1つは**患者**という用語が「医療」モデルを連想させるという理由である。そしてもう1つは，**患者**という用語が，治療を受けに来た人をただ人間的な問題と格闘している人というより，精神病理をもった人とみなしているように見えるという理由である。

　今，私が格闘している人間的な問題のひとつは，私は**患者**という用語を使う環境で訓練を受けてきたので，それが私にとって最も自然に感じられる用語だということにある。私は，用語の問題のために言いたいことの本質が聴衆に届かない

という事態を避けたかったため，長年にわたってワークショップの最初に，自分の用語上の習慣について言い訳めいたコメントをし，聴取のなかで**クライエント**という用語に心地よく親しんできた人たちには我慢してほしいと（私を許してほしいとさえ）お願いしてきた。あるとき，ワークショップの参加者が，私とその他の参加者に対して，語源学上の興味深い教えを授けてくれた。その教えを聞いて以降，私の説明から，言い訳めいた色合いはかなり取り除かれた（ただし，読者にはわかるように，読者にこの問題について注意喚起し，「私の立場を説明する」必要があるという感じまで取り除かれたわけではない）。その参加者が教えてくれたところによると，**患者**（*patient*）という言葉のラテン語の語源は「苦しむ者」という意味であるが，**クライエント**という言葉の語源は「依存する者」という意味だということである。実際，**クライエント**はラテン語の"cliens"に由来するのだが，この言葉は，解放されてもなお主人に依存しているローマの奴隷を指している。したがって，**患者**という言葉はその人の苦しみにより共感的なものであり，**クライエント**という言葉は意図せず相手を卑しめるものになっているとも言えるのである。治療者のところに来談した人を治療者と対等の関係の人とみなすような自律性を示唆するどころか，**クライエント**という言葉の使用には，言語上の問題がある。大きな力に依存していて，ほとんど真の自律性をもっていない国を従属国（client state）と言うように，この言葉には依存のニュアンスが含まれているのである。

　この種の学術的議論が好きな読者は，ウェブ上でウィキペディアやグーグルを使って検索をかければ，こうしたニュアンスの逆転現象を示すほとんど無限の情報に当たることができる。より実際的なことを言うと，21世紀の現時点においては，認知行動療法家たちが**クライエント**という用語を使うのは医療モデルに対する挑戦であるという前提には深刻な疑問がある。精神分析は「医療モデル」で実践しており，行動療法家がそのモデルに挑戦しているという見方には，かつては正当な部分があったかもしれない。けれども，その状況は，今ではより複雑となっており，ある意味では逆転してきたと言える（P.L. Wachtel, 2010a）。ともかく，本書において，私はほとんどのところで**患者**という言葉を用いる。この用語を嫌う読者にとっては，これが脱感作の機会となることを望んでいる。

　より一般的に言って，第1部における理論的考察や調査研究の考察が，そして第2部におけるセッションの提示とそれについての私の解説的コメントが，やはり読者にとって，自分が訓練を受けた学派以外の学派に由来する考えの重要な貢

献への脱感作の機会となればと願っている。われわれの仕事は十分に困難なものであり，そこで出会う課題に異なった角度から光を投げかけうる（臨床場面に由来するにせよ，より系統的な調査研究に由来するにせよ）観察から学ぶことを妨げるイデオロギー的な目くらましで自分を制約しておく余裕など，われわれにはないはずである。

※

　最後に，文献リストをまとめてAPA形式に整えるのを大いに助けてくれたヴェレッド・ローネンの援助に感謝したい。そしてまた，本書の執筆過程を通して妻のエレンから受けたサポートと，たいていプリンターから排出された用紙がまだ温かいうちに彼女から与えられた各章への洞察に満ちたコメントに感謝したい。本書の執筆を終える喜びのひとつは，2人で一緒に歩んできた人生をこんなにも素晴らしいものにしてきたさまざまなことに，これまで以上にゆったりと取り組めるようになることにある。

註

1——すべての言語が英語と同じ問題を抱えているわけではない。スペイン語 "su" は「彼の」あるいは「彼女の」を指す性別から自由な言葉である。ドイツ語の "Man" も，英語の "one" より観念的でなく，性別から自由な言葉である。こうした言葉は，その言語を用いる書き手にとって，少なくともこの点では，話を簡単にしてくれる。それぞれの言語には，それぞれに特有の問題があるものだ。

ポール・ワクテルの心理療法講義
心理療法において実際は何が起こっているのか？

目次

日本語版序文／003
序文／007

第Ⅰ部　　　　基礎となる前提と原理

1　地面の視点から見た心理療法 ──────── 021

統合的で関係論的な視点／023
不安の重要性／024
新しい不安の理解は臨床実践に何を示唆するのか／026
エクスポージャーと不安の低減──より幅広い見方／028
自己理解から自己受容へ／032
自己理解──合理主義的アプローチと構成主義的アプローチ／036
感情を大事にする／037
支持的かつ探索的な療法／040
患者の現実の行動と悪循環の発生への注目／041
パターンの変動性とそれが治療に対して示唆するもの／045
面接室外の患者の生活の重要性／047
システム，ナラティヴ，文脈のなかで人々を理解すること／049
体験的な次元／051
文化の重要性／052
心理療法の文化／053

2　2つの頭のなかで　トゥー・パーソンの視点ならびに理論と実践に対する示唆 ── 057

トゥー・パーソンの視点──利点と限界／058
認知行動論的，人間性主義的，システム論的アプローチにおける
ワン・パーソン的思考とトゥー・パーソン的思考／061
ワン・パーソンとトゥー・パーソンという区別の限界──文脈的な視点に向けて／063
人格力動に関するワン・パーソン的，トゥー・パーソン的，文脈的視点
　　──対象関係と愛着の視点／065

第2部 ──── セッション

3　ルイーズ セッション1 ──────────── 097

セッション／103

4　ルイーズ セッション2 ──────────── 183

セッション／187

5　メリッサ ────────────────── 260

セッション／265

第3部 ──── 考察

6　セッションを振り返って ──────────── 323

治療同盟／325
患者が締め出してきた感情のための余地をつくる／327
暫定的な仮説と治療者−患者の協働／335
患者の強さに依拠する／340
解離，未構成の体験，変化しつつある無意識の概念／342
日常生活への注目──セッション外での変化の促進／345
結びのコメント／352

監訳者あとがき／363
文献／369
索引／383
著者について／387
監訳者・訳者略歴／389

第Ⅰ部
基礎となる前提と原理
Section I
Grounding Assumptions and Principles

I

地面の視点から見た心理療法

　自分の行なっている心理療法をありのままに記述するよりも，心理療法についての本を書くほうが容易であるし，治療者の評判にとっても安全である。3万フィートの上空から見れば，地形ははっきり見えるし，輪郭を把握するのはやさしいことだ。けれども，地表に立って見てみると，物事はまるでよくわからなくなる。たいていの治療者は，心理療法を行なうなかで，居心地が悪くて落ち着かない曖昧さの瞬間（しばしば瞬間どころかもっと長い時間）をたくさん体験しているだろう。教室や教科書のなかで出会う端正な理論は明確で安心感を与えてくれるけれども，実際の面接はずっと不可解でごちゃごちゃした人間の現実が支配している。たいていは何をすべきかわかっていると自信をもって主張する治療者は，面接室で実際に生じていることに十分に繊細な注意を払っていないに違いない。

　本書における私の狙いは，**地面の視点から見た治療過程を提示することにある**。地面の視点から見ると，治療過程は否応なく混乱と予測不可能性で満ち満ちている。本書の後半で，私は3つのセッションの完全な逐語録を提示する。同時に，そのセッションの過程で私が何を考え，何を感じていたか，あることを言ったとき（あるいは言わなかったとき）私が何を意図していたのか，後から振り返ってどこでしくじったと思うか，どのように違った反応をすることがありえたと思うか，といった点についての詳細な説明も提示しよう。私の狙いは，学生や初学の治療者だけでなく，長年の経験を積んだ治療者にとっても役立つように，私の面接を「包み隠さず」提示し，それについて考察することである。治療が「どうあるべきか」を示した例はたくさんあるが，治療が実際にどうであるか，時間の経過にしたがってどのように展開していくかをありのままに示した例はあまりない。ありのままの実際の面接に関しては，先の見通しに関しても，振り返ってからの

検討に関しても，幅広く多様な見解がありうるのである。

　心理療法についての私の著作にはしばしば多くの臨床例が含まれていたけれども，完全なセッションの記録を中心に一冊の本をまとめたのはこれが初めてである。つまり本書の臨床例は，ただ「興味深い」部分ではないし，何かを「例証する」部分でもない（何かを例証するためには，何か例証されるべき考えがなければならない）。そうではなくて，それはごちゃごちゃの全体であり（肯定的な言い方をすれば全体像であり），不確実感，欲求不満，無能感の瞬間も，空が晴れて進むべき方向がはっきりする瞬間も含んだ全体である。このように地面の視点から見えるものを，その過程と患者についての私の理論的理解とともに提示することで，一般には得がたい種類の教育的体験を読者に提供できればと願っている。

　心理療法家にとって価値を高めるであろう本書のもう1つの特徴は，本書に論じられているセッションの1つはDVDとして入手可能だということにある（American Psychological Association, 2007）。そのDVDは，本書に提示されているものを見ていくためのまた別の視点を提供するだろう。このビデオを見る心理療法家は，書かれた記録を読むことによって伝わるものと，セッションの展開を**見たり聞いたりするとき**に伝わるものとを比較してみることができる。書かれた記録ではどうしても伝わらないような情緒的ニュアンスや非言語的次元の相互作用がある。逆に，書かれた記録は何度も読み返すことができるし，セッションでの介入の基礎にある理論的・臨床的考察を検討しながら読むこともできる。セッション提示のこれら2つのモードは相補的なものである。そして，それぞれにユニークな利点がある。

　ビデオの視聴をしてもしなくても，この後，読者には，私が3つのセッションを通してどこで同じであるか，そしてどこで異なっているかを検討する機会が与えられる。明らかに，ある意味では，私の個人的スタイルと特定の物の見方が，3つのセッションすべてにおいて生じることを形成している。またそれと同時に，それぞれの場合において，私は，面接室にいる2人のきわめて異なった個人によってつくられた間主観的なフィールドのユニークな特徴に反応している。同様に，明らかに，それぞれのセッションの**内部**でも，つまり**同じ**患者を相手にしているときでさえ，私の反応と体験は，瞬間瞬間の2人の間の情緒的な雰囲気によってかなり変動しているのである。

● 統合的で関係論的な視点

　本書に提示されている治療作業を導く理論的視点は，精神分析，認知行動論，システム論，体験論，それぞれのアプローチの要素を含んだものであり，30年以上の実践に根ざしたものである。それはまた，今や精神分析における**関係論的視点**として知られるようになった，精神分析における近年の重要な発展に，私自身が深く関与してきたことにも根ざしている（P.L. Wachtel, 2008）。このより新しいヴァージョンの精神分析的な考え方と実践の仕方は，私がたった今言及した他の3つの学派のいずれかで基本的に訓練されてきた読者には，比較的なじみがないかもしれない。多くの訓練プログラムにおける心理力動的な考え方の教育は，粗雑で，侮蔑的で，戯画的であるばかりか，しばしば何十年も時代遅れのものであることが多い（Bornstein, 1988；Hansell, 2004；Redmond & Schulman, 2008；Westen, 1998）。

　ここに提示されたセッションには，認知行動論，システム論，体験論的なアプローチのそれぞれの特徴と似た要素が十分に備わっているので，これらの諸学派に依拠している読者にとっては，予想以上になじみのものとして感じられるかもしれない。けれども，こうした読者も，以下に提示されるセッションを読んで，いかに心理力動的伝統における新しい発展が，自らの現在のアプローチとつなぎ目なく統合され，それを補いうるか，そして自らの治療作業をより深く，より効果的なものにすることに寄与しうるかを，オープンな姿勢で検討してみてほしい。本書から最大限の利益を引き出すためには，非精神分析的な読者は，本書の治療作業の精神分析的な側面が自分自身の臨床的枠組みや臨床感覚といかに両立可能であるか，そしてまた，心理力動的な構成要素がいかに自分の実践に（これまでなら見逃してきたかもしれない臨床像の特徴を明らかにするという点や，読者の介入技法のレパートリーを補うような価値ある介入の様式を導くという点で）新しいものを付け加えうるかについて，注意深く検討しながら読むことが必要である。

　こう述べることによって，私は，読者に自らの懐疑精神を放棄するよう求めているわけではない。本書の治療作業の精神分析的な特徴やそれが依拠している理論的前提は，現代の心理療法界を構成している他のすべての考えや方法と同様に，厳密に検証されるべきものである。不幸なことだが，実際，長い年月にわたって

精神分析コミュニティに属する多くの人々は，精神分析的な考えの経験的な基礎に関して，不穏なまでに無頓着であった（そして，実際，今なおそうした態度をもった精神分析的な思索家のサブグループも存在している）。けれども，精神分析的な考えや実践は，一般に思われている以上にさまざまな角度から厳密な検証を受けてきているのであり，多くの点においてその経験的基礎は，実際には，この領域における他の理論的伝統のそれと同等に堅固なものであるというのが事実である（Blatt, 2008 ; Leichsenring & Rabung, 2008 ; Levy & Ablon, 2009 ; Mayes, Fonagy & Target, 2007 ; Shedler, 2010 ; Westen, 1998 ; Westen, Novotny & Thompson-Brenner, 2004）。

　言うまでもなく，なじみのない考えに対してオープンな姿勢でいることの価値についての私の議論は，本書の読者のなかの精神分析的な立場の人たちにも同様に当てはまる。他の理論的立場や実践様式を戯画化したり，偏向的なやり方で「よそ者」として扱ったりすることは，他の理論的立場の訓練においてと同様に，精神分析的な志向性をもった訓練においても起こっている。以下において，私がもともと訓練を受けた精神分析の視点に立つ読者と，認知行動論的，システム論的，体験論的な学派に依拠する読者の両方に向けて，私の統合的な視点を簡潔に要約して提示しよう。精神分析的な立場の読者には，他学派の革新的な治療者たちの重要な貢献との間にかけられた架け橋を見ることができるようになってほしいと願っている。また，認知行動論的，システム論的，体験論的な立場の読者には，現在までおおむね無視してきた考えや実践の重要な領域から受益し，それを統合することができるようになってほしいと願っている。もともと訓練を受けた学派が何であろうと，あなたが次の2つの重要な道筋を見出してくれることを期待している。1つは，私が述べていることがあなたのなじみの準拠枠に心地よく収まる道筋であり，もう1つは，私の述べていることがあなたの考え方を**拡張**する道筋である。第2部におけるセッションの逐語録が，あなたがもともと訓練を受けた学派の「外部」に由来する方法が，ますます包括的なものへと成長していく準拠枠にいかに整合的に同化されうるものであるかを例証してくれることを希望している。

● 不安の重要性

本書に述べられたアプローチを導く精神分析的思索のヴァージョンは，認知行動療法家にとってしばしば驚くほど親和性があり，居心地よく感じられるだろう。その理由のひとつは，それが，患者が治療に持ち込む問題において不安が中心的な役割を果たしていることを強調しているという点にあり，また，不安がどのように克服されうるかを理解するうえで**エクスポージャー**の概念をはっきりと取り入れている点にある（より詳しくは P.L. Wachtel（1997, 2008）を参照のこと）。このような不安の強調は，フロイト自身の考え方の重要な再定式化と一致したものである（Freud, 1926/1959）。精神分析コミュニティの大勢は，この再定式化が治療過程にいかに重要な示唆を与えるものであるかを，一般にあまりよく理解してこなかった（P.L. Wachtel, 2008）。より以前には，フロイトは，抑圧こそが基本的な現象であり，不安は抑圧の結果として生じる産物だと考えていた。しかし1926年に，彼はそうした自分の考えは間違いであったとはっきり述べたうえで，不安が抑圧を引き起こすのであって，抑圧が不安を生み出すのではないと主張したのである。これに先立ってフロイトは，抑圧の概念は精神分析の「礎石」であると何度も述べていたのであるから（たとえば Freud, 1914/1959），事実上，彼は自らの理論の礎石を取り替えたのである。フロイトが後に述べたように，もし「不安が抑圧を作り出すのであって，これまでわれわれが考えていたようにその逆でないならば」（Freud, 1933/1959, p.89），不安こそが精神分析的思索の全体系の基礎となるべきものであり，まさにその礎石であると考えられる。これはつまり，抑圧を取り除くことよりも，不安を克服することこそが，治療的変化の礎石となるということを意味している。

　このように，本書に提示されている臨床的アプローチは重要な仕方でこの再定式化に根ざしている。けれども，読者に注意しておいてほしいのは，私が以下に導入するまた別の視点が示唆するところによれば，フロイトが彼の以前の定式化を逆転させたことは，おそらく行きすぎであっただろうということである。以下に簡潔に説明する悪循環の概念の視点に立てば（E.F. Wachtel & P.L. Wachtel, 1986 ; P.L. Wachtel, 1987, 1993, 1994, 1997, 1999, 2008），因果律の働きは**双方向的**なものであると述べたほうがより正確である。つまり，不安が抑圧をもたらし，翻って，抑圧がさらなる不安を生み出す多様な結果をもたらすのだ。

　読者のなかには，たとえ理論の礎石としての位置からは移動されたとしても，**抑圧**という用語自体が問題だと思う人もいることだろう。抑圧という概念はよく誤解されている。多くの人が抑圧を，「忘れてしまっている」けれども後に思い

出すことができるようになる体験に関するものだと基本的に考えている。多くの偏向的な研究が，この間違った理解に基づく抑圧の概念を「反証」してきた。現代の文脈における抑圧の概念のより健全な理解は，人が自分自身の体験をいかに誤って表象しうるかということに焦点を当てている。自分が何を感じているのか，あるいは，自分が何を感じているべきかを構成する方法には**多くのものがありうる**（Hoffman, 1998 ; Neimeyer & Mahoney, 1995）。そして，人が自分の体験を構成する仕方は，実際に生じていることを反映しているだけでなく，その人が自分自身や自分の生活上の出来事をどのようなものとして見る**必要があるのか**ということをも反映している。これこそ，現代の抑圧の概念の真の焦点である（あるいは，現代の用語法とより調和させて問題を述べるなら，より幅広い概念である防衛という概念の真の焦点である）。抑圧や防衛といった概念の理解を洗練させていけば，それらが実際には，社会的認知や認知神経科学の領域における調査研究がもたらしてきた知見にかなり収束するものだということが明らかになるだろう。

● 新しい不安の理解は臨床実践に何を示唆するのか

　精神分析における物の見方の基本的な部分がこのように根本から変化したのであるから，当然それに対応する精神分析技法も変化するはずであった。というのも，精神分析の実践は，それまでの長い間，抑圧を取り除くことこそが最も重要な治療の目標であり治療過程の中心であるという考えに基づいてきたからである。しかし，治療技法に関しては，精神分析的アプローチの礎石のこの重要な変化も，おおむね「気づかれない革命」のままにとどまってきた（P.L. Wachtel, 2008）。本来なら，**不安をどのように低下させるか**，すなわち，フロイトをはじめ初期の分析家の注意を引きつけてきた，回避と誤解釈の過程の基礎にあると見出された不安をどのように低下させるか，ということに焦点づけるような技法上の変化が生じてくるはずであった。たしかに患者たちは，自分自身や他者との関係について，何か特定のことに気づいたり認めたりすることを持続的に回避している。けれども，回避それ自体が問題なのではない（とはいえ，上に言及し，本章の後半でより詳しく述べることになる悪循環の視点とも関連して，回避は患者の困難をさらに悪化させていくものであり，その意味では，それ自体として取り上げる必要があるものではある）。回避は，不安その他の苦痛な感情によって**動機づけられた**

ものである。それゆえ，問題の中心に位置しているのは，回避よりも，不安その他の苦痛な感情のほうである。

　フロイトは，多くの点で，こうした抑圧の動機づけ的な基礎を最初から理解していたということにも注意を喚起しておこう。彼の「防衛神経精神病」（Freud, 1894, 1896）という概念は，患者が特定のことを心から追い払うのは，精神的な痛みを避けるためだという前提を中心にしたものであった。しかしフロイトの中心的アイデンティティは，隠されているものの発見者，あるいは理解されていないものの**発見者**というところにあったために（P.L. Wachtel（2008）を参照），彼は抑圧を取り除くことを治療過程の中心として強調することになってしまったのである。フロイトは，自らの仕事を，表層の土を掘り，貴重な手がかりを掘り起こして，隠された世界を解き明かす考古学者の仕事とよく似たものと考えていた。つまりフロイトは基本的に，精神分析を，埋もれていたものを明るみに出す過程とみなしていたのである。伝記作家のアーネスト・ジョーンズ（Jones, 1961）によれば，フロイトは，治療者やヒーラーではなく，無意識の心という失われた世界の発見者となることを熱望していた。しかしながら，彼の研究の場は大学の研究室ではなく治療のための面接室であった。だからフロイトは，無意識の領域に埋もれている心的内容を掘り起こすことに焦点づけるにせよ，その作業を患者に最大限の利益をもたらすものとするよう，自らを納得させなければならなかったのだ。

　この後すぐに詳しく論じるように，患者の防衛された心理的体験を探索することが治癒をもたらすとフロイトが仮定したとき，彼は実際にはおおむね正しかった。しかしこの治療効果をもたらした理由は，患者が洞察を達成したからというよりも，防衛された考え，感情，意図を探索する過程において，患者が，それまで恐れゆえに回避してきた刺激や体験に**エクスポーズされた**からであった。気づかれていない動機や思考の性質についてのフロイトの発見は，そして主体的に所有されなかった意図や一見したところでは理解しがたい葛藤を孕んだ感情や態度の表現を認識する彼の能力は，後に続く治療者たちを，見過ごされがちな現象や意味合いに気づくよう方向づけてきたのである。非常に重要で決定的な体験への気づきの回避がいかに広範囲に認められる現象であるかについての彼の洞察がなければ，われわれの治療努力は，患者の表面的な訴えと，患者がすでに同定できている恐れの対象だけに制限されていたことだろう。私の考えでは，患者の表面的な訴えや，患者がすでに同定できている恐れの対象だけに向けられた治療努力

は，選りすぐられた統制群の患者の場合とは異なり，日常の臨床実践において出会うほとんどの患者が持ち込むような問題を扱うには，たいてい粗雑すぎるものである（Westen, Novotny & Thompson-Brenner（2004）を参照）。そしてこうした理由から，私は，認知行動療法は価値ある方法ではあるけれども，精神分析的探索によって得られる理解によってそれを補うことが必要だと信じている。けれどもまた私は，精神分析的治療において，それまで無意識的であった思考や感情に対する直面化の結果として改善が生じるとしても，いったい**何がその改善をもたらしたのか**について，そこに正確な理解が伴わないのであれば，そうした治療努力もまた違った形で非効率的で粗雑なものとなるだろうとも思う。患者の困難の基礎にあるのは抑圧よりもむしろ不安であるということがひとたび理解されたからには，治療効果をもたらす要因についてのそれまでの精神分析的理解に，不安がどのように克服されうるのかについてのより明瞭な理解が付加される必要がある。では次にこの話題に移ろう。

● エクスポージャーと不安の低減——より幅広い見方

　上に述べたような不安と抑圧の関係についての改訂された理論について真剣に考えていけば，治療様式としての精神分析には重要な修正が必要だということになるだろう。その修正は，精神分析をより温かく効果的にするばかりか，他の治療学派における発展との両立可能性を高めるものでもある。最も重要な修正点は次の2点である。(a) **何が最も効果的に不安を低減させるのか**という疑問に取り組むこと。(b) 治療者の狙いは患者が（他者からも，また自分自身からも）隠してきた体験を**曝く**ことではなく，患者が自分の感情や体験を**恐れないでいられる**よう助けることにあると考えられるようになったのだから，それに合わせて治療者の基本的態度を変化させること。この後で簡単に説明するように，こうした修正は，人が自分の体験の重要な側面を誤って表象したり隠したりすることがあるという観察を無視するものではないし，人が自分自身をより十分により正確に理解できるよう助けることへの興味を減じることでもない。しかしながら，そうした修正は，その自己理解がどのように追求されるべきか，また，最大限に患者に役立つためにはその拡張された自己理解を**他の**どのような治療過程と結びつける必要があるか，といった点に関して，重要な違いを導くものである。

第1の問い，つまり，何が最も効果的に不安の克服を助けるのかという問いについて考えてみよう。現在までに蓄積されてきた膨大な研究が示唆しているところによれば，恐れられ避けられてきた体験に，予期された外傷的な結果を伴わずに**エクスポーズすること**こそ，最も重要な要因である（たとえば，Craske & Mystkowski, 2006；Deacon & Abromowitz, 2004；Foa, Huppert, Cahill & Rothbaum, 2006；Foa & Kozak, 1986；Foa & Meadows, 1997；Keane, 1995, 1998；Zinbarg, Barlow, Brown & Hertz, 1992）。この結論は，非臨床的な集団を対象にした実験的な研究から，統制された臨床試験に到るまで，数千とは言わないまでも数百の研究に基づいている。現在のところ，治療過程や治療様式としてのエクスポージャーの強調は，とりわけマニュアル化された治療の領域においては，基本的に認知行動療法の実践において顕著であった。しかし，不安を克服するためにエクスポージャーの力を利用することには，はるかに幅広い臨床的な可能性がある。

　特定の症状や訴えに特に的を絞ってマニュアル化された治療は，どのような治療アプローチにも存在する。けれども，こうした狭く的を絞った治療には深刻な制約もある（たとえば，P. L. Wachtel, 2010a；Westen et al., 2004）。治療者に会いに来る患者の多くは，さほど容易に分類されえず，焦点の定まらない困難を抱えている。そして，本書の中心部分であるセッションの記録を読めば，ルイーズとメリッサのいずれもまたそうした患者の一人であることは読者の目にも明らかであろう。しかし，実際のところ，不安の克服におけるエクスポージャーの重要性を示す研究の臨床的適用と言えるのは，認知行動療法や，マニュアル化されて狭く的を絞られた治療だけに限られているわけではない。心理力動的治療において実際に生じていることを注意深く調べてみれば，こうした治療において生じていることの多くは，エクスポージャーとよく似た過程を含んでいるということがわかるだろう。ただ，そのエクスポージャーの様式や文脈も，患者がエクスポーズされる刺激や体験の性質も，たいていの認知行動療法におけるそれらとはかなり違っているとは言えるだろう（P.L. Wachtel, 1997）[1]。

　認知行動論的治療においては，その焦点は，明瞭に患者の恐れの対象であると同定された外的刺激（橋梁，犬，飛行機など）へのエクスポージャーにあることが多かった。けれども，近年，患者が捕らえられている喚起パターンの一部である内的あるいは内臓感覚的な手がかりに対する患者の不安反応が，ますます強調されるようになってきた（Barlow, Allen & Choate, 2004；Craske & Barlow, 2008）。後者の観点からすると，単に喚起パターンを始動させる外的刺激のみならず，不

安の体験それ自体も，エクスポージャーの標的とする必要があるということになる。患者は，不安喚起と連合した内的で内蔵的な手がかりに接してパニックになり，そのことによってその問題をエスカレートさせ永続化させてしまう代わりに，そうした手がかりに接してもより落ち着いていられるよう学習する必要がある。

　これらは，心理力動的治療者が考慮に入れる必要がある（そしてしばしば考慮に入れている）因果的な力動である。しかしたいていの心理力動的治療者は，自分のしていることをはっきりとエクスポージャーという観点から考えているかどうかはともかく，また別のクラスの刺激へのエクスポージャーを促進することにも取り組んでいる。心理力動的治療において最も中心的なエクスポージャーは，患者自身の願望，思考，自己表象や他者表象と結びついた刺激である。

　もちろん，こうした思考と感情へのアクセスの欠如こそが患者が抱えている困難の中心にある問題であり，治療の狙いはこうしたアクセスを回復することにあるというのが，伝統的に心理力動的治療者が前提としてきたところであった。しかしながら，その治療過程は，通常，解釈や洞察の促進といった考えを中心に理解されてきた。すなわち，患者は，改善するためには，自分自身のこうした側面を**認識し，理解する**ことが必要だとされてきた。もちろん，この理解は単に知的な理解ではないとされてはきた。しかし，やはりなお自己認識こそがそこでの中心的なメタファーであった。

　本章において後に論じるように，自己認識や自己理解の促進は，なお非常に重大な関心事であり，価値あることには違いない（そして，実際上，この過程を記述するためにどのような用語を用いるにせよ，ほとんどすべての学派の治療者によって追求されている）。しかし成功した心理力動的治療においては，自己認識の促進以外のことも生じている。そしてそれはたいていあまりよく理解されていないし，気づかれてさえいない。洞察を促進する過程において，また自らの体験との接触を阻んでいる防衛を解釈する（それによって防衛を妨害する）過程において，[2]成功した心理力動的治療は，患者をして，閉め出されてきた体験と**触れさせる**のである。患者はそれまで避けてきた考えを考え，それまで避けてきた感情を感じる。言い換えれば，患者はそれらの考えや感情に**エクスポーズ**されるのである。

　この過程をエクスポージャーの過程として描き出すことは，心理力動的治療において起こっていることについての新たな見方をもたらす。そしてその見方は，治療過程のより**体験的な**性質に光を当てる見方でもある。それは単なる言葉

や理解の問題ではないし,「情動的な」理解の問題でさえない。それはまた「解釈」だけによって促進されることではないし,「解釈」が主な要因となって促進されることでさえない。解釈と自己理解はその過程に寄与するが,非常に重要な他の要因もまた関わっている。変化の過程は,かなりの程度,**直接的な体験**によって生じる（精神分析過程を単に解釈的なもの,あるいは主に解釈的なものとして捉えず,その過程における体験的要素について論じた興味深い議論は,以下の文献を参照のこと（D.N. Stern, 2004 ; D.N. Stern et al., 1998 ; Lyons-Ruth, 1998, 1999）。これらの著者は,エクスポージャーという概念を用いて考える代わりに,直接的に体験的な変化の起源についてのまた別の視点を導入している。彼らの視点は,手続き学習を強調するものであり,「暗黙の関係的認識」と彼らが呼ぶものを強調したものである。しかしながら,彼らの視点はここに提示された視点と完全に両立可能である（P.L. Wachtel（2008）を参照のこと）。

　心理力動的治療において生じることをエクスポージャーという視点から見ていくと,次のような重要な示唆が得られる。一般的なエクスポージャーの過程についてわれわれが知っている知識によれば,不安がはっきりと低下しはじめるようになるためには,**反復的な**エクスポージャーが必要だということである。このことは心理力動的治療者も潜在的には理解していることであって,徹底操作という概念はその理解を体現したものである。徹底操作の概念もまた,それまで恐れゆえに避けられていたものとたった一度出会っただけであれば,その効果には限界がある（つまり,それまで抑圧されてきた,あるいは締め出されてきた考えや感情をたった一度だけ認めたり体験したりしただけでは,その効果には限界がある）ということを強調している。しかし,徹底操作の概念は,患者が自分自身から隠してきたものについての洞察,解釈,**認識**といった考えにあまりにも強く根ざしているために,概念的にも手続き的にも,このことがあまり明瞭になっていない。そこに含まれるエクスポージャーの要素をより明瞭に理解する必要がある。徹底操作の過程をおおむね反復的エクスポージャーの過程として理解することから,治療手続き上の指針のさまざまな修正がもたらされる（P.L. Wachtel, 1997）。

　本書の後のほうで提示されるセッションにおいて,読者は,心理力動的視点と認知行動論的視点のこうした交わりが,実際,どのように治療的交流において表現されるのか,その例を目にすることになる（また,システム論的視点と体験論的視点がどのようにそこに現われるのかを示す例をも目にすることになる）。一方で,恐れゆえに避けられてきたものへのエクスポージャーを治療過程の非常に

重要な要素とみなすようになったことで，私は他の多くの心理力動的な治療者とはやや違ったやり方で，患者と自分との間のプロセスに取り組むようになった。この意味においては，読者が目にするのは，認知行動療法という異なる世界の影響を受けて修正された，精神分析的に方向づけられた過程である。しかし逆の方向から見てみると，これとは別の見方もまた，少なくとも同じくらい重要なものであることがわかる。すなわち，おおむね私はエクスポージャーという認知行動論的な概念を，認知行動療法家たちがたいていは通りすがりにしか，あるいはちらりとしか焦点づけないような一連の体験に適用しているのだという見方である。3つの逐語録において描き出された治療作業における私の中心的な狙いは（その狙いが達成された程度は，セッションによってさまざまであり，同じセッションのなかでもその時々でさまざまであるけれど），患者が，その成長過程において，あるいは人生を生きる過程において，禁じられていると感じるようになってきた思考，感情，知覚を，**再び自分のものにする**ことができるよう助けることである。

　私は，行動療法家や社会的学習理論家と，人をその人が出会う現実の出来事との関係において（しばしば**刺激**や**状況**と呼ばれるものとの関連において）(Magnusson & Endler, 1977) 理解することへの関心を共有している。しかしその一方で私は，治療過程において，患者の主観的体験の複雑さを扱い，閉め出され，恐れゆえに避けられ，切り捨てられ，制約された仕方で（ある面では歪曲された仕方で）解釈されてきた，あるいは他の何らかの仕方で**防衛されてきた体験**の諸側面を扱うことにとりわけ注力している。言い換えれば，私は，心理力動的ではない諸治療において典型的に見られる以上に，幅広く深い範囲の体験に光を当てる精神分析的ないしは心理力動的な感覚をもっているけれども，私はその感覚を，認知行動論的な伝統が備えている重要な特徴とも相互作用できるような仕方で，また，その伝統から派生した重要な観察や方法の多くとも両立可能な仕方で，理論的に洗練させたのである。

● 自己理解から自己受容へ

　はっきりとエクスポージャーという面から考えることの治療的価値を強調することに加えて，人が治療に持ち込む力動における不安（罪悪感，恥）の役割の重要性をより明瞭に理解することから，治療技法に対するまた別の重要な示唆がも

たらされる。これから詳しく論じていくように、そうした理解は、患者を深く理解することへの（そして患者が自らを深く理解できるよう助けることへの）コミットメントを妥協的に引き下げずに、しかしなお、より敵対的でなく、患者の自尊心に対してより承認的で支持的であるようなアプローチを指し示すものである。「覆いを取り去り」「解釈する」ことに基本的に焦点づけるより古い心理力動的モデルにおいては、治療的対話は、知らず知らずのうちに敵対的で非難的なトーンを帯びてしまいがちであった。治療的コミュニケーションについての私の著書（P.L. Wachtel, 1993）の多くの部分は、（きわめて微妙なこともあるけれど、やはりなお強力な）この敵対的で非難的な次元を明らかにし、それに代わるアプローチを描き出そうとしたものである（Havens, 1986；Renik, 1993；Shawver, 1983；P.L. Wachtel, 2008；Weiss & Sampson, 1986；Wile, 1984 も参照のこと）。本書におけるルイーズやメリッサとのセッションについての議論もまた、こうした落とし穴と、それを避ける他の選択肢を探る、さらなる探究を目指したものである。

　レストン・ヘイヴンズ（Havens, 1986）は、この問題をとりわけ力強く次のように表現している。「現代の多くの心理療法における解釈の雰囲気においては、患者は、これからやってくる洞察を、拳をぎゅっと握りしめて待っている。それも当然である。その洞察が良い知らせであることなど滅多にないのだから」（p.78）。この不幸な状況はどこからやってきたのだろう？　私の考えでは、それは、多くの心理力動的治療者たちが、上に論じられてきたような不安の理論的改訂が示唆するところを十分に理解し損ねていることによる部分が大きい。この理論的改訂の導入以前には（精神分析的実践の主流においては、その導入の後、長年を経てさえ）、取り組むべき本質とみなされる主要問題は、患者が何かを**隠している**、何かを否認している、現実を逃避しているということであった。治療者の課題は、この欺瞞に挑戦し、この欺瞞に直面させることであり、要は、真実を見たがらない対立者に真実を見るよう強いることであった。そのため、抵抗をはじめとする諸概念が重要となった。患者は真実に到達しようとする分析家の努力に必ず抵抗した。そしてこの抵抗を克服するために、多くの仕事が必要とされた。

　もちろん、この仕事は、必ずしも非人間的になされたわけではないし、患者は恐れゆえに避けているのであり、隠されている内容は患者にとって危険で受け入れがたいと感じられているという理解なしになされたわけでもない。フロイトは、抑圧の基礎には不安があるという理解を、以前の見解の改訂として 1926 年にはっきりとした形で公表した。けれどもこの理解は、精神分析的な思索において

は，つねに何らかの形で存在していた。精神分析のまさに最初期において，こうした理解こそ，フロイトと，ブロイエルやジャネとの間の違いの中心にあるものであった。ブロイエルやジャネは，ある種の体験に接近できないことをおおむね変性意識状態の結果とみなしていたのに対して，フロイトは防衛を**動機づけられたもの**として理解していた。われわれがヘイヴンズの記述を面白いと思う理由のひとつは，それが治療過程のある一部分のみを（わざと）照らし出しているからである。患者はただ単に恐ろしい攻撃者の標的であるだけではない。精神分析の歴史は，優しさ，思いやり，患者の厳しい超自我の代わりに患者に差し出される分析家のより優しい見方，といったものの重要性についてのコメントに満ちあふれている（たとえば Ferenczi, 1926 ; Loewald, 1960 ; McWilliams, 2004 ; Schafer, 1983 ; Stone, 1961 ; Strachey, 1934）。

けれども，われわれがヘイヴンズのコメントを面白いと感じるのには，また別の理由もある。それは，ヘイヴンズが，しばしば精神分析的関係の重要な部分となっているものをたしかに捉えているということだ。その重要な部分とは，精神分析的実践についてのほとんどの論述においては認められてこなかった部分であり，にもかかわらず，オープンな姿勢の実践家（あるいは患者）であれば誰でも，それを読めば容易に共感してしまうほど，当惑するくらい明らかな部分である。リクール（Ricoeur, 1970）は，精神分析の権威ある哲学的探究において，精神分析を，より大きな「懐疑学派」の一部として記述した。「懐疑学派」とは，仮面の下に隠された真実を暴くために個人の「偽りの意識」を剥ぎ取るものだとされる。後の他の著者たちもまた同様に，自らの生活や動機についての患者の説明に対する「懐疑」を，精神分析的アプローチの重要な特徴とみなしている（たとえば，Messer, 2000 ; Schafer, 1997 ; Wolff, 2001）。

もちろん，いずれの著者も，分析家が悪意的な意図をもっていると示唆するために**懐疑**という言葉を用いたわけではない。彼らはいずれも精神分析の支持者であり，真に深い探究を成し遂げようとする治療であれば備えているべき本質的特徴を述べようとしているのである。私は，別のところでこの話題を詳しく論じたことがある（P.L. Wachtel, 2008）。そこで私は，肯定的な意図と，意図せずこの用語に露わになっている潜在的問題の両者をともに捉えようと試みて，以下のように述べた。

　　精神分析的な見方や聴き方に含まれる「懐疑」は，単に無意識に言及する

ための別の仕方と見ることができる。つまり，われわれが感じていると**言う**ものや，われわれがしていると**考えている**ものは，決して完全なストーリーではなく，患者と治療者の両者が患者の苦しみの究極の源である幻想のなかで共謀するつもりでないならば，慎重に探索されるべきものだという考えを述べたものと見ることができる。問題は，次のような諸点にある。この「懐疑」が治療作業に与えるかもしれない潜在的に敵対的な雰囲気。患者の意識的体験を「偽りの」あるいは「歪曲された」意識として，承認しない潜在的傾向。患者がただ治療者とは違った見方をしているだけで，すぐに「抵抗」を見て取る姿勢。患者は無知蒙昧の者であり，その意識的体験を構成している歪曲の間違いに気づかせる治療者を必要としているとみなしたがる傾向。
(p.178)

これと対照的に，精神分析の「礎石の移行」が示唆するところを十分に考慮するならば，治療者は，同じように「深く」探究しようとしながらも，より完全に患者の側に立ち，意図せざる敵対的態度によってさほど妨害されずに患者にアプローチすることが可能になるだろう。この観点からすれば，患者は「抵抗」しているわけではないし，治療者を欺いて密かに幼児的な満足を得ようとしているわけでもない。患者はただ**恐がっている**のである。患者は，その発達の途上で，自らの最も深く，最も基本的な欲求のなかのある種のものは受け容れがたいものだということを学習してきた。そしてそうした欲求は，患者の愛着対象である人物を脅かし，その結果，患者の彼らへの愛着や，患者の生存そのものさえ脅かすということを学習してきたのだ（Wallin, 2007）。それゆえ患者は，安全のために自分自身の決定的に重要な部分を拒絶してきたのだ。この観点からすると，治療の目標は，患者の欺瞞に直面させることにはない。治療の目標は，患者が自らの気づきや自己感覚から恐れゆえに締め出してきた体験の部分を，もう一度自分自身のものとして取り戻すことができるよう，十分な安全感を創り出すことにある。これら2つの対照的な治療観のそれぞれから生じてくる治療的介入の間の違いこそ，治療的コミュニケーションについての私の著作の重要な焦点であった（P.L. Wachtel, 1993）。本書の中心部分であるセッションを論じるなかで，こうした違いをさらに詳しく論じていきたい。

● 自己理解──合理主義的アプローチと構成主義的アプローチ

　抑圧の解除から不安，罪悪感，恥の低減へと強調点がシフトしたからといっても，それは，自己理解の拡張がどうでもよく重要でないとみなされることを意味するわけではない。自己理解の拡張という目標は，学派によって違った形ではあれ，あらゆる治療アプローチにおいて価値あるものとされている。たとえば，認知療法家は，問題を孕んだ感情や自己体験を発生させる考えをもたらすように患者を方向づけている前提へと主に焦点づける。患者は通常，治療開始の時点では，こうした前提にはっきりと気づいていないものである。認知療法の過程のかなりの部分は，患者がそれらの前提によりはっきりと気づくよう助ける作業からなる。

　しかしながら，次のことを認識しておくことが重要である。つまり，こうした前提が明らかになったとき，その前提をどのように扱うかは認知療法家の間でかなりの違いがあり，その違いは，懐疑学派の観点からなされる精神分析的治療と，私がそれと対比させながら述べてきた，より批判的でないヴァージョンの精神分析的治療との間の違いに，ある意味でよく似ているということである。とりわけ，患者の前提について論争し，患者の「不合理性」を示すことを強調する認知療法家や認知行動療法家（主にアーロン・ベックとアルバート・エリスの考えの支持者）のアプローチと，より**構成主義的な**認知療法家（たとえば，Mahoney, 1995, 2003；Neimeyer & Mahoney, 1995）のアプローチとは，きわめて異なっている。

　合理主義的な認知療法家とは対照的に，構成主義的な認知パラダイムの提唱者たちは，やはり構成主義的な枠組みを用いている関係精神分析家の治療作業と驚くほどよく似た仕方で患者の前提を明瞭化しようとする（たとえば，Aron, 1996；Hoffman, 1998；D.B. Stern, 1997；P.L. Wachtel, 2008）。しかも，両者はともに，ロジャース派をはじめとする人間性主義的な治療者ともよく似ている。というのも，両者はともに，患者の前提やその「間違った」「不合理な」性質を**批判**せず，単にそれらを明瞭にし，患者の気づきの前面にもたらすこと，そしてそれによって患者自身がそれらを自分で検討し，自分で結論を出せるよう助けることを強調しているからである。これとは対照的に，合理主義的な認知療法は，人生と世界についての患者の中核的な前提の誤った非現実的な性質を示すことを強調している。これは，精神分析的な治療作業が患者の心理的組織の「原始的」「幼児的」な基礎を見出すことを問題のある仕方で強調しているのと，実際かなりよく似ている

(こうした精神分析の強調点についての批判的で興味深い検討とその示唆については，Aron（1991）を参照）。

　合理主義的な認知療法と伝統的な精神分析の間にあるこうした共通性は，重要でありながらも，不十分にしか認識されていない。とはいえ，言うまでもなく，両者の間には，理論においても特定の治療手続きの特徴においても，多くの重要な違いがある。ベックもエリスも，もともとは精神分析の訓練を受けており，彼らはいずれも当時の精神分析的アプローチに**替わるもの**として，自らのアプローチを開発したのである。しかし合理主義的な認知療法と古典的なフロイト派の治療との間に見られる重大な類似性，つまりいずれも患者の世界の見方を**批判し**，その背後に**隠された正体を曝き出そうとする**という類似性は，いずれの学派の治療者たちからも不十分にしか認識されてこなかった。同様に，認知行動療法の伝統においても精神分析の伝統においても，患者を病理化するこうした見方に替わる新しいアプローチが発展してきたという共通点もまた，両伝統のいずれからもあまりよく認識されてこなかった。ここでもまた，認知行動論的な思索者と精神分析的な思索者とがそれぞれ患者を病理化しない構成主義的なヴィジョンをどのように発展させてきたか，その仕方には明らかに重要な違いがある。けれども，そこには多くの重なりもある。つまり，いずれも患者の体験を批判するよりも患者の体験に**入っていく**ことを目指している。また，いずれもその治療的努力の基礎を，患者の体験を**受け容れる**ことと，患者の痛みに寄与している患者の仮説世界の特徴を**変化させる**こととの間の弁証法に置いている（たとえば，Bromberg, 1998b ; Hayes, Follette & Linehan, 2004 ; Hayes, Strosahl & Wilson, 1999 ; Hoffman, 1998 ; Linehan, 1993 ; Linehan & Dexter-Mazza, 2008 ; P.L. Wachtel, 1993, 2008）。

● 感情を大事にする

　私がここで光を当てている「学派間」の共通性について，さらに理解を深めていくと，**感情の役割**の考察へと行き着くことになる。合理主義的なヴァージョンの認知療法や認知行動療法においては，患者の感情体験はおおむね周辺現象として扱われるし（あなたはこのように考えているから，このように感じているだけです），そして取り除かれるべきものとして扱われる（あなたが合理的に考えることを学習しさえすれば，怒り（あるいは傷つき，あるいは抑うつ）を感じる必

要はなくなるでしょう）。

　心理力動的アプローチと行動療法的アプローチとの統合を試みはじめたとき，私はすでに精神分析の訓練を完了していたが，行動療法の実践に関わることでそれを補う必要があった。私は，いくらか公式的な訓練も受けたけれども，当時の行動療法において指導的立場にあった何人かの人物から，直に面接場面を観察させてもらうという寛大な機会にも恵まれた。私はこうした行動療法家の臨床的熟練に印象づけられた。彼らは私がまさに探し求めていたものを提供してくれた。つまり彼らは，私がすでに知っていることを補完し，私の臨床的レパートリーを重要な仕方で**豊かにする**スキルと視点を提供してくれた。彼らの臨床的感受性と患者への思いやり深い気遣いは，私が精神分析のコミュニティに身を置いている間に聞き知っていた，戯画化された行動療法家の像とはまるで違っていた。[3]

　困ったことに，数年後，行動療法において**認知的な**影響が高まるにつれ，そして多くの行動療法家が自らを認知行動療法家であると考えるようになるにつれ，その数年前に私を強く印象づけた臨床的感受性と豊かなニュアンスは影を潜めてしまった。認知行動療法の初期に優勢であった合理主義的な傾向の影響を受けて，私がかつて尊敬していたこれらの同じ治療者たちが，本節の最初に述べたような不幸な傾向を示すようになった。つまり，患者に感情的でなくなるように話し，患者が怒り（あるいは悲しみ，あるいは失望）を感じるのは「不合理」だという理由を「論証」しようとするようになった。私は彼らの臨床実践におけるこうした変化を，マジック・ミラー越しの観察によっても，ビデオ録画による観察によっても見ることができた。感情から退却し，体験を探索する代わりに批判へと向かうこうした変化は，私には大きな損失（患者にとっての損失であり，行動療法にとっての損失でもある）と感じられた。それゆえ私は，しばらくして，認知療法と認知行動療法において，少し前に言及したような，構成主義的で，弁証法的で，受容志向の新たなアプローチが出現してきたことを喜ばしく思ったのだった。

　この新しい認知論的ないしは認知行動論的なパラダイムは，患者の感情に対して，多くの現代の精神分析的な思索者たちに見られるのとほぼ同じ態度を示している。それは，「不合理な」感情体験も含めて，患者の体験を受容する態度である。その狙いは，怒り（あるいは傷つき，あるいは悲しみ）をなくさせるように患者に話すことにはない。むしろ，その狙いは，感情を**理解**し，受け容れ，まさにその受容の過程を通して，患者がその感情を十分に体験し，それを**通り抜けられるようにする**ことにある。そのとき患者は，人生における自分の位置や採りう

る選択肢について，潜在的に異なったように体験する地点に到達していることだろう。認知論的あるいは認知行動論的な伝統におけるこの新しい流れには，次のようなものが含まれている。構成主義的認知療法と呼ばれる諸療法（たとえば，Neimeyer, 2009 ; Neimeyer & Mahoney, 1995）。リネハンによって創始された弁証法的行動療法（たとえば，Linehan, 1993 ; Linehan & Dexter-Mazza, 2008 ; Swales & Heard, 2009）。ヘイズたちの「アクセプタンス＆コミットメント」セラピー（たとえば，Hayes, Luoma, Bond, Masuda & Lillis, 2006 ; Hayes, Strosahl & Wilson, 1999）。これらは，第1の波である刺激－反応の行動療法，第2の波である合理主義的認知療法に続く，認知行動療法の「第3の波」と呼ばれてきた。[(4)]

　認知行動論的な領域におけるこの新しい波は，重要な仕方で，精神分析的思索における新しい波と関連している。この精神分析的思索における新しい波は，やはり同様に**構成主義的**ないしは**弁証法的**といったラベルを付与されることもあるけれども（たとえば，Hoffman, 1998），**関係的**ないしは**間主観的**と呼ばれることのほうが一般的である。私自身の臨床的作業の中核にあるのもこのヴァージョンの精神分析的思索である。私はそれをベースにして，そこに，認知行動論的，家族システム論的，体験論的な伝統における関連する新たな考え方を統合していくことを探究している。読者は，本書の第2部に完全な逐語録の形で収められたルイーズとメリッサとのセッションのなかに，患者の感情生活へのこうしたアプローチの例を見て取ることができるだろう。私はさまざまな面でルイーズとメリッサが変化するよう援助したけれども，そこでの私のアプローチは，彼女たちを不合理であるとか，彼女たちの行動や体験は幼児期に起源のある原始的な心的表象の浅薄に偽装された産物だとかいうように説得しようとするものではない。

　むしろ私の狙いは，彼女たちとともに彼女たちの体験に**入り込み**，彼女たちの仲間になり，そうした体験を妥当なものだと承認し，彼女たちの体験の**理に適ったところ**を理解できるよう助け，そうした体験が何に対する反応なのかを理解できるよう助けることにある。私は，彼女たちが自分の感じていることをよりはっきりと感じるよう助け，彼女たち自身が閉ざしたり逃げ出したりしようと試みてきた感情を感じてみる余地を創り出そうと試みている。その際，私は，彼女たちが感情を「感じ抜く（feeling through）」ことを通して，異なった地点に到達する過程が達成されることを期待しているのだ。これは，認知行動論におけるある種の思索家たち（たとえば，Linehan, 1993 ; Swales & Heard, 2009）と，精神分析におけるある種の思索家たち（たとえば，Hoffman, 1998）とが共有する，逆説的で

弁証法的な要素である。概して変化は，患者を**変化させようとしないこと**によって成し遂げられる。より正確に言えば，変化させようとすることと変化させようとしないことを，**両方同時に**することによって成し遂げられる（Bromberg（1998b），P.L. Wachtel（2008）を参照のこと）。患者が理解されたと感じ，困難な感情にも付き添ってもらえると感じるとき，患者はその感情を再検討したり再体験したりできるようになりはじめ，その感情を十分に体験する過程を通り抜けて，物事を違ったように見たり感じたりできるようになっていくものである（Stolorow, Brandschaft & Atwood（2000）を参照のこと）。

● **支持的かつ探索的な療法**

　これまで論じてきたことを，少し異なった（とはいえ密接に関連した）視点から見てみると，患者の困難の中心にある因果的連鎖に占める不安の重要性を強調し，構成主義を強調し，治療が変化させようと狙っているまさにその体験を受容することを強調することは，より批判的でなく，より支持的な治療アプローチを導くものでもある。治療の中心的な焦点は，患者の歪曲や不合理性や自己欺瞞を修正することにはなく（それらに注意を向け，明らかにしていくことは有用であり，たいていは必要でもあるけれども），むしろ不安，罪悪感，恥といった感情を和らげることにある。というのも，不安，罪悪感，恥といった感情は，患者を，自分の感じていることを感じても安全だという体験から遠ざけつづけるものだからである。たしかに，こうしたアプローチもまた，患者の体験の諸側面と，隠されてきた水面下の心理構造についての**理解**を促進することを目標の一部に含んでいる。しかしながらこうしたアプローチは，予期された破局的な結果を伴わずに，禁じられてきた感情をありのままに**感じる**ことを可能にする環境をつくりだすことをより重視するものである。

　長年の間，深く包括的な人格変化を目指す心理療法にとっての中心的な教義は，ワラーシュタイン（Wallerstein, 1989）の言葉によれば，「可能な限り表出促進的であれ，そして**必要最小限に支持的であれ**」（強調は引用者）というものであった。このような考え方は，匿名性や中立性の重視，患者の願望を「充足する」ことを回避すべきだという考え，治療者の自己開示は可能な限り回避すべきだという考えなどと密接な関係がある。これとは対照的に，本書に描かれているアプローチ

は，こうした態度を，時代遅れで，治療に制約を課すものとみなしている。たとえば私は，かつての著書（P.L. Wachtel, 1987）のなかの1つの章に「中立な姿勢では多くを達成できない」というタイトルを付けたことがある。また，これまでに，自己開示と支持を控える伝統的な精神分析的態度を厳しく批判してきた（P.L. Wachtel, 1993, 2008）。私は治療作業の基礎となるべき，より有用な原理を，先に示したワラーシュタインの格言との対比において，次のような格言の形で提示した。「できる限り**支持的**であれ，**そうすれば**必要とされる程度により表出促進的，あるいは探索的になりうるだろう」（P.L. Wachtel, 1993, p.155）。言い換えれば，支持と深い探究とはしばしば想定されてきたほど対立的なものではないし，そればかりか，実際，患者に対する暖かく支持的な立場こそ，それまで締め出されてきた思考，感情，願望を探索する患者の能力の最高の促進要因である，という考えが，私の治療作業の前提なのである。

● 患者の現実の行動と悪循環の発生への注目

　本書に提示されている治療を導く統合的アプローチに備わっている重要な特徴のひとつは，患者の日常生活における実際の行動に注目し，その行動が，その行動パターンのみならず，その行動パターンの原因でもあり結果でもある精神内界的かつ関係的な図式をも永続化させるフィードバック・ループへと組織化されるようになっていく，その様子に注目することにある。私が「循環的心理力動論」（たとえば，P.L. Wachtel, 1987, 1993, 1997, 2008）と呼んでいる理論的視点の中心にあるのは，まさに，こうした悪循環，良循環，自己成就する予言の反復的な生成にある。この理論的視点においては，「内的な」影響力も「外的な」影響力も，いずれもほかより優位とはみなされない。むしろ，その理論的視点は，それらが互いに反復的に再創造される様子に注目する。

　長年にわたって精神分析的な思索者たちは，顕在的な行動を，より深い傾向の表面的な表われにすぎないと考えてきた。そしてより深い傾向こそが，患者の困難の真の源であり，治療が焦点づけるべき標的であると考えてきた。もちろん，日常の相互作用は，分析家から無視されてきたわけではない（おそらく，より古い時代においてさえ，**よき**分析家は，その著作から受ける印象以上に，患者の日常生活の具体的詳細にかなりの注意を払っていたのではないかと思う）。けれど

もそこには，こうした「表面的な」詳細を軽くあしらうよう求める理論的バイアスがあった（そして今なおしばしばある）。そうした事情を反映して，私が治療作業において患者の現実の行動とその結果に向ける注意の程度は，心理力動的な諸アプローチの典型とはかなり違っている（これとは対照的に，ほとんど言うまでもなく，行動療法家はつねに患者の行動に興味を向けてきた。ただし，彼らの興味は，いかに行動の複雑な**パターン**とそれらが生み出すフィードバックが，精神内界的要素と行動－相互作用的要素とが互いに互いを永続化させ再生産する循環的過程に寄与しているか，という点にあるわけではなかった。彼らの興味はほぼつねに，単に特定の個人的行動に向けられ，それこそが変化の直接の標的とされていたのである）。

　精神分析的な伝統の強みと行動論的な伝統の強みの**両方**を活かそうとする私の努力において，2つのパラダイムを和解させる鍵となる要素は，顕在的行動と，思考，感情，動機といったより「内的」な心理現象との間をつなぐ悪循環への注目にあった。こうしたフィードバック・ループは，人格の基礎を特徴づけるものである（P.L. Wachtel, 1977a, 1994）と同時に，患者が治療に持ち込む困難の中心にある過程を特徴づけるものでもある（P.L. Wachtel, 1987, 1993, 1997, 2008）。患者の行動と体験の幅広いサンプルを注意深く詳細に観察してみれば，内的な過程と外的な過程とが互いに互いを繰り返し再生産する傾向がかなりの頻度で見出されることだろう。各個人の内的状態と人格組織の特徴は，周囲の他者から特定の反応群を引き出すように振る舞うよう，その人を方向づける。こうした周囲の反応は，逆に，その最初の個人に影響を与えて，たいていのところまったく同じ，ないしは非常によく似た心理状態や人格組織を再創造する。その結果，同じ連鎖がさらに再び繰り返されるような状況がしつらえられる。その反復的パターンをつくりあげるべく相互作用しているすべての人々において，その過程には単に「行動」だけが関わっているわけではない。そこには感情のトーンも含まれている。この感情のトーンこそ，そのパターンが繰り返されつづけるうえで，しばしば決定的に重要な要素となっているものである。

　たとえば，重要な愛着対象に対して怒りや不満を表現すれば，冷たい退却や侮辱でもって迎えられるということを人生早期に学習した人のことを考えてみよう。その人が，そうした環境においてある程度の安全感や安心感を得ようと試みるとき，彼はたとえそうした感情を抱くことが適切な場面であっても，その感情に気づかないように，そしてその感情を表現しないようになっていくだろう。彼は，

極端に主張しないようにして他者と交流するようになっていくかもしれない。精神分析家であれば，そうした彼のあり方を，怒りや失望に対する反動形成として記述するかもしれない。そのとき彼は，人生が課してくるごく普通の挑戦や要請に対して効果的に対処する能力に，未発達の領域を生じさせているのである。彼は他者に対して**過度**に感じよく，協力的で，援助的になり，その結果，自分自身の欲求はないがしろにするようになるかもしれない。彼は周囲の誰とも波風を立てないよう懸命に努力する。その結果，そこで彼が達成する調和は，彼自身はつねに後回しにされたり，不当な扱いを受けたりするという犠牲を伴うものとなってしまう。

　そうした生き方は，皮肉なことに，意識されていてもそうでなくても，ほぼ不可避的に妬みと憤慨の感情をかき立てる。そしてそうした感情は再び怒りを喚起する。そしてその個人は，また再び，さらに拍車をかけて，こうした怒りの感情を**抑え込む**パターンに捕えられ，他者からも自分自身からも怒りを隠すようになってしまう。しかしその結果，後回しにされたり不当な扱いを受けたりする経験がさらにいっそう積み重ねられ，それゆえさらに受け入れがたいほどの憤りが喚起され，それゆえさらにいっそうより「受容可能な」感情と行動が自動的に誇張される，といったことが延々と循環する環境がしつらえられるのである。そのパターンは，精神分析家がしばしば強調するように，人生早期に**始まった**ものかもしれない。けれども，そのパターンは，ただその早期の起源ゆえに持続しているのではなく，それが引き起こす結果によって**毎日新たに**燃料補給されているからこそ持続しているのである。患者の生活における周囲の他者は，患者を冷たくあしらおうと意図しているわけではないのに，患者の真の願望が偽装されているために，ほとんど不可避的にそうした行動に引き込まれてしまう。そしてそれゆえそのパターンを形成する「共犯者」（P.L. Wachtel, 1991）となってしまう。彼らがそう意図していようがいまいが，また気づいていようがいまいが，そうなってしまうのである。

　同様に，要求の表現や依存の表現をすると無視されたり侮蔑されたりするということを人生早期に学習した人は，自立したしっかり者に見えるような振る舞いを発達させるかもしれない。その人は，他者にあまり多くを求めず，重すぎるほどの責任を背負い込むかもしれない。このような生き方は，この世界で安心感を維持するためにほとんどの人が必要とする支持や同情的理解を剥奪されている感覚，そして孤立感を創り出す。その結果，そうした生活パターンは，手に入らな

いたわりや慰めに対する禁じられた願望をかき立てることになる。けれども、患者はこの領域に関してあまりに強い不安と葛藤を抱いており、痛々しく屈辱的な失望から身を守らなければならないと感じているために、たとえ患者がそうした願望の表現を自らに許せたとしても、それらは非常に制約された曖昧なものとなりがちである。そのためそうした表現も、他者から簡単に無視されたり、そもそも気づかれさえしなかったりしがちとなる。このことがまた、他者に頼ることはできないとか、勇気を出して他者に助けを求めたりするべきではないといった彼の感じ方を「確証」することになる。なぜなら、彼の目には、他者は非援助的で、彼の求めに応えてくれないように見えつづけるからである。その結果、依存欲求の気づきや表現に関する傷つきやすさの感覚はさらに持続することになる。また同時に、依存欲求を覆い隠したり、非常に制限された間接的な仕方で表現する傾向もまた持続することになる。このように、ここでもまたこうしたパターンは、それ自体がもたらす結果によって反復され永続化される。そのとき、周囲の他者は共犯者としてそのパターンに組み込まれてしまう。患者の非常に両価的であまりにかすかな援助のサインへの彼らの反応が、あるいは、どうせ援助など得られないだろうという予想に基づく患者の予期的な潜在的憤りに対する彼らの反応が、患者の最も深い恐れを確証する結果をもたらしてしまう。そのようにして、周囲の他者は、患者と一緒に、問題を孕んだ事態を永続化させてしまうのである。

　こうしたパターンとそれが心理療法に与える示唆について考える際には、私が記述してきたパターンは循環的なものであり、その記述の出発点は恣意的なものだということを理解しておくことが重要である。誰が「最初に事を起こした」人物で、誰が「それに反応する」人物であるかは、どこから話を始めるかの問題であって、家族療法家がシステミックなパターンの「パンクチュエーション（区切り方）」という題目の下でしばしば論じてきた問題である。同様に、こうした説明を内的状態からではなく、行動から始めることもできるし、状況的文脈から始めることもできる。（とりわけパターンがしっかりと確立された後では）それぞれの要素は次の要素を予測可能なやり方で引き起こすようになる。そしてそのようにして、そのパターンを構成する他の要素は、最初の要素を再び引き起こすような環境をつくりだすのである。さまざまな異なる理論モデルの間の論争の多くは、それぞれの理論が出来事の連鎖の異なる部分に焦点を当てていたり、出来事の連鎖を記述するに当たって異なる出発点に焦点づけていたりすることによるのである（E.F.

Wachtel & P.L. Wachtel, 1986 ; P.L. Wachtel, 1973b, 1977a, 1994)。

● パターンの変動性とそれが治療に対して示唆するもの

　こうしたパターンはいずれも決して不動のものではないということをはっきりと認識しておくことも重要である。もしそれらが不動のものであるならば，心理療法を試みる意味などほとんどないということになるだろう。まず第一に，そうしたパターンは確率論的なものであり，決して毎回厳密に同一というわけではない。同じ河に二度入ることはできないというヘラクレイトスの言葉は，行動と体験の流れに関してこそよく適合するものである。私がここで論じている相互作用的な連鎖は，サリヴァン（Sullivan, 1953）の巧みな表現を用いれば，「小さな違いを収めた包み」（p.104）である。すなわち，そこには形式と結果に十分な類似性があるので，観察者には意味のあるパターンが識別される。そして，それぞれの個人が相手の行動に特定の仕方で反応するときに，その反応を導いている知覚過程は，しばしば知らず知らずのうちに，生起していることを「同じことの繰り返し」として知覚しがちになる。しかし実際にはそのパターンは毎回違っている。それゆえ，古いものの持続ではなく新しい方向性の始まりとなりうるような，微妙に違った結果が生じる可能性はつねに存在しているのである。

　こうしたパターンは文脈に反応するものであり，力動的に相互作用的であるということも，こうしたパターンの変化の可能性にさらに寄与する。患者の問題の背後にあるこうしたパターンが重大な影響力をもっているのは，それが**幅広い場面で持続する**ためである。つまり，患者は**幅広い範囲**の人々から似たような（そして問題を孕んだ）反応を喚起し，そして患者はそうした他者の反応に対してまた同様の反応を返し，その反応がまた他者に似たような反応を喚起する，というように続いていってしまう。しかし，人の生活における最も一般的で広範なパターンでさえ，すべての人に対して現われるわけではない。同じ行動や同じ感情的手がかりも，相互作用の相手が違えば，違った反応が返ってくる（たとえば，多くの人が敵意的でやりにくいと思うような相互作用のスタイルも，少なくとも少数の人たちにとっては面白くて刺激的な冗談だと感じられる）。われわれは1日，あるいは1週間，あるいは1カ月の間に，幅広い人々と出会い，多様な役割や人間関係を経験するので，ほとんど不可避的に，そのうちのいくらかの人々からは，

多くの人々とは違って，そのパターンを確証するような反応ではない，きわめて異なった反応が返ってくるのである。

こうした反応は，つねに少なくとも時折は生じているはずなのだが，こうした非典型的な反応が生じたとき，それに対していくつかの現象が生じうる。最も一般的なのは，そのパターンがより分化してくることである。そのパターンはある種の文脈では生じ，別の文脈では生じない，というようになる。これが示唆することのひとつは，しばしば精神病理学の議論においては最小限の注目しか与えられていないことだが，最も「病的」な患者でさえ，「正常」あるいは「健康」に見えるときがあるということである。**つねにいつでも**みじめである（怒っている，無気力である，欺いている）ような人などまずいない。人々が治療を受けに来るのは，多くの人よりも気分が悪いから，あるいは，自分が望むところよりも気分が悪いからであって，**つねにいつでも**気分が悪いからではない（たとえ患者自身がそういうふうには言っていないときでさえそうである）。さらには，患者がどのようなときに気分よく感じるのか，どのような状況下で気分よく感じるのかといった情報は，理論上，無視してよい無用の情報でも，誤差の範囲でもない。むしろそれらは，治療的変化の重要な基礎となるべきものであり，患者の全体的な臨床像の決定的に重要な部分である。問題を孕んだ行動に取って代わりうる，こうしたより健康な，あるいはより適応的な行動の種が存在していなければ，その心理療法を成功させることは極端に困難となるだろう（P.L. Wachtel, 1993／特に第7章を参照）。

患者の同じ行動に対して，さまざまな人々が示す反応に見られる変動性が示唆する，もうひとつの重要なことは，予期された反応が生じないとき，そのことは時間とともにパターンを全体として弱めるよう寄与するということである。これはさまざまな治療上の概念や方略の背後にある論理である。たとえば，修正情動体験（Alexander & French, 1946），新しい関係体験（Frank, 1999），新しい対象体験（Loewald, 1960），出会いの瞬間（D.N. Stern et al., 1998），患者のテストにパスすること（Weiss & Sampson, 1986），治療関係における不和の修復（Safran & Muran, 2000），「信頼できて慈悲心に富む親のような人物との現実の関係」（Fairbairn, 1958, p.377）。患者が，治療者との間で，彼の問題を孕んだ期待や信念を反証するような体験を繰り返し体験するとき，こうした期待は弱まっていくし，それらと結びついた行動や情動体験が生起する可能性も徐々に低下していく。

もちろん，こうした考察によって私は，あらゆる変動性は，他の人々がわれわ

れにどう反応するかによると示唆しているわけではない。たしかにここで私は，われわれの行動と体験が，われわれの生活における現実の出来事に対して反応するものだということを強調してきた。けれどもそうした強調は，心理力動的な治療者が伝統的に抱いてきた関心，すなわち患者の主観的体験と心的組織にも重要な関心を注ぐ理論的立場の文脈においてなされたものである，ということを明確に意識しておくことが重要である。要は，「内的力動」と「外的出来事」とは実際には別の領域ではなく，それぞれが互いに互いの原因であると同時に結果でもあるような，より大きな循環的パターンを構成する側面なのである。そのパターンに注目し，そこに介入しようと試みる際には，出会った出来事に意味を与える力動的な組織化過程を軽視しないことが必要である（P.L. Wachtel, 1980, 2008）。われわれは，自分自身の性質，予期，知覚的バイアスなどを媒介させることなく，「客観的に」出来事に反応しているわけではない。結局のところ，心理療法の過程のかなりの部分は，患者が，その人生において生じていることを違った仕方で理解し，体験し，反応できるように助ける作業からなっているのである。

● 面接室外の患者の生活の重要性

　また違った角度から見ると，治療者との間で体験される新しい体験も，面接室の外部で出会う人々との間での患者の体験を扱う努力を伴わないのであれば，そこには限られた影響力しかないだろう，ということを明確にしておくこともまた重要である（P.L. Wachtel, 2008／特に第4章と第12章を参照）。上に述べたように，患者の人生におけるパターンは，どこでもいつでも完全に現われるわけではなく，ある文脈では現われ，別の文脈では現われない，あるいは，文脈によって異なった程度で現われる，といったように，分化していくことが多い。治療関係を患者の生活における他の重要な関係や体験から切り離し，治療関係にばかり注意を払いすぎる治療者は，自分との関係が改善しているから患者は改善しているものだと誤解しがちである。しかし患者は，本質的には，この面接室では自分の真の自己や真の感情を表現しても安全だが，生活の他の場面ではそんなことはできないということを学習しているのかもしれない（おそらく患者はこうした分化が生じていることに気づいていないであろうが）。

　こうした分化が生じるのは，必ずしも治療者がより共感的な人物だからという

わけではない。おそらく治療者も，自分自身の個人的な生活においては，その共感性に関して，一般的な人々と大差ないであろう。しかし治療者には，患者の生活における他の人々の多くとは違ったように患者に反応することを可能にする，2つの重要な性質がある。第1に，治療者は訓練によって獲得した一連のスキルをもっている。それは，観察するスキルであり，また，患者の苦悩に対してどのように反応すれば促進的であるかを理解するスキルである。第2に，治療者は患者の生活のなかにいながら，**同時に**，患者の生活のなかにいないという特権的な立場にある。すなわち，われわれは患者を気遣い，患者の福祉を向上させることにコミットしているけれども，自分自身の他の生活場面において相手に期待するようには患者が自分の欲求を相互的に満たしてくれるよう求めることはしないし，また患者の生活のなかの他者が普通に期待するようにも，患者が自分の欲求を相互的に満たしてくれるよう求めることはしない。

　もちろんわれわれは，時に，エナクトメントと呼ばれているものに捕まることがあるし，実際，こうした相互的エナクトメントの徹底操作こそ治療過程の中心的特徴である（たとえば，Bass, 2003 ; Frank, 2002 ; Safran & Muran, 2000 ; D.B. Stern, 2003 ; P.L. Wachtel, 2008）。しかし，われわれが共犯者の役割に捕われてしまう程度は，患者と**治療関係**にはない人たちよりも，かなり低いはずである。治療関係以外の関係においては，患者の利益を非常に気にかけている親しい友人や恋人でさえ，患者の共犯者となったとき，その関係のなかで，自分たちが捕えられているパターンから距離を取り，そのパターンについて振り返ってじっくり考えてみることはより難しいであろう。それゆえ，そのパターンを知らず知らず繰り返しやすくなるだろう。(8)したがって，治療努力の多くを面接室における今ここの関係に焦点づける治療者であっても，面接室外の患者の生活**にも**注意を払うことが（詳細かつ持続的に注意を払うことが）決定的に重要である。どのようなものであれ面接室で達成された変化を，日常生活における他者との交流に広げていけるよう助けること。他者に対する患者の行動が，面接室において治療者が示す反応とは違う反応を他者に喚起してしまうとき，その行動について検討すること。こうした悪循環を打破し，自分自身についての感じ方がそうした悪循環によって影響されてきたことを理解できるよう患者を助けること。これらは効果的で包括的な治療アプローチが備えている本質的特徴である。

　患者の生活を特徴づけている循環的パターンは否定的な結果を伴うパターンだけではない，ということをはっきり理解しておくことも重要である。変化をでき

るだけ効果的に促進するには，患者の生活における**良循環**を理解し，それに取り組むことも必要である。満足感，親密さ，調和的関係をもたらすパターンもまた，その内的状態がその内的状態を維持するのを助けるような結果をもたらす，そしてそれゆえ似た結果をさらにもたらすフィードバック・ループを特徴としている。病理のみに注目するのではなく，患者の強さに注目し，それに依拠することは，良き治療実践の重要な鍵である。このことを私は別のところで強く強調してきた（特に，P.L. Wachtel, 1993, 2008）。またこのことは本書に提示されているセッションにおいても明らかとなるだろう。良い関係は自動的に維持されるわけではない。良い関係は，それを維持するのに必要とされる反応を他者から引き出しつづけるとき，そして引き出しつづけるがゆえに，維持されるのである。これはトートロジーではなく，その力動についての記述である。

● システム，ナラティヴ，文脈のなかで人々を理解すること

　心理療法の統合に向けた私の最初の仕事は，精神分析と行動療法に特に焦点づけたものであった（P.L. Wachtel, 1977b）。その仕事を終えてほどなく，人格の発達と力動についての私の概念化は，家族療法をはじめとするシステム論的な思索者の理論的視点とよく適合するものであることに気がついた（E.F. Wachtel & P.L. Wachtel, 1986）。循環的心理力動論のモデルも，多くのシステム論のモデルも，悪循環と反復的なフィードバック・ループを特徴としており，それらを強調している点で共通している（E.F. Wachtel & P.L. Wachtel, 1986 ; P.L. Wachtel, 1997）。第3章と第4章に提示されたルイーズとのセッションを読めば，私の治療作業が，いかにそうしたフィードバック・ループへの注目に根ざしているかがよくわかるだろう。そこでは，ルイーズと，彼女の夫や夫の家族との相互作用が，彼女が解決したいと願っている問題を持続させるようなフィードバック・ループを創り出していたのである。それらのセッションの考察においては，ルイーズ個人の心理力動への注目（彼女の子ども時代の重要な経験やテーマが持続していること）と，彼女の夫婦関係ならびに彼女と夫の家族との関係におけるシステム的な力動への注目とが，ともに認められる。ある意味では，そのセッションは夫婦問題や家族問題を個人セッションを通して扱っているのだとも言えるし，個人的な問題を夫婦力動やより大きなシステム的文脈の検討を通して扱っているのだとも言える。

本書に提示された治療作業の多くの基礎である循環的心理力動論と，家族システム的な視点に導かれた治療者の方法や観点との共通点をさらに挙げるとすれば，それは，家族療法家やその他のシステム論的な思索者たちも（たとえば，Angus & McLeod, 2003 ; Molnar & de Shazer, 1987 ; E.F. Wachtel, 2001 ; Watzlawick, Weakland & Fisch, 1974 ; White & Epston, 1990），そして循環的心理力動アプローチも，未来を指し示す新たなナラティヴ（forward-pointing alternative narratives）(9)を用いるという点にある。これと関連して，長年にわたって，ワークショップにおいて私が本書に記述されているアプローチを提示すると，少なからぬ出席者が，私のアプローチとミルトン・エリクソンの仕事（たとえば，Erickson, 1982 ; Erickson & Lankton, 1987）から生じてきた諸アプローチとの類似性を指摘した。これらの諸アプローチは，ナラティヴの再記述，あるいは**解決志向**アプローチと呼ばれるようになったものにも強く根ざしている（たとえば，McNeilly, 2000 ; Miller, Hubble & Duncan, 1996 ; O'Hanlon & Weiner-Davis, 1989 ; Zeig, 1985）。

　患者が自分自身をそれまでとは違った形で理解できるよう助ける伝統的な努力は，この領域を長年にわたって支配してきた「洞察」という初期の概念から発展してきた。上述のような，ナラティヴの再記述に対する関心は，この努力をこれまでとは違った形で行なうよう方向づけるものである。精神分析の内部においてさえ，分析治療において達成される洞察は，考古学的な調査において埋もれていた破片を掘り出す過程にたとえられるような単なる「発見」とは違う，ということがますます認識されるようになってきた。むしろそれは，新たな構成，あるいは新しいナラティヴの問題であると理解されるようになってきた。つまりそれは，患者の未来における感じ方や生き方にとってより優しい示唆となるように，患者が自分自身や自分の人生についての理解を組織化できるようにしていく新たな構成やナラティヴの問題なのである（たとえば，Hoffman, 1998 ; Schafer, 1992 ; Spence, 1982, 1983 ; P.L. Wachtel, 2008）。うまくいけば，心理療法は，患者に異なった見方を提供し，患者のライフ・ストーリーに異なった意義を与え，患者が自分のライフ・ストーリーを語り直すよう助ける。つまり，心理療法は，それまで患者にとって絶望をもたらすお荷物と感じられてきた出来事や体験に，つまり自分自身と自分の人生についての悲観的な見方を導いてきた出来事や体験に，患者が異なった**意味**を付与できるようにするのである。この点において，本書に記述されたアプローチは，患者が自分自身や自分の生活について，それまでとは違った形で見通せるようにすることを目指した，認知療法や認知行動療法の側面と共通

するところがある。しかし本書のアプローチは，認知療法における合理主義的な伝統よりも説教的でなく，治療者は客観的だという前提に立つことなく，そして上述のように，より構成主義的で受容志向の精神をもって，それを目指すものである。

● **体験的な次元**

また別の観点からすると，本書に描かれたアプローチは，体験論的と記述されるようになってきたさまざまなアプローチ（たとえば，Fosha, 2000 ; Fosha & Yeung, 2006 ; Greenberg, 2002 ; Johnson, 2004 ; McCullough, 2003 ; Pos, Greenberg & Elliott, 2008）との間にもかなりの重なりがある。もちろん，まず第一に，洞察志向的な諸アプローチは，単なる「知的洞察」ではなく「情動的洞察」を促進することを目指してきたものである。しかしその考えは，しばしば強調されるほどには実践されてこなかった。患者の問題の隠された起源を「発見する」ことが強調されてきたために（この傾向の起源とその結果については，P.L. Wachtel（2008），特に第2章と第6章を参照），言葉が過度に強調され，なぜ患者がそのように体験しているのかを「説明」する傾向が強められてしまったのである（Aron, 1996 を参照）。そして，禁じられたものを越えて進むためには，それを**体験**し，その**体験**を**通り抜けていく**ことが必要だということが不十分にしか理解されないようになってしまった（これと関連して，不安を克服するうえでエクスポージャーが果たす役割についての以前の議論を参照のこと。同時にまた，患者の体験の変化を促進するまさにその過程の一部として，患者の体験を**受容する**ことの重要性についての以前の議論も参照のこと）。「感情を大事にする」ことについての前述の議論が示唆しているのは，患者は禁じられたものを十分に**体験する**必要があるということである。患者は禁じられたものを十分な感情を伴って体験する必要があるという考えは，ある意味で，やはり精神分析における初期の基本的教義への回帰であるようにも見える。けれども，この教義もまた実践されてこなかった理想であった。体験論的な心理療法と呼ばれているような現代の諸アプローチは，この考えを真剣に受けとめている。それらがしばしば感情を中心としたアプローチとか，感情に焦点づけたアプローチといった，よく似た名前で呼ばれているのも単なる偶然ではない。

● 文化の重要性

　精神分析的，認知行動論的，体験論的，そしてシステム論的な見方を活用しながら治療課題にアプローチすることに加えて，本書に記述されたアプローチは，人の生活の歴史的，文化的，経済的な諸次元の影響力に注意を払うことを非常に強調するものでもある（P.L. Wachtel, 1983, 1999, 2003 を参照）。これらの諸次元が，自分自身や自分の生活についての体験に，いかに重大な影響を及ぼすかということは，ほとんどすべての治療者が，自分自身の日常生活を通してよく認識しているところである。われわれは誰しもこのことを「わかっている」。われわれが友人や同僚や知人やパートナーと交わす日常会話は，このことを証明するものであり，このことを反映している。けれども臨床実践においては，生活のこうした決定的次元は，しばしば括弧に入れられ，治療作業の焦点からは絶えず切り離されている。あたかもそれらは治療とは関係のない「何か別のもの」であるかのように扱われる。しかしそれらは決して「何か別のもの」などではない。それらは，患者が自らの人生を体験し構成する方法の，そして患者が反応しているストレスや機会の，決定的に重要な部分なのである。治療者という役割自体が，あるいは専門職としての心理療法という観念自体が，歴史に付随した特定の文化的文脈を反映したものなのである。フランク（Frank, 1973）が見事に示したように，人類の歴史の大半においては，われわれが担っている機能は司祭やシャーマンのものだったのであり，心理療法家が今日取り組んでいる特定の実践は，われわれの特定の社会がそれに与えている承認やそれに帰属させている意味に基づいているのである。

　人格と治療過程についての私自身の考えにおいては，社会文化的・社会歴史的な力動は，心理力動や体験の外部にあるものだとか，それらから切り離されたものではなく，それらの中心部分である。私は，個人としての患者についての私の考えを導いているのと同じ悪循環の分析を，現代社会における経済成長の強調の基礎にある幅広い文化的・歴史的力動を扱う際にも用いてきた。こうした経済成長の強調は，個人的な人間的体験の観点からすれば，複数の皮肉と矛盾に結びついたものである（P.L. Wachtel, 1983, 2003）。また私は，この悪循環の分析を，人種関係の領域における同様に重要な皮肉を扱う際にも用いてきた（P.L. Wachtel, 1999）。

患者の選択の文脈を形成し，患者の体験を意味づけるうえで，文化的な価値や前提がもつ影響力は，本書の中心をなすセッションの全体を通して，はっきりと見て取れるであろう。メリッサとのセッションにおいては，こうした影響力は，彼女が自分のジレンマを，最初のうちは職業選択についての葛藤として表現したことに非常に明瞭に表われている。ヘルスケアと退職後のリソースが合衆国とは違った形で整備された社会であれば，仕事とキャリアについてのメリッサの葛藤は，おそらくもっと別の表われ方をしていたことであろう。実際，いかなるより深い不安がこの葛藤に寄与していたとしても，それはきっと仕事とはまったく別の領域において表現されていたことであろう。ルイーズの場合，彼女が話題にしている問題は，スウェーデンで育った体験と，現在合衆国で生活している体験とを何とか和解させようとする奮闘を強く反映したものである。ルイーズは，自分にとってのスウェーデン的なものやアメリカ的なものという考えを中心にしたステレオタイプな概念化と格闘していると同時に，その2つの社会における生活を特徴づけるまさに現実の違いとも格闘している。翻って，こうした文化的な違いは，彼女が育った家族と，彼女が嫁いだ家族との間の類似点と相違点のなかに表現されていると同時に，それらによって反駁されてもいる。これらのセッションにおいて，より詳細に見ていけば見ていくほど，「内的」と「外的」の間の，あるいは「個人的」と「社会的」の間の違いはより恣意的なものに見えてくる。これは誰の生活についても同様である。メービウスの帯をたどっているかのように，「内部」を探索する歩みを進めていくうちに，いつの間にか「外部」と出会っている自分に気づく。同様にまた，「外部」の道に沿って進んでいくとき，しばらくすると自分自身が「内部」に戻っているのに気づくのである。「内部」と「外部」は，実際には言語の性質によって強いられた区別であり，われわれは，それらがいかに織り合わされているか，それらがいかに互いを創造し合っているか，ということを理解の中心に据えるべきである。

● 心理療法の文化

　心理療法自体の文化について扱わないまま，心理療法の実践における文化についての議論を終えてしまうなら，それは不十分というものであろう。現在のわれわれの領域は，理論と臨床実践に対する異なった学派の信奉者たちの間の深い分

断によって特徴づけられている。われわれはこうした違いを，**哲学的，理論的，経験的**といった非常にまじめな言葉で考えることに慣れている。けれども，より詳しく検討してみれば，こうした違いは，しばしば民族グループ間の分断とよく似たものであることが見えてくる。多くの点において，それらは合理的に評価された判断というよりも，アイデンティティや同一化の問題，つまり，私はどのグループに**属しているか**という問題である。ステレオタイプな見方，「われわれと彼ら」という考え方，自分が属しているグループの言葉づかいの形式に対する強い執着，これらは民族的アイデンティティや民族間の敵対や不信に見られる特徴である。けれども，ある理論的立場の治療者たちが他の理論的立場の治療者たちを見るときの見方にも，驚くほどこうした特徴がよく認められる。統合的な立場の治療者として，私は，さまざまな学派の概念や実践における重なりを指摘することを通して，こうしたステレオタイプを打開することを目指してきた。自分自身の立場の特徴である特定の実践スタイルと特定の理論的言語にどっぷり浸かっている人々の目には，指摘されない限り，こうした重なりが見えていないからである。けれどもまた，統合的な立場の治療者として，私は，主要な学派それぞれの治療者たちと親密に接触し交流するようになるにつれ，こうしたステレオタイプを乗り越えることがいかに困難であるかを強く思い知らされてきた。

　本章において，私は，それぞれの学派が用いる異なった言語を超えていくとき（密接に関連している考えが異なった学派においては異なった言語で表現されている），そこで見出される学派間の重なりのいくらかを，さまざまな仕方で示そうと試みてきた。次章では，読者が，本書に提示されているセッションにおいて私が意図していたことをできるだけ十分に理解できるよう，**関係論的観点**と呼ばれているものから派生した私の考えや臨床的作業の特徴をより詳しく論じることにする。そこでの私の狙いは，精神分析的な考え方における近年の重要な変化に対して読者に注意を喚起することにある。精神分析の世界の外部の人々は，こうした変化について知らないことが多い。ウエステン（Westen, 1998）が指摘したように，多くの非精神分析家にとって（そしてたぶん，分析家の一部にとっても），精神分析は，エゴとイド，エディプス・コンプレックスと男根の象徴，性の本能と死の本能についてのものである。これらの諸概念は，約100年かそれ以上昔のものであるが，他学派の治療者たちが保持しているステレオタイプにぴったり適合し，精神分析は科学にも常識にも興味がない熱病に浮かされた精神の産物だというイメージを強めてきた。しかしながら，ウエステンが指摘しているよ

うに，今日では「ほとんどの心理力動的な理論家や治療者は，情動的に親密になることが難しいとか，不適切な人と繰り返し親密になってしまうといったような，問題を孕んだ対人的パターンを改善するための援助に多くの時間を費やしている」(p.333)。さらにまた，ウエステンが示したように，現代精神分析における鍵概念の多くは，認知心理学，社会心理学，実験的人格研究，認知－感情神経科学などの観点からなされた幅広い研究によって，経験的に支持されている。

　精神分析以外の「民族性」をもった読者は，次章において，なじみの薄い土地を旅することになるだろう。そのことにここであらかじめ注意を喚起しておきたい。次章において私は，セッションに体現されている包括的な統合的アプローチに精神分析的な思索と実践がいかに寄与しているかを示すと同時に，多くの読者がなじみがないであろう精神分析におけるより新しい思考様式について説明しようと思う。非精神分析的な読者には，(患者の体験世界と出会う際にもっていてほしいと私が希望するような) 開かれた好奇心をもって，このなじみの薄い土地に入っていってほしい。別のところで私は，現代の幅広い治療アプローチを導く考えに関する証拠の性質について，そしてまた「エビデンス・ベイスド」あるいは「経験的に支持された」治療に関する議論を特徴づけてきた複雑性と混乱について，詳しく論じたことがある (たとえば，P.L. Wachtel, 2010a)。しかし，本書における私の狙いは，より主観的な様式の探究を楽しむよう読者を誘うことにある。その探究は，面接室における患者と治療者の双方の体験に根ざしたものであり，また，行ったり来たりする複雑な治療的相互作用のなかに何らかの秩序と理解を達成しようとする努力に根ざしたものである。

註

1────たいていの心理力動的治療者は自分が行なっていることをエクスポージャーであるとは考えていないため，そのエクスポージャーの効果は，エクスポージャーの次元を明確に意識したうえで行なわれる場合よりも，つまり，患者が恐怖ゆえに避けてきた思考と感情にいかに最も効果的にエクスポージャーを行なうかをよく考慮したうえで行なわれる場合よりも，効果的でないということはおそらくありうることだろう。

2────認知行動療法家は，これとよく似た過程を，反応妨害法という用語で捉えている。バーローたちの情動的に駆り立てられた行動の中断または妨害という用語もまた，これとよく似た過程に言及したものである (たとえば，Ehrenreich, Buzzella & Barlow, 2007)。

3────蛇足ながら付け加えておくと，こうした戯画化は双方向的なものであった。行動療

法家もまた，精神分析的な思索と実践を，しばしばバイアスのかかった不正確な見方で見ていたのである。

4―― こうした「第3の波」のアプローチだけでなく，認知行動療法における「主流」のなかにも，強い感情が扱われるよりもむしろ避けられるならば，治療効果が制限されるということを指摘するアプローチもある（たとえば，Allen, McHugh & Barlow, 2008 ; Barlow, 2002 ; Ehrenreich, Buzzella & Barlow, 2007 ; Moses & Barlow, 2006）。

5―― この後すぐに明らかになるように，循環的心理力動アプローチの発展に伴って，私は家族システム療法と体験的療法に由来する方法や視点をも活かそうと努力するようになっていった。このより幅広い強調は，本書の後のほうで提示されるセッションにも見て取ることができるだろう。

6―― 私はここで過度であることを強調している。というのも，親切だったり協力的だったり援助的だったりすることは，それ自体としては悪いことではないからである。そしてまた，親切だったり協力的だったりする人に当然の分け前を受け取れないようにしているのは，そうした特性でさえないからである。協調性と他者への思いやりは，相手に不満を表現したり要求したりすることを恐れる気持ちから過度のものへと駆り立てられないなら，周囲から好かれ，尊敬される人にこそ与えられる人生の豊かな報酬をもたらすだろう。

7―― こうした変動性が見られないとき，あるいはごく最小限にしか見られないとき，その障害は強い生物学的要因をもつものである可能性が高い。こうした場合，治療者は患者に対し，心理療法に加えて薬物療法を受けてもらうことを考慮するべきである。

8―― もちろんこれは，こうした個人的関係のパートナーが職業的な心理療法家であっても当てはまる。

9―― 別のところで（P.L. Wachtel, 2008），私は，患者の人生に対するそうした新しいナラティヴを可能性のナラティヴと呼び，「解釈」により典型的な**説明**のナラティヴと対照しつつ論じた。

2つの頭のなかで
トゥー・パーソンの視点ならびに理論と実践に対する示唆

　しばしば，2つの頭を寄せ合えば，1つの頭よりも良い智慧が得られると言われている。本書の鍵となる前提は，2つの頭の**内部**にいるほうが，1つの頭の内部にいるだけよりも，よりよい心理療法の実践と理解が得られるということにある。本書の中心部分であるセッションの提示とその議論において私が目指しているのは，読者に，**患者に何が起こっているかについての私の考え**（セッション中の瞬間瞬間に起こっていることと，長期にわたる心理的な構図と傾向に関して起こっていることの両方に関する考え）を示すことだけではない。それに加えて，私自身の頭のなかで生じていることを明らかにすることも目指している。この後者の視点には，介入と治療方略についての私の考えが含まれるだけでなく，患者を前にして（不可避的に）患者から影響されている私の**情動状態**も含まれている。すなわち，患者の「頭の内部」を理解しようとし，患者の体験と力動についての私の知覚を読者と共有しようと試みながら，それに加えて，私自身がアクセスできた範囲で，セッションの進行に伴う**私自身の体験**をも提示しようと思う。
　明らかに，ある部分では，私自身の頭の内部で生じていることを含めることは，心理療法に対する私の「アプローチ」あるいは私の「立場」について読者に知らせることである。つまり，セッションの進行に伴って，そこで起こっていることについて私がどう考えているかを明らかにすることである。そして，いかにそれが患者についての私の理解や，患者に何を言うか（あるいは何も言わないでいるか）についての私の判断に影響を与えているかを明らかにすることである。これは，実質的には心理療法についてのあらゆる本が目指すところであり，治療者が何を「すべきか」についての記述であると言える（ただし，本書の場合，それはセッションの全過程を通しての瞬間瞬間の考えの説明を含んでおり，それは典型的にはあまり提示されて**こなかった**ものであろう）。しかし，「2つの頭の内部」にい

ることを強調するのには，それ以上の狙いがある。それはまた，患者を理解するための最も価値ある方法のひとつは，患者と交流する際の**自分自身**の体験に注意を払うことである，という私の確信を反映している。その人と**一緒に**いてどんなふうに感じられるかということこそ，その人**である**ことはどんなふうに感じられることなのかを理解するうえで，われわれが持ちうる最も強力な道具のひとつである。それは，患者の行動と体験を形成していながら，患者自身は気づいていない力動を理解するうえでも，最も強力な道具のひとつとなる。

　もちろん，治療者の主観は，患者を理解するガイドとして決して完璧なものではない。治療者は，きめ細かに観察するよう訓練を受けており，そのために有利な立場にいるとはいえ（第1章を参照），相手についてのかなり個性的な体験を，その人がどのような人であるのかについての妥当な洞察と混同してしまう危険性に対して，決して免疫があるわけではない。しかしながら，同時にまた，人間体験の微妙な綾や困難を扱おうとするとき，そこでの自分自身の主観的体験を利用**できないのであれば**，その仕事におけるわれわれの能力はかなり低下するということを理解しておくこともまた重要である。他者を理解するうえで，主観性は，欠陥のある道具であると同時に，必要不可欠なものでもある。

● トゥー・パーソンの視点──利点と限界

　これまでの議論は，本書が**トゥー・パーソン**の視点と呼ばれるようになってきた視点から書かれていることをおおむね意味している（たとえば，Aron, 1990 ; Ghent, 1989 ; P.L. Wachtel, 2008）。この用語の現代的な用法は，精神分析の歴史のほとんどを通してそれを特徴づけてきたワン・パーソンの視点と，重要な初期の先駆は存在するものの（たとえば，Balint, 1950 ; Rickman, 1957 ; Sullivan, 1953），おおむねここ20年ほどの間に発展してきたより新しい考え方とを区別することに基礎を置いている。**ワン・パーソン**の視点とは，治療者の研究領域が面接室に治療者とともに座っているもう一人の人物にあり，治療者が観察している現象を発生させるうえで治療者自身が果たしている役割は最小限にしか考慮されない臨床的・認識論的立場を指すものである。これとは対照的に，トゥー・パーソンの視点は，面接室で起こっている出来事を，不可避的に，部屋にいる**2人**の人間の間で起こる相互作用の産物であると見る。つまり，トゥー・パーソンの視点にお

いては，治療者はその場に参加しているのである。治療者は，何を見て，何に注目し，いかにそれを解釈するか，といった点における不可避的なバイアスと選択によって参与しているばかりか，クライエントと治療者双方の行動と体験を形成する対人的ないし関係的な場への積極的な取り組みの関数としても参与しているのである。トゥー・パーソンの視点からすれば，体験はつねに**共同構築**されている（共同構築は，トゥー・パーソンの視点に立った文献における中心的な用語である）。人は「患者」や「クライエント」を，その人が観察されている場面とは無関係に，自律的な自然現象として観察することはできない。治療者は必ず，**自分との関係における**，その関係の文脈における患者を観察している。このことは，他者についての有用な知識や理解を得ることはできないということを意味するものではない（この点は非常にしばしば誤解されている。この問題については，P.L. Wachtel（2008）を参照のこと）。ただ，このことは，患者についてわれわれが得る理解の性質とその限界について，われわれの考えをより洗練させるものである。

　トゥー・パーソンの視点からの論考は，非常に重要な進歩だと私は考えている。私はその視点の本質にある諸前提を強く支持する立場に立っている。しかし，ここでいくつかの点について明確にしておくことが重要であろう。まず第一に，本章においてこれからより詳しく説明していくように，トゥー・パーソンの視点は，本書に提示された臨床的作業の重要な基礎である精神分析的な考え方における，より大きなパラダイム・シフトの一部である。このより大きなパラダイム・シフトは一般に，**関係理論**という名称で呼ばれている。トゥー・パーソンの視点はその中心的な部分ではあるものの，関係理論にはほかにも多くの要素が含まれている（関係理論についての，そしてそのさまざまな特徴やそれが示唆するところについてのより詳しい概観は，P.L. Wachtel（2008）を参照）。現時点において，関係理論はアメリカ合衆国における精神分析の主流であり，世界の他の多くの地域においても急速に影響力を高めつつある。とはいえ，精神分析コミュニティの外部の治療者の多くにとっては比較的なじみが薄いものであろう。本章において私は，精神分析におけるこの新しい思考様式の多くの特徴について，特に，本書で提示された臨床作業と関わる点について，そしてまた，精神分析的な考え方と，認知行動論的，システム論的，体験論的な観点との統合に関わる点について，論じていくことにしよう（関係論的な視点についてより詳しく知りたいと思う読者は以下の文献に当たるとよいだろう。Aron, 1996；Bromberg, 1998a；Hoffman, 1998；Mitchell, 1988, 1993, 1995；D.B. Stern, 1997；Stolorow, 1997a, 1997b；P.L. Wachtel,

2008）。

　しかしながら，さしあたっては，トゥー・パーソンの視点というより狭い概念についてさらに考察することにしよう。そうするのには2つの理由がある。ひとつは，トゥー・パーソンの視点は，より大きな関係論的パラダイムの最も重要な構成要素，あるいは決定的な特徴だからである。もうひとつは，本書の中心部分はセッションであり，本書の重要な課題は，そのセッションにおいて私自身が考えたことや体験したことが，患者と私との間に生じたことを形成するうえでどのように寄与したかを検討することにあるからである。そして，そうした本書の性質にとって，トゥー・パーソンの視点はとりわけ密接な関係があると考えられるからである。関係精神分析の文献において，トゥー・パーソンという概念には少なくとも3つの異なる意味が与えられてきた。あるいは，その概念は少なくとも3つの異なる領域に適用されてきた。第1の意味は，**認識論的な**意味である。これは関係論の文献において最も幅広く用いられている意味である。関係論の立場に立つ著述家が，治療者の観察はつねに患者と治療者の両者が含まれた関係図式のなかでの観察であるということを考慮せずに「患者の」特徴を報告したり概念化したりすることの問題を強調するとき，そこで焦点になっているのはこの意味の次元である。ワン・パーソンの考え方とトゥー・パーソンの考え方とをかなり異なった前提と思考様式を表わすものとして区別する際の第2の意味は，人格の力動と発達と関係したものである。本章において後に論じるように，トゥー・パーソンの認識論的立場を唱道しながら，それにもかかわらず人格力動の定式化においては事実上ワン・パーソン的な諸前提に立ったままである，ということがありうる（一般的でさえある）。最後に，第3の意味は，治療技法へのアプローチにおいて，ワン・パーソン的アプローチとトゥー・パーソン的アプローチを区別するものである。この次元には，治療的介入についての諸前提が含まれている。すなわち，洞察，自律性，中立性，匿名性，そして自己開示などが果たす役割についての考え方も関係している。さらには，治療関係や，それが患者の問題に及ぼす潜在的な影響力についての考え方も関係している。これら3つの意味のいずれにおいても，実際のところ，トゥー・パーソンの視点という言い方よりも，**文脈的視点**という言い方のほうが，より有用かつ正確であると私は考えている。しかし，関係精神分析の文献においては**トゥー・パーソン理論**と**トゥー・パーソンの視点**という用語が幅広く用いられている現状を踏まえ，文脈的視点という用語だけでなく，トゥー・パーソンの視点という用語も用いることにする。

ワン・パーソン理論とトゥー・パーソン理論の区別について，さらにもう1点，明確にしておく必要があるだろう。それは，より古い思考様式が**ワン・パーソンの視点**であると記述されるのは，**トゥー・パーソンの視点**に立ったときだけであるということである。すなわち，自分自身を「ワン・パーソン」の立場だと表明する人はまずいないということである。ワン・パーソンの視点という記述は，トゥー・パーソンの視点というレンズを通して見た記述である。そして，ワン・パーソンの視点についての記述は，ほとんど例外なく，トゥー・パーソンの視点からの**批判**としてなされたものである（P.L. Wachtel, 2008）。こう言ったからといって，それは必ずしもその批判が妥当性を欠くものだという意味ではない。しかしながら，ワン・パーソンの視点は，ある集団が，別の集団の考え方の特徴として描き出したものであり，そう言われた側の集団のメンバーがそれを認めているわけではないのであるから，少なくともさらなる熟慮が必要だとは言えるだろう。

● **認知行動論的，人間性主義的，システム論的アプローチにおけるワン・パーソン的思考とトゥー・パーソン的思考**

　トゥー・パーソンの視点が示唆するところについて，最後にもうひとつだけ明確にしておきたいことがある。ここで私は，その意味を限定するよりは拡張しようとしている。ワン・パーソンの視点とトゥー・パーソンの視点についての最初の議論は精神分析の領域において生じてきたものではあるけれども，その区別は，実のところ，その中核的な意味において精神分析的なものではなく，心理療法の主要学派**すべて**に適用可能なものである。たとえば，第1章において，合理主義的な認知療法と構成主義的な認知療法について論じた際，そこに潜在的に示唆されていたように，ワン・パーソン・ヴァージョンの認知療法とトゥー・パーソン・ヴァージョンの認知療法があると言える。それはちょうど，ワン・パーソン・ヴァージョンの精神分析とトゥー・パーソン・ヴァージョンの精神分析があるのと同じである。すなわち，認知療法ないし認知行動療法の領域においても，自分を客観的な観察者だとみなしている治療者，つまり，自分は観察している現象の外部にいて，生じていることを「指摘する」という意味においてのみそこに参加しているのだと考えている治療者がいる。その一方で，認知療法家ないし認知行動療法家というアイデンティティをもちながらも，自らを共同構築された体験の純粋な参加者であるとみなしている治療者もいる。

同じことは人間性主義的な立場の治療者，たとえばロジャース派の治療者についても言える。治療者は，単に「クライエント」を観察しているという立場からクライエントを観察していることもあれば，自分自身とクライエントとの相互の結びつきを十分に認識し，また，その観察はクライエント自体の観察ではなく，この関係のなかのクライエントの観察であるということを十分に認識した立場からクライエントを観察していることもある。この領域においては，こうした違いは見過ごされやすいのかもしれない。というのも，ロジャース派を代表とする人間性主義的な立場の治療者たちの多くが依拠している基本的前提では，治療者の**共感**が観察のための重要な道具とされているからであり，また彼らのアプローチは，たいていの場合，クライエントの体験の不合理性を批判するよりは，クライエントの体験を力強く承認するものだからである。けれども，より詳しく見ていくと，共感は時にクライエントの体験を直接的に把握する準客観的な道具とみなされていることもある（「正確な」共感）。その場合，その共感は，この**特定**の治療者がクライエントの体験に治療者なりの特定の仕方で（特定のレンズを通して）到達したものとは考えられていないのである。

　同様に，ある種の治療者においては，無条件の肯定的尊重という考えもまた，自分自身を観察されている相互作用の場の外部にいるものと考える暗黙の前提を反映するものとなっている。そこでは，治療者自身は一切の判断をしない純粋に中立的な観察者であると（それゆえ，暗黙のうちに，面接室の外部における相互作用においては不可避的に発生する**葛藤を孕んだ複雑な**感情を表わさない観察者であると）考えられているのである。他方では，多くのロジャース派の治療者たちが，これとはかなり異なる前提に立脚して治療にアプローチしている。つまり，あらゆる立場のトゥー・パーソンの思索家たちが強調している，本質的に**参与的**な立場に立脚しているのである。たとえば，この立場に立つ治療者もやはり，外部から，あるいは「合理的な」視点から批判したりせずに，クライエントの体験を承認するよう努める。けれども，そこでは，治療者がクライエントに対して，「心地よい」ものであろうとなかろうと，情動的に反応していること，そしてそれによってクライエントの体験に重要な手がかりを提供していることが理解されているし，強調されてさえいる。そして治療者が共感的に反応している体験は単にクライエントの「有機体的」反応ではなく，この特定の2人が2人に特定の仕方で相互作用しながら**一緒にいる**体験に対するクライエントの反応である，ということも認識されている。すなわち，その体験は共同構築されているということが認

識されている。[3]

　実際，明らかに1人以上の相手と相互作用し，しばしばシステムに言及するグループ療法家や家族療法家でさえ，認識論的観点からすると「ワン・パーソン」の視点とほとんど違わない視点から，セッションやそこから生じる観察にアプローチしていることがある。彼らが，家族やグループにおいて自分たちが「観察する」ものに対して，自分自身の存在や，自分自身の特定の相互作用の仕方が及ぼす影響を考慮に入れていないのなら，それはワン・パーソン的なアプローチなのである。たとえば，私は何度か，ビオンの理論（たとえば，Bion, 1961）に依拠したグループ関係のワークショップに参加したことがある。ビオンは，トゥー・パーソンの立場に立つ理論家によってしばしば引用される思索家であるが，グループ過程に対するあれほど「ワン・パーソン」的なアプローチには滅多に出会ったことがない。そこでは，謎めいた全知の観察者が，グループに向かって，グループの原始的で「精神病的」でさえある諸前提について指摘していたのである。他方では，多くのグループ療法家や家族療法家が，面接室のなかで生じていることを，たとえそれがまったくグループメンバー間，家族メンバー間で起こっているように見える出来事であっても，治療者自身もまたその特定のシステムの一部であり，面接室のなかに生まれてきた関係の場の一部であって，それゆえ彼ら自身が彼らが観察しているまさにその現象の重要な一部であるという理解に立脚しながら観察している。彼らは2人以上の数の個人と治療作業をしているが，ワン・パーソンとトゥー・パーソンの区別という観点からすると，彼らはトゥー・パーソンの立場に立っていると言える。考察の対象になっている人の人数が問題なのではない。厳密に観察者の立場であるという主張をしているかどうかが問題なのである。

● **ワン・パーソンとトゥー・パーソンという区別の限界**――**文脈的な視点に向けて**

　こうした考察から見えてくるのは，トゥー・パーソンの視点は，われわれの定式化の認識論的な立場を理解するうえで重要な進歩ではあるものの，「トゥー・パーソン」という**用語**は，この進歩を表現するのに最適の用語ではないということである。それは潜在的に制約の大きい用語であり，また潜在的に混乱を招く用語である。私の考えでは，それが示している洞察の本質は，**文脈的視点**という新

たな用語によって，よりよく表現される。文脈的視点とは，ある人物についての理解は，特定の文脈においてその人物がどういうふうであるかについての理解である，という見方である。その見方においては，いかにその人が多様な文脈にわたって類似した傾向を示すかということと，いかにその人が文脈によって変化するかということの両方に注意が払われる。この視点は，精神分析の文献においても，実験社会心理学や人格心理学の文献においてもますます顕著なものとなってきた（たとえば，Andersen & Chen, 2002；Andersen, Saribay & Kooij, 2008；Andersen, Thorpe & Kooij, 2007；Mischel & Shoda, 1998；Orange, Atwood & Stolorow, 1997；Rhodewalt, 2008；Shoda, Cervone & Downey, 2007；Stolorow & Atwood, 1992；Stolorow, Atwood & Orange, 1999；E.F. Wachtel & P.L. Wachtel, 1986；P.L. Wachtel, 1995）。

　本章において後により詳しく論じるように，そうした理解は，個人の人格には何の核も，何の一貫性もないと示唆しているわけではなく，われわれがある状況から別の状況へ，ある関係的文脈から別の関係的文脈へと移動するとき，われわれがおおむね「自分自身」でありつづけている，そのあり方においてさえ，われわれは決して**単に**われわれ自身であるわけではなく，つねに「われわれに生じていることとの関係においてわれわれ自身である」ということを示唆しているのである。こうした理解を表現するものとして**トゥー・パーソンの視点**という用語が用いられるようになったのは，こうした視点の推移が生じてきた起源に由来する人為的な産物である。トゥー・パーソンの視点は，治療セッションで起きていることを再考し，その場面において達成された理解の性質を再考するなかで生じてきたものである。**その文脈**においては，そこで起こっていることは，おおむね2人の人物に関することであるように見える。そして，トゥー・パーソンの視点が表わしている進歩は，「面接室にいるもう1人の人物」が，起こっていることや観察されていることに影響を及ぼしていることを強調する点にある。

　本書の中核をなしているセッションの議論がトゥー・パーソンの視点を反映するものだというのは，この意味においてである。私はただ単に，患者の持続する人格特徴や，力動の性質や，患者の問題や訴えに寄与している因果のネットワークだと私が考えているものを読者に伝えようとしているわけではない。また私は，ただ単に，セッションのさまざまなポイントで患者が考えている，あるいは感じていると私が考えているものを示そうとしているわけでもない。私は，こうした体験や力動を，そのとき私に生じていることの文脈，そして，われわれの相互作用の文脈に置こうともしているのである。けれども，こうした考えを示すた

めには，**トゥー・パーソン**という用語は不十分である。その用語は，私の考えを導いているより大きな視点を十分に表わすものではない。そしてある意味では不適切に表わすものとさえ言える。そもそも，その用語が機能するのは，**セッションにおいては**，実際，部屋に2人の人しかいないという事情による。しかしこうしたセッションにおいてさえ，私の関心がより大きな範囲にまで及んでいるということは非常に明白であろう。たとえば，私の関心は，ルイーズが夫やその家族とどのように相互作用しているか，彼女が育ったスウェーデンと彼女が今住んでいる合衆国との文化的差異とどのように関わっているか，そしてまた，メリッサが合衆国のヘルスケアシステムというより大きな文脈とどのように出会っているか，といったことを含んでいる。たしかに，セッションにおいては，部屋のなかに2人の人間がいるだけである。けれども，そうした場面においてさえ，われわれが話し合い，理解しようとしていることには，ほかの多くの人々や文脈が含まれているのである。

● 人格力動に関するワン・パーソン的，トゥー・パーソン的，文脈的視点
―― 対象関係と愛着の視点

ここで私が論じている視点の変化を**文脈的な視点**への変化と考えることの利点は，そしてワン・パーソン的視点とトゥー・パーソン的視点という区別の限界は，ワン・パーソンとトゥー・パーソンの区別をもたらしてきた第2の領域において，さらにいっそう明らかである。それは人格の力動と発達という領域である。しかしながら，ここでまた，ワン・パーソン理論とトゥー・パーソン理論という概念を，ただ単にゴミ箱送りにしてしまわないほうがよいだろう。それらは今日まで，豊かで貴重な文献を生み出してきたのである。それゆえ，このより古い区別を，以前の理論化へのリンクとして，また，より十分に文脈的な理解に到るための中継地点として用いることが有用であろう。実際，ワン・パーソン理論とトゥー・パーソン理論という用語を保持する利点のひとつは，この用語が，その限界にもかかわらず，あるいはむしろその限界の**結果として**，私の主張したいポイントを照らし出してくれることにある。私の主張したいポイントというのは，ある面ではトゥー・パーソン理論家の著者たちが，認識論の領域から実質的な人格理論の領域へと移行したとき，なお「古いパラダイム」の思考を保持していることがあるということである。別のところで詳しく論じたように（P.L. Wachtel, 2008），多

くの「トゥー・パーソン」理論家は，かつての分析家たちが患者ならびに患者の力動をその観察がなされる関係の文脈から独立して観察できると想定していたことを批判しているにもかかわらず，人格力動の説明においては，本質的に「ワン・パーソン」的な考え方にとどまっている。すなわち，その人の動機，思考，自己表象や他者表象を，そのときにその人が置かれている情動的・関係的文脈とつねに何らかの仕方で関わっているものとして描き出す代わりに，「内在化された」対象の「内的世界」，つまり日常生活において進行する体験に影響を及ぼすことはあっても，日常生活において進行する体験によって影響されることは滅多にない**空想**の世界として描き出しているのである。

　こうした思考様式は，対象関係論の伝統における思索者たちの著作にとりわけ顕著である。彼らは，メラニー・クライン（たとえば，Melanie Klein, 1952, 1957, 1961, 1984）に従い，発展しつつある人格から分割され，時間的に凍結され，「幼児的」「原始的」あるいは「蒼古的」なままにとどまっている心理的なまとまりとして「内在化された対象」を概念化した。こうした定式化のワン・パーソン的な性格は，対象関係論の立場の思索者たちが主に関心を寄せる空想の**内容**が関係に関するものであるという事実によって，しばしば見過ごされている。彼らの関心の焦点が，いかに**想像上の関係**，「空想」関係，しかも実際のところ**幼児期における**想像上の関係にあり，**現在進行中の現実の人々との現実の関係**にはないということは，ほとんど認識されていない（Modell, 1984）。フェアバーン（Fairbairn, 1952）からウィニコット（Winnicott, 1965, 1971, 1975），そしてカーンバーグ（Kernberg, 1976）に至るまで，対象関係論における思索は，一方では，ワン・パーソン的あるいは「モナド的な」（Mitchell, 1988）古い思考様式と，他方では，人格がどのように他者との現実の体験によって形成されるかということについてのより新しい理解とが，興味深く混乱した混合物である。

　対象関係論の思索が，どれほどワン・パーソン的な思索の要素を含んだものであるかは，おそらくそれを，ほぼ同じ時期に同じ英国の精神分析界において発展してきたボウルビーの愛着理論（たとえば，Bowlby, 1969, 1973, 1980）と対比してみることによって，より明確になるだろう。ある面では，ボウルビーの「内在化された作業モデル」の概念は，対象関係論の「内在化された対象」という概念と同等のものとして見ることもできるだろう。しかし，英国の精神分析界において彼と同時代のほとんどの人たちの考えとは対照的に，ボウルビーは，内在化された作業モデルを，発達から切り離され，新しい体験から影響を受ける道筋を閉

ざされた幼児的・原始的な固定された構造ではなく，生涯を通して引きつづく愛着人物との持続する体験によって発展していく認知的－感情的スキーマとして理解したのである。彼は，内的作業モデルを変化しにくいものとみなしていた。けれども，それは，内的作業モデルが空想に基づいており，現実の体験に接触できないからではない。内的作業モデルは次の2つの理由から変化しにくいものとされた。この点について理解しておくことは，われわれが精神病理を理解するうえでも，心理療法を実践するうえでも，決定的に重要である。

　第1に，内的作業モデルは，発達しつつある個人が**安全感**を感じようとする努力と，さまざまな養育体験が創り出しうる知覚された**危険**に根ざしたものである。そのため，内的作業モデルは，不安によって駆り立てられた他のいかなる心理的機能の側面とも同様に，変化への抵抗と堅固さとを潜在的に備えている。自分を安全にしてくれるものとして体験されてきた行動パターンを変化させるよりも，その行動パターンを維持しながら，快や刺激や本能的欲求を満足させる別の機会を求めるほうがずっと危険が少ない。(4)第2に，内的作業モデルには**結果**がある。内的作業モデルは，その子どもの内在化された期待の起源となった世話者の行動と同種の行動を，その世話者から（後には他者から）引き出す可能性を高めるような振る舞いをするよう，子どもを方向づける。この点において，内的作業モデルは，第1章において論じられた悪循環と良循環の一例なのである。安定的な愛着パターンを発展させてきた子どもは，彼らが安定感を感じつづけるために必要とされてきたまさにその反応を，他者から引き出しがちである。不安定な愛着を発展させてきた子どもは，不安定な愛着が体現しているまさにその予期の結果として，また，そうした予期がもたらす行動の結果として，不安定なパターンを維持するような他者からの行動や感情的手がかりに出会いがちである（愛着の力動が，いかに二者の相互的調節の反復的・循環的な過程を反映するものであるかについてのさらに詳しい考察は，P.L. Wachtel (2008, 2010b) を参照）。

　このように，ボウルビーの概念化は，早期の体験が持続的な痕跡を残しうることにも，そしてその体験を解釈し，それに意味を与える個人の心理組織が重要な役割を担っていることにも注目しながら，しかしなお愛着の現象を，現実の関係的出来事に対する，発達途上の個人の反応という面から理解しようとするものである。実際，母親と子どもの間に**現実**に起こることの影響力を強調するボウルビーの「トゥー・パーソン」的な考えは，知覚と予期の起源として個人の「空想」を強調するクライン派や対象関係学派の理論家たちの考えとは非常に違っていた。

そのため，ボウルビーは，英国の精神分析の主流派からは，ほぼ完全に拒絶され，避けられてきたのである。ボウルビーの愛着理論が受け入れられるようになったばかりか，多くの面でまさに精神分析家たちの関心の中心を占めるようになったのは，英国のみならず世界中の精神分析が**変化した**ということを示す最も顕著なサインであろう（たとえば，Cortina & Marrone, 2003 ; Fonagy, 2001 ; A.N. Schore, 2003 ; Wallin, 2007）。しかし，ボウルビーの考えを最初に拒絶させた概念的バイアスが，今なお対象関係論の考え方の基礎にかなりの痕跡を残していることは十分に認識されていない。ある面で，ボウルビーの考えは，「ずさんに」受け入れられてきたと言えるかもしれない。つまり，ボウルビーの考えは，実際にはボウルビーの考えとは両立不可能な他の考えと併存するようにして受け入れられてきたのかもしれない。ボウルビーの考えと対象関係論の考えとは，ただ「関係」への関心を共有しているという理由で，今のところ，一貫性があるものとみなされている。しかし，これらの考えが関係を見る見方は，時として，非常に異なっている。これらの考えは，表面的には共通性があるように見えるとしても，より深く見ていくと，基本的な見方に重要な違いがある。ボウルビーの考えと対象関係論の考えとが実際に両立可能であるのか，それとも両立不可能であるのかは，今後じっくり調べていく必要がある（P.L. Wachtel, 2008, 2010b）。

● **養育関係と治療関係**──トゥー・パーソン理論の制約された文脈

　徹底したトゥー・パーソン的視点あるいは文脈的視点が，臨床実践にいかに重要な示唆を与えるかをさらに明らかにしていこう。そのためには，認識論的な領域において，ワン・パーソンの視点を強く批判してきた多くの影響力のある著者たちの間でさえ，ワン・パーソン的な考え方が未検討のままに，そしてしばしば気づかれないままに持続していることを，さらに明確にしておくことが有用である。この話題を追求するにあたっては，トゥー・パーソン的あるいは文脈的な考え方が，通常，どのような場面に適用されており，**どのような場面には適用されていないのか**を調べてみることが有用であろう。この節においてこれから詳しく見ていくが，この問いに対しては，さしあたり次のように答えることができるだろう。すなわち，トゥー・パーソン的な考え方は，患者と治療者の関係，そして母親と幼児の相互作用という2つの文脈について，非常に精力的に適用されてきた。そしてそれは，ライフサイクルを通して発達しつ

づけ，新しい出来事に反応しつづける個人の，他の多くの生活の側面についての議論においては，驚くほど適用されてこなかった（cf. Eccles, 2004 ; Erikson, 1950, 1980 ; Mancini, 2009）。しかしこうした適用の欠如は，あまりよく認識されてこなかった。というのも，母親と幼児の相互作用に関してトゥー・パーソン的な考え方の影響力が増大するにつれて，その考え方の適用範囲は面接室を超えて大いに拡張されてきたように**見えていた**からである。しかし実際はそうではなかった。この意味では，面接室外の1つの文脈においてトゥー・パーソン的な考え方が適用されてきたという事実によって，トゥー・パーソン的な考え方は，対象関係論の理論家や，より一般的に関係論の理論家にとって，人格力動を考える一般的な枠組みになったという微妙に誤った印象がもたらされてきた。

　たとえば，マローダ（Maroda, 1999）は，臨床作業についての関係論的な観点からの価値ある議論を，次のように述べることから始めている。「**早期の母親と子どもとの間の形成的な相互作用を強調する**トゥー・パーソン心理学が確立するにつれて，分析は自らを再定義しようと格闘してきた」（p.2／強調は引用者）。ここで，トゥー・パーソン心理学と早期の母子相互作用とが，何気なく同等視されていることに注意してほしい。同様に，ミッチェル（Mitchell, 1995）は，ポスト・クライン派の英国対象関係論の理論の最も重要な特徴は「それが環境を重視していることにある。それは，幼児と世話者の相互作用が決定的に重要であることと，被分析者と分析家との相互作用が決定的に重要であることを強調している」とコメントしている（p.78）。実際，多くの対象関係論の理論家が，相互作用的でトゥー・パーソン的な視点を，これら2つの領域に適用している。けれども，ミッチェルのコメントも，マローダのコメントも，人の生活の他の領域には**言及していない**ことに注意してほしい。彼らは，母親と幼児，患者と治療者の関係の**外部**で起こる，膨大な相互作用には言及していないのである。より年長の子どもとその友達や教師との相互作用においても，あるいは，大人と上司，部下，同僚，友達，近所の人，店員，娘や息子の学校の教師との相互作用においても，人生はトゥー・パーソン的で相互に構成された体験に**満ち満ちている**（あるいは，ここでもまた，より適切に事態を定式化するならば，文脈的に反応的で相互的に構成された体験に満ち満ちている）。しかしながら，対象関係論の文献においては，こうした体験への言及はほぼ見られない。そこでは，こうした体験は，第1章において論じられたような双方向的な循環的過程の産物としてではなく，むしろ，すでに存在

している「内的な」対象関係を単に反映したものとして見られている。

このような欠落について、私は別のところで次のように論じたことがある。

> 幼児期と分析の間の広大な領域は「排除された中間地帯」となっている。この領域は、一見したところ、関係と「環境」とを強調する理論が取り扱う対象になっているように見えるけれども、実際にはほぼ無視されている。もちろん、日常生活の体験は、関係理論によって論じられ、注目されてはいるものの、それらは基本的に、すでに「内界に」存在するものを明らかにする、あるいは表現するための文脈として見られている。つまりそれらは、分析において、あるいは幼児期においてそうであるように、相互性、共同構築、相互的因果律が関心の焦点となる領域としては見られていない。[…] 関係理論においては、母子関係と患者−分析家関係は、相互に影響し合い、体験を構築し合う双方向的な過程として、精力的に探究されている。けれども、そうした過程がいかに生活のあらゆる領域を特徴づけているかということに関しては、ほとんど探究されていない。内在化、発達レベル、発達停止といった諸概念は、注意を内界へと方向づけ、文脈から切り離された個人の特性として暗黙のうちにみなされている諸傾向に注目するよう導いている。
>
> （P.L. Wachtel, 2008, pp.56-57）

マローダとミッチェルを引用するにあたって、私は彼らを悪者扱いしないよう努力した。彼らはいずれも傑出した関係論の論者であり（ミッチェルは、関係的観点の初期の発展における最も重要な人物であり、創始者であるとさえ言えるかもしれない）、私は彼らの貢献や視点をとても尊敬している。また、彼らの臨床的、理論的立場は、実際に私自身の立場と多くの点で共通している。マローダもミッチェルも、トゥー・パーソン的な考え方を人生の他の領域から排除しようと明確に意図していたわけではないだろう。実際、精神分析的な著作における「赤ん坊の比喩」や「発達の片寄せ（developmental tilt）」についてのミッチェル（1988）の重要な議論は、前章や本章における私の主張と実質的に共通したものである。私がこれら2つの文章（もっと挙げることも可能である）を引用したのは、ただ次のことを示したかったからである。すなわち、対象関係論や関係精神分析の幅広い文献においてトゥー・パーソン的な焦点づけは明白に認められるものの、それらはしばしば心理療法での相互作用と、母親と幼児の相互作用を論じる際に限

られている。そうした限定的なトゥー・パーソン的視点は、非常に容易に、よく考慮されないままに、人生の他の部分をも包括したより徹底的なトゥー・パーソン的視点と混同されてしまいがちである。

● 面接室におけるワン・パーソン的考え方からトゥー・パーソン的考え方への移行
　　── マートン・ギルの貢献

　トゥー・パーソンの視点が、いかに患者－治療者と母親－幼児の相互作用の領域におおむね制限されてきたかということ、そしていかに人の生活の他の領域の議論においてはおおむね欠如してきたかということを理解するために、これら2つの領域においてトゥー・パーソンの考え方がどのように発展し、適用されてきたかをより詳細に見ていくことにしたい。これまでにすでに論じてきたことから暗に示唆されるように、人格力動の性質についてのトゥー・パーソン的な考え方は、心理療法のセッションに最も幅広く適用されてきた。ワン・パーソン的な見方の認識論的な問題が最初に明瞭にされたのは、この領域においてであった。この領域においては、多くの関係論的な著述家たちが、行動と個人的体験を形成する**因果的力動**もまたトゥー・パーソン的な性質のものだと認識していたということを理解しておくことが**重要**である（彼らは他の領域においてはそのような認識はもっていなかった）。すなわち、患者の体験は単に彼がセッションに持ち込んだ「内的」力動の関数ではないということが明らかになってきた（そしてそのことは、ほとんど認識論的な観点と分離できないものだと理解されるようになってきた）。セッションにおける患者の体験は、たしかに患者の力動や心理的組織化過程の無意識の次元を理解するための価値あるガイドでもあるにせよ、**実際に生じていることへの反応**として理解されるようになった（たとえば、Aron, 1996 ; Gill, 1982 ; Hoffman, 1998 ; P.L. Wachtel, 2008）。

　この見解は、精神分析的において、セッションで生じている出来事をワン・パーソン的に理解する視点からトゥー・パーソン的に理解する視点への移行が生じはじめるにつれて発展してきた。このあたりの事情は、マートン・ギルの著作において特に明瞭に見て取れる。ギルは、長年にわたって、精神分析におけるフロイト派ないしは自我心理学派の指導的な思索家の1人であった。しかし、後になって彼は、精神分析をトゥー・パーソン的な視点へと移行させる指導的な人物の1人となり、かつて信奉していたまさにその見解を批判するようになった。こうしたギルの考えの変化は、2つの視点の中心的な前提は何か、そして、精神分析的

な考え方は時代とともにどのように発展してきたのかを特によく示すものである。1959年にギルは，現在，ワン・パーソン的視点と呼ばれている視点の，最も影響力ある，非常に明瞭な記述を提示している。

> 最も明白な転移の現われは，分析家の行動が一定である状況下で繰り返し生起するものである。なぜならそうした状況下においては，転移の現われの**変化を，外的な状況，すなわち対人関係における何らかの要因の変化のせいにすることができない**からである。患者はその責任が自分にあることを認めなければならないのだ。　　　　　　（Gill, 1954, p.781／強調は引用者）

　これとは対照的に，数十年後，ギルはこうした立場を非常に鋭く批判している。ギルの批判は，ある部分では，治療技法論の観点に立ったものである。治療技法論に関する彼の後の著作における主な論点のひとつは，患者の体験が面接室で現実に生じていることと関連があると分析家が認めたからといって，そのように事態が展開したことや，そのように展開した事態を患者がどう体験したかを振り返る際に，患者が自分自身の役割を理解できなくなるわけではないということにある。実際，そうした認識は，患者をより尊重しているばかりか，面接室における複雑な間主観的過程のより正確な記述でもある。そしてそうした認識は，患者の無意識の前提と組織化の諸過程が，彼の相互作用の体験にどのように寄与しているかを探索する作業への患者の関与を**促進する**。というのも，患者の体験を完全に否定し，単に過去から派生した歪曲として扱う代わりに，トゥー・パーソンの視点は，患者の体験を現実に面接室で生じていることへの反応とみなすからである。**同時にまた**トゥー・パーソンの視点は，患者の体験を深いところにある彼の前提の反映であるともみなすからである（そして，その前提の発達的起源と潜在的に問題を孕んだ意味を探索することは，なお重視されている）。
　ギルは次のように述べている。

> 分析は対人的な文脈において起こるものだから相互作用なしでいることなどありえない。当然のことながら，沈黙もまた1つの行動である。［…］治療者が沈黙することで中立的であろうとしても，その沈黙は，非人間的な冷たさとして体験されたり，優しい配慮として体験されたりする。そして，そうした体験はいずれも，もっともなものでありうる。こうした患者の体験は

いずれも，必ずしも歪曲されたものとは言えない。　　　（Gill, 1984, p.168）

　そのうえでギルは，治療者が生起していることに関する自分の役割を認めることが探索の過程を助けるのか妨げるのかという問題をはっきりと取り上げ，そしてまた，患者の体験が単に過去から派生した転移反応として片づけられたり，転移反応に還元されたりしないときに生じてくる雰囲気の変化に言及して，次のように述べている。

　　分析場面の雰囲気は，患者は間違っているという雰囲気から，患者の観点がまず最初に取り上げられ考慮されるという雰囲気へと変化する。言い換えれば，患者の合理的な能力は，軽んじられず，尊重されるのである。こうした雰囲気のなかでは，患者は，自分自身の観点が認められた後，自らの体験に対する自分自身の寄与をより進んで探究するようになる。こうした立場は，患者の観点の合理性を認めてしまうと，自分の体験はもっぱら分析家の現在の行動によって説明できるという患者の信念を認めてしまうことになると論じる立場とは，もちろん正反対のものである。　　　（Gill, 1984, p.173）

　ここでギルは，前に引用した1954年の論文における自らの主張をあからさまに批判している。この批判において，われわれは，セッションで得られる知識の認識論的な地位に関するトゥー・パーソン的視点への推移が，治療技法と人格力動の理解における関連する推移と連動しているのを見出す。ギルは，最初はワン・パーソン的視点の傑出した信奉者であったが，その後，その見解を批判する動きの指導者として新しいトゥー・パーソン的視点の示唆をより幅広く明瞭に描き出した。個人はもはや，行動と体験の因果が厳密に内的なものであるような，それ自体で完結したシステムとはみなされない。個人は，世界のなかで生きており，そこで生じる出来事に反応する存在とみなされる。つまりギルがまた別の影響力のある論文（1979）で述べたように，個人は現実に反応する存在とみなされる。しかし同時にわれわれは，神のような「客観的な」視点から「現実に」起きていることに反応するわけではなく，つねに**われわれが体験する**出来事に反応する。だから，患者の体験は，彼が世界を理解するときに依拠している感情的，動機づけ的，知覚的なスキーマを反映するものでもある。

　さらには，起こっている出来事と，われわれがその出来事を把握し，そこに反

応するために依拠しているスキーマとは双方向的な関係にある。こうしたスキーマは各個人のユニークな発達史を反映している。われわれはそれぞれ，成長途上で異なった体験をする。それゆえ，われわれの心理構造と内的世界の内容は，それ自体のユニークな性質をもっている。けれども，体験の継起がわれわれの個人的で対人的なスキーマを形成する一方で，同時にまた，発展しつつあるスキーマがわれわれの体験の継起を形成する。すなわち，出来事が心理的な意味を帯びるのも，他者から特定の反応を引き出す行動が生み出されるのも，スキーマの働きを通してのことなのである。異なった人生経験ゆえに，われわれの感情的，行動的，動機づけ的なスキーマは異なったものとなる。けれども，異なった感情的，行動的，動機づけ的なスキーマゆえに，われわれの人生経験は異なったものとなる。われわれは，異なったように行動し，異なったように知覚し，他者に異なった行動を喚起する。行動と体験のこれら2つの起源は完全に織り合わされている。ギルは，第1章に述べられた循環的心理力動論の観点と非常によく似た仕方でこのことを定式化し，次のように述べている。[6]

　人は，自らの精神内界的なパターンが命じるように世界を見ているだけではなく，正しく査定して世界を見てもいるのである。さらに言えば，この2種類の決定要因は互いに影響し合っている。精神内界的パターンは，そのパターンに適合した外的世界の側面に選択的に注目するよう方向づける。しかしそれだけでなく，個人は，そこで出会う反応が，自分があらかじめ抱いている見解を現に確証する可能性を高めるように振る舞うものでもある。精神内界的パターンが維持されるためには，このように外的に妥当性が確認される必要があるのである。**精神分析理論はこの洞察を無視してきた。その代わりに精神分析理論は，外的世界との照合なしに精神内界的パターンを維持する内的な圧力を仮定してきたのである。**　　　（Gill, 1982, p.92／強調は引用者）

ギルの観察と再定式化は，精神分析のセッションにおいて生じることについての関係論的な見方に大いに取り入れられてきた。しかし，その適用性は決してその場面に限定されるものではないということを認識しておくことが重要である。原則的に言って，それらは，人が生活のあらゆる場面においてどのように機能しているかについてのより適切で包括的な説明をもたらすものである。しかしながら，前に述べたように，関係論の文献の多くにおいて，この視点は，面接室の外

での患者の日々の体験の議論に関しては，あまり明確に認められない。個人のスキーマを**最初に**形成した力動，つまり人生の最早期に発展した力動は，しばしば双方向的で相互作用的な性質のものとして描き出されている。けれども，いったんその個人が幼児期を越えて成長したなら，彼は基本的に「内的な」構造を「表出」しているものとして論じられる（心理療法セッションにおける行動と体験だけがその例外である）。その個人は，もはや，人々の**相互の影響**が循環的なフィードバック・ループを形成している因果的な連鎖の一部でありつづけているものとはみなされなくなる。実際には，そうしたフィードバック・ループは，観察される人格におけるいかなる一貫性にも本質的に寄与しているのである（P.L. Wachtel, 1994, 2008）。

● トゥー・パーソン的な理論のもう1つの隔離された領域としての養育関係

　前に述べたように，トゥー・パーソン的な考え方が関係論の文献において幅広く認められる領域は，心理療法の面接室に加えて，もう1つある。この第2の領域の存在は，トゥー・パーソン的な考え方が，人の生活の他の領域に関する議論においては**欠如している**という事実を見えにくくさせてきた。人生の最早期において，人格が，いかに母親と幼児との双方向的な交流によって形成されるかということは，関係論的な理論家の重要な関心の焦点となってきた。多くの論者にとっては，それは，関係論的な理論を定義する特徴のひとつとなっている（たとえば，本章の少し前に提示された1999年のマローダの文献からの引用を参照のこと）。この領域における関心の視界には，愛着過程，母子相互作用のリズムを創り出す相互的キューイング[(7)]，幼児と養育者との間の双方向的な体験の共同構築に関わる他の諸側面，などについての研究が含まれている（たとえば，Beebe & Lachmann, 2002, 2003；Cohen & Tronick, 1988；Jaffe, Beebe, Feldstein, Crown & Jasnow, 2001；D.N. Stern, 1985；Tronick, 1989）。この領域においては，相互作用する二者が互いに互いの行動と体験を形成し合っていること，そして，それぞれが，他者に対して（より幅広くはそのなかで体験が展開するつねに変化する文脈に対して）反応していることが，全般的に強く強調されている。こうした研究においては，相互作用する二者それぞれの持続的でしばしば高度に構造化された性質が考慮されている。たとえ赤ん坊であっても，すぐに容易に同定可能な人格や個人的特質を示すようになるのである。しかしこの領域においては，二者に生じることは，いずれか片

方だけの「内的な」あるいは「内在化された」性質によっては十分に説明されえないということが理解されている。むしろ，そのモデルはかなり徹底的なトゥー・パーソン・モデルであり，治療的相互作用のモデルと同様に，そのモデルもまた，一方で個人的な性質や持続的な傾向の強調と，他方ではこうした性質が現われ，形成され，維持され，変化させられる文脈の絶え間のない影響力との間の，見かけ上の緊張を容易に解決するものである。⁽⁸⁾

　幼児期と心理療法という2つの領域に関する議論とは対照的に，関係論の文献において，幼児期と心理療法の面接室との間に広がる人生の広大な領域についての議論の多くは，ほとんどトゥー・パーソン的な視点を反映していない。そこでは，より伝統的な精神分析的な語彙と概念的なレパートリーがはるかに一般的となっている。たとえば，内的状態やさまざまな力が「プレイ・アウトされる」といった具合である。そこでは，成長した後の人生における患者の困難は，幼児期においてすでに内在化されてきた心理構造を**反映するもの**として見られているのである。すなわち，患者に心理療法を受けさせることになった日常的な体験や，彼のユニークな人格を構成している持続的な特徴の性質について論じる際には，共同構築は注目されず，（第1章において論じられたような）患者にとって優勢な行動や体験や相互作用のパターンに周囲の人々が共犯者として引き込まれる過程にはほとんど注意が払われない。

　トゥー・パーソン理論の2つの「アンカー・ポイント」（幼児期と心理療法）の間には，以前，私が「排除された中間地帯」と呼んだものが存在している。その中間地帯は，本質的に，今なおワン・パーソン的な考え方に支配されている。患者の日常生活における人格パターンの記述になると，あるいは，患者が治療に持ち込む問題の原因についての記述になると，問題は「内界」の深くに埋められているという前提が，しばしば十分な検討を経ることもなく保持されつづけている。ミッチェル（1988）が対象関係論の思索において幅広く見られる発達停止モデルを批判するなかで述べているように，たしかに**早期の**子どもの体験は二者的で相互作用的なものとして扱われているけれども，ある時点で患者の情緒面での成長は「停止」したとみなされ，いったん発達停止が生じたなら，人生の最早期の段階においては二者的であった理解も，それから後は「おおむね一方通行的」なものとなってしまう。ミッチェルは，この一方通行的な考え方は幅広い精神分析的思索家たちに共有されていると指摘し，それについて次のように述べている。「幼児的な欲求は凍結され，固定化される。人格における最も重要な心の深層が

切り離され，対人的な場における新しい要素から遠ざけられる。[…] 相互作用を通して確立された関係的な図式は不変のものとなり，内在する諸力がその後のすべての体験を形成する」(p.131)。

こうした概念化に代わる別の選択肢を創り上げるなかで，ミッチェル (1988) は，より完全にトゥー・パーソン的な（より適切には文脈的な）人格の概念はどのようなものになるかを見事に描き出している。本書に提示されている臨床的な仕事を導く循環的心理力動論ともかなり共通した見方を示すなかで，ミッチェルは，関係理論がしばしば依拠している重要な前提のいくつかを暗黙のうちに批判して，次のように述べている。

> 私は，対人的な相互作用が，心理的により基礎にある内的対象関係や内的「表象」の世界の単なる「エナクトメント」だとは思わない。また私は，主観的体験は現実の対人的相互作用の単なる記録だとも思わない。**心理的な現実は，精神内界的領域と対人関係的領域の両者を含む関係図式のなかで作用しているものと見るのが，最も有用な見方である**。　　　　(p.9)

● **文脈のなかの行動と体験**——精神分析的視点と行動論的視点の重なりを目指して

ここで私は，トゥー・パーソン的視点が（すでに示唆してきたように，より好ましくは文脈的視点が），いかに人格とその力動についてのより分化した理解をもたらすか，そしてその過程において，いかに精神分析的な仕事から派生した観察と，認知行動論的な観察者やシステム論的な観察者が焦点を当ててきた観察とを和解させることに寄与するか，という問題について考えてみたい。これらのアプローチのそれぞれがもつ強みを一貫性のあるやり方でまとめるためには，次のことをよく認識しておくことが重要である。つまり，精神分析的な伝統が患者の内的世界の複雑性に与えてきた注目を保持しつづけるために，状況的あるいはシステム的な文脈の強い影響力（認知行動論の伝統とシステム論の伝統の治療者や研究者が力強く示してきた影響力）を無視する必要があるわけではないということである。内的世界は，**文脈的な**内的世界として最もよく理解される。すなわち，われわれの体験と行動を形成し，方向づける知覚的，動機づけ的，感情的な諸傾向の構図は，まさにその性質ゆえに，われわれの周りの出来事に反応するものである。それは，精神分析的なレンズを通してしばしばそう見られているほどには，

決して，われわれの周りの出来事から隔離されたものではない。精神分析的な観察から生じてきたこの新しい視点は，近年，急速に優勢となってきた。程度の差こそあれ，内的世界を隔離されたものではなく，文脈的で反応的なものとして見る精神分析的な著述家たちは，より古い精神分析の理論と実践に重要な挑戦を投げかけてきた。こうした新しいヴァージョンの精神分析的な思索は，潜在的に，精神分析的な概念を，治療過程についてのより幅広い思索の流れや調査研究と統合していくことを助けるものであり，同時にまた，長きにわたって精神分析的な思索を支配してきた，そしてしばしば精神分析の本質と見間違えられてきた，病理中心で過度に内的な人格についての概念化を超越した，人格についての概念化を導くものでもある（P.L. Wachtel, 1997, 2008）。

このより新しい精神分析的なアプローチの先駆者たちは，すでに数十年前に，精神分析的な視点を活かしながら，人が周囲の出来事に対して反応する（そしてその結果，行動と体験が文脈ごとに変化する）という観察を取り入れた精神分析的な思索のヴァージョンを創り上げていた。サリヴァンの対人関係論は（たとえば，Sullivan, 1947, 1953），われわれが，われわれ自身がその一部となっている対人関係的，あるいは関係的な場に対して反応する存在だという考えに根ざした精神分析的な視点の，おそらく最も完全な例であろう。対人関係的な立場の分析家は，無意識の動機，葛藤，空想を無視していたわけではない（しばしばそのように誤解されているけれども）。ただし，彼らはこうした精神内界的現象を文脈のなかに位置づけ，人は相互作用している周囲の人々との関係においてのみ適切に理解されうるのだということを強調した。こうした相互作用は，他者との関係において行動する現実の各個人の共同参加によって形成されると同時に，過去の体験に基づきつつ，そこに個人的な意味を付与する（他者の知覚を，そして自分自身の知覚を色づける）「パーソニフィケーション」によっても形成される（Sullivan, 1953）。

サリヴァンの時代の精神分析は，精神内界を，日常的な他者との相互作用の世界からはまったく切り離された，一種の失われた大陸として見ていた。そして不幸なことに，そうした精神分析の世界に対人関係的あるいは文脈的な強調を導入する闘いにおいて，サリヴァンは過剰なレトリックに走りがちであった。サリヴァンはそのレトリック的な傾向の一部として，「ユニークな個人性という錯覚」という表現を用いた（Sullivan, 1950）。この言い回しによって，対人関係論は非常に容易かつ効果的に戯画化されてしまった。このように，対人関係論的視点は，

対人関係の文脈が変われば，人の行動と体験が重要な変化を示すことにも注目し，そこに注目しながらでも一貫したパターンを認めることはできるということを強調したのだが，精神分析の主流からは，分析家の多くが強くコミットしていた精神内界の研究とは別の選択肢と，あるいは対立する選択肢とさえみなされたのである。その結果，長年にわたって，精神分析の世界において，対人関係論的視点はおおむね周辺的な位置に追いやられてきた。

対人関係論的視点のこうした周辺化は，その時代の精神分析的な思索家たちが幅広く共有していた先入観や誤解を反映したものであった。そして，対人関係論的視点が周辺化されたことで，その当時の主流の精神分析的考え方に備わっていた問題を孕んだ特徴の多くが維持されることになった。とりわけ，われわれが日常生活のなかで，異なった関係の文脈に対してどのように反応しているかということについての対人関係論者の重要な観察が取り入れられないままになってしまったことで，結果的に，日常体験の世界からほぼ切り離された内的世界という概念化が維持されることになった。このことは，分析家から離れた，患者の他者との日常の相互作用を調べることを，比較的「表面的な」作業であるとみなすよう方向づけた（Boston Change Process Study Group, 2007 ; P.L. Wachtel, 2003 を参照）。その結果，日常生活の相互作用が実際にはどれほど重要であるかを示すはずの，まさにその観察への扉が閉ざされてしまった。

近年，対人関係論的視点は，より幅広い**関係論的観点**の重要な構成要素として，より大きな影響力をもつようになってきた。ミッチェル（Mitchell, 1988 ; Greenberg & Mitchell, 1983）をはじめとして，ほかにもD・B・スターン（1997）やブロンバーグ（1998a）のように，関係論の領域に重要な貢献をした人物も含めて，関係論の流れに属する多くの指導的な人物は，対人関係論を出発点として彼らの探索を開始した。彼らは，もはや精神分析の主流から切り離された周辺地帯で議論をしているわけではなくなった。彼らは，精神分析的スペクトラムにおける他の観点との対話や同化によって，対人関係論的視点を拡張してきたのである。本書の基礎にある循環的心理力動的視点もまた，もともとは対人関係論に基礎を置いた視点の拡張であり，後には，より幅広い関係論的な総合体の一部となったものである（P.L. Wachtel, 1977b, 2008）。しかしながら，循環的心理力動論は，対人関係論的視点を，精神分析的スペクトラムのなかの他の理論的視点と統合するだけでなく，認知行動論的，システム論的，体験的な諸アプローチに由来する考えや実践様式とも統合することによって，理論的な同化と調節の過程をさらに

推し進めるものである。

　精神分析における初期の文脈的な考え方の他の起源として，エリクソン（たとえば，Erikson, 1950）が挙げられる。精神分析の世界におけるエリクソンの政治的アイデンティティは，サリヴァンのそれとはきわめて異なるけれども，彼の考えは，多くの点においてサリヴァンの考えと同じように周辺化された。しかしながら，エリクソンの考えはあからさまでない「上品な」仕方で周辺化された。対人関係論が精神分析の主流から「別の集団」としておおむね扱われ，かなりあからさまに反論され，排除されたのに対して，エリクソンの理論的視点は大いに尊重的に扱われた。けれども，彼の理論的視点もまた，精神分析的な理論と実践の発展において，その後の数十年間にわたって，事実上ほぼ無視されてきた。その当時，優勢であった精神分析的思索の自我心理学的なヴァージョンとの関連で言えば，フロイトを個人的に知っており，彼の娘であるアンナに分析を受けた人物であるエリクソンは，精神分析の主流に文脈的な考え方を導入するにはふさわしい人物であったと思われる。エリクソンは，サリヴァンや，ホーナイ（たとえば，1937, 1939, 1945, 1950），あるいはフロム（たとえば，1941, 1956）と同じように，人格発達の形成上，文化が果たす強力な役割をよく認識していたけれども，彼はサリヴァンたちのように「文化主義者」とはラベルされなかった。また，分析家の主流から，無意識的な本能的欲動が果たしている強力な役割について，フロイトが「苦心の末に獲得した」洞察を無視しているとして非難されることもなかった。むしろエリクソンは，欲動それ自体の見方を改訂することによって，精神分析的な洞察を文脈化しようとした。彼は，自らが改訂した理論を，フロイト派の基本的な構造をほんの少し修正しただけのものとして提示し，自らの人格理論を標準的なフロイト派の発達段階に基づきながら説明した（Erikson, 1950）。このようにして提示されたことにより，エリクソンの改訂の純粋にラディカルな性質は効果的に隠された。エリクソンは，サリヴァンに劣らず，**文脈化された精神分析**を提示したのである。彼の理論においては，個人の性格，行動，体験は，その個人的・文化的な文脈を参照することなしには適切に記述されないものとされている。それゆえ，彼の理論においては，文脈の変化に伴う行動と体験の**変動性**が明確に強調されている。

　実際，最もよく引用されるエリクソンの概念であるアイデンティティは，まさにその変動性に光を当てるものである。多くの読者にとって，アイデンティティは，人格の**一貫性**を強調する概念，つまり，場面が変わっても自分は同じ自分で

あると感じられるということを強調する概念であった。われわれは，それぞれの場面で，われわれの体験のあらゆる側面に，「私らしさ」の感覚（自分自身についての特定の見方の感覚）を吹き込むよう努力する。アイデンティティはたしかに一貫性についての概念である。しかしそれは**構築された一貫性**であり，**大きな変動性を前にしての一貫性**の感覚である。アイデンティティは，われわれがつねに同じであるから重要なのではない。もしわれわれがつねに同じであるなら，アイデンティティについて考えたりなどしないだろうし，エリクソンもその概念に関与したりなどしなかっただろう。われわれが異なった文脈において非常に異なっているからこそ，われわれは「私はいったい何者なのだろうか？」と自問する必要があるのだ。[10]

　ミッシェル（Mischel, 1968）もまた，文脈の違いによる行動と体験の変動性に（そしてまた，そうした変動性のなかから主観的な同一性の感覚を構築する傾向に）注目すべきだと強調した。彼の仕事は，この１点を除くほとんどの点において，エリクソンの仕事がもつ概観や繊細さとはかけ離れたものである。ミッシェルは，社会的学習理論に依拠し，精神分析に代わる治療方法として行動療法を唱道する立場から議論している。彼は，エリクソンのように，人々にとって非常に重要な社会的あるいは文化的な場面で人生における意義ある活動や努力に取り組んでいる人々の観察に基づいて議論を展開したわけではなく，基本的に実験室での研究から得られた観察に基づいて議論を展開した。こうした観察は，基本的にわれわれの人生における重要な体験それ自体を表わす行動ではなく，こうした体験の**類似物**（*analog*）である行動に焦点を当てたものである（P.L. Wachtel, 1973b, 1977a）。

　ミッシェル（1968）の著作はとても強い影響を及ぼした。この著作は，人格は場面が変われば大きく変化するという主張を裏づける強力な経験的根拠となった。彼の著作が示した場面による人格の変動性は，精神分析的な思索者や特性理論家が一般に想定していたものよりもずっと大きなものであった（特性理論家というのは，カリフォルニア人格検査（CPI）やミネソタ多面人格テスト（MMPI）といった尺度を用いる研究者である）。私はミッシェルの議論を重要なものと受けとめたし，実際，興味をかき立てられた。けれども，同時にまた，かなりの疑いをも抱いた。なぜ私が疑いを抱いたかというと，彼の議論には，精神分析的な考え方の本質とその証拠に関して，私には先入観と誤解に基づいているとしか受け取れないような記述が含まれていたからである（P.L. Wachtel, 1973b）。しかし，さらにミッシェルの議論について考察を深めていくうちに，私は，彼が提示した

証拠の重要性に印象づけられるとともに，私自身驚いたことに，精神分析に対するミッシェルの**批判**が，私が徐々に形成しつつあった精神分析の新しい**ヴァージョン**についての私自身の考えと共鳴するところがあるということにも，印象づけられるようになった。今なお私は，心理力動的な観点についてのミッシェルの記述を，問題を孕んだ，偏向したものと考えているし，状況の役割についての彼の説明は，少なくとも最初の提示においては，行きすぎた一方的なものだったと思っている（Bowers, 1973 ; Magnusson & Endler, 1977 ; P.L. Wachtel, 1973a, 1973b）。にもかかわらず私は，彼の著作に，辛辣であるとともに刺激的なものを多く見出したのである。とりわけ，われわれの行動と体験が文脈の変化に伴って**変化する**ということにもっと注意を払うべきだという彼の主張は，私自身の理論的視点（そして，精神分析的思考のある種のヴァージョンに対する私自身の好み）を潜在的に形成しつつあった現象と体験に，私の注意をより明瞭に向けさせた。重要な点で，ミッシェルの社会的学習アプローチとの出会いは，私自身にとって，自らの**精神分析的な**思索の性質を明瞭化するものとなった。またそれは，私自身の精神分析的視点と，ミッシェルの著作が否応なしに私に注目させた挑戦的な新たな観点とを，どのように和解させるかという問題に対する興味をかき立てた。こうした影響の結果，生じてきたのが，本書において提示された臨床的作業が依拠している循環的心理力動論の視点である。

　心理療法の統合に向けての私の努力は，初めのうちは，対人関係論の伝統とエリクソンの仕事に代表される自我心理学の文脈化されたヴァージョンを基礎としたものであった。精神分析的視点の中心にある観察と，行動論やシステム論の中心にある観察とを，ともに含み込むことができるような，さらに拡張的な理論的視点を模索するうちに，私は，統合の努力にとっては，（第1章で述べた）悪循環という面からの理解が鍵であるということに気がついた。この点に関しては，私はカレン・ホーナイ（たとえば，1939, 1945）の考えから啓発を受けた。彼女の仕事は，正当に評価されていないが，いかに人々が自己永続的な循環に捕えられるかということ，そしてその自己永続的な循環こそ，過去と現在とを現実的に橋渡しするものであるということを，力強く示している。私は，その当時，自分自身が発展させつつある統合的な理論が**関係的な**視点の一例であるとは考えていなかった。というのも，その時点では，はっきりと関係精神分析と命名された視点はまだ存在していなかったからである。精神分析におけるはっきりとした関係的視点の概念化の出発点としては，おそらくその最も重要なものとして，2冊の

著作が挙げられるだろう。その2冊とは、グリーンバーグとミッチェル（1983）の『精神分析理論の展開——欲動から関係へ』と、ミッチェル（1988）の『精神分析と関係概念』である。これら2冊の著作が発表されたのは、私が、社会的学習理論の立場に立ったミッシェルによる精神分析の記述に対して最初の批評（P.L. Wachtel, 1973a）を書いた後であり、精神分析的視点と行動療法的視点の統合についての私の考えを概説した（本質的に循環的心理力動的観点の明確な出発点となった）私の最初の著作（P.L. Wachtel, 1977b）が発表された後であった。

精神分析的な思索における関係論の運動の出現の後でさえ、はじめのうちは、（精神分析的な理論化における、そして他の理論的視点との統合における）私自身のアプローチの発展は、関係論の運動の発展とは独立して、並行的に進んでいった。しかし、関係的な視点が次第に私の注意を引きつけるようになるにつれて、私は、自分と関係論的伝統における著述家たちとが、多くの点で共通する基礎のうえに理論的定式化を行なっていることに、驚きをもって気づくようになった。さらに関係精神分析の文献に目を通していくうちに、実際のところ、「関係理論」は包括的な用語として最もよく理解されるものであるということがわかってきた。つまりそれは、重要な共通点があるものの、なお重要で興味深い仕方で異なってもいる**一連の理論を包含する用語**なのである。このような見方に立ったとき、私は、複雑に相互作用するこれらの諸理論から現われてきた新しい豊かな諸概念に興味をかき立てられると同時に、私自身の循環的心理力動論をますます関係的視点から見るようになりはじめた。そして、循環的心理力動論がどのように他の関係理論と重要な前提を共有しているか、また、どのようにそれらとは異なっているか、ということに興味を抱くようになった（P.L. Wachtel, 2008）。一連の**精神分析的視点**を統合することに焦点づけた関係論の運動と、治療過程についての現代的な視点の全範囲に注目する心理療法統合の運動の**両方**に関わる複雑な体験から、本書に提示されている作業を導く理論的視点が出現してきた。現在の時点では、この視点を、**循環的心理力動療法**（*cyclical psychodynamic therapy*）と呼んでも、**統合的関係心理療法**（*integrative relational psychotherapy*）と呼んでも、いずれも適切である。それらは本質的に同じことなのである。

● **多重自己状態と精神分析的、認知行動的、システム的、体験的な諸療法における受容の強調**

ここで私は、トゥー・パーソン的ないしは文脈的な視点が提供するより分化し

た人格力動の理解が，治療過程の理解と治療効果に寄与する，もう1つの，そして同様に重要な道筋について論じることにしたい。この領域における主要な理論的アプローチの統合を促進することに加えて，文脈的視点から派生した理解はまた，治療者が，患者の，時に隠された（あるいは見過ごされた）強さをより明瞭に見ることを可能にする。そして，治療的変化を促進するうえで，患者の強さに依拠することを可能にする。

　文脈的視点のこうした示唆を探究するうえで，さまざまな異なる理論的な潮流においてよく似た理解の仕方が出現してきているということを，ここでもまた認識しておくことが有用である。このことは，それぞれの理論が用いる用語が異なっていること，そして，それぞれが強調する現象と方法論的な好みが異なっていることによって，明瞭には認識されにくいものとなっている。関係論の文献を幅広く読み，自分でも関係理論についての著作（P.L. Wachtel, 2008）を著わすなかで，私は多くの関係論の著者が解離の概念を強調していることに印象づけられた（Bromberg, 1996, 2003 ; Davies, 1996 ; Howell, 2006 ; D.B. Stern, 2003, 2004）。解離の概念は，精神分析的思索におけるサリヴァン派を除けば，長年にわたって精神分析的な著述家がおおむね脇に追いやってきた概念である（Berman, 1981 ; Dimen, 2004 ; Loewenstein & Ross, 1992）。解離を強調するなかで，こうした著述家たちは，人格構造についての精神分析の概念化を練り直すという仕事をも行なっている（彼らはたいてい，抑圧の概念を完全に拒絶せずに解離を強調しているけれども，抑圧の概念を精神分析的視点における中心的な役割からは降ろしている。この点に関しては，本書の第1章を参照）。精神分析的なモデルは，ある心理現象は「表層的」なもので，別の心理現象はより「深層的」なものといったように，これまで，人格構造をおおむね垂直的なイメージで捉えてきた（Boston Change Process Study Group, 2007 ; P.L. Wachtel, 2003, 2008）。一方で，解離により大きな役割を与えることから生じてきたモデルは，かなり異なるイメージや前提を喚起してきたし，またそれらのイメージや前提から生じてきた。表層と深層という，垂直的に構造化された「考古学的」モデルとは異なり，解離モデルは複数の体験モードと体験組織を前提としている。そして，そうした複数の体験モードや体験組織のそれぞれは，異なる時点において優位となり，対人的行動を生み出し，純粋な自己の表現として体験され，「表層」にあると記述されうるものである。そしてまた，それぞれは，他の時には，そして他の文脈においては，解離され，気づきの**外部**[11]に追いやられ，以前には潜在的であったものの出現によって隠されたものとなる。

（解離性同一性障害という診断が確実に当てはまるわけではなくとも）極端な形では，解離は，ほんの少し前に現われていた彼自身の側面を「非自己」として否定するとか，覚えていないとかいったものとなる。けれども，そうした推移が，気分，焦点，自己の感覚，何が適切かの感覚といったものの変化であることのほうがより一般的である。われわれは誰しもそうした推移をよく知っている。われわれの体験や世界における存在様式のある側面が少なくとも一時的に接触不可能となる，こうした解離の過程や現象は，社会心理学者や社会的学習理論家の間でよく知られ，また強調されてきた過程や現象と，重要な形で共通している。こうした観点からなされてきた研究は，われわれの行動と体験が，どのように文脈の変化に伴って変化するかに光を当ててきた。つまり，われわれが，（遺伝的あるいは気質的な変数と，先行経験やわれわれがそこに付与する解釈や意味の両方に根ざした）個人的性質を通して，さまざまに異なった社会的・対人的な文脈の手がかりや要求を知覚するとき，そうした知覚に基づいて，どのようにわれわれの行動と体験が変化するかを明らかにしてきた。エリクソンがアイデンティティとの関連で議論したように，こうした推移は，柔軟で拡張的な（しかしなお同時に比較的安定した）自己の感覚の範囲内にすべて取り入れられることもある。一方で，こうした異なる存在，感情，行動の様式の間の矛盾や両立不可能性が，苦しすぎて抱えておけないものとなってしまうこともある。そうなると，ある心の状態の現われは，他の心の状態を，ほとんど意識的に接触不可能なものにしてしまう。

　抑圧モデルにおいては，自己体験と自己組織の何らかの側面が，（たとえそれらが，気づきの外部で，生活環境に対するわれわれの反応に影響を与えつづけるとしても）永続的に主観的に受容できなくなり，意識に接近できなくなることが想定されている。これとは対照的に，解離という概念化は，臨床的観察の事実により近いばかりか，社会的学習理論の前提とも，社会心理学的な研究や現代の認知的感情的科学がもたらす知見とも，より両立可能なものである（Bargh, 2006；Cacioppo & Berntson, 1992；Cacioppo, Berntson, Sheridan & McClintock, 2000；Hassin, Uleman & Bargh, 2005）。フロイトは，抑圧の概念の偉大なる擁護者であり（抑圧は精神分析の「礎石」であるという彼の言葉を思い起こしてほしい），また考古学モデル（幾層もの防衛の下に永遠に埋もれた素材という見方）の偉大なる擁護者でもあったが，そのフロイトでさえ，次のように述べていたのである。

　　印象や場面や体験を忘れるということは，ほとんどつねに，それらを閉め

出すことだと言ってよい〔私が最初にこのくだりを読んだフロイト全集の翻訳においては，それらを「解離すること」と翻訳されていた〕。患者がこうした「忘れていたこと」について話すとき，患者はほとんどいつでもこう付け加えるものだ。「実際のところ，私はつねにそのことを知っていました。ただそれを思いつかなかっただけです」。しばしば患者は，「忘れていたこと」を呼び起こすようなことが何も思い浮かんでこなかったという事実に失望を表わす。患者は，それが起こったとき以来，一度もそのことを考えることがなかったことを悔しがるのである。　　　　　（Freud, 1914/1957, p.148）

　関係精神分析の文献において，解離の現象は，多重自己状態との関係で論じられることが多い。多重自己状態というのは，異なった心の状態や体験組織が，他の心の状態や体験組織とは解離して，おおむね交替的に出現する状態のことである（たとえば，Bromberg, 1998a ; Burton, 2005 ; Davies, 1996, 1998 ; Harris, 1996 ; Pizer, 1996 ; Slavin, 1996 ; D.B. Stern, 2003）。この理論の言葉は社会的学習理論や家族システム理論の言葉とは根本的に違っているように見えるかもしれない。けれども，こうした異なる理論における概念化がそれぞれ扱おうとしている現象の間には，事実上，重要な重なりがある。しかしながら，こうした潜在的な重なりを理解するためには（そしてまた，多重自己状態の概念化がその潜在力を十分に実現するためには），ある自己状態から他の自己状態への移行が文脈的に理解される必要がある。すなわち，その移行は単に「内部」からの「自発的な」ものではなく，環境の変化に対する反応としても理解される必要がある。
　しかしながら，ここで言う環境は，通常，「外的な」出来事や変数として記述されるものに決して限定されるわけではないということを明確にしておくことが重要である。「環境」という言葉を使う際に，私はその人の現在の感情状態や意識的・無意識的な思考や知覚をも含めて考えている。それらすべては，異なる心理学的構図への移行に影響を与える文脈の一部なのである。そして，ひとたびそうした異なった心理学的構図への移行が生じたなら，そのことは，どのような思考や知覚や感情が前景に現われてくるかということに影響を与える。さらには，私が本書の全体を通して強調している循環的で再帰的な因果的構造との関連で言うと，「環境」もまた関係的かつ個人的な文脈の全体を重視する仕方で理解される必要がある。つまり，一方では個人の行為と主観的体験，他方ではその行為とそれに伴う感情が他者に喚起する反応，その両者の間を持続的に行ったり来たり

するなかでもたらされる産物として理解される必要がある。

　この拡張された意味での「環境」を念頭に置いて，自己状態の変化を，**そのときに生じていること**への反応として理解するなら，自己状態の交替についてのより洗練され分化した理解が得られるだけでなく，より意味深いやり方でそれらにアプローチできるだろう。つまり，その人は単に**移行する**自己状態や**多重な**自己状態を呈しているのではなく，**意味ある**自己状態，つまり，生活における出来事や体験に反応する心理組織の状態を呈しているのである。その心理組織の状態は，単に精神病理の指標ではなく，日常生活のつねに変化する体験に対する，その人なりの適応方法の表現でもあるのである。心理組織の状態の変化を，このように意味があるもの，反応するものとして理解するならば，効果的な心理療法の重要な要素として私が第1章で論じた受容の態度が促進されることだろう。

　このような見方に立つとき，多重自己状態の概念は，臨床実践に対して，抑圧や「深層」といった考古学的に組織化された諸概念とはかなり異なる示唆を与える視点をもたらすものである。人格の奥深くに隠された中核こそが，より基本的な，あるいは「真実の」側面であるという考え，そして，意識的体験や顕在的行動は表面的なものであり，より真実の傾向を隠したり防衛したりするものだという見方。こうした考えや見方に代わるものとして，多重自己状態の概念は，かなり違った構造を示唆する。われわれの体験や動機づけ傾向や感情傾向の一部は，持続的に受容しがたいものとして扱われ，意識的な精緻化への扉を閉ざされるというのは，おそらく正しい。たしかにわれわれには，きわめて普通に世界に（そして自分自身に）見せている顔があると同時に，つねに隠しており，再評価するには助けが必要な自分自身の側面もある。けれども，この次元にあまりに深く捕われすぎて，何が受容可能で意識的に接近可能であり，何がそうでないのかは，気分や社会的文脈や，近年，**自己状態**と呼ばれるようになったものによってかなり変化する，というのも正しいということを見過ごさないようにすることが重要である（精神分析的な著述家たちは長年にわたってこのことを見過ごしてきたのである）。人格は多くの側面から構成されている。自己と他者とを体験するうえでの体験の仕方や，世界における行動の仕方には潜在的に多くの仕方があり，人格はそれらによって構成されている。そして，ほとんどの時間，接近不可能で，「非自己」として扱われている自己の側面でさえ，一時的にではあれ，非常に直接的に表現されたり体験されたりすることがありうる。われわれが患者に対して，以前にはおおむね自己の体験の外部へと追いやられていた彼自身の側面を認められ

るよう，そしてそれに声を与えられるよう援助したとき，われわれは偽りの仮面によって隠されてきた「真実の」自己を発掘したわけではない。われわれは，その人の**別の次元**にとっての余地を創り出したのである。つまり，彼がずっとなじんできた諸側面，あるいは自分が誰であるかについての彼の感覚の中核を成してきた諸側面に負けず劣らず重要だが，しかしなお**より**重要だというわけではない彼の体験の一側面にとっての余地を創り出したのである。

　もちろん，葛藤や解離が特に強い場合には，ある側面の出現が，他の側面への気づきを曖昧にしたり，黙殺したり，妨害したりする積極的な役目を果たすことがある。言い換えれば，その人の行動と体験を形成している感情的-認知的-動機づけ的諸過程のある種の特徴は容易に意識に接近可能であるが，そのとき同時に働いている他の特徴は周辺的にしか意識に接近できないか，まったく接近できないかもしれない（現在，脳は並行処理によって特徴づけられた器官として理解されている）という意味において，**いかなる瞬間においても**「表層」の体験と「深層」の体験とがあるということである。さらに言えば，意識的な明確化の程度の違いには，こうした脳の機能の「構造的」特徴の結果である面があるとしても，通常，**防衛過程**と呼ばれているものの産物である面もある。ある種の傾向が活性化されたことによって，または活性化されたことへの気づきによって喚起された不安は，制止の過程を発動させ，まさに生じようとしている一連の行動と感情反応が推敲されるのを妨げたり，（われわれが愛する人に向かって攻撃的に振る舞いながらも，自分がそうしているとは意識的に認めないときのように）表現されてしまった行動の**起源**についての意識的な気づきを妨げたりする。特定の自己状態の組織の一部として一時的にのみ周辺化された体験であろうと，慢性的かつ全面的に受容不可能とみなされてきて，意識や自己感覚に繰り返し接近不可能にされてきた人格の側面であろうと，治療過程において，そうした周辺化されてきた体験の諸側面のための余地をつくり，そこへの気づきを促し，その統合を助けることは，良い治療の中心的な特徴である。しかし，日常的に容易に意識に接近可能なものも，多大な治療作業の末にようやく意識に接近可能となるものも，人格の多様な現われのそれぞれはすべて「現実」のものであり，すべて重要なものである。私がここで論じている見方においては，人の一部を「真実の自己」として尊重的に扱い，別の一部を「偽りの自己」として侮蔑的に扱うようなことはしない。

　関係論の著者のなかでも，ミッチェル（1993）は，とりわけこの点を明確に論じている。彼は「自己に関して何を真実とし，何を偽りとするかの判断は，怪し

い仕事である」と述べている（p.133）。ミッチェルは，偽りの自己と真実の自己という概念の基礎にある観察を拒絶しているわけではない。むしろ彼は，こうした概念化がしばしば具象的に用いられるという問題を乗り越え，真実の自分であるとか，真実の自分のようではないとかいった，現象学的体験に焦点を移行させようとしているのである。しかしながら，真実性について述べるなかで，彼は「『私』とは何かについての暗黙の基準や，あらかじめ抱かれている考えに照らして体験を判断しない」よう警告している。彼は次のように論じている。

> 真実性の感覚はつねに構築物である。構築物として，それはつねに，特定の時点で自己について構築されうる他の構築物との関係での相対的なものである。［…］ある自己のヴァージョンの文脈において真実であるように見えるものが，他の自己のヴァージョンに関しては，きわめて真実でないかもしれない。
> (p.131)

さらにミッチェルは，「以前の経験からすると真実ではないと感じられる行為が，その人が成長し，新しい可能性に十分に同一化するようになるにつれて，より真実のものと感じられるようになることがある」（p.131）とも述べている。私自身の臨床経験に照らしても，患者が，自分自身の新しい側面（しばしばより健康的で彼自身が望んでいた行動の仕方や考え方）の出現を，「それは本当は私じゃない」とか「本当の自分自身ではない」とかいうように体験することはよくある。そうした場合，私はしばしば患者に次のように言っている。「つまり，より十分に自分自身になるためには，少しばかり『自分らしくない』ようになる必要があることがあるみたいですね」。

これらの考察はすべて，**受容**を強調するアプローチ，つまり，人のあらゆる側面を何らかの意味で純粋なもの，理解に値するものとみなすアプローチへとわれわれを方向づけている。この点に関して，関係精神分析の理論的発展として私がこれまで述べてきたことは，認知行動療法の領域において発展してきた新たな強調点と共通したものである。それは，とりわけ，リネハンやヘイズといった著者たちによって代表されるものである（たとえば，Hayes, Luoma, Bond, Masuda & Lillis, 2006 ; Hayes, Strosahl & Wilson, 1999 ; Linehan, 1993 ; Linehan & Dexter-Mazza, 2008 ; Swales & Heard, 2009）。それはまた，システム論の領域において，問題のナラティヴの書き直しを強調する治療者や，「解決志向」アプローチを取っている

治療者の仕事とも共通する（たとえば，de Shazer et al., 2007 ; Molnar & de Shazer, 1987 ; White & Epston, 1990）。私自身の臨床経験から言っても，患者に次のように言うのが役に立つことはしばしばある。「あなたには，尊重されておらず，認められていない**別の一面**があります（あるいは「恐いもの，恥ずべきものと見るように学習してきた別の一面があります」「拒絶して排除しなければならないと感じてきた別の一面があります」）。けれども，それは，あなたが快く自分自身に許せるようなあなたの部分と同じくらい重要なあなたの部分なのです」。

　臨床作業へのこのようなアプローチは，本書の第3章に収められたルイーズとの最初のセッションにおいて，特に明瞭に見て取れるだろう。私は別のところで（P.L. Wachtel, 1993, 2008），臨床的な対話における「本当は」と「〜も」という言葉がそれぞれ示唆するところの違いを強調したが，このアプローチはそのことと特に関係が深い。治療者が患者に伝える暗黙のメッセージが（時には明示的なメッセージが），自分は患者が「本当に」感じていることを指摘しているのだというものであるとき，その示唆は，患者がそのときに感じていることや体験していることの妥当性を，あるいは患者が長年にわたって抱いてきた自分自身についての考え方の妥当性をさえ，否定するものとなる。これとは対照的に，たとえば，患者は他の人物について話しているけれども，「本当は」転移に言及しているのだと示唆する代わりに，「たぶんあなたは私に対してもそんなふうに感じているのでしょう」とコメントする場合のように，治療者のコメントが患者がこういうふうに「も」感じているかもしれないという可能性を指摘するものであるとき，治療者は患者の描いた絵に何かを**付け加えている**だけである。そのとき治療者は，患者の自分自身についてのこれまでの体験の仕方や理解の仕方の妥当性を否定してはいない。治療者は，患者には彼が自分で思っている**以上のもの**があり，彼自身の新しい側面は，これまでは恐ろしいものと感じられてきたかもしれないが，安全にそして豊かに同化できるものだと伝えているのである。たとえば，患者が母親を愛していると言っているのは防衛であって，「本当は」患者は母親に怒りを感じているのだと伝えるコメントの代わりに，「あなたがお母さんにとても愛情と感謝を感じているのがわかります。でも，お母さんがこれまでにしてきたことのいくらかについては，あなたは怒ってもいるように私には感じられます」と言うような場合も同じである。

　このように，文脈の変化に伴う行動と体験の変動性に注目することで，精神分析的な概念化や観察（とりわけ，近年，多重自己状態として定式化されるように

なった概念化や観察）と，（より幅広い統合的な心理療法のモデルを発達させることへの私の興味を刺激した，早期におけるミッシェル（1968）の挑戦的な分析をも含めて）認知行動論的な思索者やシステム論的な思索者たちの観察や強調点とに橋が架けられる。そればかりか，変動性に注目することで，患者の強さを見出し，強さに焦点づけ，患者がより十分に全体的に理解されたと感じられる援助のための重要な基礎が確保される。トゥー・パーソン的あるいは文脈的な視点は，いかなる体験も心理的傾向も，文脈によって現われたり現われなかったりするということ，そして，異なる文脈においては**異なったように現れる**ということに，われわれの注意を向けさせる。また，その視点は，他の特徴や傾向（それらもまた，その人がどんな人であるかについての同様に真実で純粋な表現である）が他の文脈においては前面に現われうるということを強調する。この観点に立てば，患者の強さは，患者の問題と同じくらい容易にわれわれの注意の的となり，治療努力にとっての同じくらい重要な基礎となる。言い換えれば，患者の強さは，おおむね，文脈の変化に伴う行動と体験の変動性の**なかで現われる**のである。すなわち，現在，患者が呈している問題と性格的な困難（これらは治療者の注意を最初に引きつけがちである）に対してバランスを取るうえで役立つのは，こうした問題は**つねに顕在化しているわけではない**という事実である。いわゆる第II軸の障害においてさえ，その診断の根拠となっている特性やパターンは，実際のところ，患者の生活のあらゆる瞬間に顕在化しているわけではない。多くの時間において，患者は，その診断が示唆するものとはきわめて異なったように振る舞ったり，世界を体験したりしているものである。そして治療者がこうした変動性を，患者の人格組織の「本当の」（つまり病理的な）性質を見えにくくさせているものとしてではなく，それ自体で重要なデータとして見るならば，そのとき治療者は，患者についてバランスの取れた人格像をより描きやすくなるだろうし，第1章において論じたように，小さな強さの兆候に依拠することがより容易になるだろう（それらもまたつねに患者の人格像の一部である）。

　受容と変化との弁証法の強調は，精神分析的アプローチと認知行動論的アプローチの両者における最先端の発展である（たとえば，Bromberg, 1998b ; Hayes, Follette & Linehan, 2004）ということを私は強調してきた。このこととも調和して，本書に示された理論的・治療的アプローチの中心的な特徴は，患者の体験と人格に一貫して敬意を払いながら，そして，患者の強さに依拠したうえで共感的かつ率直に患者の痛みと機能不全を見ていくようにしながら，患者の問題と向き

合うことにある。本書の全体を通して私は次のことを示したい。つまり，治療者がしばしば「障害」や「診断」などを強調する用語で議論したくなりがちな問題も，患者を自分自身の人生の主体として見るようにしながら，十分にかつ深く扱うことができるということである。すなわち，人生における患者自身の選択が彼女が治療に持ち込んだまさにその問題の源であるときでさえ，患者を彼女自身の過去の経験に照らして意味のある，理解可能な選択をしている主体とみなし，またそのように表現しながら扱うことができるということである。この後に提示される逐語録は，患者に対して承認的なこうした観点を示すものである。また同時に，治療者が時として（悲しいかな不可避的に）この理想から滑り落ち，それを実現し損なう様子を示すものでもある。

註

1── 本章において後に論じるように，関係的という用語は，ある面では，すべての関係論的な思索家が共有しているわけではない多様な概念や観点を丸ごと包み込む大風呂敷のような用語である。

2── 微妙に違った仕方ではあるが，スペッツァーノ（Spezzano, 1996）もまた，ワン・パーソン理論とトゥー・パーソン理論という概念がもつ3つの意味を区別している。

3── ここでもまた，クライエントの体験は共同構築されたものだと主張することは，クライエントが，あらかじめ形成された特徴や傾向を伴って相互作用に入るということを否定するものではない。本書の全体を通して私が強調する論点を先取りして言えば，こうした特徴や傾向は，その性質上，文脈的なものだという意味である。

4── 不安に駆り立てられた心理学的傾向が，どのような独特な仕方で人を圧倒するかについてのより詳しい考察は，ホーナイの仕事を参照のこと（たとえば，Horney, 1939）。ホーナイの仕事は，正当な評価を受けてきていないが，今なお価値あるものである。

5── 多くの関係論的な著述家と同様に，マローダ（Maroda, 1999）は，その著作の別の箇所で，患者－治療者関係のトゥー・パーソン的な性質についても強調している。

6── 個人的な会話において，ギルは，トゥー・パーソン的な視点に移行するうえで，私の最初の本『精神分析と行動療法』（P. L. Wachtel, 1977b）を読んだこと，特に，スキーマ，同化，調節といったピアジェの概念を用いて転移の概念を検討した議論（P. L. Wachtel, 1980も参照）を読んだことが役に立ったとコメントしてくれた。そして逆に，彼の再定式化は，この問題についての私自身の考えをさらに形成してきたのである。

7── 明らかに，乳幼児期についてのこうした研究は，母親以外の養育者との相互作用とも関係がある。しかし，研究の多くは母親に焦点を当てている。

8——こうした相互的過程の証拠やそのより幅広い示唆については，P.L. Wachtel（1973b, 1977a, 1980, 1994），Wachtel, Kruk & McKinney（2005）を参照のこと。

9——次節において，私はまた，このより分化した理解が，患者を病理化することを避けるよう，そして，治療作業を患者の問題だけでなく患者の強さにも依拠させるよう，いかにわれわれを助けるか，ということを考察しよう。

10——私はここで，「私はいったい何者なのだろうか？」という問いや，それに対する答えが，つねに意識的なものであると示唆しているわけではない。エリクソンは，結局のところ精神分析家であり，気づきの外部にある諸過程に（それらの諸過程は最終的には個人の主観的体験を強力に形成する）強い関心を抱いていたのである。

11——防衛している傾向や心理組織と，防衛されている傾向や心理的組織との間の流動性を，やや異なる観点から論じたアプフェルバウム（Apfelbaum, 2005）の議論も参照のこと。

第 2 部
セッション
Section II
Sessions

3
ルイーズ
セッション 1

　序文で述べたように，本書に提示されたセッションは，通常の面接とはやや異なった設定でなされたものである。私は，アメリカ心理学会の心理療法ビデオシリーズ「心理療法の諸システム」の企画でセッションを録画するために，シカゴに招かれた。そのため，セッションは私のオフィスではなく，ガバナーズ州立大学のキャンパス内にあるテレビ・スタジオで行なわれた。以前にも私はテレビ・スタジオでセッションのデモンストレーションをした経験があり（Psychological & Educational Films, 1989），そうした場面では少なくともいくらか不安になるのは避けがたいことだとわかっていた。訓練と研究を目的として公に販売されることを意図したセッションの収録ということで，「匿名」の視聴者たちが私がしていることについて，そしてまた，私がどれくらいうまくやっているのかについて，彼らなりの判断を下しているという認識を，つねに心の背景のどこかに抱いていた。

　もちろん，ある意味では，人が本や論文を書くときにはいつも，これと似たような状況に直面する。本は読者や評者に判断される。著者は評者の反応（肯定的なものであろうと否定的なものであろうと，また，洞察に満ちたものであろうと誤解やイデオロギー的偏見を反映したものであろうと）に傷つきやすいものである。けれども，本や論文の場合には，少なくとも著者が「これでいい」と感じられるまで，何度でも草稿を書き直すことができる。読者の判断をコントロールすることはできないけれども，少なくとも判断の対象となる作品をコントロールすることはできるのだ。

　これとは対照的に，セッションのビデオの場合，治療者の側も患者の側も，何かを言う機会をコントロールすることはできない。2人が共同で創り上げるユニークな，究極的に予測不可能な体験が始まる。テープが回り出す。ハリウッド

映画とは違い，監督が「カット」と叫んで，演技をストップし，もう一度やり直すということはできない。リアルタイムに自然に生じてくることに従うしかないのである。

「良い」セッションにおいてさえ，患者と治療者の相互作用のこの自発的な展開には，難しい瞬間，行き詰まり，誤解，「間違い」が含まれている。間違いのない治療は実現不可能な空想である。そればかりか，もし仮にそんなものが存在しえたとしても，おそらくそれは治療的に価値ある過程ですらないであろう。多くの理論家と研究者が指摘してきたように（たとえば，Kohut, 1984；Ruiz-Cordell & Safran, 2007；Safran & Muran, 2000；Safran, Muran & Proskurov, 2009），心理療法の過程における成長促進の重要部分は，行き詰まり，共感の裂け目，治療同盟の「亀裂」といったことが生じ，そして，そうした亀裂に対する治療者の感受性を通して，またそれに続く対話を通して，その亀裂が修復されることにある。当然のことながら，その過程の最初の部分に関しては，治療者に特別のスキルは求められない。行き詰まり，共感の裂け目，亀裂は自然に起きる。つまり，それらは治療者の意図に反して不意に起きる。けれども，その過程の第2の部分である修復と徹底操作にはまず熟練が必要であるし，それだけでなく，悪い治療者や凡庸な治療者と良い治療者とを区別する人格と感受性が必要である。われわれの課題は間違いを避けることではない。そんなことはそもそも不可能なのである。われわれの課題は，不可避的に間違いを犯してしまったときに，治療促進的な仕方で反応することである。このように，心理療法は亀裂と修復の過程であるということは現在では広く理解されているけれども，それにもかかわらずセッションを録画するということは，そしてそれを国中の治療者たちが見るかもしれないということは，人を傷つきやすい状態にする。亀裂は必ずしもそれが起こったセッションのなかで修復されるとは限らない。それゆえ，視聴者が治療者の間違いだけを見て，その解決を見ないままに終わる可能性も予想される。結果的に，そうした文脈においては，治療者はほぼ不可避的に（無意識かもしれないが）間違いを回避しようと普段以上に懸命に努力しがちになるだろう。そのとき治療者は，必ずしも最適とは言えないような方法で，技術的に保守的になってしまうかもしれない。セッションはこうした普通でない文脈でなされたものである。したがって，重要なことは，逐語録を読む際に読者が以上のような可能性を心に留めておくことである。

　セッションがこうした特殊な環境でなされたことが潜在的にもたらしうる，もう1つの不自然な傾向として，次のことを指摘しておきたい。それは，このセッ

ションにおいては，私が普段最初のセッションでしているよりも**速く**事を進めたかもしれないということである。というのも，そのセッションは，「私がしていること」をデモンストレートする機会だったからである。私はこのことをセッションの最中に意識していたわけではない。けれども，治療技法についての大学院の授業でセッションのビデオを学生に見せて議論したとき，少なくとも彼らは，たった一度の（しかも**最初の**）セッションのなかで，いかに多くの介入がなされているかということに驚いたのである。後からビデオでセッションを見て，私自身は速すぎるとか介入しすぎだとか思うことはなかったけれども（私は心理力動的な理解と積極的介入とを協調的に進める統合的な枠組みで治療作業を行なっている），いかにこの 1 つのセッションが，ある面で，治療全体の物語曲線（narrative arc）とよく似た物語曲線をもっているか，ということに**驚かされた**。セッションにおいて**多くのことが**生起した。私自身，気づかないうちに，これが教育ビデオであるという事実によって，「売り物の芸を見せる」よう導かれたのだろうかと思った。その結果，私は自分の治療の仕方を幅広く見せようとし，普段最初のセッションにおいて典型的に行なっている以上のものを詰め込もうと努力したのかもしれない。私はこの点に関して自分自身では評価できない。私の主観的体験としては，そこで私がしたことは，私と患者との間の相互作用的力動への有機的な反応であった。けれども私はやはりこのことを 1 つの可能性として指摘しておきたい。というのも，読者が本章と次章に提示されている 2 つのセッションを読むにあたり，このことを 1 つの可能性として念頭に置いておくことが有用だと思うからである。

ある面では，こうした推測は，私の普段通りの典型的なペースやスタイルでは介入が**少なすぎる**のではないか，という興味深い疑問を投げかけるものでもある。つまり，おそらく私が自分の治療の仕方を幅広く示そうとして，（気づかないままに）いつもより少し積極的であったという理由から，このセッションにおいて価値あることが起こったのだとすれば，より典型的なセッションにおいては，私は（私と似たやり方をする他の治療者も）介入せずに「傾聴する」傾向が強すぎるのではないか，ゆったり構えて患者にリードさせすぎなのではないか，ということである。しかし他方では，介入をたくさんするスタイルにも欠点はある。本章を執筆しているまさにその最中に，私は患者の一人から，先生は治そうとがんばりすぎだと言われ，そして，自分が前に進んでも大丈夫だと感じられるようになるまで，しばらく暗闇のなかに一緒にいてほしいと言われたのである。私は，

ルイーズやメリッサ（これから提示するセッションの患者）と「暗闇のなかに」あまり長くはとどまらなかった。おそらく，こうした特殊な環境の下では，それも妥当なことだろう。というのも，この特殊な環境においては，見る人にとって興味深いセッションを生み出すという目的があったからである。また，この2人の患者にとっても，それは有用なことだったであろう。というのも，彼女たちは長期療法を求める人とは異なった種類の体験を求めてきたのだからである。

　以上のように，これらのセッションには何らか通常のセッションとは異なった特殊な特徴が備わっているところがある。けれども，それでもなおこれらは「現実の」セッションであり，演劇的な描写ではないということを認識しておくことが重要である。プロの役者が大まかな筋書きをもとに即興で演じることで，治療者と相互作用する患者役を「創造」したセッションのデモンストレーションを収めた教育ビデオも存在している。そうした教材にも価値はあるが，そうしたセッションと本書に提示されているようなセッションとを区別することが重要だと考える。あらゆる意味において，本書に提示されているのは本物の患者である。ルイーズもメリッサも，患者役を**演じている**のではない。彼女たちはありのままに自分自身としてそこにいたのである。彼女たちの反応は純粋で自発的であるばかりか，まさに**彼女たち自身の反応**なのである。さらには，ルイーズもメリッサも助けを求めてセッションに来ていた。彼女たちは何らかの過程を「描写」していたのではなく，自分自身のために何かを得ようとその過程に取り組んでいたのである。彼女たちはいずれも，自分の人生におけるジレンマと格闘していた。そして，そのジレンマの解決をとても難しく感じていたので，治療者に話すことが助けになるだろうと考えたのである。

　もちろん，これらのセッションにおける「取り組みのルール」は，ほとんどの治療のルールとは異なるものであった。まず第一に，部屋にはテレビカメラがあった。その「第三主体（therapeutic third）」[1]は，治療者－患者双方の体験やそこで生じてくることの力動を明らかに変化させるけれども，どのように変化させるのかは容易に評価できない。前にも述べたように，カメラの存在と，それによって録画されたビデオが学生や同僚に見られるという認識が，私の進め方に影響を与えたことは明らかである。私はセッションを行なっている間はこの影響をさほど意識していなかったが，後にビデオを見ているうちにそれに気づくようになった。セッションを行なっているときの実際の体験においては，カメラの存在はかなり急速に意識から退いたように思われた。セッションが始まったときには，私はカ

メラの存在に自意識的に気づいていたが，普段自分のオフィスでセッションをするときと同様，私の注意は，急速に，そしてかなり完全に，向かいに座っている人物へと移行した。私の注意の焦点にあったのは，ルイーズとメリッサであり，カメラではなかった。どれくらい同じようなことがルイーズとメリッサにも生じたのかは，読者が自分自身で判断したいと思う問題であろう。私自身の印象では，(2)
(やはり驚くほどに）彼女たちはおおむねカメラの存在を無視し，カメラがなかったとしたらそうしたと思われるやり方で振る舞った。おそらくこれは，彼女たちがセッションから何かを得たいと願っているという事実，つまり，彼女たちは自分に役立つ何かを得るためにそこにいて，その目標に焦点づけていたという事実によって促進されていたのであろう。

　本書において提示されているセッションが「典型的な」心理療法とは異なっている，もう1つの大きな特徴は，もちろん，これらのセッションが1回だけの出会いとして意図されたものだったという点にある。次回の面接がありうるという期待は存在しなかった。われわれは，1回限りのセッションという制約のなかで，(3)
治療目標をいくらかでも達成することを目指していた。患者と治療者の1回限りの出会いというのはさほど珍しいものではないけれども，それらはたいてい，それ自体で心理療法として設定されるよりも，コンサルテーションとして設定されることが多い。コンサルテーションにおけるセッションの目標はたいてい，患者や患者の問題を査定して適切なところに紹介することや，行き詰まっているように感じられている誰か他の治療者との進行中の治療について患者が何らかの見通しを得られるよう援助することにある。私にはいずれの経験もあるが，本書に提示されているセッションは，コンサルテーションとは異なっているように感じられた。これらのセッションにおける私の狙いは，基本的に査定そのものにあるわけ(4)
ではなかった（もちろん，注意深い査定は**あらゆる**心理療法の過程の一部である。治療開始の時点においては特にそうであるが，実際のところあらゆる段階においてそうである）。むしろ私の狙いは，特殊な状況が生み出す制約のなかで，可能な限り**心理療法**をすることにあった。つまり私の狙いは，可能な限り，患者が自分の抱えているジレンマを解決できるよう助けることにあり，より長期的に関わる場合に私が行なっているのと同じようにその過程に関与することにあった。

　本章から始まる3つの章は，セッションの逐語録と私のコメントとが織り合わされた構成になっている。私は，セッションの進行に合わせて，その時点で起こっていることにコメントを加えている。私は，セッションにおける私の体験や，

なぜそこで特定の介入をしたのか，あるいはしなかったのかについての私の考え，そして，患者についての印象や，そのときまでに形成されてきた患者理解を述べている。これらのコメントは，読者が，その時点で私がどのように考えているのか，そしてセッションの過程で私の理解がどのように発展し変化するのかを見ることができるように，セッションのその特定の時点の文脈において提示されている。こうした提示のスタイルは，セッションの全体を振り返って考察して得られた最終的な回顧的理解を提供する，より典型的な事例提示のスタイルとは対照的である。いずれの提示のスタイルにもそれぞれ利点がある。後者のスタイルは，治療者に参照可能なすべてのデータに基づく，より「構築された」包括的な説明を提供するものである。ここで私が提供しているのは，本書の特殊な狙いを反映して，それとは異なったものとなっている。私の狙いは，読者が，セッションの任意の時点で私が考えていたことや感じていたことを見ることができるように，また，いかに私の知覚が時間とともに変化したかを見ることができるようにすることにある（私の知覚の変化は，新しい見方や新しい考えが私のなかに浮かんできた結果である部分もあるし，それだけの時間，患者と**ともにいる**体験の結果である部分もあるし，セッションにおける特定の新しい出来事や告白への反応である部分もあるし，**先行する**知覚の結果として私が言ったりしたりしたことの結果である部分もある）。つまり私の狙いは，読者が，全体としてセッションが時間とともにどのように展開したかを見ることができるようにすること，そしてまた，私自身の知覚と体験も，患者の知覚と体験も，いかに相手の体験との関係で，そしてわれわれの間に進行するものとの関係で発展しているかを見られるようにすることにある。

　しかしながら，読者のなかには，セッションについての私のコメントを読む前に，セッションについて自分自身がどう感じるかをじっくり味わって明確にしたいと思う人もいるだろう。こうした読み方を可能にするために，逐語録の途中のさまざまな箇所に挿入されている私のコメントは，アスタリスクだけの行の後に，通常の書式で書かれている。読者が，まず字下げされた書式で書かれた対話形式の部分だけに注目して読み進めば，逐語録だけを通読することも容易にできるはずである。そうやってセッションについての自分の印象を形成してから，そのうえで再び最初に戻って，私のコメントを読んで検討するのもよいだろう。

● **セッション**

　　ルイーズ：こんにちは。
　　ポール：ルイーズさん，こんにちは。
　　ルイーズ：こんにちは。
　　ポール：じゃあ，今日ここへいらした理由を簡単に説明していただけますか。
　　ルイーズ：簡単に言うと，私は，あの，夫の家族とうまくいってないんです。私は父を癌で亡くしました。父は末期，父は去年の夏に，末期癌と診断されたんです。亡くなる半年前の5月7日に。私が夫の家族との間で抱えているいざこざは，父の病気の前からあったんです。ここへ来た理由は，そのことです。

　　　　　　　　　　　　　　　　＊

　面接を始めるにあたってのルイーズの言葉は，多くの点で興味深いものである。まず第一にそれは，ルイーズの潜在的な感情に私の注意を喚起する。彼女は圧倒されそうに感じている。最初の2つの文で，彼女は，（セッションの中心テーマとなる）夫の家族との確執についてだけでなく，自分の父親の死についても言及している。そこには「泣き面に蜂」といった感じ，ダブルパンチを受けているという感じがある。セッションが進むにつれて，父親の死にまつわる出来事が，夫の家族についての彼女の不安を高めるように作用したこと，しかし，夫の家族との間の問題は，それ以前からすでに重要な問題になっていたことが明らかになっていく。夫の家族との間の問題は，彼女にとって父親の喪失と**並行して**取り組むべきもう1つの問題であったのだ。

　したがって，この最初の2文は，ルイーズにいたわりをもって接するべきだと治療者に警告を発するものである。つまり，「防衛を解釈」したり，「つらい真実」や「深く暗い真実」の声を代弁したりするのではなく，ルイーズを，サポーティブに敬意をもって扱うべきだと警告するものである。ここには，第1章において私が導入した考察が特に関係してくる。というのも，ここでわれわれは，以前，私が警告したような臨床家になってしまう，少なくとも2つの潜在的な「誘惑」に出会うからである。第一に，彼女の面接開始時点の言葉にはかすかに暗示

されているだけだが，すぐ後により明らかになってくるように，ルイーズは「外在化」しているとみなされるかもしれない。つまり彼女は，相談の焦点となる問題を，自分の問題ではなく，夫の家族の問題にしようとしているのかもしれない。ここでは，外在化はそれほど明確とは言えない。なぜなら彼女は，「私は」うまくいっていないとか，「私が夫の家族との間で抱えている問題」といった表現をしているからである。ルイーズが，夫の家族との間の問題を解決できずにきたのは，ある部分では，彼女にはこれらの問題が自分の身に**ふりかかってきた**ものと，つまり，彼女がほとんどコントロールできないものと感じられていることにある。このことは，この後，より明確になってくるだろう。おそらくこの瞬間にすでに私の脳裏には，非常に暫定的でまだ不明瞭な形ではあるが，治療目標に関する次のような考えが浮かんでいた。この治療の目標のひとつは，ルイーズが夫の家族を前にしてよりエンパワーされていると感じられるよう助けることにある。また，彼女が彼らと相互作用し，自分の考えや感情を彼らに表現するにあたって，より大きな自由を体験できるようにすることにある。この目標には，ルイーズが，彼らとの関係パターンの発展における彼女自身の役割を理解できるようにすること，そして，彼女が彼らに対して感じていることをより詳しく検討できるようにすること（彼女自身のどのような個人史や振る舞いがそれを招いているのか，どのような他の選択肢がありうるのか，といったことを検討できるようにすること）が含まれているし，含められるべきである。もちろん，こうした選択肢は，彼女自身の統合性，人格スタイル，価値観，自己感覚などと調和したものである必要がある。

　言い換えれば，ここで必要とされているのは，通常，**外在化**と呼ばれているものに鋭く注目することであるが，それを，非難したり，批判したり，病理化したりしないように行なうことである。ルイーズは，言ってみれば，それなりの理由があるからこそ「外在化」しているのである。彼女は，自分と夫の家族との葛藤を，別のやり方では扱うことができないと感じ，孤立無援感を感じてきたのである。彼女には，自分が深いところで感じている不満をただなかったことにするという犠牲を払う以外には，その構図のなかに入る道筋はない，というふうにしか見えていなかったのである。だからこそ彼女は，夫の家族との体験をそのように構築してきたのである。したがって，この治療では，ルイーズが他の選択肢を体験できるよう，他の可能性を見られるよう，承認されエンパワーされるよう援助することが目標となる。自分自身をその構図から切り離したことを責められなが

ら，その構図のなかに入っていくよう誘われても，彼女の**助けにはならない**だろう。治療者は彼女をその構図へと誘う道筋を見出さねばならないが，彼女がその誘いを受け入れたとき，より力強く感じられるような，また，より多くの選択肢から自由に選択できるという感覚を体験できるような仕方で，そうする必要がある。

　この面接開始時の言葉に暗示されており，この後すぐによりはっきりしてくるルイーズの対処の仕方に見られるもう1つの特徴は，伝統的に「強迫的防衛」と記述されてきたものである。これをどのように扱うかを考える際にも，上に述べてきたことと関連する考察が有用である。ここでルイーズは，父親が死んだ日の正確な日付を告げている。このことは特別に注目すべきことではないかもしれない。これは単に父の死がいかにつらいことかを示す兆候なのかもしれない（実際，因果の連鎖の一部として，たいていの場合たしかにそうである）。まるでその日付は，決して消え去ることのない暗い記念日として，彼女の記憶に刷り込まれたかのようである。けれども，この後すぐに明らかになってくるのは，ルイーズが正確な日付のような具体的詳細に焦点づけることに**多くの時間を費やす**ということ，そして実際，彼女自身，時々混乱してしまうほどにまでそうするということである。強迫的防衛という概念は，より圧迫的で情動的に重要な体験（葛藤する感情や傾向と関連し，そこに光を当てる可能性があるような体験）から自らの人の注意を逸らすのに役立つように具体的詳細への焦点づけがなされているとき，その仕方を指摘するものである。[6]

　しかしながら，ここでもやはり，治療者にはそうした概念が指し示す観察に注目する必要があるものの，治療者はそれを，診断的・病理中心的に患者の体験を扱うことにならないように行なうほうがよいというのが私の考えである。ルイーズは明らかにストレスを感じ，傷つき，混乱している。彼女がそうしたストレスや傷つきや混乱に対処する，その対処の仕方が，ある部分では，それらが遠ざけようとしているまさにその体験を知らず知らず永続化させているということを理解することは，優れた臨床作業の本質的部分である。けれども，その理解は，**患者の目を通した理解**を中核としたものである必要がある。つまり，患者の対処の努力は皮肉な結果をもたらしているという点に注目するだけでなく，患者の対処の努力は，短期的に見れば，たしかに患者には**理にかなったもの**であるという点にも注目する必要がある。患者の見方の妥当性を否定することは，治療的ではない。

　つまり，次の2つの定式化の間には，非常に重要なニュアンスの違いがあると

いうことである。第1の定式化は，ルイーズは強迫的な防衛を用いているという定式化（かなり客観主義的で潜在的に批判的な定式化）である。第2の定式化は，ルイーズは，彼女にとって解決不可能と見えるひどいストレスに直面して，正確な「具体的事実」にしがみつくことによって何とかそれに対処しようとしているのであり，この努力は時に予想外の皮肉な結果をもたらすことがある，という定式化である。この2つの定式化の区別は，治療者が患者に実際にどう言うかに関して重要であるだけでなく，治療者が臨床的現象についてどう**考える**かに関しても重要である。なぜなら，治療者がどう考えているかが，治療者の面接の進め方や，患者－治療者の相互作用の微妙な感情的トーンに影響を与えるからである。

ポール：うん。うん。実際にどんないざこざなのか，簡単に説明してもらえますか。

ルイーズ：長くなりそうなので一番大切なことだけ説明しますね。私は，えっと，父は感謝祭のすぐ前に亡くなったんですよ。だから，えっと，私の両親は，スウェーデンに住んでいて，私はスウェーデンで生まれ育ったんですが，私は，スウェーデンに帰らなくちゃいけなかったんですね。そう，感謝祭の期間にスウェーデンに帰らなくちゃいけなかったんですよ。父の告別式に出席するために。でも，その前に，夫は，夫の名前はケンって言うんですけど，ケンはお義母さんに電話して，あの，ルイーズの父親が亡くなったって話してくれたんです。みんな私の父が病気だったことは知ってたんですよ。でも，私は，誰もそのことで私を，あの，サポートしてくれてるって感じたことはなかったんです。そんななかで，ケンはお義母さんに電話して，あの，父が亡くなったことを知らせたんですね。お義母さんが家族のほかの面々に電話で知らせることができるように。ケンにはお姉さんが2人とお兄さんが1人いるんですけど，お姉さんの1人は翌日知らせを聞いた直後に電話してくれて，あの，「お父さんのこと聞いたけど，何かできることはある？　こんなことになって，本当にお悔み申し上げます」って言ってくれたんですね。

ポール：うん。

ルイーズ：でも，もう1人のお姉さんは，実際このお姉さんとうまくいってないんですけど，このお姉さんは，父が亡くなったのは月曜日だったのに，水曜日に電話してきて，あの，「電話しなくてごめんね。時間がなかった

の」って言うんですよ。
ポール：うん。
ルイーズ：電話をくれたとき……
ポール：すごく大事なことっていうより、まるで些細なことのように話したんですね。

*

　ルイーズの話をさえぎる危険を冒してでも、共感と連帯の言葉をここに差し挟んでおくことが大切だと私には感じられた。彼女は、彼女にとってきわめて重要なことがどんなに軽く扱われたかを述べている。私はそのトラウマを、さらなる手抜き行為によって、私との間で反復したくなかった。上に記載されているような言い方をしたからといって、私は必ずしもケンの家族がルイーズの父親の死を些細な出来事だと捉え、軽く扱ったと判断していたわけではない。彼らの間で実際に起こったことの具体的な詳細はさらに探究される必要がある。しかし私は、それが**ルイーズには**どのように体験されたかということについての私の理解を強調したかったのである。そうすることによって、私は彼女の体験を妥当なものとして承認し、私が彼女の目を通して物事を見ようとする気があるということを伝えている。そしてさらには、彼女がその体験を**もっと詳しく話す**ことができるような環境をつくりだそうと努めているのである。
　治療者のなかには、こうしたコメントをすることを躊躇する人もいるだろう。そのような人は、こうしたやり方で共感と支持を表現すると、患者が治療者に対して、怒り、傷つき、その他の否定的な感情を感じるようになる可能性が妨害されると信じているのである。言い換えれば、そのような人は、私は自分を「良い対象」として保護しており、そうすることで患者の潜在的な体験の一部を排除しているのだと考えているのである (cf. Brenner, 1979 ; P.L. Wachtel, 2008)。ここでも、またセッションの別のところでも、たしかに、私は患者の視点から物事を見る気があることをはっきりと伝えている。けれども私は、そうした行為が患者が治療者に怒るのをつねに妨げるものだとは**思わない**（そうした行為が患者が私に怒るのを妨げてくれればと願ったこともあるけれども！）。患者がわれわれに対して感じる傾向のある感情は、どんな感情であれ、ゆくゆくは感じられるようになる。こうした感情が生じるように、わざと支持しない、共感しない、感受性を抑える、

などする必要はない。傷つき，怒り，支持されない感じを探究できるように，患者を傷ついたまま，怒ったまま，支持されないままにすることは，われわれの仕事ではない。むしろ，われわれがしたこと（あるいはしなかったこと）に反応して患者が実際に傷ついたり，怒ったりしている兆候につねに注意を払い，そうした体験を探究するための安全な空間を創り出すことこそが，われわれの仕事である。われわれは，人間にとって避けがたい不完全さゆえに，失敗する機会を数多く与えられている。患者が不満を言えるようにするために，**わざと失敗する必要**などないのだ。そんなふうに振る舞うのは，かなり操作的なことだと私には思える。

 ルイーズ：そう，その通り。最初に「お父さんのこと聞いたけど，残念だったわね」って言ったすぐ後に，あの，「もっと早く電話すべきだったんだけど」って続けるんですよ。電話があったのは午後3時頃だったけど，「もっと早く電話すべきだったんだけど，忙しくて電話できなかったの」って。あの，こんなふうに思うのは私だけかもしれないけど，私はとっても傷ついたんです。あの，夫のお兄さん，ケンのお兄さんやその奥さんは何も言ってこなかったし。

 ポール：うん。

＊

 ここでも，これから先の多くの部分でも，「うん，うん（uh huh）」という言葉は，こうして文字に起こされたものを見ると，セッションの相互作用的な感じをあまりうまく伝えていないように感じられる。こうした例の多くにおいて，私は実際のところ，ルイーズに何かを「言っていた」わけではない。彼女は基本的にただ話しつづけていたのであり，私は自分が聞いていること，彼女が話していることに興味があることを，頷きやアイ・コンタクトとともに，ほとんど目立たない「うん，うん」という発話で伝えていただけである。その意味では，逐語録上は，交互に話し手の役割を取っているように見える場合でも，実際に起こっていたことはそうではないところもある。逐語録の全体を通して，私のあいづちを挟んで患者が独立した2つの発言をしているように見えるところは，実際には患者による連続した1つの発言であって，私はただその発言に興味をもちつづけていることを患者に伝えていただけである。

ルイーズ：でも，この人たちはすぐには知らせを受け取ってなかったってことが後でわかったんです。知らせを聞いたのは，1週間ほどしてからだったって。それでも，知らせを受けても，カードも電話も何もなかったんですよ。私は，子どもみたいに振る舞っちゃいけないって自分に言い聞かせて，あの，何も言ってもらえなくたって大したことじゃないって思おうとしたけど，でも，私の父が亡くなったのに誰もそれに反応してくれない，そう思ったら悲しくって。でも，気を取り直して，あの，そんなこと気にせずにスウェーデンに帰って，母のことや，その他いろいろやらなければならないことをやらないとって，がんばったんです。しばらくスウェーデンにいて，その後，母を連れてアメリカに戻ってきたんです。一緒に来るように母を説得したんですね。母は私と一緒に11月30日にアメリカに来て，12月25日までうちにいたんです。うちでは24日にクリスマスのお祝いをするので，母は25日だったか26日だったかに，どうでもいいことですけど，スウェーデンに帰ったんですよ。12月23日に，この日は父が亡くなってから6週間後だったんですけど，ケンのお姉さん，名前はデニースっていうんですけど，デニースがケンのお母さんと一緒にうちにやってきて，なんていうか，怒鳴りこんできたんですね。私がどんなに悪い人間か，私が今までやってきた悪行をことごとく数え上げていったんですよ。それで，その後，もうかれこれ5カ月半ぐらいになりますが，ケンのお母さんとも誰とも顔を合わせてないんです。それで，あの，どうしたら仲直りできるかわからないんです。

*

われわれはここにルイーズの目標についての重要な示唆があることに気づく。セッションが進むにつれて，ルイーズはケンの家族とのつながりを回復することに対してかなり両価的であるということが，読者にとって非常に明瞭になっていくだろう。けれども，彼女がケンの家族とのつながりを回復したいと願っていることもまた明らかだということにも注意しておくべきである。あくまで彼らが要求しているような仕方でのつながりの回復ではなく，彼女の体験の妥当性が承認され，彼女にとって公平だと感じられるような仕方でのつながりの回復ではある

にせよ、やはりなお彼女がそう願っていることには気づいておく必要がある。ケンの家族との結びつきを回復したいと願う理由のかなりの部分は、もしそうしなければ、ケンとの関係が傷つけられるのではないかという不安と関係している。しかし、彼女が、それ自体で葛藤した欲望として、（両価的にではあれ）彼らから何かを切に求めているということも明らかになってくるだろう。

　この観察と視点が与える重要な示唆は、「ルイーズの側に立つ」ために必要なのは、彼女の立場を**単純**に支持したり承認したりすることではないし、ケンの家族に対してより主張的になるよう助ける単純な努力でもないということである。むしろ必要なのは、よりシステム的な理解である。つまり、ケンとケンの家族の視点をも理解し、物事を**彼らの**目からも見ること、そしてそうすることによって、ルイーズ自身の体験やルイーズの欲望と利益を拡張された文脈において理解することが（ルイーズ自身の利益にとってさえ）重視されるような理解の仕方である。行動論的な立場の治療者は、患者がより主張的になるよう訓練することを非常にしばしば強調するし、人間性主義的・体験的な立場の治療者は、患者の世界に入り込み、患者の目を通して物事を見ることを非常にしばしば強調する。しかし、これらの強調は、いずれにせよ一方的な焦点づけを導き、結果的に、患者を物語の主人公に、他者を悪役にしてしまう。患者の世界に入り込み、患者の目を通して物事を見ることも、患者がより主張的になって自分の正当な利益を求め、自分の考えを堂々と述べられるよう助けることも、いずれも明らかに治療過程の価値ある重要部分である。しかし、もし、よりシステム的な理解によって、つまり、患者の関係世界における他者がどのような体験をしているのか、そして、そうした他者の体験が双方向的なフィードバック・ループによって彼女の体験とどのように織り合わされているのか、ということについての理解によって調整されなければ、こうした努力は困惑させるような非生産的な結果をもたらしうる。

　ポール：うん。
　ルイーズ：私は、とってもひどいことをされたって感じるし、とっても傷ついているし、私は心理療法を受けていて、セラピストに「『お父さんが亡くなったのに、誰も気にかけてくれない』って近所中でわめき散らしたいって思う」って話したんです。私は本当にどうしたらいいかわからないんですよ。
　ポール：そう、そうなんだ。ご主人の家族との今までのやりとりについて、

もう少し理解できるように説明してくれませんか。結婚されてからどのくらいになりますか。

*

　文字に起こされた逐語録を読むと，この部分は，私がルイーズの苦痛と憤りを無視しているものと容易に誤解されるのではないかと思われる。たとえば，「そう，そうなんだ（right, right）」という言葉にしても，書かれた文字ではトーンが伝わらない。これらの言葉は，歴史的な情報の収集へと話題を変更するための単なる準備的反応であり，ルイーズの体験を最小限にしか受けとめていない，あるいは，承認していない反応だとみなされそうである。ビデオではより明確に見て取れることだが，これらの言葉は，実際には明瞭に同情的で承認的なトーンで言われている。その意味で，これらの言葉は「わかります」「理解できます」と言っているも同然なのである。また，少し前に，ケンの姉が「電話する時間がなかった」と言ったことについてルイーズが話したとき，それに対して私は「すごく大事なことっていうより，まるで些細なことのように話したんですね」と言ったことを思い出してほしい。相互作用の話されない部分，文字になった逐語録には直接的には現われにくい非言語的な感情的手がかりから，すでにこの時点で，ルイーズが私を同情的な味方として知覚するようになっているものと私は感じている。セッションの全体を通して，私は彼女の痛みと視点を理解していることを伝えつづけている。しかし，彼女を援助するためには，私は，彼女がまだ自分自身では生み出したり体験したりできない，また別の視点にも開かれている必要がある。だから私は，別の視点や理解へと私を導いてくれるであろう一連の質問をここで導入しているのである。

　ルイーズ：結婚してから，7月で4年になります。たしか。ええ。結婚当初からうまくいってなかったんです。私の家族は，私は一人っ子なんですね。私の家族では，祭日を一緒にお祝いすることなんてなかったんです。「家族団欒」の特別なときを一緒に過ごすってことはなかったんです。でも，みんなお互いが必要なときにいつもお互いの側にいて助け合ってきました。お互いが必要なときには，お互いがそこにいるってよくわかってたんです。でも彼の家族は，あの，どんなことがあっても祭日とか誰かの誕生

日には，一緒に集まって，一緒にお祝いする，なんていうか，集団主義的な家族なんです。それに比べて，うちの家族は個人主義的っていうか，個人を大切にする家族なんです。だから，衝突するんです。私のそういうところをわかってくれないんですよ。私がどんなふうに育ったかとか。2年前のイースターに行かなかったのにも，そういう背景があるんだってこと。

*

　ここで私はただちにコメントしなかったが，ルイーズが集団主義的な家族と個人主義的な家族について話したことは，即座に私の注意を引いた。そのことは，ルイーズの奮闘努力のあり方や，私が彼女を最もうまく助けるための道筋についての私の理解を，重要なやり方で深めてくれるものであった。ある種の理論的立場における技術的な言葉を用いれば，ここでのルイーズの言葉は，分裂（スプリッティング）の一例と呼ぶことができるだろう。どのような理論的な用語を用いるにせよ，それは，シャープな二分法的な見方であり，そのようなやり方で物事を定義し，明確化し，誇張するなら，和解はずっと困難になってしまう。
　セッションが進むにつれて明らかになるように，実際には，ルイーズ自身の家族が，ある面では，かなり問題のある形で「集団主義的」であった。というのは，ルイーズの家族は，成長しつつある独立した個人としてのルイーズの要求とは衝突するような要請や「義務」をルイーズに課していたからである。ルイーズの家族の雰囲気がもっていた「個人主義的」な面は，良い部分も悪い部分もある，かなり複雑なものだったということも徐々に明らかになるであろう。つまり，それは，家族がバラバラであること，共感に欠けること，互いの要求や苦境を思いやる余地が乏しいこと，といった性質を含んでいたのである。ある部分ではその結果として，ルイーズがケンの家族のある種の特徴を**切望している**ということが，セッションが進むにつれて見えてくるであろう。それはルイーズが怖れている切望であり，それゆえ拒絶し，否認している切望である。ルイーズがケンの家族に対する肯定的感情を怖れていること，そしてその結果そうした感情を拒絶し否認していることが，ケンの家族と結びつくのを難しくさせている要因のひとつであると，私はセッションの過程で信じるようになった。セッションの終わりのほうでこのことが扱われる際には，次のようなことを示唆することになるだろう。つまり，ルイーズが自分のなかのその切望を認め，受け容れることができるように

なればなるほど，彼女はケンの家族をより立体的に見ることができるようになっている（しかも，自分自身の要求や見方を大事にする気持ちを少しも損なうことなくそうできるようになっている）自分に気がつくだろうということである。[9]

ポール：うん。
ルイーズ：あの，これは 2 年前に起こったことなんです。うちで宿題としてやる試験があるって，そのときにも説明したのに。それなのに，夫に，あの，ケンにこう言うんですよ，「1 時間だけだって来られたはずなのに」って。いつもこんなちっぽけなことが大ごとになるんです。私にとっては勉強が大事だってわかってくれないから。あの人たちは，姪っ子たち，中 1 の子どもたちと一緒にしてるんです。私がやってることをわかってくれないから。いいえ，わかろうとしてないから。

*

ここでもまた，ルイーズは理解されていない，認められていない，という深い感覚を伝えている。それは，彼女自身が育った家庭における彼女の体験のかなり顕著な特徴ともよく似た世界の体験である。しばらく後に，セッションがもう少し進んだところで，われわれはそれを見ることになるだろう。しかしながら，ここでは私はこの次元に注目せず，次のコメントにおいて，この構図におけるケンの役割について尋ねている。セッションのこの時点では，私はなおシステム的な構図を調べようとしている。私は，彼女がどれくらいケンに思いやりのある同盟者として頼ることができるのかを査定したいと思っている。つまり，**彼が**，追い払われ誤解されているという彼女の（体験における）一般的な感情のルールの例外なのかどうかを査定したいと思っているのである。私は，ケンが彼女にとって頼りにできる同盟者であってほしいと希望している。なぜなら，どのようなケースにおいても，患者は（そしてわれわれの作業は）できるだけ多くの同盟者を必要としているからである。けれども私は，単に状況がどうなっているのかを査定したいとも思っている。というのも，これからのセッションの進め方は，ある部分では，ケンがルイーズの目を通して事態を見ることができるのかどうかによって違ってくるだろうからである。

ポール：うん。うん。で，あなたの夫は，この件では，どんな立場を取ってるんですか。

ルイーズ：ええ，彼はかわいそうだと思います。一連のことでとっても傷ついているし，彼はベストを尽くそうとしてくれた。つまり，私の肩を持ってくれようとするんですけど，でも，あの，自分のお母さんからも離れられないみたいなんです。

ポール：うん。

ルイーズ：今回のことでは，お義母さんに落度がないわけじゃないって私は彼に言ってるんですよ。でも，私が思うには，私に隠れて陰で自分のお母さんに私が言ったことを話してるんです。あの，そんなのひどいじゃないですか。母親は母親だからとわかってはいるんですけど，2人の間の内輪で話したことをお母さんに話すことないじゃないですか。

*

　この時点で私は，彼が彼女に隠れて陰で何か言ったというのは，どういうことなのかに興味を抱いた。けれども，私はその点についてすぐには尋ねず，ただ聴きつづけた。これまでにも何度か述べてきたように，セッションの展開は，たえず枝分かれしていく過程であって，気づかれていても，さしあたりは無視される枝もたくさんある。あらゆる言葉（姿勢や声のトーン）は多重の意味を孕んでいる。そして対話の過程は，治療者が（そして患者が）どの意味を取り上げるのかによって形成される。どの意味に対して反応しようとも，まさにその反応が，同じくらい重要でありうる他の意味をしばらくは放置することを意味する。治療者は，聴いたことの多くを，後で取り上げるために頭のなかに保存しておかねばならない。

　このやりとりの少し後に，ルイーズが何を意味していたのかが，実際，明らかになってくる。ケンの行動は，きわめて違ったように見ることもできるということ，つまり，ルイーズのために立ち上がり，彼女の味方になり，彼女の代わりに介入していると見ることもできるということも明らかになるだろう。しかし，ケンの行動を，**彼女が**体験するように理解することも必要である。彼女がそれをどのように体験したのかということも，この後，明らかになってくる。

ポール：うん。うん。

ルイーズ：だから,私たちの関係もギクシャクしてます。しょっちゅうけんかするんです。彼の家族について話をしようとすると,「話し合って何になるんだ？」って言うんです。「僕の家族はどうにかしようって思ってるわけじゃないんだから」って。でも私は,「向こうがどうにかしようと思ってるかは関係ないでしょう。誰かがどうにかしないといけないんだから」って言ってるんです。あの,「もし子どもができたら」って。私たち,将来は子どもをもちたいと思ってるんですよ。「もし子どもができたら,一体どうなるのよ？」って。この状況を変えることができるのは,私とケンしかいないんです。こちらから働きかけてって。でも,私はひどく傷ついてるし,どこから始めていいかわからないんです。たいてい,私は誰かと問題があったら逃げ出すような人間なんです。そこでじっと向き合ったりしないんです。

＊

ここで私は,「私は〜というような人間なんです」というルイーズの自己記述を,彼女について考えるうえで重要なものとして認識している。こうした種類の自己記述に出会うと,私は,それがいずれかの時点で患者と取り組む必要があると思われるような潜在的に制約的な自己記述ではないかと注意深くなる。そこでの課題は,彼女が記述している特性を理解しているし,その特性に価値を見出すこともできるということを伝えながらも,同時にまた,必ず言っていいほど存在している,**他の面**を見出すことにも興味があるということを伝えることである。彼女はよく葛藤から逃げ出すのかもしれない。明らかにそのことは重要であり,否定されたり軽んじられたりすべきではない。しかし,彼女がいつ**逃げ出さないのか**,いつ立ち上がって自分が感じていることを表現するのか,ということにも興味を抱く必要がある。第1部においても述べたように,他のあり方を探究する作業は,治療努力を構成する重要な要素である。患者の問題の重要な部分が,自分には他の特性を示すときもあると認識できていないために生じていることはしばしばある。

　この特定の場面において,もし私がこのテーマを取り上げるとすれば（実際には,さしあたりそれを意識にとどめておくだけにしたのだが）,次のように言っていたかもしれない。「あなたは,**たいてい**逃げ出すような人間なんだと言いま

したね。あなたが，実際，とどまって対処するのはどのようなときなのでしょうか」。私はまた，どのように彼女が対処するのか，ということも尋ねるだろう。そして，彼女が自己主張するとき，緊張を和らげるよりもむしろ悪化させるようなやり方でそうしてはいないかを調べ，彼女が自分のなかに「効力のある」声(外的な視点や治療者の視点からではなく，彼女自身の準拠枠から発している声)を見出すのを助けようとするだろう。さらに私は，彼女にとって，何が，その場にとどまって対処するのを**難しくさせている**のかを尋ねるだろう。つまり，彼女は単に「逃げ出す」人ではなく，少なくとも，何らかの**理由があって**逃げ出す人なのである。治療者の仕事の重要な部分は，その理由を理解することである。つまり，それを単に自分の欠点として解釈させたままにしておかないで，自分が逃げ出すのも**理解できる**ことだと思えるように彼女を助けることである。この後に続くコメントにおいて私が潜在的にしようとしているのは，ある程度，そういうことである。そこで私は，自分を「逃げ出す」人だとする彼女の記述を取り上げ，彼女を傷つけられてきた人として，そして，被害者であるにもかかわらず不公平にも関係修復という重い仕事が自分だけに課されていると感じている人として(彼女の記述に代わるものとしてではなく，付け加えるものとしての視点から，そして部分的には解釈的な視点から)描き出している。

ポール：うん。うん。だから，ルイーズさんは随分傷ついてるわけなんだ。あんまりにも傷ついているから，関係を修復するのが困難だと感じるわけですね。特に，被害を被ったほうだと感じているわけだから。

ルイーズ：ええ。

ポール：ルイーズさんがケンさんと話をするときって，話をすることはできる状況ですか。それとも，あなたたちの間ではこの話題はタブーになってしまった？

ルイーズ：爆弾の導火線であることはたしかですね。たいてい，怒鳴り合いになってしまいます。私が彼に怒鳴り散らすか，彼が私に怒鳴るか，どちらかです。

ポール：うん，うん。

ルイーズ：だからとってももどかしいんですよ。いつも彼に言ってるんですよ，私はどうにかしたいって。でも，でも……。実はちょうど1週間前に彼のお母さんに電話したんです。あの，丸一日たっても向こうから電

話はなかったから，だから，ケンに言ったんです。「お義母さんから電話がないわ」って。「どうして電話してもらえないのかしら？」って。だって，向こうが私のほうから手を差し伸べないといけないって言うから。あの，私がこの状態を修復しなくちゃいけないって。私が謝らなければいけないって。何に対してなのか私にはわからないんですけど。でも，とにかく1週間前に電話したんです。なのに，お義母さんからは電話がないんですよ。ケンが，次の日にケンが電話したんです。「どうして彼女に電話しないの」って。それで私はケンに言ったんですよ。「どうしてそんなことしたのよ？　私は，お義母さんのほうから電話してほしかったのに」って。だって，お義母さんは，私のほうから話しかけてきてほしいって言ってるから。で，お義母さんは朝の7時に電話してきたんです。私は朝が苦手だからいつもなら7時になんて起きてないんですけど，その日はたまたま起きてたんですね。

*

　明らかにルイーズは，「何に対して（謝るべき）なのか私にはわからない」という言葉によって「彼らは私に謝ってほしがっているけど，私には謝るべきことなど何もない」という意味のことを伝えている。つまりこれは，修辞的な陳述として意図されたものである。けれども，治療者にとっては，それを彼女の本物の疑問として認識し，扱うこともまた有用である。つまり，かなりの程度までルイーズは，自分が彼らに攻撃と受け取られる何をしたのか，本当に**知らない**のである。そして，彼らとの間の裂け目をうまく修復するためには，彼女はそれを**知らねばならない**だろう。自分がどんなふうに彼らを攻撃していたのかを知ることは，決して彼らが正しくて自分が間違っていたとただ同意することではない。それでも彼女は，彼らにとって何が攻撃と受け取られてきたのかを**理解する**必要がある。なぜなら，その理解がなければ，裂け目を修復することができないからである。もし，熟慮の末に，彼女にとって何らかの点で謝罪が適切だと感じられたなら，その修復は謝罪を含むものになるかもしれない。けれどもまたその修復は，自分自身を適切かつ効果的に守る能力をも含むものである。ちょうどわれわれの法的システムにおいて，被告人が，効果的に自らを弁護できるよう，自分が何について告発されているのかを完全に明瞭に知らされることになっているのと同様

に，日常的な対人関係においても，自分が何について責められているのかを知らなければ，自己主張したり自分の見解を表明したりすることは困難である。

つまりこれは，効果的に患者を助けるためには，患者の「内的」体験だけでなく，患者と他者との間に実際に生起したことや，**他者の視点をも理解すること**が必要であることを示す，もう1つの例なのである。あまりにもしばしば，治療者は自分の仕事を，他者の視点とは本質的に**対立している**，その患者の視点を理解することだと定義しがちである。患者の視点を理解することには明らかに重要な価値がある。私はこのことを本書の多くの箇所で強調してきた。われわれの患者の多くが求めており，少なくともある種の状況や関係においては剥奪されていると感じてきた体験のひとつは，**自分の視点を理解され**，承認される体験である。その体験を与えることこそ，おそらく心理療法家の最も重要な仕事であろう。けれどもまた同時に，人々がその人生において出会う，そして彼らが治療に持ち込む問題の中核にある人間関係のもつれや困難は，彼らが**他者**を誤解していることに根ざしている部分もある。われわれは誰しも（もちろん治療者も含めて），人生において，よくそうした誤解をするものである。それは「ただ単に」人間であるということの一部なのである。

私は実際には「何に対して（謝るべき）なのか私にはわからない」というルイーズの言葉に，この時点ではコメントしていない。すでに述べたように，つねに多くの選択肢があり，われわれは決してそれらすべてを取り上げることはできない。しかし私は，ここで**読者の注意**をルイーズのこの言葉に差し向けておきたいと思う。実際のセッションにおいては，その進行に伴って，ルイーズの行為が，彼女が気づいている以上にケンの家族に傷つきと怒りの感情を引き起こしているということが明らかになっていく。読者には私がそのことにかなり注目しているのがわかるだろう。実際それは，この後，セッションの主要なテーマのひとつになっていくのである。そこでの治療者の技芸は，「非難」されていると感じさせないようにしながら，患者に自分自身の側の問題を孕んだ行動に注意を向けさせることにある。このセッションの記録において，私はその技芸を示すことができればと希望している。それに関しては，第1章で論じた悪循環の視点が非常に有用である。悪循環の視点を取ることで，治療者には，**両者ともに**必ずしも意図していないパターンに捕えられているという見方が可能になる。もちろん，このことは，相手にはいかなる悪い意図も悪い行為もなかったのだということを意味するわけではない。時には，患者が求めているのは，彼女がたしかにひどい扱いを受けて

きたと承認されることであり，間違ったやり方での「公平でバランスの取れた」アプローチは役に立たない。しかし，しばしば，困難に見える和解を患者が求めているこのようなケースでは特に，**すべての関係者の観点を包括するような理解**こそ，治療者のスキルが最高に発揮されるところである。

さらに，この部分に関してもう1点，ケンが彼の母親に電話したことにルイーズが困惑していることが注目される。この点に関して私は，このすぐ後，ケンが自分に隠れて陰で何かをして自分に嫌な思いをさせるというルイーズの話を受けて，コメントしていく。

ポール：うん。
ルイーズ：で，お義母さんは，「電話では話をしたくないから」って。そう留守電に入ってたんです。「電話では話をしたくないから，そのうち，うちに来る」って。そんなの，途端に気が重くなりましたよ。あの，どうして，うちに来るのって。あの，面と向かって顔を合わせるなんて嫌なんです。私は電話で話がしたかっただけです。そういういきさつで，ケンがお義母さんに電話したってわかったんです。だから，私はいつもいつも嫌な思いをするんです。彼は私がしようとすることをことごとく台無しにしてしまうんです。

　　　　　　　　　　　＊

ルイーズはケンの母親と電話で話したいと思っていた。そのほうがコントロールしやすいし，接触が限定されているからである。ケンの母親がルイーズを訪問して実際に会って話したいと主張したことを，ルイーズは（彼女にはよくあるように）**侵入的なこと**と感じている（圧倒されそうに感じるルイーズの傾向についての，セッション開始時点での議論を参照してほしい）。ルイーズは，人生のさまざまな時点で，圧倒されるような体験をしてきた。われわれは，セッションの後の時点で，このことをさらに強烈に印象づける，かなり驚くべき臨床素材と出会うことになるだろう。

ポール：うん。ケンさんがお義母さんと話をしたことで，ルイーズさんがしようとしていることを台無しにしてるって感じられたのは，つまりその，

3　ルイーズ──セッション1　119

ルイーズさんのために，あなたの立場を代弁しようとしているって感じられるんじゃなくて，台無しにしてるって感じられたのは，何がそう感じさせたんでしょうね？　別にそう感じるべきだったのにって言ってるわけじゃないんですよ。ただ……。

＊

　私はここで，ケンが母親に言ったことについてのルイーズの不満に焦点を当てている。ケンの発言は，ルイーズを支持し，ルイーズを守ろうとしているものとして体験されてもよさそうに思えるものである。ルイーズはケンから，実家の家族がルイーズのほうから連絡してくるよう求めていると聞かされていた。しかし，ルイーズのほうから電話しても1週間も返事がなく，そのことに対して当然の怒りと当惑を感じている。その一方でルイーズは，まさにこの問題をめぐって，ケンが彼女を守るためにしているように見える行為に対して動揺している。この2つの面の間に矛盾を見て取ることは容易であろう。この問題に焦点を当てる際には，適切な道筋を見出すことが重要である。というのも，治療者が犯す最大の誤りのひとつは，患者に「矛盾」を指摘すること，つまり，いかに彼らが不合理で，一貫性がなく，防衛的であるか，などなどを示そうとすることにあると思うからである。これは，議論や「間違い探し」ゲームにおいてはとても効果的であろうが，治療の文脈においては積極的な攻撃となるものである。

　ルイーズが私から批判されていると受け取らないようにしたいという思いで，私は少しがんばりすぎたようである。彼女は私が自然に想定していた以上に，私の善意を信用してくれていたようだ。彼女は私がなぜ尋ねているのかについての私の説明を遮り，「ええ，おっしゃることはわかります」と言ったのだ。

ルイーズ：ええ，おっしゃることはわかります。そんなふうに感じるのは，ええっと，今まで私が傷ついて言ったこととか，それとも腹立ちまぎれに言ったことを，ケンはいつも自分のお母さんにそのまま伝えていたからだと思います。そして，お義母さんがほかの人に話して，何もかも誤解されて，私が思ってたこととまったく違う意味で捉えられることがいっぱいあったからだと思います。

ポール：うん。

ルイーズ：みんな，ケンが悪いとは言わないんです。何もかも，悪いのはみんな私なんです。義理のお姉さん，ケンのお兄さんの奥さんから聞いたんですけど，ケンは私と出会ってから人が変わって悪くなったって言うんです。で，ケンが何を言っても，それはケンの人柄が変わったからで，ケンが変わったのは全部私のせいにされちゃうんです。

ポール：うん。これまでルイーズさんが話してきたことからすると，家族が言う，ケンさんの人柄が悪いほうに変わったっていうのは，ケンさんがそれまでのように自分の家族にべったりじゃなくなったっていうことを意味しているんだと思うんです。家族と過ごすより，ルイーズさんと過ごすようになったっていう，そんな感じじゃないかと思うんですが，どうでしょうかね。

*

　私はここで問題を，最初に述べられた単純な善悪の準拠枠を超えた言い方でリフレームしようと，あるいは言い換えようとしている。それによって私は，彼らが何について怒っているのかを，より特定して見ることができるよう，彼女を助けようとしているのである。このコメントにおいて，私はある意味で，ケンの家族が**喪失**に反応しているのだと見ることができるよう，彼女を助けようとしている。喪失というのは，つまり，ケンが彼らよりもルイーズと親密になってしまったことである。このコメントは，彼らへの共感を高め，彼らとの和解（ルイーズが述べた治療目標のひとつ）へと向かう道を拓くと同時に，この問題をルイーズが「**勝った**」ことに伴う問題，つまり，ケンが彼女にコミットしていることを反映する問題としてリフレームしている。

ルイーズ：もちろん。だって，彼の家族には境界がないんですよ。お互いを尊重しようとしないし，あの，特にお義姉さん，お義姉さんのデニースなんか，あの，「私には子どもが2人もいるけど，あなたには子どもはいないでしょう。あなたには何もすることがないのに，一体自分を何様だと思っているの」とか，しょっちゅう言ってくるんですよ。それで，あの，「私には学校があるし，宿題もあるの。しないといけないことはたくさんあるのよ」って言い返したら，「お好きなように」って，あの，返してくるん

です。お義姉さんは，あの，自分のことを人形使いだと思ってるんですよ。あの，みんな自分の言うことを聞かないといけないって［**この時点におけるルイーズの声のトーンはとても落ち込んだ響きである**］。で，私が最初の，つまりケンは，はじめてそんな状況から抜け出そうってしてるんです。お義姉さんは自分のことをケンの母親代わりだと思ってるんです。ケンのお父さんはケンが20歳のときに亡くなっているから。それって，随分前のことですけど，それ以来，お義姉さんは家族の第二の母親みたいな役割を果たしてるんです。自分の母親もしっかりコントロールしてるし。だから私が自分の立場を通そうとすることが，あの，気に食わないんです。「今は私とケンが1つの家族で，私たちなりの境界があるんです。だから，私が家族の付き合いに出られなくたって，それはあの，そんなに感情的にならないでください。私を尊重してください」って私が言うのが，どうにも我慢ならないんです。

＊

　ここでルイーズは，明らかにこれまで以上に興奮している。彼女の声のトーンは苦悩を伝えるものであり，セッションの他の多くの部分よりも，言いよどみの「あの（you know）」が数多く出現している〔訳註：口語英語の"you know"は，言いよどみやためらいの表現であり，日本語では「あの」「その」「まあ」「えーっと」などに当たる〕。彼女は，ケンの家族との間のこの揉めごとにおける傷つきの感情に触れるような内容を話している。
　前に述べた集団主義的な家族と個人主義的な家族についてのコメントとも関連することだが，ルイーズの「彼の家族には境界がない」という包括的なコメントにも注目してほしい。私はルイーズが「間違っている」と言いたいのではない。ルイーズがこの長い節の最後に「私を尊重してください」と言うとき，彼女はケンの家族に求めていることを述べているだけでなく，有能な治療者に求められる重要な要素についても述べているのである。けれども，彼女はケンの家族をあまりにも包括的に知覚しているために，和解や結びつきという，彼女がセッションのはじめに重要だと述べていた目標に向かう道筋を見出すことがまったく不可能に感じられる状態に陥っているということに私は注目しておきたい。セッションの後のほうで明らかになってくることだが，実際のところ，適切な境界の欠如は，

彼女自身が生まれ育った家族における深刻な問題だったのだ。適切な境界の欠如は，彼女がその成長過程において敏感化されてきた問題でありながら，今ではケンの家族のみに知覚される問題となっているのである。ルイーズがその分裂を乗り越えられるよう助けることは，治療目標のひとつである。

ポール：うん。うん。じゃあ，解決しないといけない問題のひとつは，たとえばイースターのお祝いへの招待ってことですかね。

ルイーズ：ええ。

ポール：ルイーズさんには行けない事情があったし，それを尊重してほしいと思ってたっていうことですよね。

ルイーズ：ええ。

ポール：でも，ルイーズさんが望んでいるのは，問題の根底にあるのは，うーん，表現が難しいけれど，2つの家族，つまりルイーズさんとケンさんの2人と，それ以外の人たちの間で……。

ルイーズ：ええ。そういう表現で合っていると思います。

ポール：……家族がどんなものかっていう見方が違ってるってことじゃないかなと思うんですが。

ルイーズ：ええ。

ポール：だから，理想として起こってほしいことは，双方がそのことについて話し合って，なんとか共存していく方法を見つけるっていうことじゃないかと思うんですが，どうでしょう……今あなたが体験しているのは，というか，仲たがいが決定的になる前から体験してきたのは，時折いろんな要求で圧倒的に責め立てられてきたっていうことのように聞こえますが。

ルイーズ：ええ。

ポール：今まではその要求を飲むか，うまく抜け出すかのどちらかしかなくて，「私がどういう人間か話をしてわかってもらいたい」って彼らに言う機会が全然なかったんですね。

ルイーズ：まったくその通りです。

*

上のやりとりにおいて私は，ルイーズがケンの家族をどのように問題として体

験しているかについて明確にしようとしている。また同時に，彼女がそれをどのように扱いうるかについてのモデルを暗々裡に示そうともしている。私は，一方ではルイーズ自身の直接的な体験に根ざしながら，他方ではルイーズが彼らに手を差しのべられるよう援助することを目指そうとして，上のようなやりとりを提供している。そして，ルイーズが彼らに手を差しのべられるよう援助するにあたっては，彼女自身の統合性と彼女の知覚の正当性を支持しながらも，彼らもまた正当な視点をもっているかもしれないということも考慮に入れるような道筋を心がけている。

　これと関連して，少し前の「見方が**違ってる**」というコメントは，正しいか間違っているか，良いか悪いか，という領域から**違い**の領域へと話を移行させようとする試みである。もし彼女が，何らかの仕方で，彼らの見方にもある種の妥当性があるという見方をすることができなければ，つまり，彼らの見方は単に間違ったものではなく，ただ異なったものだという見方をすることができなければ，彼女には結びつきの回復という自らの目標を達成することができないだろう。

　ポール：そういった話し合いをすることは，それ自体が，本質的に言って，簡単なことではないでしょう。それは知っています。けれども，それに加えて，もしあなたにとってそれをさらに難しくさせていることが何かあるとしたら，それはどんなことでしょうか。何か思いつくことがありますか。

＊

　ここでの私の意図は，問題を，そして私が導入した新しい視点を，非難的でないやり方で（第1章を参照）追究することである。私が暗に示唆している仕方でルイーズがケンの家族にアプローチしていないことについて，ルイーズが何か自分に**悪いところがある**と感じさせないよう配慮することが重要である。私が暗に示唆している仕方でケンの家族にアプローチすることは実際に難しいことである。けれども，何が**彼女にとって**そうすることを**特**に難しくさせているのか，そして，彼らにより効果的に対処できるようになるために，彼女が取り組む必要のある問題や葛藤は何なのかを問うことは有用である。

　言い換えれば，ここでの目標は，自分の過ちを責められているように感じさせたままルイーズを置き去りにすることなく，（逐語録への解説のなかで前に言及

した）外在化や分裂を扱うことであり，ルイーズに，彼女とケンの家族との間に生じた出来事における彼女自身の役割を調べることへの興味をかき立てることである。セッションの全体的なトーンは，ルイーズが私を彼女の味方として体験していたことを示唆していると思う。

ルイーズ：私はとっても頑固です。それに，争いごとが嫌いです。争いごとにどう対処したらいいかわからないんです。
ポール：うん。
ルイーズ：争いごとに対処する方法を学ぼうとはしてるんですよ。自分自身の立場を通す方法を学ぼうとしてるんです。一番難しいことは，父が亡くなってから，母と問題があったってことだと思います。母はもちろん悲しんでいるし，私も悲しんでいます。でも，あの，お互い同士の問題も抱えていたんです。なのに，あの人たちがうちに押しかけてきたとき，基本的に私たちはただただびっくりしたんですよ。あの人たちは私の母がそこにいるのを知らなかったんです。母は別の部屋にいたんですけど。あの人は，こんなふうに言うのはひどいって自分でも思うんですけど，でもあの人は，何の前触れもなく私のうちに押しかけてきて，死ぬほど怖い思いをさせたんです［**感情的な子どものような声で**］。それからはただただショックで，つまり，クルマを探して，パラノイアみたいになったし，あの人が来たときには，私の精神状態はあんまりにももろくて，私はすでに抗うつ剤を服用していたけど，量を増やすことが必要になったんです。だから，あの人は信じられないほどに私を傷つけたから，私はあの人と一切関わりをもちたくないし，私はあの人が怖いんです。身体的に怖い思いをすることはないけど，あの人は本当にいじめっ子だから，小さいとき私をいじめた人を思い出すんです。あの人の近くにいると，もうありとあらゆる子ども時代の嫌な出来事がかき立てられてしまうんです。

*

ここには記しておくべきことがいくつかある。まず第一に，「こんなふうに言うのはひどいって自分でも思うんですけど」というルイーズのコメントを取り上げておくのがよいだろう。このコメントをしたときのルイーズの声は泣きそうな

トーンだった。それは，起こったことをセッションで打ち明ける過程で体験される，強い傷つきの感じを表わしている。実際には彼女は率直に勇気を出して打ち明けているのであって，決してひどいことを言っているわけではないということを伝える励まし（あるいはフィードバック）が，ここでは有用だったかもしれない。

　私の次のコメントは，子ども時代のいじめについて彼女に尋ねながら，同じ感情状態を異なる仕方で扱うものとなっている。セッションにおいて彼女が抱いている「泣きそうな」感情は，いじめ（彼女が明確化したところでは，とりわけ言葉のいじめ）の犠牲者になったときに抱いていた感情と，おそらくとてもよく似たものであろう。いじめっ子は，犠牲者を，うまく言い返すことができない状態に留め置きながら，まさに「泣きそうな」感情とともに置き去りにするのである。

　ここで，ルイーズがいじめや「ありとあらゆる子ども時代の嫌な出来事」を，ここで自発的に思い出し，連想したという事実に注目したい。こうした想起や連想は，以前の私の質問，つまり，ケンの家族への対処を**彼女にとって特に難しくさせているもの**は何か，という質問がもたらした産物なのかもしれない。私のこの質問の少し後に，ルイーズは，はじめて，自分の母親との間に何らかの問題を抱えていたことを話題にしている。その少し後で，彼女はこうしたいじめっ子との間の子ども時代の体験を想起し，子ども時代の記憶が彼女のなかにかき立てられていることに言及している。しばしば，われわれが患者に言ったことがもたらす治療的な実りは，間接的にのみ姿を現わす。ルイーズは，ケンの家族への対処を**彼女にとって特に難しくさせているもの**は何かという質問に直接的に「答え」てはいない。また，おそらく彼女は，ここではじめて（ここまでずっと「良い」存在としてのみ語られてきた）母親との間に現在抱えている問題に言及したことや，いじめられた経験を想起したことや，子ども時代の記憶が「かき立てられた」こと，これらのことと私の上の質問とが何らか関連しているということを意識的には自覚していないだろう。けれども，私には，こうした新しい連想が彼女のなかにかき立てられるうえで，彼女の神経ネットワークにおいて反響していたもののなかに私のコメントが含まれていたことは，きわめてありうるように思われる。心理療法家としてのわれわれの仕事において最も効果的であるものの多くは，このようにして地面に種を蒔き，そのうえで，大地から出現するものを注意深く観察することから成っている。私の質問がルイーズに何を喚起するのか，私にわかっていたわけではないけれども，その質問は，実際，われわれの注意を，彼女に特有の人生経験とその結果である心理傾向に向けるよう意図されたものであった。治

療者としてわれわれが行なうことの多くがそうであるように，その質問もまた特別な意図のない偶然のもののように見えるかもしれない。だが実際にはそれは思索と臨床経験の産物である。われわれは，自分の発したコメントや質問がクライエントに何を喚起するのかを前もって正確にわかっているわけではないけれども，長年の臨床経験から，ある種のコメントや質問，そしてある種の話し方は，潜在的体験の再検討を促進する過程に携わったことがない人が通常予想するよりも，強力で効果的であるということを知っているのである。

　ルイーズが「私はあの人が恐い」と言うとき，その人とは誰のことなのか，やや曖昧なところがある。このくだりのいくつかの箇所で，ルイーズは「あの人たちが」家にやってきたと言っている。その後，ルイーズは，「あの人が」恐いと言い，また，「あの人が」いじめると言っている。この「あの人」は，義母でもありうるし，デニースでもありうる。デニースはケンの家族のなかでも，ルイーズにとって，より攻撃的で恐いメンバーであるように思われる。けれども，それ以外では，ルイーズが最も心配しているのは義母との関係である。ルイーズが言及しているのが義母であるとすれば，われわれは，セッションの終わりまでに，より複雑な義母の人物像が，そして義母についてのより複雑なルイーズの感情の全体像が出現してくることに注目する必要があるだろう。こうしたより複雑な像は，このセッションが達成した成果のひとつである。けれども，この時点で，ルイーズの体験のなかに喚起されている，彼女が自発的に顕在的に認めている義母の像は，非常に単純化された一次元的な見方であるばかりか，非常に**子どもっぽい見方**でもある。

　最後に，次のことも述べておく価値があるだろう。彼女の親戚が急に押し入ってきて彼女を怯えさせたことについての，このかなり劇的な説明は，多くの点でかなり重要であると後に判明するもう1つの要素を，偶発的で背景的なことがらの位置に追いやっている。ルイーズは自分の母親と「問題があった」，自分たちは「お互い同士の問題も抱えていた」と述べている。セッションが進むにつれて明らかになってくるように，ルイーズがケンの家族との間に抱えていた困難には，ルイーズが自分の母親に対して抱いている痛々しく葛藤した感情と関係があると考えられる部分がある。ルイーズは，**ケンの家族の問題に焦点づけること**によって，自分の母親との葛藤から，しばしば自分を守っていたのである。要求がましくならずに，しかし互いのために存在する彼女の良い家族と，「集団主義的」で侵入的で非共感的なケンの家族とを，白か黒かに二分するこの分裂は，彼女が

ケンの家族と結びつくことを難しくさせている要因のひとつである。この後，明らかとなっていくように，この1回のセッションにおいてさえ，ルイーズが自分の母親について抱いている難しい感情と接触できるよう，そしてまた，彼女が閉め出しているケンの母親に対するより温かい感情や，自分の家族よりもケンの家族においてより顕在的であり，より利用可能である何かに対する彼女の切望に接触できるようルイーズを助ける作業は，いくらか進展した。自分の母親に対する，まだしっかりと直視する準備ができていない感情から身を守るために，彼女には情動面における避難所が必要だったのである。けれどもその代償として，彼女は，ケンの家族との問題を悪化させてしまった。そしてそのために，夫との関係が潜在的に危険にさらされている。そればかりか，原家族においては満たされてこなかった彼女自身の切実な欲求が満たされることも妨げられている。

ポール：子ども時代のいじめられた経験について，もう少し話してくれませんか。
ルイーズ：いじめっていっても，情緒的ないじめだったと思います。いじめっ子たち，特に女の子たちだったんですけど，あの子たちは私が嫌いだってことを態度で示して，私をからかってきました。私の弱みに付け込んできて。私はナイーブですぐに人を信用する癖があったんです。だから，私には友達があまりいませんでした。たぶん，たぶん，妬みがあったんだと思います。私は母ととっても親密だったけど，あの子たちは自分のお母さんとうまくいってなかったみたいだし。それに父……私たちはいろんなところに旅行しました……私にとって子ども時代はとても大変でした。っていうのも，誰に後ろから刺されるかわからないって感じだったから。

*

　読者は，自分の家族についてのルイーズのこの記述を，セッション全体を読んだ後でもう一度読んでみるとよいだろう。ルイーズが，ここで，自分の母親との関係を，非常に親密な良い関係であって，ほかの子どもたちが妬ましく思うほどだったと述べていることに注目しておこう。また，ここで彼女は父親について言及しているが，それは断片的な一文であり（「それに父……」），それに続く言葉は述べられず，宙ぶらりんで曖昧なままに放置されていることにも注目したい。

振り返ってみると，この断片化された構造は，ストレスあるいは葛藤の指標として見ることができるものなのかもしれない。けれども，ルイーズがこれまでに語った内容の文脈において聞くと，このくだりは，一見したところ，ほかの子どもが彼女の何を妬んでいたのかについての説明の一部とも受け取れる。つまり，「それに彼らは私と父との関係も妬んでいたんです」といったように展開していく文章の始まりのようにも聞こえる。けれども，それは断片でしかなく，おそらくは「私たちはいろんなところに旅行しました」という次に話された内容と関連した，また違う文章の始まりとして聞くこともできる。そうであれば，父親に関する不完全な文の断片は，家族の旅行と連想的に結びついたもののように見えてくる。この家族旅行はルイーズにとって非常に意味のあるものであることがセッションの後のほうでわかるのだが，この時点では，その示唆するところは，実際のところ，評価したり理解したりすることが難しいものである。(10)

　父親と旅行に関する未完成で不明瞭な言及は，この文脈においては，おおむね，自分の家族はほかの子どもたちが羨むほど「正常」なものであるというイメージを伝えようとするルイーズの努力の一部であるように見える。そこに示唆されているのは，健全な家族，父親が存在する家族，一緒に旅行する家族のイメージである。悲しいことだが，この後，われわれは，より全体的な像はこうしたイメージとはかなり違っているということを理解することになる。

　「それに父……」「私たちはいろんなところに旅行しました」で始まる文が，「私にとって子ども時代はとても大変でした。っていうのも，誰に後ろから刺されるかわからないって感じだったから」という文で終わっていることにも注目しよう。ルイーズと対面している文脈で彼女のこの説明を最初に聞いたとき，背中を刺してくるかもしれない人として彼女が示唆しているのは，両親ではなく，いじめっ子たちであるように思われた。セッションが進むにつれて，このくだりと「それに父……」や「私たちはいろんなところに旅行しました」という言葉との間の連想的なつながりは，異なる意味を帯びるようになる。その文の残りの部分が，いじめっ子のことを示唆しているのかどうかは，ずっと曖昧になってくる（前に挿入したコメントにおいて私は，ルイーズは，いたわり合う良い家族という不安定な感覚を守ろうと努力しがちであり，そうした「美化」の努力のために犠牲を払っていると指摘した。ここで，そのことも思い出しておこう）。

　私は，この時点においては，上に述べてきたような含意についてまったく気づいていなかった。ビデオや逐語録の利点は，起こったことを後から振り返って，

実際に起こった時点とは違うやり方で理解できることにある。

ポール：うん。
ルイーズ：私はいつも誰も心から信じちゃいけないって思ってました。だから，本当に信じられる友達ができたのは，10代後半か，20代前半になってからです。でも，今でも人に裏切られるんじゃないかって思うことはあります。
ポール：うん。うん。もっとたくさん友達ができて，もっと楽になるかもしれないって想像することはできますか。そういった状況って，ずっと手に入れたいと願っていた状況ですか。そして，いつか手に入れることができるものだと思いますか。
ルイーズ：昔は，できるだけたくさん友達が欲しいって思ってました。でも今は，数は少ないけれど，とっても良い友達がいるし，今の友達で十分です。
ポール：うん。うん。
ルイーズ：もっと友達が欲しいとか，もっと友達が必要だとか，そんなふうに思う境遇じゃないと思ってます。
ポール：うん。うん。
ルイーズ：私にもっとたくさん友達がいたら，もっと優れた人間になれるというわけでもないと思います。
ポール：そうなんだ。じゃあ，自分で望んでいた状況を達成したって思っているんですね。
ルイーズ：はい，今は。ええ！

*

　ビデオを見ると，ルイーズがこの発言をしながら，ぱっと明るく輝くようにほほえんでいるのがわかる。これは重要な治療的瞬間であった。というのも，このとき，感情的な次元において，彼女のなかに，普段自分を見ているときの見方とは**違った**，新たな可能性の感覚をも含んだ自分自身の感覚が喚起されたからである。この一連のやりとりはまた，治療者が，患者の病理だけでなく，肯定的な発達や，患者や患者の生活を肯定的に見る見方にも注意を払うことが大切であることを示す例ともなっている。

ここで起こっているような種類の治療的瞬間が，ハリウッド映画でよく見られるように，それだけで人生を変えてしまうことなどまずありえない。それらは積み重ねられながら高まっていくものであり，ほぼつねに単一のものではなく，複合的なものである。にもかかわらず，それらは，それぞれ本当に重要なものである。ここで生じている治療的体験は，ボストン変化過程研究グループによって記述された「出会いの瞬間」（Lyons-Ruth, 1998 ; D.N. Stern, 2004 ; D.N. Stern et al., 1998）と，多くの点で異なりながらも，共通の焦点づけを特徴とするものである。つまり，主として洞察によって変化を引き起こすよりも，患者の内的過程を変化させるような感情体験を喚起することによって変化を引き起こすことに焦点づけている。

　ポール：ええ。

*

　ここで私は，はっきりと（しかし自発的に）ルイーズの感情状態と自己承認を承認し，共鳴している。

　ルイーズ：ええ。
　ポール：ええ。そのことを指摘したとき，びっくりしたように見えたけど，それは僕の誤解なんでしょうか。
　ルイーズ：私が自分で望んでいた状況を達成したって言ったとき？
　ポール：ええ。
　ルイーズ：ええ。そんなふうに考えたことなかったけど，そう，その通り，望んでいた状況が達成できてびっくりしてる。その通りだと思います。
　ポール：うん。
　ルイーズ：だって，でも，私がとっても怖いと思っているから，もしかしたら消えてしまうんじゃないかって……そうだって認めたら，消えてなくなっちゃうんじゃないかって，怖いんです。
　ポール：うん，うん，うん。

*

ここでルイーズは，変化を認めたらその変化は失われてしまうのではないかという恐れを表現している。しかしながら，しばしば実際に起きるのは，それとはほとんど正反対のことである。つまり，変化を認めることに**失敗すること**が，変化の維持を妨げるのである。

　これと関連して，私は別のところで（P.L. Wachtel, 1993），重要であるにもかかわらず十分に評価されてきていないテンザーの仕事（Tenzer, 1984）に注意を喚起したことがある。彼女は，生じつつある変化を患者が**認識する**ことの重要性を強調した。テンザーは，精神分析的な思索とピアジェ派の研究の両方に依拠しながら，もし患者が変化に気づかないままであれば，重要な本物の変化でさえ急速に失われてしまうということを，説得力をもって論じた。彼女はまた，人間の認知の基本的な特徴，とりわけ，あらかじめ抱かれた期待に適合しないものを無視する傾向が，いかにそうした気づきを弱めてしまいうるかを示した。彼女の仕事を受けて，私は「治療者は，患者が変化に気づくようはっきりと**促進する**必要がある。それがなければ，患者は生じた変化を彼の古い構造やスキーマに同化してしまいがちである。そうなると，その変化は短命なものとなってしまうだろう」と論じた（P.L. Wachtel, 1993, p.257）。

　より最近になって，私はこの過程を，**患者は自分が洞察したのだという洞察を**することが必要なのだと考えるようになった。患者が，自分が洞察を得たことに気づかないままでいるとき，その洞察が示唆する**行為**や，その洞察が指し示す異なった物事の進め方や，異なった**生き方**が実現される可能性は薄れてしまう。そうした場合，その洞察は，情動的ないし行動的な変化を生み出す力をほとんど伴わない，ほかから切り離された知的認識となりがちである。

　これとの関連で言うと，私が前のコメントをしたときにルイーズがほとんど驚いたように見えたという私のこのコメントは，ルイーズが前のコメントに喜び，笑みを浮かべたことに**気づかせる**とともに，彼女が長いこと自分自身で思い込んでいた以上に，親密な友人関係をつくりだしたり維持したりできているという事実にも**気づかせる**よう意図されたものであった。

　　ルイーズ：だから自分の友達関係を大切に思うんです。でも……どこか……
　　　　心の一部には，まだ不安な部分があると思います。わかってもらえます？
　　ポール：じゃあ，何が，どんなことが，ルイーズさんを臆病にさせているの
　　　　でしょう？　友達がいなくなるかもしれないっていう怖いイメージを抱く

とき，どんなことがそのイメージにつながっているのでしょう？

*

　ここで私はルイーズの**不安**に焦点を当てている。これは，患者の不安への注目こそ，良き治療作業の中心的特徴であるという第1章で論じた見解を反映したものである。私のこの焦点づけは，ルイーズが不安に言及したことをきっかけとしたものであるが，ある意味で私は，ルイーズ自身以上に，より真剣に彼女の不安を取り上げている。あるいは，少なくとも，彼女とは違った仕方でそれを取り上げている。私はただ単に彼女が不安に思っていることに注目しただけではない。私は，その不安が実のところ何についての不安なのかを探究してみるよう，彼女を誘っているのである。その際，私は，基本的に知的に焦点づけられた仕方，つまり言語的な「答え」のある「質問」をするという方法を取ってはいない。そうではなく，私はルイーズにその不安と連合したイメージに注意を向けてみてほしいと求めている。そうした探究のモードは，感情的な要素をより含みやすいものである。

　この特定の例においては，その探究は，特に実りのある，あるいは深遠な結果をもたらすことはなかった。しかし，それでもなおそれは，たいていの場合，患者が不安を克服するために直面しなければならない体験や手がかりに患者を接触させる可能性が高い探究のモードであると私は思っている。

ルイーズ：どうせ私は使い捨てなんだって考えて，怖くなるんです。だって，友達は別にもっと良い友達ができるまでの間，私の友達でいてくれるだけだって，いつも感じてた節があるから。
ポール：うん。うん。
ルイーズ：それに，突然何かのきっかけで，あの，そんなことになるように感じるから。だから，自分は弱いって思う。だって，友達には別のもっと気の合う人が出てくるかもしれないって思うから。そんなこと現実的じゃないって頭ではわかってるんですけど。
ポール：うん。うん。
ルイーズ：ええ。
ポール：というのは，現実には確固とした良い友達だから？

3　ルイーズ──セッション1

ルイーズ：ええ，その通りです。現実的にはそうだってわかってるんですけど，自分の不安定な部分のどこかにそんなふうに思っている部分があって，それについてどうにかしようとは思ってるんですけど，でも，よくわからないけど，私はそれを自分のなかに深く染みついているみたいに感じていて，それで，いつかそんな思いがなくなることがあるのかなあって。

ポール：うん。そういう感覚って，友達と一緒にいるときにも表われてくることはあるんでしょうか？　別に友達はルイーズさんのことを拒否しているわけじゃないのに，そうした誰かのちょっとしたしぐさや言葉遣いに，すごく神経質になっちゃうこととか。そういうことはあるのかな？

*

ここでルイーズは，多くの治療者と同様に，不安の原因をほぼ完全に「内的なもの」，彼女のなかに「深く染みついた」ものとして見ている。私は別の可能性を提示している。少なくとも，彼女に対する他者の行動を彼女がどう体験するかという問題は，単に「彼女がどんなふうであるか」を反映するものではなく，また単に「彼らがどんなふうであるか」を反映するものでもなく，彼女が彼らとどのように相互作用するかを反映するものである。つまり，私はここで潜在的に，悪循環の可能性を探究しているのである。すなわち，彼女の不安が，不安を持続させてしまう，そして，同じ出来事と感情の連鎖を反復させてしまう，そういうような反応を相手に喚起しがちな振る舞いを導いているのではないか，という可能性を探究しているのである。もしそうなら，そしてもしルイーズがこの悪循環を認識し，それに対して何かをできるのなら，その悪循環を断つことができるだろう。

心理療法の多くにおいてそうであるように，ここでも，治療者が取り組むべき課題のひとつは，非難的になることなく，患者自身の行動が果たしている役割を視野に含めることにある（この話題についてのより詳しい議論は，P.L. Wachtel (1993, 2008)，Wile (1984) を参照）。彼女はその悪循環の過程において自分自身が果たしている役割を棚に上げているのだと指摘するようなトーンにはならないように注意すべきである。というのも，そのようなトーンで伝えられると，生じている問題は彼女自身の落ち度のせいだという意味に取られやすいからである。むしろ，患者がそれとはほとんど正反対の見方ができるよう導くことを目指すの

である。つまり，それは彼女の「落ち度」ではない，なぜならそれは彼女が捕えられている悪循環の結果であり，彼女が克服しようとしているまさにその感情のほぼ必然的な結果だから，という見方を導くようにするのである。また同時に，彼女が友人たちに対してどのように振る舞っているのかを探究することを通して，彼女がその循環を打破するのを助ける手がかりを得るのである。

　もちろん，この質問が実際に質問であるということを認識しておくことも重要である。つまり，治療者は答えをもっているわけではなく，実際に疑問を投げかけているのである。たとえば（すぐ下の逐語録に見られるように），私の質問に対するルイーズの反応には，彼女自身の行動がその悪循環を維持する役割を果しているという仮説を支持する兆候が含まれている。つまり，彼女は，過度に敏感になっており，友人たちはそれに気づいているようだったのである。しかし，おそらくは投薬への反応として，彼女の行動は変化したけれども，なお感情は，少なくともある程度は，持続していることを示す兆候もある。他方では，友人たちに対するルイーズの行動の変化が，実際に，ルイーズと友人たちがともに捕えられていた悪循環を打破するのを助けたことを示す兆候もある。つまり，彼女たちみんなが，今や，そうした関わりのパターンから抜け出し，そのパターンについて考え，そのことによってそのパターンを変化させる可能性が高まっていることを示す兆候もある（Wallin, 2007 を参照）。

　　ルイーズ：薬，ああ，抗うつ剤と抗不安薬ですけど，薬を飲みはじめる前は，ありましたね。最終的に，助けを求めて薬を飲むようになったんですけど。それまでは，みんなが言うことにとっても敏感でした。そして，本当にちょっとしたことでも，あの，それってどういう意味なんだろうとか，私とはもう話をしたくないって思ってるのかなあって考えたり。そういったことをすごく考えました。今は，今は友達が実際に言ってくれるんです。「今あなたが言ったことに笑ったけど，あの，悪い意味はないから，あの，誤解しないでね」って。で，私も，「そんなこと全然気にならなかったから」って答えることとか……。
　　ポール：うん。だから，お友達はルイーズさんがそういったことで傷つくことがあるってわかってくれてるんですね。
　　ルイーズ：ええ，そう思います。そう思うから，お話ししたんです。本当に良い友達だと思ってます。私が神経質なのをわかってくれているから。実

際そんなことに気づいて，わざわざ「大丈夫だよね」って声をかけてくれるんですよ。

ポール：そう，そうなんだ。

ルイーズ：だから……。

ポール：そうなんだ。

ルイーズ：そういうのって私にはとっても大切なことなんです。

ポール：うん，よくわかりますよ。その人たちがルイーズさんのことを本当に気にかけてくれてるってことがよく伝わってきます。

ルイーズ：ええ。

ポール：ええ。

ルイーズ：私が神経質だってわかっていても，あの，それでも，あの，私のことを気遣ってくれるから。

ポール：そうなんだ。神経質だっていうことは別に戦争犯罪ではないんだし。

ルイーズ：その通りです。でも，誰かが私のことを神経質だって言ったら，私，そんなことないってよく反論するんです。だって，ケンの，ケンの家族は，否定的な意味で私のことを神経質だっていうから。

ポール：そう，そうなんだ。

ルイーズ：だから……。

ポール：そうなんだ。

ルイーズ：……いつも，とっても否定的な意味でそう言われるんですよ。

ポール：そう。じゃあ，ケンさんとの関係に関しては，どの程度安心感を感じていますか？

*

　ここで私はルイーズの生活において相互に関連し合っている問題群のなかの，また別の問題に方向づけている。なぜこの時点でこのコメントをしたのかを今振り返って考えてみると，この時点で私が話題を変えたのは，今，扱っている話題に関して，これ以上，どこをどのように探究していけばよいのかがよくわからなくなっていたからであるように思われる。いずれまた，きっと，この話題についてさらに重要な作業がなされることになるだろうと期待できるけれども，よくあるように，差しあたり，この井戸は涸れたのである。

治療者のなかには，涸れたのは私の井戸だけであって，もし私がただ静かに待っていたなら，ルイーズは少なくともテーマ的，感情的にその話題と結びついたことを，さらに話しはじめただろうと思う人もいるだろう（たとえそれが一見すると無関係な「連想」として出てくるにしても）。この特定の例に関して言えば，たしかにそうかもしれないと思う。このセッション全体の進路は，一般に公表され視聴されるビデオ教材のために録画されているセッションだという事実によって微妙に影響されていた。私はたぶん，通常のセッション以上に，「何かをする」必要や，「興味深いことが起きるようにする」必要を感じていた。たとえば，振り返って考えてみると，ただ静かに待っているだけでなく，次のような言葉でクライエントを促すこともできただろうと思う。「あなたにとって，神経質になるということはどんなことなのか，もう少し聞かせてもらえますか」「周りの人があなたを神経質だと『責めた』とき，その人たちはあなたをどんなふうに責めたのか，もう少し詳しく聞かせてもらえますか」「あなたが自分は神経質になっているんじゃないかと不安になるとき，どんなふうに不安になるのか，もっと聞かせてほしいのです」などなど。その話題をさらに深く掘り下げていく道筋はたくさんある。治療者として，われわれは，「話題を早く変えすぎてしまう」ことがある。他方で，われわれは，すでに実り豊かな共同作業ではなくなっているにもかかわらず，しつこく同じ話題を追究しつづけてしまうこともある。井戸は，少なくとも一時的には，実際に涸れることがあるのである。

　いずれにせよ，ルイーズとケンの関係を探究するために話題を変えたのは，決して単なる「間違い」ではないということをはっきりさせておくことが重要である。その話題は明らかにそれ自体で重要なものであり，いずれかの時点で扱われる必要のあるものだった。さらには，私の質問は，（スターン（D.B. Stern, 1977）が「未構成の体験」という有用な言葉で言及しているような）明確に把握される以前の考えや感情やアイデアに根ざした，私の「連想」や，感情的な共鳴を含んでいた面もある。明らかに，ルイーズのケンとの関係は，それ自体で重要な話題であるばかりか，われわれがすでに関わってきた話題（ルイーズが親密な人間関係をどのように体験してきたか，どのようなときに自分が尊重され理解されていると感じ，どのようなときに自分は捨てられ「使い捨て可能」だと感じるのか）の別ヴァージョンであり，それゆえ，その話題への別の接触ルートなのである。

　ルイーズ：とっても安心感を感じています。でも，ちょっと不安になること

はあります．あの，家族と縁を切ってもいいって，あの，彼は言うけど，そういう言葉とは裏腹に，行動はそうじゃないことがあるから．それに，家族と縁を切って人生を過ごしても，彼は幸せにはなれないってわかってるから．

*

　ここで，「話題の転換」は有用なものだったことが判明したように私には思える．それは，ルイーズにとって，単にケンの家族に対してより自己主張的になるよりも，ケンの家族との関係を改善するよう取り組むことが重要である理由を，われわれの双方に，いっそう明らかにするものとなった．ただし，関係を改善することと，自己主張的になることとは，両立不可能なものでもなければ，矛盾するものでもない．というのも，その関係が円滑に機能するためには，ルイーズが，ケンの家族との間の相互作用において，自分のニードも考慮されるのだと信じられることが必要だからである．さもなければ，その相互作用のなかには，彼女の怒りがつねに存在することになるだろう．そしてその怒りは，少なくとも，彼女が彼らに見出す敵意（彼女の主観にとってはいわれのない困惑するような敵意）のいくらかを説明する潜在要因となるだろう．第1章において論じたように，悪循環は人間の体験や人間関係においてあまねく見られるものであり，それに関わっているいずれの側も，その循環を構成する諸過程に気づいていないことが多い．家族療法家がしばしば指摘しているように，人々の間の揉めごとが一見すると変化しにくい性質をもっているように見えるのは，出来事の連鎖において「句読点を打つ」ポイントがそれぞれで違っていることによるところが大きい．いずれの側も，それぞれ，自分は相手の行動にただ「反応している」だけだと感じがちである．そしてその結果，そのパターンは何度も繰り返し生じることになるのである．セッションの後のほうで，われわれは，ルイーズから彼女の結婚式についての「驚くべき報告」を聞かされることになる．その際，読者が，以上の考察を念頭に置いてそれを受けとめることがとても大切である．

　ポール：うん．うん．うん．ケンさんとしっかりつながっているって感じるためには，ケンさんが家族と縁を切らないとダメだって感じますか？

＊

　私はここで本質的にルイーズの葛藤を探索している。つまり，実家の家族との関わりを断ち切った人生になればケンは幸せではないだろうと言いながらも，もしケンが自分を愛しているなら彼は家族よりも私のほうを選ぶだろうと，ルイーズがどこかで感じているのかどうかを探索している。言い換えれば，ここで私は，ルイーズは自分で認識している以上に，ケンの家族との和解を進めるか，それとも，ケンを彼らから引き離すかということで葛藤しているのではないだろうか，そしてそうした葛藤のためにルイーズはケンの家族との和解を達成する道を見出すのがより困難になっているのではないだろうか，と思案している。もしそういうことであるならば，ルイーズがより意識的に接近可能なやり方でその葛藤に取り組めるよう，そしてルイーズがその葛藤を解決しやすくなるよう，この話題を準備的に導入しようと試みている。

　　ルイーズ：[**しばらくためらって，唇をかむ**] うーん，私は，今現在，彼とはしっかりつながっていると思っています。でも，もし将来，彼が家族と縁を切ってしまったら，きっと私のことを恨むようになるって思うんです。それが結局のところだと思います。きっと彼は私を責めるようになるって。彼は，今は私を責めてないし，それは本心だって信じているけど，でも立場が逆だったら，私は彼を恨むようになるかもしれないって思います。それに，私を見て「お前のせいで家族と縁を切ったんだぞ」なんて絶対に言ってほしくないんです。実際のところ，あの，彼がそんなことを言うなんてことはないかもしれないと思うんですけど。ええ，たぶん，彼はそんなことは言わないと思います。でも，私のせいで，彼がとっても大切に思っている家族，特に彼のお母さんと縁を切ってほしくはないって思います。だから，こうしてこの問題を修復しようとがんばってるんですよ。とっても難しいことだけど。

　　　　　　　　　　　　　　＊

　ある意味で，ここでルイーズは，ケンがルイーズとの結びつきのために実家の家族を切り捨ててくれたらという願望を抱いているのではないかという，私の潜

在的な示唆をやりすごしている。けれども，ケン自らが実家の家族を切り捨てるのではないかという彼女の「恐れ」は，ケンが実家の家族との結びつきを保っていたいと望みながらも，ルイーズを満足させるために彼らを切り捨てるかもしれないと示唆している（さらにこの状況全体を複雑にしている要因として，私の心中には次のような考えも浮かんでいた。つまり，ケンもまた自分で気づいている以上に，かなり密着した要求がましい自分の家族との関係について葛藤した感情を抱いており，彼らとの密着した関係に対処する課題を無意識のうちにルイーズに委ねているのではないか，という考えである）。

ポール：うん。うん。じゃあ，ケンさんがルイーズさんと一緒にいるために，家族と縁を切るって言うのは，実際に起こりそうなことなんでしょうか？ つまり，彼が両方とつながったままでいられる可能性はないように感じますか？

ルイーズ：ええ。っていうのは，「あなた一人で家族のところへ行ったら？ その，私はしなければならないことがあるから」って言ったことが何度もあるんですよ。あの，学校があるからとか，行きたくないからとか，気分が悪いからとか，いろんな理由で。彼の家族に会いに行く前には，いつもケンカしてたんです。いつも，大ゲンカになって。楽しいこともあったけど，あの，私が憶えているのはケンカのことばかり。それに，イースターのときみたいに，実際彼が一人で行ったこともあるんですよ。でもそんなふうに彼が一人で行っても，あの人たちにいじめられるだけなんです。あの人たちから，あの，「ルイーズさんも1時間ぐらいは来られるはずなのに」って言われて，彼はみじめな思いをしなくちゃいけないんです。

*

ルイーズには次のことを認識するのが難しいようである。つまり，彼女はケンに実家の家族と会うよう勧めているけれども，同時にまた，何度も繰り返し緊張を創り出すような状況で彼が家族に会うよう，場面設定しているということである。ルイーズがセッション全体を通して述べたことからすると，たとえルイーズがたいていの場合はケンと一緒に行ったとしても，もし彼女に何かするべきことがある場合には彼についていかないという選択肢を確保しておくとすれば，緊張

感が発生するのだろうと思われる。つまり，彼らは「採点を記憶しておく」家族であって，彼女がほとんどつねに儀式的に彼に同伴することを期待する家族なのであろう。しかし，もしルイーズが，いかに自分がケンの緊張を高めることに寄与しているのかを認識できれば，彼女はなぜ彼らがケンに「みじめな思い」をさせるのかをよりよく理解できるようになるだろう。そのとき彼女は，彼女自身にとっても，ケンにとっても，彼らとの関係にとっても，有効に働く解決を見出すうえで，より有利な地点に到達したことになるだろう（明らかに，その解決は，時には彼女自身の欲求や興味を追求する権利と独立性を，おそらくケンに支持されながらも力強く伝えることを含んだ解決である）。

ポール：うん。うん。うん。
ルイーズ：だから，私たち2人がうまくいくように気を遣ってくれてるわけじゃないんですよ。私は妥協しようとしているのに。わかってもらえます？
ポール：じゃあ，そのう，クリスマスの前に，みんなが押しかけてきて，あなたに不満を訴えはじめたとき，そのときは……。たしかまだお母さんがそこにいらして，お父さんが亡くなったことで悲しんでおられたときなんですよね……。
ルイーズ：はい。
ポール：……もちろんそれは明らかにとっても大変な，苦しいときだった。ご主人のご家族は何をしにいらっしゃったんですか？　どんなことを言ってきたんですか？　つまり，どんなことを訴えてきたんでしょう？　何が彼らをそんなときにそんな行動に出させたんでしょうか？

*

　ここで私は，前に挿入したコメントにおいて示唆したような問題を探究しようとしており，そのための道筋を模索している。つまり私は，自分の行動や立場がケンの家族にどのように見え，どのように感じられているのかを，ルイーズがもっとよく理解できるよう助けたいと思っているのである。というのも私は，実のところ彼女がそれをあまりよく理解していないと考えているからである。しかし，それを探究するための質問は，ルイーズにとっては，私が彼女に敵対して彼らの側に立っているものと感じられる可能性が高い，つまり第1章で導入した言葉を

使えば，非難的に感じられる可能性が高いということを私は意識している。だから私はこの質問を，ルイーズの見方をはっきりと認め，ルイーズの立場に立つような言い方で述べている。ルイーズが言っているように，彼女の父親が亡くなって間もない時期におけるケンの家族の行動は，不適切で気遣いに欠けているように私にも思われる。けれども私は，なんとかルイーズの好奇心を喚起して，彼女が直面している困難に寄与しているかもしれない，彼らに対する自分自身の行動パターンについて考えてみるよう，誘い込もうとしているのである。

「何が彼らをそんな行動に出させたんでしょうか？」と（ビデオを見ればわかるように「いったい全体，何が彼らを，まさにそんなときに，そんな行動に出させたんでしょうか？」というトーンで）私が尋ねるとき，私はそれを本質的に修辞疑問文として述べているのであり，ルイーズに同情しながら，彼らはそんなふうに振る舞うべきではなかったとはっきり示唆しているのである。けれども，同時にまた私は，ルイーズに，それを真の質問として考えてみるよう促してもいるのである。つまり，彼らのしたことをルイーズがどのように感じているかについて同情的な理解を伝えることによって，私は，彼らがどうしてそのように反応したのかを真剣に考えてみる作業を，ルイーズが少しでもより安全に，またより非難的でなく感じられる文脈に置きたかったのである。つまり，この重要な問いを，彼女の「間違い」についての問いではなく，彼女自身の行動が彼らにどのように受け取られたかを理解することを通して，ルイーズに対する彼らの反応へのコントロール感をいかに高められるかについての問いだと感じられるものにしたかったのである。この例は，患者が脅威と感じがちな，あるいは非難されていると感じがちなことであっても，なお患者の側に立った，患者の見方を認めるようなやり方で探究しうることを示している。

　　ルイーズ：それがわかればいいのにって思います。おそらく，私が思うには，デニース，ケンのお姉さんですけど，デニースが自分のわだかまりを一掃したいって思ったんだと思います。デニースはケンの母親のように振る舞っているお姉さんなんですけど。私がそう思うのは，デニースに言われたんですよ。「もし私の留守電のメッセージが嫌だったら，どうして電話して，嫌だって言わないのよ？」って。でも私から電話してそんなこと言うなんて，そんなに簡単なことじゃないですよね。だって，あの，電話する時間がなかったのなんてメッセージを残すのがいいことじゃないって感

じるのは，私だけかもしれないって思ってたから。で，私は，私は……。

ポール：それって，デニースさんが，そのときケンさんから聞いたっていうことなんですか？

ルイーズ：ええ。えっと，ケンは，そのう，お母さんに怒鳴ってたんですよ。あの，家族が自分をがっかりさせたし，私をがっかりさせたって。

ポール：うん。

ルイーズ：ケンは私のためにも，自分のためにも傷ついちゃったんです。あの人たちに毎日晩御飯をつくって持ってきてほしいとかなんてことは期待してないけど，でも，父が亡くなったってことをちゃんと認めてくれてもいいじゃないかってことは，やっぱり期待してるんですね。ただ，「ああ，ルイーズさんのお父さん亡くなったの？　ふーん，そうなんだ」とかだけじゃなくて。だから，デニースがちょっとゆがんだ方法でしようとしたことは，彼女の意図は，何もかもを白日の下にさらして話し合うことだったと思うんです。でも，実際に彼女がしたことは，そうじゃなかった。つまり，実際に彼女がしたことは，私を攻撃しただけだった。「私たちはあなたたちの結婚式にも呼ばれなかったし」とか言うんですよ。私たちが結婚したとき，私とケンだけで式を挙げたんです。私たちはインディアナにいたし，いろんな理由もあったし。それだけ。っていうか，ほかの人がどんなふうに思おうが私は全然構わない。これは私たちの結婚式なんです。私たちの人生なんです。私はそんなふうに結婚したかったんです。だから，残念です。

＊

　この時点で，ケンの家族が結婚式に招かれていなかったということを知って，私は少し驚いた。その事実は，どうして彼らがルイーズに対してやや冷ややかで，歓迎しない態度を示してきたのかを理解するうえで，明らかに重要な視点を与えてくれる。彼女のこの発言は「何が彼らをそんな行動に出させたんでしょうね」という私の問いに対する直接的な反応ではなかった。けれども，この非常に重要な情報がまさにこの時点で浮上してきたということは，実際のところ，その問いが，ケンの家族の行動は，ある部分では彼女自身の行動への反応なのではないかということについてのルイーズの考えを，たとえ無意識的にではあっても，刺激したことを示唆するものであろう。もちろん，この時点でのルイーズの説明は，

よく考えて提示されたものではない。けれどもそれは，セッションにおいて後に探究されることになる話題を有用な仕方で切り拓いたのである。

　ここで，ルイーズは父親の死に対するケンの家族の反応に対する傷つきの感情をも語っていることに気づいておくこともまた重要である。また，ルイーズはケンの家族に怒っており，彼らが間違っているという確信を強く表現しているように見える一方で，「あの人たちに毎日晩御飯をつくって持ってきてほしいとかなんてことは期待してない」と言う必要をも感じているということにも注目しておこう。このコメントはルイーズの側の内的な葛藤を示唆している。一方で彼女は，自分が多くを要求しすぎているという感覚に対して自分を守らねばならないと感じている。他方で彼女は，彼らが彼女のケアを求める気持ちを感じ取ってくれて，この苦しいときに毎日夕食を届けてくれるほどの心遣いを示してくれたらいいのに，という空想を，おそらくは心秘かに抱いている。

　　ポール：その時点ですでに，ケンさんの家族に侵入されているように感じていたわけですか。それも，そのときすでに起こっていたことだと思いますか？

＊

　私はここで，再び非難的にならずに困難な話題を扱おうと努力しながら，結婚式にケンの家族を招待しないという決断の起源を調べる最初の試みをしている。結婚式までにすでに侵入されていると感じていたのかを尋ねることで，私は，その決断はルイーズの側にすでに存在していた傷つきの感情から，あるいは，彼らの侵入や支配から，自分を守る必要を反映するものであったかもしれないということを，暗黙の内に認めているのである。ここで私は，彼らの間にある悪循環の発展の初期段階を心に描いていたのであり，（時間をかけて巧みに）探究したいと思っていたのである。その悪循環においては，双方が互いに相手の行動に反応しながら，相手が傷つけてくるように振る舞うのを維持してしまうような仕方で振る舞いつづけているのである。(11)

　　ルイーズ：私が感じたのは，あ，一番最初にっていう意味ですか？　それとも……。

ポール：つまり，ルイーズさんが……。

ルイーズ：……結婚式？

ポール：……ケンさんの家族を招待せずに結婚式を挙げようとしたとき。

ルイーズ：ええっと，まず私は自分が結婚するなんて思ってなかったんです。なのに，ケンと出会って，私は「ワオ」って感じで，あの，結婚するんだ，彼と結婚するんだって。

ポール：うん。

ルイーズ：ええ，でも，私は，結婚，いいえ，結婚式は実際にそんな感じのものにしたいってずっと思ってたんです。彼と私だけの式に。大きなショーみたいなことは嫌だった。自分の結婚式を大きな見世物にはしたくなかったんです。式は彼と私だけで済ませて，その後で彼の家族を招待して……と思ってたんです。私の母はスウェーデンにいたし，父はそのとき病気だったし，だから2人とも来ることができなかったし。私は母がそこにいないのなら，ほかの誰にもそこにいてほしくなかった。

ポール：うん。

ルイーズ：それがまず一番の理由です。それから私は，私とケンだけで挙式することに自分が本当に幸せを感じていることに気づいたんです。母は，私の考えを尊重してくれました。母は，あの，「そうなの。行けたらどんなにいいかって思うけど，でも，それがあなたの選択ならそれでいいわ」って……たとえば，父が死んだとき，母は一人で過ごしたかった。だから私は母の希望を尊重したんです。私は，「そんなのイヤよ。私も行くから」なんて言うつもりはなかった。あの，だから，その時点であの人たちが侵入的だって感じたっていうよりは，きっと気を悪くするだろうってことがわかってたから，言えなかったんだと思います。私の気持ちをわかってはくれないってわかってたから。デニースに説明しようとしたときだって，ああ，デニースのほうから結婚式の話を持ち出したんですけど，そのとき私は「私はこういうふうに結婚式を挙げたかったの。みんなどんな結婚式をしたいかは人によって違うし，お金をかけて大げさな式を挙げたい人もいるけど，そう思わない人もいる」って。でもデニースは，「まあ，あなたがそういう意見をもつのはあなたの自由だけど」って。だから私は……。

3　ルイーズ——セッション1　145

＊

　ここでルイーズが述べた体験は，後のどこかで注目を払うべき事柄として私の注意を引きつけた。つまり，父が臨終の時を迎えようとしていたときに，母親が彼女に来ないようにと言ったという体験である。ルイーズがただそれを喜んで受けとめたとは私には思えない。しかし，私はとりあえずそれを心に留めておくことにして，後でどのように扱えるか，様子を見ることにした。ルイーズは，自分の感情をケンの家族の無神経さによって傷つけられたと感じ，ケンの家族のそうした無神経さに非常な警戒心を抱いているわけだが，自分自身の母親からも同じ種類の無神経さで扱われてきたように思われる。このエピソードはその一例であるように私には思われた。ルイーズにとって，母親は非常に大事な存在であるけれども，それと同時に，非常に傷つきやすく，葛藤を抱えた存在でもある。ルイーズの母親イメージが，母親による無神経な行為と非常によく似た，ケンの家族の無神経な行為に焦点づけることによって守られていることは明らかである。ケンの家族の無神経な行為に焦点づけることによって，ルイーズは，自分の母親からそのように無神経に扱われてきたことを認識することなく，そのように無神経に扱われることに対する傷つきを表現することができているのである。

　父親の臨終に際しての母親の行動についてのルイーズのこの説明は，次のようなことも示唆している。すなわち，母親の行動は，ルイーズにとって，無自覚のうちに，ケンの家族に対する行動上のモデルとなっているということである。彼女の母親は，ルイーズを，父親の最後の日々に情動的に意味のあるやり方で関わることから遠ざけた。そして，ルイーズ自身は，ケンの家族を，息子の結婚に情動的に意味のあるやり方で参加することから遠ざけた。この2つの出来事の間には顕著な類似性が認められる。ルイーズと母親との間のこの特定の出来事は，彼女とケンの結婚式よりも**後に**生じたものである。しかしながら，セッションが進むにつれて，ルイーズの母親がルイーズの欲求や傷つきやすさにほとんど気遣うことなく彼女を扱ったのは，これが決して最初ではないということを示す多くの兆候が得られたのである。つまり，ルイーズの義理の家族に対する行動の一部は，アンナ・フロイト（Anna Freud, 1936）が攻撃者との同一化という標題の下で論じてきたような，自らの母親の行動への無意識的な同一化を反映したものと考えることができる。いずれかの時点でこのことを取り上げることが重要である。なぜなら，母親の行動と同一化し，無意識的にケンの家族を同じように扱うことに

よって，ルイーズは，自分でもよくわからないままに，持続的な困難と苦痛の源を自分自身で創り出しているからである。

ここで私はまた次のことにも注目した（そして，まさに次のコメントにおいてそれを取り上げた）。つまり，ルイーズは，ケンの家族は彼女の選択に怒るだろうとわかっていたことを表明したのである。ルイーズは，その選択は，わざと傷つけようと意図したものではなかったにせよ，少なくともケンの家族の潜在的な怒りを意識しながらなされた選択だったということを表明したのである。このすぐ後の探究で，私はこのことを尋ねている。けれども，この次元を探究していくにあたって，私は，この場面もまた，治療者のコメントが治療者から責められていると患者に感じさせるものにならないよう，非常に繊細にアプローチしなければならない場面の一例であると明確に意識していた。そこで私は次のような言い回しを用いて質問することにした。つまり，ルイーズにとって，このような形で結婚式を行なうことは，義理の家族を怒らせるリスクを犯してでもなおそうしたいと思わせるほど重要なことだったわけだが，いったい何がそれをそこまで重要なものにさせたのだろうか，という言い回しで尋ねたのである。つまり，その質問において私は，ルイーズの選択を単なる意地悪な行為，敵意的な行為，馬鹿げた行為とはみなしていない。そこで私は，ルイーズにとってその選択は何らかの形で合理的なものであり，意味のあるものであり，理解され尊重されるべき重要な関心事に根ざしたものである，ということを伝えている。そして同時になお，その選択は問題を孕んだ結果をもたらしたのではないか，この決断を導いた関心事や利益を別の形で追究する道があったのではないか，別の形を取れば彼女にもたらされる苦しみや困難はより小さくなっていたのではないか，といった疑問を探究しはじめてもいるのである。

ポール：うーん。ちょっと，教えてもらえます？　っていうのも，それはルイーズさんにとって，とっても大切なことだったって感じたからなんですけど。あなたは，たぶん，そうすることでケンさんの家族との間でごたごたが起きるんじゃないかって，少なくともちょっとは，もうそのときに予想されてたってことですかね？

ルイーズ：ええ。

ポール：でも，ルイーズさんにとってそうすることは本当に重要なことだった。

ルイーズ：ええ。
ポール：じゃあ，えっと，そうすることがそんなに重要だったのには，どんな理由があったんでしょうか？
ルイーズ：結婚式の挙げ方？
ポール：ええ。
ルイーズ：正直に言うと，そのときにはこんなに大ごとになるとは思ってなかったんです。本当に。あの人たちがここまで気を悪くするとは思わなかったんです。たしかに気を悪くするかなとは思ってたけど，だから「あなたは悪い人だ」って言われるほどだとは思わなかったんです。結婚するっていうのは，大きなことだし，誰でもどんな結婚式が挙げたいか，あの，自分で決める権利があるって思うんです。私はほかの人を幸せにするために結婚するんじゃない。自分を幸せにするために結婚するんです！　それに，私はあの人たちを招待するつもりだったんです。つまり，あの人たちと私の両親を招いて，2回目の式を挙げようって考えてたんです。だから，私の考えを説明してもわかってもらえないなんてことは，思ってもみなかったんです。

*

　ある意味で，ルイーズはここで自分は予想外の反応に驚かされたのだと伝えている。これは彼女がさらに取り組みつづける必要がある問題の一部分である。時として彼女は，自分の行為が他者にどのような影響を与えるかを，あまりよく予想していない，あるいは予想できないようである。その結果，彼女はしばしば出来事の展開に不意打ちを食らわされ，攻撃されたように感じ，混乱してしまう。
　不意打ちを食らわされるというこの体験は，否認や解離を反映している部分もある。彼女は直前に「いろんな理由もあったし。それだけ。っていうか，ほかの人がどんなふうに思おうが私は全然構わない」と，そして「私の気持ちをわかってはくれないってわかってたから」と言っていたのである。にもかかわらず，彼女は「わかってもらえないなんてことは，思ってもみなかったんです」「あの人たちがここまで気を悪くするとは思わなかったんです」という体験をもしているのである。ここでルイーズに起こっていることの一部は，自分が彼らに対してとても怒っていると認めることがどれくらい受容可能なことかについてなお葛藤が

あり，その結果，自分が挑発的になっていることを認めがたいということだろうと私には思われる。私はこのことをいずれかの時点で取り上げるべきだと自覚していたけれども，この時点でそれを直接的に扱うことはせず，ここまでの対話のリズムと内容に沿った探索をさらに拡張していくことにした。

 ポール：うん。うん。だから，それはルイーズさんにとっては特別な時間だったんですね。誰かを喜ばせるための時間じゃなく，自分自身のための時間にしたかったわけですね。
 ルイーズ：ええ。
 ポール：お話を聞いてて思ったのは，そのう，これは私のためのことで，ほかの誰かを喜ばせるためのことじゃないんだって，それをしっかり主張すること，それがあなたにとってとても重要だったんだなあってことです……うーん，そうすると，それは，もしかしたらこれまでに，ほかの人を喜ばせなきゃっていう思いに駆り立てられてきた経験がずっとあったんじゃないかっなっていうような……そんな感じにも聞こえるんですけど，そういう経験がこれまでにずっと……。

*

これは明らかに彼女の決断の意味をさらに探索するべく意図されたコメント，それについての疑問を追究するよう意図されたコメントである。けれども同時にまたそれは，しっかり主張することが彼女にとって重要だったんだと感じられたというように，ルイーズを承認するような言い回しで述べられたものでもある。

 ルイーズ：ええ，私は人を喜ばせようってすっごく思うんです。
 ポール：もう少し聞かせてもらえますか？
 ルイーズ：私は人を喜ばせようってすっごく思うんです。今までの人生ずっと，ほかのみんなを喜ばせようってことしかしてこなかったんです。
 ポール：うん。
 ルイーズ：で，やっと，それにも限度があるって，境界線を引かなくちゃいけないって思ったんです。今でもやっぱりほかの人を喜ばせたいって思いますけど，自分自身がうんざりしてまで他人を喜ばせる必要はないって気

づいたんです。これまで私がやってきたことはそうだったから。ケンの家族とは。つまり，あの，前にも言いましたけど，家族に会いに行く前には，ケンと私はいつもケンカしてたんです。私は行きたくなかったんです。いつもすごくプレッシャーがかかっているように感じていた。無理強いされて，いじめられているように感じていたから。子ども時代に戻ったような気がしていて［哀れな口調］。私はいじめっ子のするがままにさせていた。誰かが「飛べ」って言ったら，「はい飛びます。で，どのくらい飛んだらいい？」って感じだった。自分をしっかり主張したことがなかった。

*

　この語りは強く心に訴えかけるものである。そしてこの語りは，彼女がなぜケンの家族を結婚式に招待しなかったのかについて，治療的に有用な視点を提供するものでもある。その選択が，彼女にとって，そして彼女とケンとの関係にとって，問題を孕んだ結果をもたらす選択であることに変わりはない。しかしなおこの探索によって，われわれは，なぜ彼女がそのような選択をしたのかをよりよく理解できるようになった。ルイーズがケンの家族を結婚式に招かなかったと最初に口にしたとき，私はそれを聴いてややあっけにとられた。けれども，彼女のストーリーをこうした観点から聴くことによって，私はルイーズに対してより同情的になることができた。

ルイーズ：それで，今までずっと，私は人に嫌だって言えなかったんです。それでやっと，あの，やっと言いはじめたんです。ケンがね，その，すごく助けてくれたんですよ。ケンは自分のために立ち上がれって，あの，ほんとに教えてくれたんです。だから，あの，ケンの家族のことでは，自分のために立ち上がる練習をしてたところなんですよ。それを振り返って後悔したくない。だって，あの，母といろいろ話したんですけど，母はね，あの，自分にとって大事なことは，あの，えっと，人生は嫌なことをやるには短すぎるって。だから，自分がやりたいようにやるんだよって。

*

このくだりには「あの」「その」が非常にたくさん出てくる。このことは、ここでルイーズにとって特に葛藤を帯びた話題が扱われていることを示唆している。

ポール：うん。うん。お母さんは，ルイーズさんのことを，そしてルイーズさんがやりたいことを支えてくれたようですね。
ルイーズ：ええ。
ポール：ほかの子どもたちからいじめられながら大きくなったっていう経験があって，それで，自分の家族のなかではどうだったでしょう？　つまり，お父さんやお母さんとは？　お父さんやお母さんといるときにも，喜ばせようって思う感じはありましたか？

*

　ルイーズは，上の比較的長い発話において，痛々しい情動的体験や，葛藤する傾向や態度と格闘してきた兆候に言及した。そしてその発話の終わりに，ルイーズはそれまで記述してきたパターンの例外としての母親像を提示している。ここでは彼女の母親は，ルイーズの肩を持ち，ただ他者を喜ばせるだけの行為などしないでよいと，彼女を支持し助ける存在とされている。おそらく，ルイーズが前に自分の「個人主義的な」家族とケンの「集団主義的な」家族とを鋭く二分して描いていたことが気になっていたためであろう，ここで私の心には次のような疑問が浮かんでいた。すなわち，ケンの家族に対する彼女の見方には，彼女自身の家族に対する葛藤が，密かに影響を与えているのではないかという疑問である。ところで，そのことを取り上げるのに，「分裂」の解釈をする必要はないことに注意してほしい。ただシンプルに「お父さんやお母さんといるときにも，喜ばせようって思う感じはありましたか？」と尋ねるだけでよいのである。
　もちろん，ルイーズがケンの「悪い」家族と彼女自身の支持的な家族とを「分裂」している，あるいは鋭く二分していると治療者が（意識的にであれ，潜在的にであれ）気づいていれば，そうした質問をする可能性はずっと高まるであろう。この後，逐語録を読み進めていくと，読者は，ルイーズが，とても母親と親密だったのでほかの子どもたちから妬まれたという話を前にしていたことを怪訝に思い，その箇所を読み返したくなるかもしれない。この時点までに，私は，ケンの家族との和解に向けた道のりは，とりわけ私が目指しているような，ルイーズがただ

彼らの要求に従うような和解ではなく，両者のニードと体験をともに考慮に入れた純粋に新しい見方に根ざした和解に向けた道のりは，より「分裂」的でない見方，あるいはより防衛的に二分法的でない見方に基づくものになるだろうと感じはじめていたように思う。

ルイーズ：ええ，もちろん。
ポール：もう少し，話してくれませんか。実際どんなふうだったんですか？
ルイーズ：ええ，父は私が8歳のときに脳卒中で倒れたんです。父が48歳のときでした。まだとっても若かったんですけど。それ以降，父は，会話や読み書きができなくなりました。だから，8歳のときから，私は父と深く関わりあったことがないんです。どっちかっていうと，兄がいたような感じでした。で，2人で母親の関心を奪い合ってみたいな。で，母はいつも，あの，父のほうを取るみたいな。私はそんなふうに感じていました。私はまだ子どもだったんです。あの，なんていうか，母にもっとかまってもらいたかったんですよ。

＊

　ここでの質問が，このような劇的な展開をもたらすとは，私はまったく思っていなかった（この後，さらに劇的な告白が続くことになるのだが）。ルイーズはそれまで父親の発作について，そして彼女の家族におけるその意味について，ルイーズの人生に与えた影響について，まったく何のほのめかしもしていなかった。しかし，この時点でこの臨床素材が出現してきたことは，治療者が，無意識的あるいは潜在的に感じ取ったものに受容的であることの重要性を示していると思う。セッションのこの部分において，私は，いくつかの箇所で，十分に自分自身でも説明できないような直感的な感覚に従っている。その直感的な感覚とは，ルイーズの家族には，彼女が認めたり，明瞭に考えたりすることが難しいような葛藤やストレスがあったのだろうというものである。ルイーズが，自分のやりたいようにするのを支持してくれる存在として母親を描写したことを取り上げたとき，そしてそのすぐ後に，彼女が家族のなかでも人を喜ばせようとする人だったのかを尋ねたとき，私は，この方向づけの変化に何か有用なものがあるだろうという（十分には意識的でない）フェルト・センスに反応していたのである。私の

探究のラインは,「論理」ではなく直感の糸に導かれたものであった（cf. Polanyi, 1958, 1967）。その時点での顕在的な話題とはかなり無関係なこれらの質問を尋ねていなかったなら,発作とそれがもたらした結果についての話題がセッションに現われることはなかっただろう。この点に関連して,「マニュアル」が,治療者に,意識的には予期されないこうした新しい臨床素材へと到る道筋を感じ取るよう指示するなど,ありそうにないことである。

　ここで,ルイーズが言ったことに注意を払うにあたっては,その特定の内容だけでなく,声の調子にも注目することが重要である。声の調子は,あいにく逐語録では伝わらないであろう。ビデオを視聴できる人は注目してほしい。「私はまだ子どもだったんです」「なんていうか,母にもっとかまってもらいたかったんですよ」とルイーズが言ったとき,その声の調子は,ここでもまた,とても哀れなものであった。ここで彼女は,今なお体験している感情と欲求を表現しているのだと思う。そしてその感情と欲求は,ケンの家族との関係をも含めた,彼女の現在の人間関係に入り込んでいる。つまり,彼女はまだ大人になる準備ができていないのであり,自分の選択や行動が他者に及す影響について考える準備ができていないのである。彼女は,自分の母親がしてくれなかったような仕方で世話されたいのである。

　セッションにおいてさらに探索するにつれて明らかになってくるように,ケンの家族とのルイーズの問題は,（彼女が最初に提示したほどには）彼らが彼女の家族よりも共感的でなく,また,より要求がましくて拒絶的であるために生じてきたというわけではない。その問題は,ルイーズが,自分の家族からは得られなかったけれども,彼女がなお切望しているものを,彼らが与えてくれるかもしれないと感じたことに由来するところもある。彼らの仲間になって彼らから世話されたいという彼女の願望は,まさに葛藤を孕んだ願望である。それは彼女が闘っている願望であり,ある面では,彼らへの不満を前面に出すことによって彼女が防衛している願望である。しかしここでのセッションの針路がますます明らかにしていくように,こうした願望は,彼女がその成長過程において自らの家族のなかで体験してきた多くの体験の産物でもある。そしてそうであるがゆえに,それらの願望はそう簡単には放棄できないものである。

ポール：お父さんの身にそんなことが起きて,怖かったでしょうね。
ルイーズ：ええ,怖かったですよ。でも同時に,母は何もかも当たり前のよ

うにしようって，よくがんばったと思います。だから，私はそんなに。あの，なんていうか，えっと，ええ，母は本当によくやったと思います。つまり，私はしょっちゅう病院にいたんですよ。父がもう一度歩けるように，手伝っていたんです。だから，私も一生懸命でした。だから，怖かったけど。母はそれでも……。あの，たとえば，私が14歳のとき，母は……。それで，私，そのとき，ほんとに怖かったんです。絶対に忘れられない。そのとき，私たちはフランスで暮らしてたんです。母は，精神的に，つまりノイローゼになってたんです。突然，母がいなくなっちゃったんです。私を置き去りにして，突然，スウェーデンに帰っちゃったんですよ。

*

　このかなり恐ろしい話がどう展開していくのかに注目しよう。最初に私は「恐かったでしょうね」とコメントした。ルイーズはそのコメントに対して，母親が本当によくやってくれて，何もかも当たり前のようにしたのだと強調することで，私のコメントを最初はほぼ拒絶する。彼女が最初に述べたいくつかの文は，恐怖を否認するか，極小化するものである。そしてその後，母親がどのようにルイーズがその恐怖をしっかり抱えられるよう，そして普通の生活の感覚を維持できるよう助けたのかを説明するのだろうと思われる話しぶりで，「だから，怖かったけど。母はそれでも……」と話しはじめている（この話し出しは，聴き手に，「……母は，私がこの事態に対処できるよう助けるために，できることはすべてしてくれたんです」といった文が続くことを期待させる）。けれども，その文は，まるでそれ自体の意志をもっているかのように，途中でくるりと向きを変え，ルイーズを恐るべき物語へと容赦なく引きずり込む。その物語は，彼女がこれから話すように，母親がひどく落ち込んでしまい，子どもを見捨てる物語である。

ポール：うん。
ルイーズ：私は母がどこに行ったかわからなくて，母がどこにいるのかもわからなくて，母が何をしているのかも，何も知らなくて。数週間，母がいなくなってしまったんですよ。私を父と一緒に置き去りにしたんです。ある日，あの，父が鼻血を出して，血が止まらなくて，私はフランス語が話

せなかったし。なんとか英語が話せる人を探して,なんとか父を病院に連れて行きました。でもそれって,あの,母が私を信頼していて,自分のことは自分でできるって思ってくれてたってことなんでしょうけど,でも同時に「何を考えてるのよ!」って思う［子どものように,哀れな口調］。
ポール：ああ。それはとても……。［重複］
ルイーズ：私はまだ子どもよって。
ポール：たしかに。そうですね……。［重複］
ルイーズ：置いていかないでよ……。
ポール：そうですね。［重複］
ルイーズ：……お父さんの世話を……。
ポール：そうですね。［重複］
ルイーズ：……私一人に任せないでよって。
ポール：そうですね。
ルイーズ：でも,私は何も言いませんでした。
ポール：うん。
ルイーズ：どれだけ腹が立ったか,母に話したことはないです。
ポール：うん,うん。
ルイーズ：ただ,できることをしただけ。

*

ルイーズの母親がどのようにルイーズを見捨てたのか,その説明はずっと途切れることなく語られた。私の「うん,うん」や「そうですね」などのあいづちは,ただ情動的な共鳴を伝える行為,あるいはルイーズが途切れることなく話すことを支持しながらそこに一緒にいる行為を表わすものであった。

ポール：うん,お母さんに話すとしたら,どんな感じだったでしょうね?

*

ここで私は,ルイーズが自分の感情と欲求を湧き起こるがままに表現できるようにしようとしている。私は,ルイーズが自分の感情と欲求を,言わば,回想の

なかの母親に向けて表現するよう後押ししている。けれども，この作業は，母親に限らず，相手が誰であれ，彼女が「あなたの私に対する態度は公平ではありません」とか，「私はあなたに～してほしいんです」とか，適切に言える力を身につけるよう彼女を援助する過程の一部である。この作業は，予期的な行動リハーサルの一種だと言えるかもしれない。

ルイーズ：怖い。
ポール：うん。
ルイーズ：だって母から，あの，その頃はいつも母から罪悪感を押しつけられていたから。ずっと，罪悪感を抱えてた。あの，「あなたのお父さんは，脳卒中を患っているのよ。お父さんがどんな思いをしてるか考えてごらんなさい」って。そして私は毎日，父がどんな思いをしているのか考えながら過ごしてました。その，父は，もう話すことができなかったから。字を読むことも，書くことも。自分ではよくわかっていたつもりです。でも，実際私はまだ子どもだったし。ここ数年，母とはお互い率直にいろんな話をするようになってきて，お互い本音で話しています。隠し事はしてないんです。
ポール：うん。うん。そうすると，ケンさんは，今ルイーズさんがおっしゃったことは，たぶん，よくご存知なんでしょうね。

*

　ルイーズはこの時点で私が導入した質問に，肯定的かつ有用に反応している。けれども，今振り返って考えてみると，ルイーズにとって，この家族のなかの子どもであることがどんなことだったのか，父親といることがどんなことだったのか，母親の非難をどんなふうに体験したのか，家族が被ったすべてのことを前にして娘が何を求めているのかを認識できない母親をどんなふうに体験したのか，こういったことについての真に心情に触れた記述からあまりにも早く離れすぎたように思われる。セッションにおいてこの時点で私が取った方向性には，それなりの治療的価値があったし，それがルイーズにとって真に有用なものであったことはわかっている。けれども，われわれがそこで直接的に取り上げていた体験には，これ以上の感情が関わっていたはずである。今振り返って考えてみると，別

の話題に移る前に，そうした感情ともう少し長くとどまっておけばよかったと思う。

ルイーズ：ええ，ほぼ知ってます。
ポール：っていうことは，結婚式のときに，いわば，人生ではじめての機会だって感じたんですね。ほかの誰かの世話をするんじゃないはじめての機会だって。つまり「とうとう私もこの世界に自分の場所をもてたぞ！」って心から言えるような，生まれてはじめての機会だって感じた。
ルイーズ：ええ。
ポール：そして，ケンさんはその思いを尊重して大事にしてくれた。ルイーズさんの思い通りにさせてくれたんですね。それで，ケンさんの家族は，そういった一連の出来事がルイーズさんの決心の背後にあったってことを理解していたんでしょうかね？

*

　今や私は，彼女が子ども時代に経験した（これまで私が知らなかった）トラウマについて，そして彼女が「人を喜ばせる」性質を顕著に示すことについて聴いたので，親のような人物の欲求や要請に屈服しないことが彼女にとってなぜそれほど重要であったのかを，それまでにはできなかったような仕方で理解しはじめている。彼女のために「とうとう私もこの世界に自分の場所をもてたぞ！」と大きな声ではっきり言うことによって，私は，ルイーズが自己理解を深めるのを助けながら，同時に，ケンの家族に対してより効果的に自分を表現する能力を高めるような仕方で経験に声を与えるのを助けようとしていた。このように，患者から聞き取ったことをより強く，あるいはよりはっきりと具体化しながら患者の体験に声を与えることこそ，治療者としてわれわれにできる最も有用なことのひとつである。それは患者が理解され承認されたと感じられるよう助けるものである。また同時に，それは，潜在的に患者にモデルを提供するものでもある。つまり，患者がほかの誰かの言葉や考えを模倣していると感じずに取り入れて用いることができる，新しい自己表現の仕方のモデルを提供するものでもある。私は，彼女がそう言っているように私には聞き取れた，その内容を，単に言い直したものとしてこの発言を提示している。そのため，それは，彼女が決して使ったことのな

い言葉で述べられているにもかかわらず，なお彼女にとって自分のものとして感じられうるものとなっている。これは私が治療作業の帰属的次元と呼んできたものの一側面である。これについては別の著書で詳しく論じた（P.L. Wachtel, 1993）。こうしたコメントの狙いは少なくとも2つある。1つは，ルイーズが自分自身の動機と体験をよりよく理解できるよう助けることである。もう1つは，彼女がケンの家族とコミュニケートする方法を見出すよう助けることである。[12]

　まず，1つ目の狙いに関して述べよう。ルイーズはある意味では自分のやり方で物事を行ないたいという自分の願いを，そしてその願いを支えている考え方を，非常に力強く述べることができているように見えるけれども（「自分をしっかり主張したことがなかった」「私はほかの人を幸せにするために結婚するんじゃない。自分を幸せにするために結婚するんです！」「それだけ。っていうか，ほかの人がどんなふうに思おうが私は全然構わない。これは私たちの結婚式なんです。私たちの人生なんです」），別の意味では，ルイーズはこれについてきわめて葛藤していて不確かであるように私には感じられた。つまり，彼女は，自分の自己決定権についての（安全感を伴う主張ではなく）防衛的な主張をしているように私には感じられたのである。実際，彼女は，自分自身の欲求や体験に対してそれほど強く共感的ではなく，それらを居心地よく感じていないようであった。彼女はなおそれらを抑え込み，「人を喜ばせる」傾向と闘っているようであった。彼女が私に言ったことを私なりの言葉で言い直すことで（「とうとう私もこの世界に自分の場所をもてたぞ！」），私は彼女を支え，彼女が自分自身の体験に共感的なまなざしを向けられるよう助けようとしていたのであり，彼女がこれからケンの家族とコミュニケーションをしていくうえでの1つのモデルを提供しようとしていたのである。

　次に，ルイーズがケンの両親に対してもっと自分を表現し，自己主張をするのを助けるという2つ目の狙いに関して述べる。もしルイーズが，自分なりの選択をした理由を，より葛藤なく，より明確に理解し表現することができたなら，彼女はいつかそれについてケンの家族とより効果的に話し合うことができるだろうし，少なくともその話題を取り上げることができるだろうと私には思われた。つまり，そのとき彼女はその話題を，自分にはそれについて彼らに効果的にコミュニケートする力がないと感じるために尻込みしてしまう話題ではなく，取り上げることができる話題だと感じるようになるだろうと思われた。私がルイーズに，彼女が成長の途上で体験してきたことが彼女の決断を導いた大きな要因だったと

いうことを，ケンの家族が理解していたのかを尋ねたのは，ひとつにはこの理由による。私は，潜在的に，彼女がこの話題を取り上げる道筋を見出すよう，そして彼らに対してより立体的に自分を示すよう，彼女を励ましていたのである。現時点では，彼らはルイーズを，単に自分たちに礼儀知らずな振る舞いをした人としてしか見ていないのである。

　このことは，ケンの家族に謝ったり，自分の決断がケンの家族にはどのように感じられたのかに配慮したりすることが，両者の関係を癒すプロセスに含まれなくても構わないという意味ではない。しかし，ルイーズが，自分の行動を導いた欲求や感情の正当性を，安心感をもって感じられるようにならないうちは，ケンの家族に謝ることも申し訳なさを感じることもできないだろうと私は思う。さらには，謝罪が効果をもたらすかどうかは，ルイーズが，自分の選択の意味を彼らが理解できるようにコミュニケートできるかどうか，つまり，自分の選択は彼らや彼らの気持ちを完全に無視した人間による敵意の表現ではないということを彼らに伝えられるかどうかにかかっているところがある。

　治療者は，患者が他者の反応を予期するよう援助するために自らの主観的体験を用いることができる。これはそのことを示す一例であることにも注目してほしい。つまり，正直なところを告白すると，ルイーズがケンの家族を結婚式に呼ばなかったと聞いたとき，私は最初，かなり驚いたし，ショックも受けた。そして（部分的にではあれ）「ああ，だから彼らはルイーズに敵意を向けているんだ。それも理解できる。彼らは鬼ではないし，過度に要求がましい人たちでもないのだ。彼らは，ただまったく不当な侮辱として体験されたものに対する理解可能な怒りを示しているだけだ」と感じた。その後，父親の発作について，そして母親がパリで彼女を置き去りにしたことについて聞いたことで，私は，彼女の行為を違った視点から見ることができるようになった。ルイーズ自身がこうした理解の仕方を十分に明瞭化して述べたわけではなかったけれども，私は彼女の発言についてコメントするなかで，その理解を彼女のために明瞭化した。そうすることによって私は，彼女が，ケンの家族とより効果的にコミュニケートしながら一連の出来事についての彼女自身の理解を言葉にできるよう，あるいは定式化できるよう助けようとしたのである。

　ルイーズが子どもとして耐えなければならなかったかなり極端な環境や出来事についての彼女の説明は，そして彼女の母親がこのかなり圧倒的な状況のなかで娘を守る仕事が果たせなかったことについての彼女の説明は，なぜルイーズが自

分の否定的な感情をもっぱらケンの家族に向けなければならなかったのかをさらに明らかにする。彼女の分裂，つまり自分の家族とケンの家族との間に彼女が引いた鋭く二分法的な境界線は，母親がルイーズの人生の非常に重要な時期にルイーズを守ることにいかに失敗したかについての痛々しい認識を遠ざけ，その認識から母親のイメージを保護するために役立っていたのである。彼女は怒り，見捨てられ感，孤立といった感情を強く抱きながら，そうした感情をなんとか抑え込んでいた。そして，そうした感情の噴出を恐れつつ，そうした感情に潜在的に圧倒されていた。そしてまた，もし彼女が現実をより明瞭に認識することを自らに許してしまうと，どんなに細くとも母親との間に保っているつながりさえ失ってしまうのではないかと潜在的に恐れていた。この恐れは耐えがたいものであった（cf. Fairbairn, 1958）。こうした感情をケンの家族との関係において体験することによって，彼女は自分の母親のイメージを「純粋」に保ったまま，そうした強烈で差し迫った圧迫に何らかの表現を与えることができたのである。もし閉ざされていた水門が開かれてしまえば，彼女の母親イメージは，潜在的に非常に「スポイル」されやすいものだったのである（Klein, 1952）。

  ルイーズ：いいえ。みんなは，今まで話した通り，あの，私が家族を締め出してるって思ってます。どうして私にそんなことができて，それをケンが許したのかって怒ってます。あの，私が説明しようとしても，それが何なのって感じで，まともに聞いてくれないんです。ケンの家族って，そのう，お互いに嫌だって言わないんですよね。っていうか，前にも言ったように，境界がないんです。お互いにずけずけ遠慮なくひどいことを言って，誰に対しても自分を守ろうとして主張したりしないんです。

＊

 ここでルイーズはまだ私が意図したようには私のメッセージを取り入れていない。つまり，彼女は「彼の家族は理解していたんでしょうかね？」という私の質問を，彼らに理解してもらうためにどこから手をつけたらいいかに関するヒントとしてではなく，単に文字通りの質問として受け取り，「いいえ」と答えている。私のコメントに対する彼女のこの反応は，私がそのメッセージをもっと違う言い方で伝えるべきだったということを示しているのだろうか。私はそう思わない。

私が「彼らは理解していたんでしょうかね？」という言い方を採用した理由は，その言い方が，私が彼女の味方であり，彼女の側に立って事態を見ているという私の立場を維持し，強めさえするということにある。治療者は，一般的に言って，患者と向き合う際に，（不誠実にならず，また重要な事実を覆い隠さない限りにおいて）可能な限りつねにこのような立場を取ろうと努力すべきである。しかし，治療者がそういう立場を取ることは，ルイーズにとって，特にこの時点におけるルイーズにとって，おそらくとりわけ重要なものであったと言えるだろう。なぜなら，彼女は，自分の人生における非常に重要なトラウマについて私に話していたからであり，そのトラウマのとりわけ顕著な特徴は，親の立場にある人物が彼女の欲求や体験に配慮することに失敗したことにあったからである。暗黙のメッセージ（つまり，彼女がどのようにより効果的で同情を誘うやり方で自分自身をケンの両親に提示できるかに関する暗示的メッセージ）は，たとえこの最初の反応において実を結んでいなかったとしても，なお伝わったと私は信じている。私はこのコミュニケーションをこの後さらにフォロー・アップしていく。セッションが進むにつれ，ルイーズは，私が伝えようとしているメッセージのこのもう1つの側面を「理解」しはじめる。その様子は以下において明らかになるだろう。

　　ポール：うん。うん。
　　ルイーズ：だから，私が自分らしくあろうって，自分のために主張したら，「あなた何してるの？」「自分を何様だと思ってるの？」みたいな。
　　ポール：うん。っていうことは，自分で説明しようとしてみたんですね。
　　ルイーズ：はい。ええ，あの騒ぎのときに説明しようとしました。イースターの話を持ち出したら，あの，たしかに謝ってくれたけど，「でも，ご飯を食べるのに1時間ぐらいはかかるでしょ」みたいな。あの，だから私はこう言わなくちゃいけなかったんです。「私は食事中も試験と取っ組み合っていたんですよ。伺わなかったのはごめんなさい。でも，2年も後になってからこんな弁解しなくちゃいけなくなるなんて，夢にも思わなかったわ」って。でも実際そうなんです。だから……。
　　ポール：あの，今ちょっと妙なことが思い浮かんだんですけど。なんていうか，ケンさんの家族も，ルイーズさんが育ってきた家族とよく似たところがあるように思うんです。

*

　読者には明らかであろうが，ここから鍵となる介入が始まる。

　ルイーズ：ええ，そうですね。
　ポール：わかってもらえますか？
　ルイーズ：ええ。
　ポール：僕の言ってること，わかってもらえます？
　ルイーズ：ええ，そんなふうに考えたことはなかったです。ええ，そう言われてみれば，本当にそうですね。たしかに，そう思ってみると，もっと同感っていうか，共感できるような気がします。ええ。すごい観察力ですね。
　ポール：ええ，同じような罠にはまっているように思えるんですよ。
　ルイーズ：ええ。［重複して，ルイーズはなお私が言ったことを認めながら，それに反応しつづけている］
　ポール：……つまり，立ち止まって，「いったい私は何がしたいんだろう」って考える暇がないっていうのかな。

*

　ルイーズは私の言ったことに同意したけれども，実のところ，この時点で彼女が何に同意しているのか，私にははっきりしなかった。つまり，彼女はまさに私の最初のフレーズ（ケンの家族も，ルイーズが育ってきた家族とよく似たところがある）を聞いた時点で，一見すると，私が言おうとしていたことを理解したように見える。けれども，私は自分が意図した通りに彼女がそのフレーズを理解しているかどうか確かめたかった。だからここで私は，彼女がすでに表面上は同意しているにもかかわらず，さらにそれを詳しく説明している。実際のところ，私は，ルイーズから単に同意を得たいわけではなく，それについてのさらなる熟考や体験を刺激したいとも思っているから，こうした説明を続けているのである。治療者の目標は，「正しく」あることではない。治療者の目標は，患者が捕えられてきたパターンを何らか改訂できるよう助ける積極的な過程を刺激し，維持することにある。

ルイーズ：うん。
ポール：どちらかというと，私は何をすべきかってことを考えている。
ルイーズ：うん。
ポール：どんなふうに……。
ルイーズ：ええ，その通りです。
ポール：ええ。
ルイーズ：いつも，こうすべき，ああすべき，べき，べき，べき，なんです。
ポール：そうなんだ，ええ。
ルイーズ：家族，家族，家族。
ポール：ええ，そうなんだ。
ルイーズ：だから，ケンと結婚したら，家族と結婚したのと同じなんです。
ポール：そうなんだ。
ルイーズ：で，そういうのって，私にはとてもなじみのないものなんです。とってもなじみのないものなんですよ。
ポール：それはあなたにとって，とてもなじみのないものなんですね。そして同時にあなたにとって，とても中心的なものでもある。

*

　この一連の対話の全体が重要な介入となっている。この対話がどれほど重要な介入であったかが判明している現時点から振り返ると，この対話において私の意図があらかじめ非常に明瞭だったわけではないということを述べておくべきであろう。数ページ前で論じたように，直観を信頼し，直観に開かれていることが重要なのである。ここでの私の介入もまた，その一例である。私が与えたコメントは，やはりまた，ある部分で合理的でないコメント，彼女が話していた話題からは必ずしも論理的に導かれないコメントであり，「思い浮かんだ妙なこと」として私が導入したコメントであった。ここでもまた，この例は，「マニュアル」の限界を明らかにしていると私は思う。いわゆるマニュアルは，治療の各ステップを非常に明瞭にすることが可能だと考える，かなりプログラム的なアプローチにしばしば基づいたものである。しかしポランニー（Polanyi, 1958, 1967）が強調したように，しばしば，最も重要なわれわれの進歩は，彼が暗黙知と呼んだものへの注目から生じてくる。それは，われわれが把握しはじめたけれども，意識的に

はまだ明確化されていないような種類の知である。

　ここでルイーズは「そういうのって，私にはとてもなじみのないものなんです」と言っている。彼女の防衛が戻ってきて，たった今，彼女自身が熱烈に同意したものの示唆を排除しようとしているのである。彼女が「ええ，そう言われてみれば，すごくそうですね」と反応した，これに先立つ私のコメントの要点は，まさに，ケンの家族のありようは彼女にとって決してなじみのないものではないというものだったのである。

　この防衛的で二分法的な見方が復活したことに対して，私は「防衛解釈」で応じてはいない。私は彼女に，防衛的だとか，矛盾しているとか，直前に認めたことを否定しているとか，告げてはいない。また私は，彼女の言葉に対して「なじみのないものではないでしょう」などと反論してもいない。その代わりに私は，それは「なじみのないものであると同時に，とても中心的なものでもある」と述べている。このような言い方をすることによって，私は，他の側面に彼女を連れ戻している瞬間にさえ，彼女の体験を抱擁し，肯定することができるのである。第2章において，私は，患者が「本当に」感じていることを指摘する形式のコメントと，患者が「こういうふうにも」感じているということを示唆する形式のコメントとの区別について論じた。これはその一例なのである。「本当に」形式のコメントは敵対的であり，患者の意識的知覚は間違ったものであり，患者は自分の本当の感情に触れていないと伝えるものである。「〜も」形式のコメントは，私が第2章において論じたように，あなたの体験には，これまで体験されてきた「以上のもの」があると伝えるものである。「〜も」形式のコメントは，拡張的でフレンドリーでありながらも，「本当に」形式のコメントが伝えようとしているのと同じ欠落した体験を指し示し，その体験が受け容れられる余地を創り出そうとするものである。

　「とてもなじみのないものでありながらなお，とても中心的なものでもある」というコメントを，ルイーズは，明らかに，彼女自身の自己理解に挑戦するコメントとしてではなく，彼女が述べてきた体験と共鳴する，有用でフレンドリーなコメントとして体験した。おそらく，まさにその理由によって，それはまた彼女の自己理解を変化させるよう寄与するコメントともなった。それは彼女の心に響き，より伝統的な防衛解釈にはできないような仕方で取り入れられた。そして，興味深いことに，彼女は，このほんの少し後に，「ええ，おっしゃったように，先生がおっしゃったように，私にとってとてもなじみがないものだけど，でもい

つも私の中心にあった」と言っている。このように，彼女は私のコメントを自発的に取り上げ，そのコメントがなお彼女の心に響いること，彼女にとって意味があること，彼女の体験を照らし出していることを示している。彼女はそれについて考えつづけていたのである。そのコメントは，単にファイルされ，引き出しにしまわれて終わるようなものではなく，自己吟味と体験の再評価の過程を促進するよう働いた。その理由は，そのコメントが，まさに私がここで強調している「〜も」形式のものであったことにあると私は考えている。第4章において，ルイーズが2回目のセッションでもこのコメントにまた立ち戻っていることが明らかになるだろう。

ルイーズ：そうですね，ええ。
ポール：僕の言ってること，わかっていただけますか？
ルイーズ：ええ。私はその真っ只なかでもがいてきたから。
ポール：ええ，ええ。それは，そんな環境で育ったから。
ルイーズ：ええ。
ポール：ルイーズさんが，その，子どもの頃，ほかの子どもたちとうまくいかなかったのは，ひとつには，家族の外でほかの人との関わりを築くべきじゃないっていう思いがルイーズさんのなかにあったからなんじゃないかなって思うんです。っていうのも，あなたには家族のなかでの責任があったから。このとっても傷ついた……。
ルイーズ：ええ。［私の話の途中で，自然な表情でまったく納得したかのように］
ポール：……家族のための責任が。
ルイーズ：ええ，おっしゃったように，先生がおっしゃったように，私にとってとてもなじみがないものだけど，でもいつも私の中心にあったって。そんなふうに考えたことはなかったけど，でもたしかに家族に忠誠を尽くすように私はいつも言われてたように思います。家族の問題をよその誰にも漏らすなって。で，今，私はみんなに，クラスメートなんかに，あの，いろんな話をしてるんです。いつもざっくばらんで。だって，生まれてこの方ずっと誰にも話すなって言われてたんだから，バカヤロー，今はみんなに話してやるんだって感じで。
ポール：そうですね，そうですね。だから，ルイーズさんは……。
ルイーズ：だから。ワオ。［強い感情］

ポール：……そこから抜け出した。
ルイーズ：ええ。抜け出した。［喜びの笑い。興奮］

*

　ここで，そして少し前に始まりしばらく続いているやりとりの全体を通して，ルイーズは自ら探究している考えにとても興奮している。

ポール：それで，そういうものが，長年の間，ルイーズさんを捕えていた罠っていうわけなんですね。
ルイーズ：ええ。
ポール：だから，そういうものは，すごくなじみが深いもののような。
ルイーズ：ワオ，そんなふうに考えたことなかったです。そう考えたら，理解しやすいですよね。ええ，どうして私が，あの，今，ずっとよく理解できた気がします。だって，ずっと努力してきたことなんですけど，たぶん……。あの，同じことを言っているのかどうかわからないけど，人生で何かやり残したことがあったら，それはいつも自分に戻ってくるってよく言うじゃないですか。たぶん，私は家族の問題をまだ解決していないと思うんです。だから，この家族と付き合っていかなければならない羽目になったんじゃないかって。でも，ええ，そう，きっとこの問題に面と向かって取り組まないといけないんでしょうね。でも，やっぱりわからない……ただどんなふうに取り組んでいったらいいのかってことだけなんですけど。
ポール：ええ。どんなふうに取り組んでいったらいいのか，一緒に考えていくことにしましょう。どうしたら，どんなふうにケンさんの家族にアプローチしたいって思いますか？　何を言いたいって思いますか？　もし，ケンさんの家族がルイーズさんの言うことに耳を傾けてくれる余地がほんの少しでもあるとしたら……それが難しいってことはわかってます……だから，言ったら素直に聞いてくれるなんてことは起こりそうにないかもしれないけど……でも，どんなことを言いたいって思いますか？

ここで私は，精神分析的な伝統に強く根ざした治療者の多くが，取り組むことに居心地の悪さを感じるような，あるいは取り組む価値がないと考えるようなことをしている。私はルイーズの「やっぱりわからない」という発言を文字通りまじめに受け取っている。また私は，彼女がより付随的に，間接的に，おそらくほとんどその場しのぎに発した「どんなふうに取り組んでいったらいいのか」という発言をも，文字通りまじめに受け取っている。たしかに，彼女は，どうしたらいいのかについての助けを直接的には求めていない。それゆえ，ある種の治療者は，私がここでどうしたらいいのかについての助けを提供しようとしているのを，行きすぎだと考えるだろう。けれども，彼女が助けを求めないのは，（私も含めて）誰かが自分に助けを提供する意志があるとか，助けを提供できるとかいった考えが，彼女にはまったく浮かばないという理由によるところが大きいと私は思う。ルイーズには，どうすればいいかについての助けなど受けられないんだという，ある種の諦めがあるのだ。私の反応は彼女のこの諦めに対抗しようと意図したものである。私の反応は，彼女は他者から助けを得ることができるし，彼女は助けに値するということを伝えようと意図したものである。また私の反応は，人は込み入った情動的問題に関して助けを必要とするものであるし，何でもかんでも一人で解決する必要はないのだということを確証するものでもある。
　私の選択は，「どのように」は，しばしば「なぜ」と同じくらい<u>重要</u>であるという確信に根ざしたものでもある。つまり，成功した心理療法は，たいていのところ，単に洞察に関わるものではない。つまり，なぜ患者が，自らの人生を制限するようなパターンに捕えられてきたのかを理解することにのみ関わるものではない。成功した心理療法は，たいていのところ，そうしたパターンについて何かを行なうことをも含んでいる（P.L. Wachtel, 1997）。多くの治療者が，もし患者が自分の動機を十分に「理解」しさえすれば，あるいは自分の問題の幼児期の起源についての洞察を得さえすれば，現在の状況について何をすればよいか，どうするのが最も効果的かといった問題については，遅かれ早かれ，自動的に答えが出るだろうと信じている。この見方においては，ひとたびやぶが切り拓かれれば，残りの仕事は容易であると考えられている。
　私の経験では，この見方は必ずしも正しくない。複雑で情動的な人間関係の体験を効果的に扱うのには，かなりのスキルが必要である。たいていの人は長い試行錯誤の過程を通してそうしたスキルを身につける。何百万回ではないにせよ，何千回もの相互作用を通して，怒りや愛や欲求をどのように表現すれば，人間の

相互作用の現実の世界において「有効」であるのかを学習していくのである。怒りすぎたり，欲しがりすぎたり，暑苦しいほど愛情を表わしすぎたりしないよう，学ばなければならない。拒否されることや失敗することは避けられない。けれども，拒否や失敗に出会っても，逆に引っ込みすぎないでいられるよう，学ばなければならない。引っ込みすぎてしまうと，その感情は効果的に表現されない，伝わらないものになってしまうからである。発達が進むにつれて，「有能な」2歳児から有能な4歳児へ，などと変化していくことを学ばなければならない。3歳児にとっては効果的で適切な表現行動でも，6歳児が同じことをすれば問題行動となる。発達過程を通して絶えずそうした変化を続けていく必要がある。もし人が，ある種の感情を防衛したり，ある種の感情に対して萎縮的になったりするよう早期に学習してしまうと，この過程全体が制約されたり妨げられたりする。その結果，その人は，その情動を社会的に効果的なやり方で表現するスキルを磨く機会を失ってしまう。そうなると，その情動は実際に危険なものになってしまう。つまり，個人的な相互作用のなかで実際に機能するように情動を表現する表現方法を知らないなら，その情動を表現する行為は，（たとえ妥協の産物であったとしても，ともかく何とかその人が達成してきた）安全感や満足を損なってしまう。

　言い換えれば，ルイーズの「どんなふうに取り組んでいったらいいのか」という発言に対する私の反応は，本書において前に言及した，心理療法の統合運動への私の参加とコミットメントを反映するものである。私は明らかに精神分析，とりわけその関係論的なヴァージョンの伝統に根ざした治療を行なっている。しかしまた同時に，私は，行動論の伝統がもたらしてきた洞察と方法にも導かれて治療を行なっている。行動論の伝統は，患者が新しい行動を身につけること，治療作業において患者が達成した新しい理解を実際に行動に移すことを援助することの重要性を指摘している。そしてまた行動論の伝統は，「どのようにすれば」の問いと，行動における顕在的な変化とを直接的に扱う方法，ならびにそれと調和する哲学を備えている。これらは治療的変化の決定的に重要な部分なのである。

　ルイーズ：ううん，まず，留守の間に私が電話したら，向こうから電話をかけてきてよって言いたいです。［微笑み］
　ポール：そうですね，それって……。
　ルイーズ：私を私として尊重してほしいって。
　ポール：うん。

ルイーズ：あの，私に何をすべきか言うだけじゃなくって，もしそう言うんだったら，私にしろっていうことを自分たちもちゃんとやってほしい。あの人たちは，ただ自分たちの言うようにしろって私に言って，自分たちはそんなふうにはしていないんだから。

ポール：うん。

ルイーズ：それに，もし私が間違ったことをしたのなら，つまり，あなたたちを傷つけるようなことを言ったのなら，あの，すぐに言ってほしいんです。2年も経ってから言うんじゃなくて。

ポール：うん。うん，そうですね。

ルイーズ：私はあなたたちと一緒にいたくないわけじゃないってことをわかってほしい。私は，正直なところ，ただ，あの……子どもがいて，仕事をして，学校にも行ってる女性を見たら，私はもう完全に尊敬してしまう。私には絶対できないことだから。子どもがいるってどんなことか，私にはわかりません。でも，子どもがいないから本当に忙しいってことがどういうことなのかわかってないなんて言わないでほしい。「子どもができたら，わかるよ」っていう人がいるけど，そういう言い方って許せないって思う。

ポール：そうですね。うん。

ルイーズ：だから，一番大きい問題は「尊重」ですね。だから，一生懸命説明しようってがんばっているときには，私の言うことに耳を傾けてほしい。

ポール：うん。うん。うーん，どうなのかなあ……ひとつよくわかっているのは，ルイーズさんが今話してくれたことで，僕にはよく理解できるんですけど，そのう，なんていうか，ルイーズさんは，ケンさんの家族から引っぱり込まれるような力を感じているんですよね。それで，ルイーズさんにはそれに抗って踏んばる必要があって，そこで葛藤が発生する。彼らはルイーズさんを引きずり込もうとするし，ルイーズさんは境界線を引いておきたいって思うし。でも，それと同時に，僕が思うのは，もう1つの面としてね，そのう，ルイーズさんはとても小さな家族の一員として成長したわけですよね。一人っ子だったし，また，お父さんが父親として十分に存在していなかった分，ある意味では，ルイーズさんの家族はもっと小さかったとも言えるかもしれない。そうしたことを踏まえてみると，もしかしたら，この大きな，何もかも包み込むような家族が，ある意味で，ルイーズさんにとって魅力的で，惹きつけるような部分があるんじゃないだ

3 ルイーズ——セッション1 169

ろうかって。

*

　ここで私は**葛藤**の問題への扉を開いている。ケンの家族からの引っ張り込まれるような力に対して，ルイーズが抵抗していることを私は十分に認識している(それゆえ，彼女は，私が彼女の体験を否定しているとか，理解していないとかいうようには感じないだろう)。けれども，そのうえで，私はそれを何かを付け加えるための土台として利用しているのである。つまり私は，その土台に，彼女はケンの家族の何らかの側面に魅力を感じているのかもしれない，ということを付け加えている(そして，潜在的に，ある部分では彼女は自分自身の欲望を恐れているのだということをも付け加えている。ケンの家族に魅力を感じる彼女の欲望は，潜在的に，彼女が成長過程で闘わなければならなかった義務の罠へと彼女を導きうるものである。それゆえ，彼女にとっては，その欲望は危険だと感じられうるものである。結局のところ，彼女にとって，ケンの家族は，こうした義務を表象するものともなっているのである)。
　この対話が進むにつれ，ルイーズが，彼女が最初に話したことからすれば，彼女にとってまったく異和的で受容不可能なものとも見える考えを，驚くほどすんなりと受け容れているということが明らかになるだろう。私の考えでは，これもまた，治療者がコメントを葛藤という面から表現することの臨床的価値を示すものであり，また，患者が「本当に」感じているのは彼女自身が思っているのとはまったく違ったことだと患者を説得するのではなく，患者は「〜とも」感じているのではないかという形でコメントを表現することの臨床的価値を示すものである。

　ルイーズ：もちろん。
　ポール：でも，たぶんちょっと，あまりにも惹きつけられすぎて……うーん，何かほとんど怖いくらいに惹きつけられているようなところがあるのかもしれない。
　ルイーズ：ええ。
　ポール：あの，そこにはルイーズさんが惹かれていそうなもの，求めていそうなものがあるから，そこに吸い込まれてしまいそうに感じるのかも。

＊

　ここで私は直前に言ったことの意味をより詳細に説明している。そして，ルイーズが私の言ったことに同意しているときに，彼女が私の意図した通りの意味に同意していることを保証しようとしている。こういう場面は，これまでのわれわれの相互作用において何度もあったことである。またここで私は，直前に言ったことを増幅し，より明確にしている。心理療法家の訓練においては，発言を簡潔にすること，しゃべりすぎないことの重要性が強調されることが多い。けれども，治療者が伝えようとしているメッセージを患者が正確に理解するよう，患者の理解を確実なものにするために，治療者が謎めいた言い方をしないようにすることも同様に重要である。

　ここで次のことを指摘しておくことに価値があるだろう。ビデオを見ればわかることだが，私がこうした言葉を言っている間，ルイーズの顔には喜びと魅了の表情が浮かんでいた。それはまるで，私が，わくわくするほど新しく，同時に，わくわくするほどなじみがあることを言っているかのようであり，また，何かが覆いの下から出てきて，はじめてそれをじっくり見てみる機会が与えられたかのようであった。

　　ルイーズ：ええ，よくわかります。ずっと大きい家族が欲しいって思ってきましたから。子どもは，あの，たぶん2人か3人欲しいって。それを大きい家族っていうかどうかはわかりませんけどね。
　　ポール：うん。うん。
　　ルイーズ：ええ，ずっと家族っていうイメージ，ケンの家族のように大きい家族っていうのは，私にはあこがれの存在でした。
　　ポール：うん。
　　ルイーズ：でも，だからって，あの，私の境界を無視して，いつでも好きなときに来て，あの，好きなようにしていいっていうことにはならないって思うんです。

＊

　ここで，ルイーズが自らの葛藤の（もともとはより明白だった）もう一方の側

面を肯定するのを見ることができて私は嬉しかった。彼女はここでは自分の境界を踏みにじられたくないという体験を支持することができている。ここでの彼女の発言は，彼女が単に私に迎合しているわけではないことを示している。つまり，彼女は，私の発言を自分がすでに感じていたことと置き換えるのではなく，私が言ったことを自分がすでに感じていたことに統合しつつあるのである。そして，私もこのやりとりのすぐ後でさらに詳しく述べるように，ルイーズが純粋なあり方で彼らと一緒にいられるようになるためには，まさに，彼女が自分自身を彼らに対してオープンにすることと，自分の境界や権利を守ることとを，統合することが必要なのである。

ポール：そうですね。
ルイーズ：ええ，先生のおっしゃってることはわかりますよ。
ポール：そう，そうですね。だから，大事なことは，どうやってケンさんの家族を遠ざけておくかっていうことじゃなくて，どうやってルイーズさんが自分のことを尊重してもらいながら，ケンさんの家族のなかに入っていくかってことですよね。うん，ただ尊重っていうだけじゃなあ……それだけだとちょっと抽象的すぎるから。うーん，だから，そう「私には自分のためにしたいことがあるんです。ほかの人の世話をするだけで，義務を背負い込むだけの生活は送りたくないんです」ってはっきり言いながら……。
ルイーズ：ええ。
ポール：ええ。
ルイーズ：ええ，私は，あの，私たちはとっても違ってると思うんです。その，私は料理をしたいと思わないし，家でパーティーを開きたいとも思わない。
ポール：うん。
ルイーズ：だから，その，何か妥協点にたどりつけたらって思うんです。つまり，お金を払えば，あの人たちのために料理しなくていいんだったら，私としてはそのほうがいいんです。それに，私は，私の家は小さすぎるって思うんです。ああ，引っ越しを考えているんですよ。もう少し大きな家に引っ越そうって。だから，あなたにはこうする以外ないんだって感じで私にするべきことを言ってくるんじゃなくて，何らかの妥協点にたどりつけるように話し合ってほしいって思ってるだけなんです。そして，あの，「あ

なたは料理が好きじゃないってことは知ってるわ。だから，ほかにどんなことができるのか教えて」って聞いてほしいって。
ポール：うん。
ルイーズ：だから。
ポール：僕がもう1つ思いを巡らせているのは，そのう，お話を聞いていて，お互いに違う点があるっていうことはよくわかります。そういった点は，そのう，僕が思うには，お互いが似ている点よりも，何ていうか，より気づきやすいっていうか，より認めやすいっていうか，より居心地良く感じやすいところなんじゃないでしょうか。

*

　ここで私は彼女がこの直前に発した「私たちはとても違っている」という言葉に反応している。けれども，私は，私がすでに導入したテーマ，つまり彼女は彼らとの間に壁を築いて彼らを排除したがっていると同時に，彼らに惹きつけられてもいるというテーマの文脈において，それに反応している。彼らをとても違ったものとして描き出すことは，彼らを排除する方法のひとつであり，言い換えれば，彼らに近づきたがっている彼女自身の傾向を排除する方法のひとつである（その傾向は，すでに論じたように，彼女には危険と感じられている）。彼らがとても違っているのなら，彼らと関わる根拠はないのである。[14]

ルイーズ：ええ。ええ，どう違うかっていうことを話すほうがやさしいですよね。
ポール：ええ，ええ。
ルイーズ：そう言われてみれば，似ているところもあると思います。デニースは精神的にちょっと不安定なところがあるっていう点が私と似てるかなあ。私は今でもかなり不安定になるところがあるし。デニースは，周りの人をコントロールしないといけないように感じてるみたいなんですよね。私も自分の環境をコントロールしたいと思う。だから私は，不安になりすぎないように，周りで何が起こっているか把握しておきたいんです。

この直前に，彼らと自分たちがどのように似ているかに気づくよりも，彼らと自分たちがどのように違っているかに気づくほうが容易であるようだと私が述べている間，ビデオには，ルイーズが素晴らしい受容的な微笑みの反応を示している様子が映し出されていた。われわれが話し合っていることは，単に認知的なものではなく，感情のレベルにまで届いていた。けれども，われわれが話し合っていた感情は，彼女にとって非常に葛藤的なものであったので，彼女がそこで出現してくる新しい体験とともにとどまり，それを十分に感じられるままにすることができる程度は，当然のことながら，変動しうるものである。
　私のコメントに対して，彼女が感情と真の個人的関与を伴う反応を示した場面も何度かあったけれども，ここでは，彼女はまるで「比較」のテストに答えているかのように私には感じられる。同時に，彼女はたしかに私が導入したテーマに取り組んでおり，それについて真剣に考えている。程なく，ここでのわれわれの協同的な対話のテーマが実際に情動的に同化されている感じがより明確になってくるだろう。読者がこの後で目にするように，そこでルイーズは，ケンの母親に関わる情動的に意味深い出来事を詳しく思い出すのである。彼女のこの想起は，私をかなり驚かせた。それは，これまで閉ざされていた彼女の感情と欲望の水路が，実際に開放されはじめたことを示唆している。

ポール：うん。
ルイーズ：たぶん，デニースも同じように感じてるんだと思うんです。ケンのお母さんも私と似ていると思います。私，それで傷ついている部分が多いと思うんですけど，私は彼のお母さんとはうまくいってるって思ってたんです。お母さんから聞いたんですよ，あの，彼女は一人の時間が好きだって，だから，自分も尊重されていないように感じることがあるって。それに，周りに流されて，自分の主張を通そうとがんばったことがないって。
ポール：うん。
ルイーズ：私は，お義母さんが自分自身のためにがんばって自己主張しようとするのを助けてあげようとしてたんですよ。お義母さんに言ったことがあるんです。あの，「必要だったら，あの，私の家にいるって言ったらいいじゃない」って。あの，一人でいたいって思ったら，私の家に来てるからって言えばいいって。あの，私は口裏を合わせるからって。そんなふう

に。あの，ケンのもう1人のお姉さんのマリアは，この件にはそんなに関わってないんです。でもその，ええ，口に出して言ったことはなかったけど，たしかに似ている点があるって思います。

＊

　これはかなり劇的な回想である。ルイーズは，ケンの母親との絆を告白している。これは，彼女がセッションを開始したときの感情状態（おそらく，ここしばらく，ケンの家族についての彼女の体験をおおむね支配してきたであろう感情状態）においては，私のみならずルイーズにもほとんど知覚できなかったであろうものである。ルイーズ自身，ケンの母親との関係のこの側面との接触を失っていたのだろうと私は思う。彼女がそれを回復したことは，このセッションの1つの収穫であり，ルイーズが単に迎合しているとか言語レベルで変化を報告しているとかではなく，本物の変化を遂げつつあることを示す1つの有用な指標であると私には思われる。患者がセッションのテーマを，具体的で感情的に意義深い記憶や体験で肉付けし，推し進めるとき，とりわけ，患者のそれまでの感じ方や見方とは違った方向での体験や，自分や他者を違ったように体験していることを示す体験が生じるとき，そのことは何か本当に治療的なことが生じたことを示す，良い指標である。[15]

　この例は，「無意識」の概念がどのように改訂される必要があるかを示すものでもある。つまり，体験が意識に接近不可能となるのには，多くの異なった機序がありうる。無意識の概念は，そのことをより分化させて説明できるよう改訂される必要がある。義理の母親と遊び心をもって共謀したことについてのルイーズの記憶は，精神分析家の伝統的な理解の仕方におけるような「無意識」ではなかった。すなわち，どの時点であれ，私がもし彼女に，あなたは義理の母親に「私の家にいるって言ったらいいじゃない」と言ったことがあるかと尋ねたなら，おそらく彼女は何のためらいもなく「あります」と答えただろう。接近不可能であったのは，記憶自体ではなく，記憶を呼び起こす連想的な結びつきだったのである（この現象についてのより詳しい議論は，P.L. Wachtel（2005）を参照のこと）。しかし，もし尋ねられれば意識されうる道筋は用意されていたとしても，それでもなお，その記憶はたしかに妨害されていたということを認識しておくことが重要である。つまりその記憶は，そのときのルイーズの心理状態とは「適合」してい

なかったのである。その意味で，その記憶が「解放」されたことは，つまりその記憶が自発的に意識に接触可能になったことは，これがたった 1 回のセッションのなかでのことだということを考えれば，重要な治療的進歩であると言える。要するに，ルイーズはここで彼女の主観的体験というタペストリーを織り直しているのであり，何が何と結びついているかを描き出した主観的な地図を描き直しているのである。そして，体験間のそうした新しい結びつきの創造は，より持続的な治療的変化を創り出す重要な要素である。そうした体験と単に言語的ないし認知的な出来事との間の違いに注意を払うことこそ，意味深く重要な治療的変化を促進する重要な要因であると私は信じている。

ポール：へーっ，何ていうか，たくさんのことがあったみたいですね……。
ルイーズ：はい！ ［歓喜の笑いを抑えられないかのように私の言葉を遮って］
ポール：……ルイーズさんとお義母さんとの間に……共有していたものもたくさんあったみたいですね。でも，ルイーズさんは引きずり込まれるように感じてしまうかもしれないので，ルイーズさんにはこうした感情とつながっているのは難しいんでしょうね。こうしたケンさんの家族への温かい感情を心に湧き上がってくるがままに許しておくのは難しいでしょうね。っていうのも，そういう感情は脅かすもののように感じられるから。だから，そういうことが起こったら，そういう感情に触れていくのはとっても難しいと感じられるでしょうね。

*

この一連のやりとりの全体を通して，ルイーズは，没頭するくらい集中して私のほうを見て，私の話を聴いている。そして，しばしば喜びや穏やかさと見える表情を浮かべている。

ルイーズ：ええ。
ポール：あのう，自分が相手に抱いている良い感情や相手を慕う気持ちをどれもみんな危険なものだって決めてかかっていたら，その相手にどうやって近づくんでしょう。だから，これからルイーズさんがやっていかないといけないことは，そんな感情，もちろん，そんな感情だけじゃないってこ

とはよくわかってるんですけど，でもそんな感情の一部を，より安全なものと感じられるようにできる方法を見つけないといけないってことじゃないかと思うんです。

　ちょっと立ち止まって，どうやってそれを成し遂げるか，ちょっと考えてみましょう。今すぐ突進できるわけじゃない。でもとりあえず，ある意味で，起こったことの一部は，今までのルイーズさんの経験のある部分は受容できるものだった一方で，ルイーズさんという人間の他の部分は，押しのけられてしまうしかなかったってことがわかったということで，このセッションを終えることができると思いますし，そうできるのは大切なことです。

*

　ここで私が導入した質問，「自分が相手に抱いている良い感情や相手慕う気持ちをどれもみんな危険なものだって決めてかかっていたら，その相手にどうやって近づくんでしょう」は，彼女のジレンマを言葉にしたものである。それはまた，相手に対する良い感情や相手を慕う気持ちをさらに前面に押し出すものである。そして，ここでもまた私は，そうした気持ちを認めることは危険であり，おそらく浅はかなことだという，少なくとも同様に強い（そして同様に重要な）彼女の感情を否定することなくそうしようと工夫している。こうした言い回しは，私が「帰属的」コメントあるいは「帰属的」解釈と呼んできたもの（P.L. Wachtel, 1993, 2008）とも似た性質を帯びている。私のコメントは「彼女自身は気づいていないけれども，私は知っていることを彼女に告げる」という暗黙の構造を取ってはいない（詳しく調べてみれば，あまりにもしばしば，解釈はこのような構造になっている）。その代わりに，私のコメントは，彼女がすでに知っていることに言及したものとなっている。それは，彼女がこう感じているのだと教えるものではなく，こう感じているのだと認めるものとなっている。

　またここで私が彼女の「課題」に言及し，彼女の体験の2つの側面を和解させることを「重要な仕事」だと述べていることにも注目してほしい。ここでのアプローチは，患者が「洞察」を得ることだけを目指しているのではなく，患者が違ったように行動することをも目指している。つまり，患者には，変化の過程で達成すべき課題があるという考えに立っている。けれども私のコメントは，彼女

がすべきことを「教師然として」告げるのとはまるで異なった言い方になっている。それは，彼女の葛藤とジレンマについての同情的な理解に，また，彼女のあらゆる側面への尊敬に根ざしたものである。つまり「あなたの経験のある部分は受容できるものだった一方で，あなたという人間の他の部分は押しのけられてしまうしかなかった」。

ルイーズ：ええ。
ポール：もっとつながりが欲しいって切望する部分は脅威のように感じられた。なぜなら，自分の本質的な部分には，安心感や安らぎ，自分自身で選択できることの満足感を求めている部分もあるから。でも，それを求めるなかで，つながっていたいと求める部分は追い出されてしまっていた。そうして，手を差し出そうとすることがとっても難しくなっていった。
ルイーズ：ええ。
ポール：そしてそれは，ルイーズさんにとっても，損失だと思うんです。
ルイーズ：ええ。
ポール：ルイーズさんのなかのそうした部分は，他の部分と同じだけの広さ，同じだけの余裕が必要な場所だって思うから。だから，そうした部分と向き合っていくのが，これからの課題じゃないかと思うんです。［愛情を込めたジョークのような口調で］
ルイーズ：先生は本当に多くの洞察をくださいました。こんなに短い時間にこんなに多くの洞察が得られるなんて思ってもいなかった。ありがとうございました。
ポール：よかった。一緒にがんばりましたものね。
ルイーズ：ええ，そう思います。ありがとう。
ポール：ええ。

*

　明らかに，私は，ルイーズがこのセッションからとても多くの洞察を得たと感じたことに満足している。もちろん，私は，彼女が自分を「すごく人を喜ばせる人間」だと述べたことを憶えており，それゆえ，セッションに対する彼女の肯定的反応にもそうした要素が含まれているであろうことに注意すべきだと考えてい

る。けれども私は，彼女がいくらかは重要な洞察を，そして重要な新しい視点と体験を実際に得たとも信じている。セッションの過程において情動的態度が変化したこと，そしてまた，彼女の人生における重要な登場人物が非常に異なったように描写された，意味深く具体的なイメージが出現してきたこと（たとえば，家族の侵入的な要求をかわせるように彼女が義母を助けようとしたエピソードや，母親がパリで彼女を見捨てた事件についての説明。このパリの事件は，セッションのはじめのほうで彼女が提示していた家族のイメージ，つまり「お互いが必要なときにいつもお互いの側にいる」家族のイメージや，学校の子どもたちが彼女の家族が非常に親しいことに嫉妬していたと話していたときに提示されていた家族のイメージとはまったく相容れないものである），これらは，本物の情動的な修正がセッションで生じたことを示すものであるように私には思われる。

　この肯定的反応のいくらかは本書が示そうとしている治療アプローチがもたらしたものであると私は信じており，そしてその意味において私はこのセッションのなりゆきを喜ばしく思っている。しかしまた私は，セッションの終わりにルイーズが述べた賛辞に対して「一緒にがんばりましたものね」と言ったとき，私は文字通りの意味でそう言ったのである。セッションは，少なくとも2つの意味でトゥー・パーソン的な過程であった。まず第1に，それは（あらゆる治療がそうだと私は思っているのだが），間主観的な過程に依拠したものである。つまり，単に1人がもう1人に対して専門的な技術をもって「働きかける」といったようなものではないということである。第2に，そして非常に重要な概念化の問題として，セッションは，ルイーズと私の相性が「効果的」だったからうまくいったのである。治療は関係のなかで生じる。そして，どのような関係でもそうであるように，それがうまくいくかどうかは両者それぞれの特性の交わるところによる。この後，私はルイーズとの2回目のセッションに向かうわけだが，この時点で，読者に次のことに注意喚起しておくのが大事だろう。つまり，本書で検討する3つ目のセッションは，それほど相性の良くない別の患者とのものであり，私はその患者との間に効果的な作業同盟を創り上げることができなかったのである。「私たちは」一緒によくがんばったという，ルイーズに対する私のコメントは，究極的には，彼女に対してだけでなく，読者に対しても，最も重要な別れ際のメッセージなのかもしれない。

註

1 —— 私はここで，関係精神分析の文献において近年ますますよく用いられ，影響力をもつようになってきた用語を（たとえば，Aron, 2006 ; Benjamin, 2004 ; Ogden, 1994, 2004），くだけた，比喩的な仕方で用いている。私は彼らの概念化を示唆するような用語をここで意図的に用いているが，必ずしも第三主体についてのより詳細な議論に含まれている理論的な考察を全面的にここに持ち込もうとしているわけではない。

2 —— 本書を読むだけでなくビデオも見た読者は，この点に関して，自分自身で判断しやすいであろう。

3 —— 第4章において論じるように，実際には，ルイーズとは予定外に2回目のセッションがもたれた。その逐語録は第4章に収められている。

4 —— 読者は，ルイーズとのこの最初のセッションの逐語録を読み進めるなかで，彼女が現在治療を受けていること，そして抗うつ剤の量が増えていることに言及しているのに気づくだろう。つまり彼女は，セッションで語った問題に関して，治療と投薬を受けるほど深刻に悩まされていたのである。ある意味では，このことは，私とのセッションを，上述したような意味での「コンサルテーション」に似たものにしている。けれども，私は，彼女が現在治療を受けているということを，彼女がそれを口にするまで知らなかった。ビデオ録画に際しての基本的なルールに従って，私は（ちょうど私のオフィスに患者がはじめて訪ねてくるときと同じように）患者について何も知らない状態で面接を始めたのである。私はセッション全体に，上に述べてきたような意味でのコンサルテーションではなく，（1回きりの出会いという制約の範囲内で可能な限り）心理療法を行なうつもりでアプローチしたのである。

5 —— すぐに読者にもわかるように，この後も彼女はさらに日付を詳しく説明し，日付に焦点づけている。これら一連のことこそ，彼女に混乱をもたらしているものである。これら一連のことを踏まえてあらためて面接を振り返り，この最初の言葉を眺めると，いくぶん違ったニュアンスが感じられる。父親の死の日付を言うことは，それ自体としては，重大なことを示唆しているわけではない。大事な人の死の記念日を憶えていて，それに言及する人は多い。このことだけであれば，強迫的な防衛スタイルを想定する根拠にはならない。

6 —— 強迫的なスタイルについての，より複雑で非常に価値あるさらなる考察は，シャピロ（Shapiro, 1965）を参照のこと。シャピロの考察は，直線的な衝動−防衛モデルだけに根ざさず，（外的世界と主観的体験世界の両者に関する）世界の体験スタイルや，世界への注意のスタイルがもたらす結果により注目したものである。

7 —— ここには，以前に私が強迫的と記述したスタイルのもうひとつの，そしてより明確な例が見られる。ここでルイーズは，自分の話を放り出し，彼女が話そうとしていた主なポイントから逸れてしまうほど，具体的詳細に捉えられている。そしてそれは，彼女自身の観点からしても「どうでもいいこと」だと感じられている。

8 —— 読者は，セッションを読み進めるにつれ，「お互いが必要なときにいつもお互いの側

にいる」という言葉が，時に落胆するような，ショッキングでさえあるような仕方で裏切られるのを見ることになるだろう。

9 ―― **個人主義**と**集団主義**という用語の使用には，強い情動を帯びた事態をかなり知性化して記述する傾向が認められる。これは，前に論じられた強迫的防衛を利用する傾向とも一致するものだということに，ここで注意を喚起しておくことにも価値があるだろう。こうした用語は，おそらく直接的な体験からではなく，彼女の大学での授業から得られたものであろう。しかしながら，このことに注目するうえで，われわれの臨床的な言語はしばしば知らず知らずのうちに侮蔑的となりがちであるということを再び思い起こすことが重要である（たとえば，P.L. Wachtel, 1993, 2008 ; Wile, 1984）。大学で学んだことを含めて，自分の人生経験に取り組み，それをよりよく理解するために知性を用いることは，結局のところ，単に「強迫的」なことではない。もし読者が，研究から得た考えやカテゴリーを，（対人的あるいは情動的な問題をも含めて）人生の問題への取り組みに適用することに価値があると信じていないのであれば，本書など読まずに，テレビを見たりテレビゲームをしたりしていることだろう。ルイーズの集団主義と個人主義の記述が，ステレオタイプな一般的イメージの逆であるというのも興味深いところである。つまり，スカンジナビアの社会は一般的にはアメリカの社会よりも集団主義的だと考えられている。

10 ―― このセッションの後のほうで，ルイーズは，14歳のときにパリで起こった出来事について話している。そこで明らかになるように，スウェーデン国外への家族旅行はかなり感情的な負荷の高い話題であり，彼女の父親は連想的に強烈にこれに結びついている。そしてそこにはかなり混乱した感情が伴っている。このことはこの時点では明らかではない。ここでは，旅行への言及は，父親への言及もまたそうであるように，羨ましがられることがらとして語られているように思われる。

11 ―― 私は人種間，民族間の対立においても，その皮肉な構造のなかに，これと同種の悪循環のパターンが認められると論じてきた。そこでもまた，それぞれの参加者は，傷つきや怒りを感じ，相手にまた同じ種類の行動を引き起こしてしまうような仕方で，そうした感情に反応しているのである（P.L. Wachtel, 1999）。

12 ―― 私はこのコメントを形成するにあたって，ケンがルイーズの欲求や感情を「尊重した」ことを強調することによって，ルイーズがケンとの絆を強められるよう援助しようともしている，ということにも注意してほしい。

13 ―― ここで「可能な限りつねに」と述べたのは，そうした立場を取ると不誠実になってしまうような場合には，そうした立場を取ることは援助的でないことをはっきりさせておくことが重要だからである。しかしながら，別のところで詳しく論じたように（特にP.L. Wachtel, 1993, 2008），われわれが患者に，より「厳しい」，あるいはより「暗い」コメントを与えるとき，そうしたコメントは必ずしも単に「データによって方向づけられた」だけのものであるとは言えない。というのも，治療者のコメントは，たいていのところ，患者が伝えてきたものに対する反応としてなしうる，いくつかの同様に「正しい」，同様に「正確な」コメントのうちのひとつだからである。そして，異なるいくつかの反

応が同じくらい「正しい」ものであるとしても，それらすべてが同じくらい治療的であるとは限らない。治療者の心に浮かぶ定式化，あるいは治療者が選ぶ定式化が，体験の事実に適合するだけでなく，純粋に治療的で解放的な方向を指し示すような定式化でもあるとき，その定式化は効果をもつのである。良い治療者になるための才能は，そのような定式化が心に浮かぶ，あるいはそのような定式化を選ぶ，心のありようを発展させる能力にある。

14─── ルイーズは前にもこれと似た仕方で彼らと近づきたい欲望を防衛した。すなわち，ケンの家族は「集団主義的な」家族であり，彼女の家族は「個人主義的な」家族だと述べることで，両者を鋭く区別したのである。

15─── ここで，次のことを明確にしておくことが必要であろう。つまり，私は「永続的な」変化が生じたと述べているわけではないし，今や彼女は「洞察」したのだから，すべてが違ってくるだろうと述べているわけでもない。まだまだ取り組むべき仕事はたくさんある。しかし，さらなる変化のための基礎として，非常に重要な煉瓦が1つ置かれたということは言えるだろう。煉瓦を1つひとつ積み上げることによって建設されるのは，単なる認知的な変化ではない。その建築物においては，新しい見方が，新しい感じ方，新しい体験の仕方，新しい行動の仕方と統合されているのである。

4

ルイーズ

セッション2

　ルイーズとのセッション1が終わったとき，われわれは2人とも，これで2人が交流する機会は終わったのだと思っていた。しかしながら，技術的な問題が発生したということで，第2のセッションを行なうことになった。セッション1が終わってすぐに，セッションを録画していた監督がやってきて，われわれ2人に「悪い知らせ」があると伝えてきた。音声システムに異常があって，DVDの音声トラックにノイズが入っているかもしれないと言うのである。彼は，この後すぐに，もう1回セッションを行なう気持ちはないかと尋ねてきた。われわれは2人とも，もう1回セッションをもつことに同意した。それで，セッション1の終了後15分ほど置いたところで，セッション2を行なうことになった。

　後に，技術的な問題は，最初に思われていたほど深刻ではないということが判明した。それはほんの1～2秒の小さな雑音に過ぎず，セッション中のどの発言も聞き取りにくくさせるようなものではなかったのである。実際のところ，それは「ラッキーな事故」だった。というのも，その事故のおかげで，ルイーズと私はフォローアップのセッションをもつことができたからである。本章には，この2回目のセッションが，私のコメントとともに収められている。

　私自身の経験では，2回目のセッションはしばしば最も難しい。1回目のセッションが最も難しいと感じる治療者もいることは知っている。1回目は，患者と治療者とが互いに初対面なので，見知らぬ者同士の不安を抱いた出会いになりやすいという事実に基づく意見なのだろう。けれども，一般的に言って，私の経験はそれとはかなり違っている。たいてい1回目の面接は，両者に，興奮と肯定的な期待をもたらすように思われる。両者が互いに初対面であるという，ある種の治療者を当惑させるまさにその事実が，私の経験では，セッションに非常に肯定的な枠組みをつくりだすように思われる。1回目の面接には，患者を困らせてき

た問題がどんなものであれ，これは**変化**の過程の始まりだという感じがあり，しばしば，無限の可能性の感覚，つまり患者が，自らを縛ってきた不安や制止を乗り越えて，より十分に満足に生きようとしはじめる，あらゆる道筋が見えるという感覚が感じられる。最初のセッションにおいては，こうした期待が挫折させられることも，「現実」が不可避的にもたらす制約が侵入してくることも，その後のセッションよりもずっと少ないものである。このことと関係して，傑出した精神分析家であるマートン・ギルと精神分析について個人的に話し合った際に，彼が言った言葉を思い出す。「精神分析が抱えている問題は，友人が精神分析を受けた後でも，私たちはなおその友人をたしかにその友人だと認識できるということだ」。ギルはいつもながらの彼らしい機知に富んだ仕方で，分析を受けることには完全な変容という空想がつねにつきまといがちであることを指摘し，また，本物の確かな変化が達成されたとしても，実際のところ，たいていそれは完全な変容からはほど遠いという現実を指摘している。われわれはわれわれでありつづける。それがよりよい改訂版になっていることは希望できるにしても。

　同じままの人間でありつづけることは必ずしも悪いことではない。精神分析，あるいはあらゆる良き心理療法の結果として期待されることのひとつは，**ありのままの自分自身**をよりよく感じられるようになることである。誰か別の人（ある種の患者にとっては神様や超人的ヒーロー）になりたいと切望する代わりに，自分自身であること**をうれしく思うようになる**のである。けれども，それと同時にまた，人生には限界と妥協とが必ずついてくるものだという，酔いを覚ますような認識もつねに存在している。こうした限界を受け入れること，そして，その限界を抱えながらも成長していく能力は，良き治療体験がもたらす重要な成果である。もちろん，こうした限界を可能な限り**拡張していくこと**もまた，良き治療体験がもたらす重要な成果である。けれども，限界を拡張することは，それを撤廃することと同じではない。

　しばしば，私にとって，2回目のセッションは，心理療法が達成しうるものの**限界**と折り合いをつけていく過程の始まりである。最初のセッションの「ハネムーン」はもはや過去のものとなり，患者が持ち込んだ関係や問題への苦しい取り組みの長い時間が今や始まろうとしているのである。私の経験では，しばしば，最初のセッションが非常に肯定的で励ましを与える体験であり，また本当に互いに初対面であることを考えれば驚くべき**つながり**の体験であったという事実そのものが，2回目のセッションの難しさを増大させる。2回目のセッションでも，わ

われわれは、**まだなお互い**をよく知らないままなのだが、とても深く知り合った仲だという感じがする面接になるはずだという期待感が高まっているものだ。2回目のセッションにおいて、私はよく、最初のセッションの話の筋道を拾い上げるのを難しく感じる。また、最初のセッションで気まずさを体験すると言う治療者もいるけれども、私の場合、2回目のセッションにおいてより強くそれを体験する。私の経験では、2人が一緒に座って、まるでそれが「普通」であるかのように作業に取りかかるのは、たいてい3回目のセッションである。

　1回目のセッションと2回目のセッションとで、私が体験する違いの興味深い要素のひとつは、1回目のセッションでは、患者について、そして患者の力動について得られる印象が、しばしば驚くほどくっきりしているということである。そしてまた、患者の主要な問題や、そうした問題にどのように取り組むべきかについての私の理解が、その後の面接以上に、ある面では、より明瞭だということである。私は治療の「中期」において、まさに最初のセッションで自分が患者をどのように感じていたのかという感覚を自分自身のなかによみがえらせるために、こうした最初の印象に立ち戻ることが必要だとよく感じる。第一印象には、ある種の「純粋さ」とでも言えるようなものがある。この純粋な印象は、その人の人生の複雑さにさらに触れていくことによって、そしてまた、重要なことだが、われわれを単なる観察者ではなく、患者の対人パターンへの「共犯者」(P.L.Wachtel,1991) へと引きずり込む逆転移反応が発展してくることによって、どこかぼやかされ、混濁したものとなっていく。

　私は最初のセッションの印象が真に「清純な」知覚だと主張しているわけではない。私が言いたいことは、それとはまったく違う。まさに最初の瞬間から、われわれは不可避的に患者の力の場に引き込まれている。われわれは、不可避的に、患者の体験を形成する関係図式のなかに組み込まれ、その一部となりはじめる (Aron,1996 ; Mitchell, 1988 ; P.L.Wachtel, 2008)。また私は、最初のセッションと2回目のセッションとの間に過度に明確な区別や例外のない区別をしようとしているわけでもない。2回目のセッションよりも最初のセッションのほうが混乱させられるときもあるし、さらに患者と関わるうちに、より明確な結果や、多くの人が期待するような結果がもたらされ、私がその人をよりよく理解できるようになることもある。にもかかわらず、ここで最初のセッションと2回目のセッションに関して私自身がしばしば出会うこの体験に言及したのは、それがおそらく本章と前章において論じられているセッションの構造の一部だからである。私はきっ

と良いセッションになるだろうと期待して（ただし，多くの人が視聴できるビデオを撮影することによる不安の高まりも感じながら）ルイーズとの最初のセッションに臨んだ。そして私はたぶん，これから難しい時間を迎えることになるのだろうと予想しながら2回目のセッションに臨んだ。この2つのセッションを自分自身で振り返ってみると，この期待は，ある程度，現実のものとなったと思う。この後に提示されるセッションが「悪い」セッションだったと私が考えているという意味ではない。以下において論じるように，2回目のセッションにおいても，価値ある有用な治療的作業がいくらかなされたと私は思っている。けれども，より多くのことが達成されたのは最初のセッションだったように私には思われる。

　もちろん，このセッションが，最初のセッションの翌日とか，翌々日とか，1週間後ではなく，15分後に行なわれたという事実や，また，このセッションが，もともと計画されていたものではなく，最初のセッションがDVDには使えないかもしれないという「突然の衝撃」の産物であったという事実もまた，そのセッションで生じたことに寄与しているだろう。最初のセッションが終わったとき，私は，自分自身としては，そのセッションは「良い」セッションだったと感じていた。そして，それがAPAビデオシリーズの1巻として私の治療を伝えるものになるだろうと考え，うれしく思っていた。その時点では，私は，最初のセッションのビデオ録画には技術上まったく問題がなかったということをまだ知らなかったので，私にとって2回目のセッションは，喪失感とさらに高まった不安とを伴いながら始まったのである。ルイーズの体験は，私のそれとはかなり違ったものだったようである。彼女は2回目のセッションをもつ機会が与えられたことを喜んでいた。彼女の側には，職業的なスキルを示すという重荷はなかったし，また彼女はすでにしばらくカメラに曝される経験をしてきたのであるから，おそらく彼女には2回目のセッションは最初のセッションよりも慣れたもの，侵入的でないものとして感じられていたであろう（録画されているというセッションの要素は，どのセッションにおいても，内容の一部とはならなかった。それは，他の重要なテーマを話題に取り上げるまさにその過程において，つねに不可避的に排除される多くの重要な要素のひとつであった）。

　以上，ルイーズとのセッション2の逐語録とコメントをこれから読者が読んでいくにあたって，考慮に入れておく必要がある背景的な考察を述べてきた。このセッションは，ほかのどのセッションとも同様に，それ自体，始まりがあり，中間があり，終わりがある1つの治療作業として興味深いものであろう。しかしま

たそれは，最初のセッションにおける体験との関係において，そして，上に述べてきたような，最初のセッションとこの2回目のセッションについての私の個人的な体験との関係においても興味深く理解されるものだろう。体験が生じるより大きな文脈は，つねに考慮すべき重要なものである。それぞれが交流を始めるに際して抱いている期待もまた重要なものである。というのも，そうした期待は少なくとも部分的に自己成就することがよくあるからである。

● **セッション**

　　ポール：まあ，ルイーズさん，最初のセッションで，かなり多くのことをカバーしたっていうか，あのう，達成したって思うんですけど，ルイーズさんのなかではどんなことが一番心に残っているか教えてもらえませんか？私たちが話し合ったことのなかで，ルイーズさんにとって一番大切なことは何だったでしょうか？

*

　ここでは，セッションは前のセッションの直後に行なわれたのだが，私はふだん2回目のセッションでしばしばしているのと同じ仕方でセッションを開始した。私は（そして私の考えではルイーズも）最初のセッションを普通以上に実り豊かなものとして体験した。そして，われわれが焦点づけたもののなかで，何が最も強い印象をルイーズに残したのかを知ることは，良いスタート地点になると感じられた。そうすれば，ルイーズの心に響いた話題からスタートすることにもなるだろう。

　　ルイーズ：今の感情と子どものときの感情を結びつけることができるように助けてくださったことですね。今起こっていることが，過去からの感情を引き起こしているっていうことはわかっていたつもりなんですけど，でも実際どんなふうにそこがつながっているのかはわかってなかったんです。だから，その点が一番心に残っていますね。
　　ポール：特に，どのつながりでしょうか？

4　ルイーズ──セッション2　　187

*

　私は，子ども時代のことが現在における彼女の反応に影響を与えているという一般的で抽象的な考えを越えて，具体的で感情的に生き生きした体験へと到達したかった。

　　ルイーズ：つまり……家族がそんなにも重いものだなんてことは，私にはとてもなじみのないことなんです。たとえ私の人生で，それがずっと私にとって中心的なものだったにしても。自分の家族がどれだけ重いものだったのかってことに気づいてこなかったんですよ。だって，「ええ，たしかに家族は重要なものよ，だとしても，この人たちはあまりにも極端だわ」って感じてたから。でも今思うと……その，私の家族も極端だったなって。私たち，全然，顔を合わすことがないんですよ。全然，集まったりしないんです。いつも電話で話したりするだけ。でも，あの，「ほかの人に家族の問題を話すな」っていう雰囲気があった。

*

　ここでルイーズは自分の家族におけるつながりの欠如に接触しているように見える。彼女は，最初のセッションの始まりの時点においては，このことをはっきりと否認していた（おそらく彼女はこのことを慢性的に気づきの外に追いやろうと努力してきたのだろう）。彼女はまた，ここで，このことについて本物の怒りと憤りを体験しているように見える。つまり，彼女は感情的な体験をしているのであり，単に認知的な過程の報告をしているのではない。

　　ポール：そうなんだ。
　　ルイーズ：でも，たしかにそうだったんですよ……そうしたつながりにも，今までは全然気づいていませんでしたね。
　　ポール：そう，そうなんだ。お話を聞いていると，そのう……つながりが欠けていた，両親とそんなふうにはつながることができなかったっていう面があるように見える，そういう見方があるけれども，一方で，お父さんの

世話をしなければいけなかったときには，つながりが**強すぎる**ときもあった。つまり，あのう，あなたがそこにいて，お父さんを置いて立ち去ることなど許されていなかったときにはってことです。そうですね？

*

　たぶん私は，ここで，彼女の困難な子ども時代の複雑で多様な側面の全体像を彼女に見せようと意気込みすぎて，少し速く進みすぎたのであろう。振り返って考えると，私はここで，「私たち，**全然**，顔を合わすことがないんですよ。全然，集まったりしないんです」という彼女の言葉の背後に流れている感覚をじっくり感じられるよう，彼女がその感じとともにとどまる時間をしばらく取ったほうがよかったのだろうと思う。つまり，彼女は見捨てられ感と淋しさの感情を体験しつつあったのである。そしてそこに私は，彼女が子どもにとっては大きすぎる責任を担わされていたという付加的な（しかし心を乱す）テーマを導入した。以下において明らかになるように，たしかにこのことは，ケンの世話をする責任を引き受けるという類似した傾向を再検討するという，そしてまた，そのことがデニースとの人間関係に及ぼす影響を考察するという重要な作業へと彼女を導いた。けれども，それでもなお，彼女がたった今触れはじめた体験（淋しさ，孤独，つながりの欠如）とともにしばしとどまるという選択をしたほうがよかったと思う。

ルイーズ：ええ，そうですね……その通りです。父は……もちろん父は自分の世話ができなかったわけだから，そんなふうに思ったことはなかったけど。
ポール：そうなんだ。
ルイーズ：ええ，そうですね。
ポール：そうなんだ。
ルイーズ：それで，興味深いのは，夫は2回腰の手術をしてるんです。私と出会ったときには，夫はすでに腰を痛めていたので，腰が悪いっていうのは知ってたんですけど，それで彼は最初の手術……ああ，私たちは1月に知り合って，すぐに一緒に暮らすようになったんです……ああ，これって2001年の話なんですけど，私たちは5月には一緒に暮らすようになっていました。それで，彼はその年の8月に最初の手術を受けて，その1年後

の9月に2回目の手術を受けたんです。だから，彼は……私はその……彼の世話をする，いわば同じ立場になったんです。

ポール：そうなんだ。

ルイーズ：その，前のセッションでデニースは自分が彼の母親みたいなものだって思ってるって言ってたと思うんですけど，その……あらゆる……あらゆる点から見て，私は彼の母親の役割を，なんていうか，引き継ぐことになったみたいな気がするんです。私は彼の奥さんだけど，母親みたいな部分もたくさんあったって。だから，たぶん彼女は，私が彼女を追い出したって感じてるって思うんです。

ポール：そう，そうなんだ。

ルイーズ：それで，彼女は怒ってるんだろうって思うんです。

ポール：ええ……ええ。

ルイーズ：ケンは私の言うことは聞くけど，彼女の言葉には耳を傾けなくなったから。

ポール：そう，そうなんだ。

＊

　ここでルイーズは，私から何も促さなかったのに，自分自身で洞察を深めている。つまり，彼女は，今，私が示唆した考えを考えているのではない。彼女は，新鮮さの感覚を伴いながら，事実上はじめて，自分の体験を見つめているのである。このようなことが生じたのは，おそらく，彼女が自分の体験をより内省的に探索するよう励まされ，自分の体験と知覚をもっと受容するよう励まされる体験をしてきたことで，自分自身で作業を進める自由を得たからであろう。

　このくだりにおいて，そしてまた逐語録の全体を通して，私は自分がしばしば「そうなんだ（right）」とか「そう，そうなんだ（right, right）」といった「言葉」を用いていることに気づく。こうした例のほとんどは，ルイーズが「正しい」か「間違っている」かについての私の判断を述べたものではないということを，読者にはっきりわかっておいてほしい。逐語録におけるこれらの言語的な表示は，ビデオを見れば明らかに見て取れる私のうなずきや「聴いていますよ，どうぞ続けてください」という非言語的サインが伝えるものと同じものを，単に言語的に表わしたものである。

ルイーズ：彼女はそのう，彼女はしょっちゅう人を見下した物の言い方をするんです。あの，自分ではおもしろおかしくケンに話してるつもりなんだと思うんですけど，私はデニースがケンをけなしているって感じるんですね。彼に自分の身の程をわきまえろって言ってるような。そして，私に対しても同じことをしてるように思うんです。

ポール：そうなんだ。だからルイーズさんは，ケンさんを守ってあげたいって感じるの？

ルイーズ：ああ，その通り！ 守ってあげなきゃって思います……それから同時に，自分に対しても腹が立つんです。彼の家族に対抗して，彼の側にいることが少なすぎるって。私にとっては，難しいんですよ……だって，わからないから……私には兄弟がいないから。母と話したことがあるんです。あの，私はケンの家族のケンに対する接し方が気に食わないって。そしたら，母は，「自分には兄弟姉妹がいないってことを忘れちゃだめよ。あなたにはわからないことがあるんだから」って言ったんです。母と母の妹には6歳の差があるんですね。母が言おうとしていたのは，その，私にはそんな経験がないから，ケンの家族がお互いと関わり合う仕方で何が間違っているとか，私にはわかりっこないって。だから何度も，ケンの家族から何か言われると……その，母がそんなこと言ってたなあって感じることがあるんです。でも，ケンのことに関して，ケンのお母さんを怒らせずにケンのお母さんに何か言えるのは私だけじゃないってわかってもいるんです……だから，その……えっと……言いにくいけど，私から何か言い出すことができればいいのにって思うことがたくさんあるから。デニースがケンにそんな物言いをさせるのをやめさせなくちゃって感じることが。

ポール：ケンさんは，そのことに関してどんなふうに感じているんでしょう？

ルイーズ：彼に対する家族の話し方についてですか？

ポール：ええ。

ルイーズ：たぶん慣れてるんだと思います。だから私がそれを指摘するまで何も言いません。たぶん彼は……気づきたくないって思ってることがたくさんあると思うんです。家族がどんなふうに自分を扱っているか知りたくないって思ってると思うんです。彼は私に見せるために，素晴らしい家族っていう絵を描こうとしてるって思うんです……あの，とっても思いやりが

あって素晴らしくて……でも、私が家族と出会ったら、その絵は完璧に崩れ落ちてしまって、それで彼は傷ついたと思うんです。だって、「僕がどんなふうに感じると思う？」っていつも聞いてくるから。「僕がどんなふうに感じると思う？」って。だからいつも……そのう、「私はあなたの立場じゃないけど、理解しようと努力してる」って言うんです。

*

　ルイーズは、ケンの家族に、ケンが見たくないもの、それゆえルイーズにも見てほしくないものを見ているようである。ちょうどルイーズ自身がそうであったように、ケンもまた自分の家族について何らか理想化された像を保持してきたのである。あるいは、この時点においては、少なくともひとつの可能性として、そのような推察が成り立つ。

　　ポール：うん……それで、ケンさんが「僕がどんなふうに感じると思う？」って言うとき……。
　　ルイーズ：ええ……。
　　ポール：ケンさんは主にどんな点を指してるんでしょう？

*

　ここで私は「僕がどんなふうに感じると思う？」というケンの言葉を肉づけしようとしている。私は、ケンが彼女に何を理解してほしいと願っているのかについて、もっと考えてみるよう、彼女を刺激している。

　　ルイーズ：ああ、私が彼に腹を立てるとき［大きく息を吸って］、彼が私のことを認めてくれてないって……感じるとき……私がそんなふうに、あの、感じるとき、彼は「僕は疲れてるんだ」とか何とか。そんな感じで。私には、彼はいつも言い訳をしているようにしか感じられないんです……。
　　ポール：うん……。
　　ルイーズ：それで、たとえば、彼の家族の話をしてるときとかに、「私から話してあげようか？」って聞くんです。

ポール：うん……。

ルイーズ：それに，彼が私に腹を立てると，私が問題を解決してあげようとしているのにって，私が彼に腹を立てるんですよね。

ポール：うん……。

ルイーズ：そんなとき，彼は，えっと，あの，「僕がどんなふうに感じると思う？」って言うんです。「僕の母親のことなんだぞ」って。基本的に彼はそういう意味で言ってると思います。

ポール：ううん……僕は……僕がまだよく理解できないのは……。

ルイーズ：ええ……。

ポール：……そのう，ルイーズさんはケンさんを守ってあげなきゃと思うって言ったけど，そこに話を戻すと……。

ルイーズ：ええ……。

ポール：ルイーズさんは，たとえば，ケンさんのお姉さんが彼にひどい扱いをしてるって感じてたんですよね。ケンさんはそのことに関してはどんなふうに感じているんでしょう？ ルイーズさんは，そのう……お姉さんがケンさんにひどい扱いをしてると思うって言ったけど……。

ルイーズ：ええ……。

ポール：……ケンさんは……その話をケンさんにしたとき，ケンさんは何て言いますか？ 「そんなことないよ。平気だよ」って言いますか？ それとも「ああ，これまで何とも思ってなかったけど，君にそう言われて急に嫌だなって思うようになったよ」って言いますか？ それとも，何が……何が起きますか……？

*

ルイーズも私も，最初のセッションがうまく録音されていなかったと言われたショックからまだ立ち直っていないのだと思う。ルイーズは，もう1回セッションをもちたがっていたので，その知らせに喜んだ。けれども，2回目のセッションは，最初のセッションの後，あまりにも予想外に，そしてあまりにも間を置かずに開始されたので，われわれは2人とも自分のペースを見失っていたし，直前の実り豊かなセッションにおいて生じたことが未消化なままであった。そのため，われわれは2人とも，この時点ではまだ1回目のセッションほど明晰ではなかっ

たように思われる。ここまでのところで見て取れるように，われわれはいずれも，ある方向に向かって話しはじめ，中断し，別の方向に向かって話しはじめる，といったことを繰り返している。私はセッションがどこに行こうとしているのかが見えないことに混乱し，ルイーズの話についていくのを難しく感じたこともあった。私自身のコメントもまた，多少一貫性に欠けており，私自身，自分の発言を読んでみて，何が言いたかったのか理解しにくいところがある。

> ルイーズ：ううん……前にも言ったように，彼はあまり気づいていないと思うんです。だから私がはっきりそのことを指摘すると，「デニースはそういう人だから」って言いますね。
> ポール：うん……。
> ルイーズ：それで，お姉さんのために言い訳をしたがるんですよ。
> ポール：うん……。
> ルイーズ：でも，今，先生がおっしゃったように，そのことできっと彼を怒らせてるんだと思います。私たちの間では，実際には，その話は全然しないんです。だから，何も言わないほうがいいのかもしれない。ケンは全然気づいてないんだから。でも，私は気づいてるんですよ。だから，それを指摘すると，まず彼は「まあ，そうは言っても，姉さんはそんな人なんだから」って感じで，でも，きっと彼の頭の片隅に残ってるんだと思うんです。

*

ここで私は次のようなことを考えている。一方では，ルイーズは，ケンに伝えたい，そしてケンにわかってほしいと彼女が願う何かが生じていることを理解している。しかし同時に他方では，彼女は今の自分の伝え方ではうまくいかないとも感じている。今の伝え方では，彼女とケンは接近せず，むしろ2人の間に溝が広がる結果になってしまう。当然のことながら，この報告だけからでは，私には彼らのうちのどちらの主張のほうがよりケンの家族の「真実」に近いのかわからない（ここで，本書の第1部にあった構築主義と客観主義についての議論を特に参照してほしい）。しかし，生じていることによって葛藤がもたらされていることは明らかである。この時点で私は次のような問いを思い浮かべていた。どのようにして私はルイーズが自分自身の真実の体験に率直になれるように，そして同

時にケンを疎外しないでいられるように助けられるだろうか？　ルイーズが，生じていることについての自分の体験を，よりケンの体験に触れていくように表現する方法が何かあるだろうか？　彼女が見ているもののなかに，ケンが認めたいと願うようなものが何かあるだろうか？　もしあるなら，どう言葉にすればそれを効果的に伝えることができるのだろうか？　私は，治療者が自分の観察をどのように言葉にして伝えるかが，そのメッセージが治療的に有用なものとなるかどうかを決める，決定的に重要な要素であると信じている（P.L. Wachtel, 1993）。それと同じように，**患者もまた**，真実のコミュニケーションと相互理解とが実現されるような反応を他者から引き出すように，体験を言葉にして表現することを学ぶ必要があると信じている。

　　ポール：うん……。
　　ルイーズ：で，話を続けると，彼はだんだん不機嫌になるんですよ。だから，たぶん私も悪いんだと思います。私が気づいたからって，彼は気づいてないんだから，何も指摘しないほうがいいんだと思います。
　　ポール：たぶん自分も悪いんだと思いますっておっしゃったけど，それはルイーズさん自身がそう感じているんですか？　それとも，ケンさんがそう感じてるって心配してるんですか？　それとも……？
　　ルイーズ：私がそう感じてるんです。ええと，あの……私はいつも恐れてるんですよ，彼が踵を返して行ってしまうんじゃないかって。「ちょっと待てよ，僕は自分の家族と何の問題もなかったんだぞ，君がやってくるまでは」って。

＊

　ここでの話は，ルイーズが最初のセッションの最初に述べた体験と懸念に，われわれを連れ戻すものである。この話もまた，彼らの結婚生活の現状において，ルイーズがケンの家族と和解する道筋を見出すことがとても重要だということを示唆している。最初のセッションの終わりには見えてきたと思われた進歩が，今やかなり遠ざかってしまった。そして，この時点では，われわれは2人とも，最初のセッションで生じていたこととのつながりを創り出せていない。ここで私は，そのつながりを創り出す道筋を何とか見出すことが課題だと感じていた。この時

点で私は，より幅広い視点をもてないままに，現在の話題に入り込みすぎている。

　　ポール：うん……。
　　ルイーズ：「どうして自分の家族と似ている人を選ばなかったんだろう」って。
　　ポール：うん……。
　　ルイーズ：「どうして，妻とはこういうものだっていう自分の理想にあった人を，あの，選ばなかったんだろう」って。
　　ポール：うん……。
　　ルイーズ：っていうのも，私は，違ってるから［笑い］。
　　ポール：うん……。

＊

　ここでのルイーズの笑いは，愉快な笑いやユーモアの笑いではなく，辛辣で痛ましい笑いである。彼女は自分が失敗していると感じている（この時点では私もそう感じている）。

　　ルイーズ：そのう，彼は……その，つまり，彼は決して君は僕の感情を傷つけたとか言わないけど，でも，彼は自分の母親に似た人と結婚しようと思ってたと思うんです……それは，彼がしょっちゅう……しょっちゅう言ってることなんですけど……。
　　ポール：うん……。
　　ルイーズ：私には彼のお母さんに似ているところがたくさんあるって。
　　ポール：うん……。
　　ルイーズ：でも，彼は私に料理が好きで，掃除が好きで，そんな，あの，典型的な妻になることを期待してたと思うんです。うーん，アメリカの基準で言う典型的な妻です。でも，私が育った場所では，男も女も平等で，家では同等に家事をするんです。

＊

　最初のセッションにおける個人主義的な家族と集団主義的な家族についてのコ

メントとは対照的に，ここで私は，彼女が導入している文化的な次元は非常に重要なものであり，彼女のジレンマの一部を成すものだと考えている。少なくとも彼女が述べているところによれば，ケンが彼女に抱いている妻の理想像は，スウェーデンで育ったルイーズが自分自身で抱いている妻の理想像とは違っている。けれども，この逐語録をあらためて読んでみて，私は，ルイーズが前のセッションで報告したケンの母親との連帯の体験（ケンの母親に，外出の理由として私と一緒だったと言えばいいという助け舟を出したエピソード）に彼女を引き戻す機会を逸したことに驚いている。そこには，相違性と類似性という弁証法のもう1つの側面がある。そしてルイーズは途方に暮れ，落胆しているので，ここでその体験に接触できなくなっている。どういうわけか，私もまたルイーズと同じ感情に支配されてしまい，彼女を，ほんの少し前に私を驚かせた義理の母親との体験に連れ戻すことを考えられなくなっている。

ポール：うん……。
ルイーズ：で，私は彼に言うんです，「ええ，一日中仕事してたのはわかってるわ。でも，私は一日中何をしてたと思うって」って［笑い］。
ポール：うん……。
ルイーズ：「一日中座って何もしてなかったわけじゃないのよ」って。
ポール：うん……。
ルイーズ：「私もいろんなことをしてたんだ」って。
ポール：うん……。
ルイーズ：だから……。
ポール：うん……。
ルイーズ：私は彼が後でこんなふうに思うのが心配なんです……あの，彼は私より12歳年上なんですよ。齢の差も結構大きいでしょ。私自身はそんなこと全然気にしてないんだけど，でも彼の家族は気にしてるって思うんです。
ポール：うん……。
ルイーズ：うーん，だって……あの，どうしてまだ子どもがいないのって，あの人たちから直接聞かれたことはないけれど，もう5年も一緒にいるのに，子どもがいないから。ほかの人ならたいていそれまでには子どもを産んでるでしょう。

ポール：うん……。

ルイーズ：でも家では，私の勉強が優先なんです。

ポール：うん……。

ルイーズ：それは私にとって大切なことだから。そしてケンもそれをとてもサポートしてくれてます。

ポール：うん……。

ルイーズ：ええと……でも，やっぱり，こんなふうに思うこともあるんですよね。あの，もし私が何もかもを大ごとに捉えなかったらって。

ポール：うん……。

ルイーズ：だから，私のせいかもしれない。

ポール：うん……。

ルイーズ：やめないといけないのかも。

ポール：うん……ええっと，たしかに言えることは，まずケンさんがどんな体験をしているのか，それを明確にすることが大切じゃないかと思うんですけど……。

ルイーズ：ええ……。

ポール：つまり，ケンさんが本当にひどい扱いをされているとは感じていないのかどうかに注意して話を聞いて，それで，でもルイーズさんにはそういうふうに感じられるなら……そのう，それについてよく考えてみる……。

ルイーズ：ええ……。

ポール：でも，お話を聞いていると，ケンさんは自分自身をうまく弁護できないような感じもするんですけど。

＊

　ここまでの対話全体において，私の側には不自由な感じがある。私はここまでのところで，ルイーズにとって有用な手がかりをずっと見出すことができないままであった。ここで，このセッションではじめて，有望な可能性が感じられる展開が現われてきた。われわれは，ケンの家族に対するルイーズの感情のいくらかは，ケン自身が抱いていながら表現することを自らに禁じているものを表現するものではないかということを考察する方向に動き出している。もちろんこれは

カップルにおける一般的な力動であり，それを明確化することは彼ら双方にとって有用であろう．

ルイーズ：ええ……．

ポール：わかります？

ルイーズ：ええ，その通りです．そう思います．私はいつも……いつも彼に「どうして何も言わないの？」って言ってるような感じがするんです．

ポール：うん……．

ルイーズ：「どうして何も言わないの？」って．

ポール：うん……．

ルイーズ：「どうして？　どうして？　どうして？」って．

ポール：うん……それは，それはきっと……ルイーズさんは，特に敏感に波長を合わせて感じ取っているんじゃないのかな．ルイーズさんは自分で自分のことを表現できない人と一緒に育ってきたから．

ルイーズ：ええ……．先生がそうおっしゃるのって，とっても興味深いです．というのも，私は父が言おうとしていることはいつも理解できていたから……たしかに父は言葉では言えなかったけど……．

ポール：ええ．

ルイーズ：……私にはわかったんです．

ポール：うん……．

ルイーズ：それは母にもできないことでした．私が父の娘だからわかったのかどうかわからないですけど……．

ポール：うん……．

ルイーズ：でも，私はとっても，とっても敏感に感じるんです．それって……．

ポール：うん……．

ルイーズ：……私がほかの人にカウンセリングするとき，役に立ってるんです．

ポール：そうなんだ．

ルイーズ：でも，それは自分の生活ではすごく難しいです．ほかの人の小さな……小さなことにとても敏感だから．

ポール：そうなんだ．

ルイーズ：いろんなことをすぐに拾い上げちゃうんです。
ポール：そうなんだ。
ルイーズ：ええ，ええ，その通りです。いろんなことにすごく敏感なんです。
ポール：ええ。それに，ルイーズさんは，自分の思っていることを言えない人たちのために代弁するような人ですよね。

*

　ここで私は彼女の父親が話せないということに再び戻ってきている。セッションのこの時点でこの方向に向かうことが最も生産的なのかどうか，私に確信があったわけではない。けれども，それは，提示されてきた材料に一貫性や共通性を見出す1つの道筋であったし，彼らの間に生じていることのいくらかは，ルイーズが，ケンが感じていながら言うことができない，あるいは自分自身では十分に気づいてさえいないことを表現する役割を担うパートナーとなっているということではないか，という話題へとさらに発展する方向に向かうものでもあった。

ルイーズ：ええ……。
ポール：それで……。
ルイーズ：だから，私はがんばってるんです。だって，はじめのうち，私，彼がそうできるように，随分してあげられたって思うから。あの，彼を背負ってきたから。
ポール：うん……。
ルイーズ：私の母が父を背負ってきたように。

*

　ルイーズは，ケンが背中を痛めたとき，文字通り，ケンを支えたようである。ちょうど彼女の母親が，彼女の父親が動けなくなったとき，文字通り支えたように。

ポール：そうなんだ。
ルイーズ：でも，ケンと父にはとっても違うところがあるっていつも思います。

ポール：そうなんだ。
ルイーズ：ケンは自分で自分の世話ができます。
ポール：そうなんだ。
ルイーズ：実際，彼は自分の世話をしてきた。
ポール：そうなんだ。
ルイーズ：でも，私の父はできなかった。
ポール：うん……。
ルイーズ：だから，母が一度言ったことがあるんです。「あなたは私の役割を引き継いでいるみたいね」って。
ポール：うん……。
ルイーズ：母はそのことを心配していました。私に自分と同じような人生を歩んでほしくなかったから。
ポール：そうなんだ。
ルイーズ：とりわけ，そんなことが必要じゃないなら。
ポール：うん……。
ルイーズ：っていうのも，母が話してくれたんですけど，父が脳卒中の発作を起こす前日に，実は離婚するつもりだったんだって。

*

　ここまでのところで，私は，有用な方向にわれわれを導いてくれそうな手がかりを求めて，暗闇で手探りしているような体験をしてきたが，ここにきて非常に重要な話題に触れはじめたように思われる。ルイーズの母親が，夫が発作で倒れるまさにその前日に離婚を決意していたというニュースは，新たに重ねられた劇的な告白であり，家族の痛々しい状況にさらなる痛ましさを付け加えるものである。それはまた，さらに別の次元での心理的な縛りを指し示すものでもある。ルイーズが語ったところからすると，ルイーズの母親は，人の世話をすることは，罠にかけられて逃れられなくさせられるような危険なことだというメッセージを，ルイーズに対してかなりあからさまに伝えていたのである。

ポール：うん……。
ルイーズ：つまり，母は離婚を決意してたんです。

ポール：うん……。
ルイーズ：でも，そのうえで，父の側にいないといけないっていう義務感を感じたんです。
ポール：そうなんだ。
ルイーズ：だから，その後，父が亡くなるまでずっと，父の世話をしてきたんです。
ポール：そうなんだ。
ルイーズ：母は父のことを愛していたって私は信じています。愛してなかったかもなんて疑うことは絶対にないです……。
ポール：そうなんだ。⁽¹⁾
ルイーズ：でも，時々怖くなるんですよ。同じ状況にはまったんじゃないかって。ケンは私を必要としていて，誰かがケンの世話をしないといけないから，私は彼の側を離れることができなくなるって。
ポール：うん……。
ルイーズ：でもそれって，健康な結婚生活じゃないですよね。

＊

　彼女の父親の発作に関して明らかになったこのさらなる痛々しい次元は，そして母親から離婚の心づもりを聞かされたことがもたらす重荷は，ルイーズをコミットメントに対して用心深くさせるものであった（セッション１において，ルイーズは，自分が結婚するとはまったく思っていなかったと発言したことを思い出してほしい）。妥協と自由とをめぐるこの敏感さのために，彼女にとって，自分の感じていることを明確にするのはより難しくなっただろう。この敏感さはまた，ケンの家族の要請に対する彼女の居心地悪さや抵抗感を高めたことであろう。

ポール：彼のこと疑ってるってこと？　彼に対する自分の気持ちに疑いがあるってことですかね？

＊

　ここで私はこのセッションの上述の部分において発展しつつあったように思わ

れるテーマを直接的に取り上げている。

ルイーズ：時々ね。でも，それが彼に対して非現実的な期待を寄せているからなのかどうか，わからないんです……私がすごく腹を立てていて……良いところを見ずに悪いところばかりを見てしまって，嫌な気持ちになっているのかなあって。でも，私たちは大丈夫だと思います。

ポール：ええ……。

ルイーズ：でも，私の感じでは，前から，ずっと前から，一番最初からあったことで，そのう，彼の家族のこうしたことは，2人を引き離すもののように感じられるんです。

ポール：うん……。

ルイーズ：彼の家族のことは，ある意味では2人を引き寄せてくれるものなんですけど，別の意味では，その，「私たち，本当にこれから一緒にやっていけるの？」みたいな。

*

　ここで私に浮かんできた1つの疑問は，ルイーズとケンの家族との間の葛藤のある部分は，ルイーズとケンとの間の葛藤を反映するものではないか，そして，実際のところ，ルイーズとケンの家族との間の葛藤は，ルイーズとケンとの間の葛藤から注意を逸らす役割を果たすものなのではないか，ということである。私は，まだこの時点では，それが事実だと**確信しているわけではない**。しかしその疑問は，これからセッションを進めていくにあたって，探究すべき問いとして，より焦点づけられて私の心に浮かんできたのである。

ポール：あのう，ケンさんの家族との関係で言うと，ルイーズさんとケンさんについて僕が思うのは，ルイーズさんは自分が彼を家族から引き離しているっていうことをとても心配している。そしてケンさんも，何ていうか，ルイーズさんと同じような見方に陥っている……。

ルイーズ：ええ……。

ポール：それで，あのう，ルイーズさんは，ケンさんは自分の家族ととっても親しかったのに，今は**そうじゃない**のは，言ってみれば「自分のせい」だっ

4　ルイーズ──セッション2　　203

て思っている。
ルイーズ：ええ……。
ポール：でも，結局，ケンさんはルイーズさんと結婚することを選んだんですよね。
ルイーズ：はい。
ポール：たとえば，その点については，どのように思いますか？
ルイーズ：ええ，彼は私を愛してくれていると思います。
ポール：うん……。
ルイーズ：私は思うんですけど，恋愛関係では，どっちかが相手を好きな気持ちが，もう一方が相手を好きな気持ちよりも強いと思うんですよ。
ポール：うん……。
ルイーズ：両方が同じだけ愛していることなんてめったにないって思うんです。
ポール：うん……。
ルイーズ：で，私は，彼は私以上に私のことを愛してくれてるって思うんです。もちろん私も彼のことを愛してますけど。
ポール：うん……。
ルイーズ：でも，いつも，私にはどこか尻込みする部分があるんです。

＊

　ここで，彼女のケンについての感情や彼を気づかう気持ちと，彼女の母親が捕えられていると感じていた罠や彼女の母親が彼女に与えたメッセージとの間に彼女が言及した結びつきをさらに探究していくことが，より重要なものとなってきているように思われる。

ポール：うん……。
ルイーズ：彼にも説明しようとしたんです。つまり，それは彼のことじゃなくて，私のことなんですよね。私の不安の問題なんですよ。みんな私を見捨ててどこかへ行ってしまうって私が思ってるからなんです。

＊

ここで，そしてこの後，われわれはルイーズの「内面的生活」の痛々しい核心により触れていくことになる。それは，長期にわたって持続している安全感の欠如であり，自己疑惑である。それらは，これまで話し合ってきた困難に寄与してきたものであり，また，そうした困難によって持続させられ，悪化させられてきたものである。「一体ぜんたいどうしてあなたは私と結婚しようなんて思うの？」（この後の対話を参照のこと）というのは，自己軽蔑に由来する発言であり，明らかに，さらなる治療的作業において扱われるべきものの中核に関係したものである。以下に続く対話のいくらかは，治療的な弁証法の一部であり，ルイーズの痛々しい自己体験を否定するものでも，彼女をその体験から抜け出すように説得しようとするものでもなく，彼女がより安定した受容的な自己感覚を構築するために，自らの体験の他の側面に注意を向けられるようにする余地を創り出すものである。こうした治療努力において，治療作業は，純粋に「内的な」ものを踏み越える必要がある。最初のセッションにおける治療作業の焦点であった相互作用的なフィードバック・ループこそ，彼女がここで述べている痛々しく自己軽蔑的な心理状態に彼女を留め置いているものの本質的要素である。

ポール：うん……。

ルイーズ：たしかに彼は私を選んでくれたんですけど，私のなかの不安な心が，「一体ぜんたいどうしてあなたは私と結婚しようなんて思うの？」ってささやいてるんですよ。

ポール：うん……。

ルイーズ：あの，ええ，自分は悪い人間じゃないって思ってるし，そんなことは全部わかってるんですよ。でも，私は気難しいし［笑い］，意地悪するときもあるし，それに，朝起きたら髪はこんなだし［笑い］，それに……でも，彼は……。

ポール：おっしゃりたいことは，それだけですか？

ルイーズ：［笑い］素晴らしいですよ。だって，彼はそれでも私を私のまんまで愛してくれるんだから。

ポール：うん……。

ルイーズ：私の髪がどんなでも，あの，パジャマのままでも，どんなに変な恰好してても，それでも彼は私を愛してくれてるんです。

4　ルイーズ──セッション2　205

ポール：うん……。
ルイーズ：そして，彼の側から見れば無条件なんですよね。私はそんなままでも，彼は私の最悪の部分，本当に最悪の部分を見てるのに。
ポール：うん……。
ルイーズ：それでも私の側にいてくれる……。
ポール：それって，とっても心強いですね。

*

　この部分は，このセッションにおいて，さまざまな異なる意味で，最も強く心に訴えかけてくる部分である。私はここで彼女に与えるべき「解釈」を持ち合わせていないけれども，彼女に私が真剣に聴いていることを知っておいてほしかったし，彼女がたった今言ったことを強調しておきたかった。

ルイーズ：ええ。ええ，そうです。
ポール：本当にそうだ……。
ルイーズ：私も，彼の最悪の部分を見てるって思うんです。でも，そんなことって忘れちゃうんですよね。たとえば，寝る前に大ゲンカをするんですよ。どうしてかわからないけど，私は彼がとっても疲れていて対応できないときに彼に話しかける癖があるみたいなんです。そんなとき，彼は何もしゃべらずに布団をかぶって寝ちゃうんですけど，朝になったらそれでも，あの，私に布団をかぶせてくれて，あの，仕事に行く前にキスしてくれるんですよね。それで，私は自分が彼に腹を立ててたことなんか忘れちゃうんです。
ポール：うん……。
ルイーズ：それとか，夜も彼のほうに近づいていったら，そっと抱き寄せたりしてくれるんですよね。
ポール：うん……。
ルイーズ：何ていうか，ちぇっ，彼に腹を立ててたはずなのに［笑い］，腹を立ててたこと忘れちゃってたじゃない，みたいな。彼になんて話しかけてやるもんかって思ってたはずなのに，みたいな［笑い］。
ポール：うん……。

ルイーズ：そんな経験，今まで誰ともしたことがなかった。
ポール：良い関係っていうのは，そんなものなんでしょうね。

*

　私は彼女から，安全感の欠如について，また自分はケンを十分に愛していないのではないかという恐れについて聞いてきた。けれどもまた私は，彼女から，2人でいることがとても心地よいということについても，かなり詳細で情感のこもった話を聞いた。そして私はここでそのことを認め，強調したいと思っている。

ルイーズ：[笑い] ええ。だから，私は認めたくないんでしょうね。やっぱり，あの，2人の間にあるものを認めるのが怖いんだと思うんです。
ポール：うん……。

*

　ルイーズはここで実際に何か妥当で重要なものに触れていたと思う。彼女の恐れと安全感の欠如は，多くの面で2人の関係がとても良いものであるという事実を彼女が認識するのを妨げているように見える。ここで重要なのは，より強く感情を帯びた最初のセッションにおいて，彼女の懸念の焦点は，もし自分がケンの両親との関係を修復できなければ自分はケンを失ってしまうのではないかという点にあったことを思い起こすことである。最初のセッションにおいて彼女は，そんな事態を何とか避けたいという気持ちを強く表現していたのである。

ルイーズ：で，ケンは，私たちはとてもうまくいってるって言ってたんです。それで，家族にも，私たちがどれだけうまくいってるか話そうとしてるんです。
ポール：うん……。
ルイーズ：でも，それってどうなのかな。っていうのも，ケンの家族の間ではお互いがうまくいってないから，もしかしたら，その……私たちの間柄がうまくいってることを快く思ってくれないんじゃないかって思うんです。私たちは2人で一緒に時間を過ごすのが好きだから。

ポール：うん……。
ルイーズ：その，1人でテレビが見られるから，あの，彼が別の部屋にいるほうがいいって思うことがあっても，でも私たちは一緒にいろんなことをしたいと思ってるんです。
ポール：うん……。
ルイーズ：で，彼が話を始めようと……彼の家族に話をしようとすると，みんな言うんですよ。ええっと，2学期前は，私……私たちは基本的に週1回映画を見に行ってたんですね。つまり，基本的にその時間が，私たちが2人で過ごせる時間だったんです。でも彼のお姉さんは，ええっと，その1時間，つまり映画を見る時間があるんだったら，あの，お姉さんたちと一緒に過ごすべきだっていうんです。お姉さんたちの家に来るべきだって。
ポール：うん……。
ルイーズ：ケンはね，それが一緒に過ごせる唯一の時間なんだからって言ったんですけど。
ポール：うん……。
ルイーズ：でも，彼女はお構いなしなんですよ。
ポール：うん……。
ルイーズ：私たちの関係，夫婦の関係なんてどうでもいいみたいな……。
ポール：うん……。
ルイーズ：お姉さんにとっては，家族と一緒に時間を過ごすほうがずっと大事なんです。
ポール：そう。でも，ケンさんにはそれが大事だったんですよね。お話を聞いているとそんなふうに聞こえました。

*

　どうしてケンとルイーズが映画を見るとき以外，一緒に過ごす時間がなかったのか，その理由はわからない。仕事や勉強のためなのか？　ルイーズがテレビを1人で観たいからなのか？　ケンの側の何らかの好みによるものなのか？　このことは，どこかの時点で，もう少し探究する必要があるだろう。けれども，さしあたり，最初のセッションとのつながりが感じられ，私にとって最も重要と思われるのは，ケンとルイーズが結びついているということであり，ケンの家族は，

その結びつきを脅かすと同時に、それとは逆に、（共通の敵ないしは障害に対して一緒に立ち向かう状況をつくりだすことによって）その絆を強めもしている、三角関係の第3の頂点となっているということである。

　　ルイーズ：ケンにはそれが大事だった……？　すみません、何がですか？
　　ポール：ルイーズさんと一緒に時間を過ごすことが……。
　　ルイーズ：ああ、その通り、まったくその通りです。
　　ポール：家族で時間を過ごすんじゃなくて。
　　ルイーズ：もちろん。彼女もそれはわかってたんです。でも、そんなことお構いなしなんですよ。

＊

　ルイーズはここでもまた、ケンの家族についての、そしてケンの家族が彼女に対してしていることについての先入観に陥っている。この先入観は、彼女が最初のセッションを始めたときに抱いていたものであり、最初のセッションが多少なりとも修正し、拡張することに成功したものである。しかし、よくあることだが、その成功は一時的なものであり、その問題についてのさらなる作業が必要とされている。このセッションのこの部分においては、私はまた違った文脈、違った仕方で、ルイーズを、「彼ら」がしていることへの単純な、あるいは単一の焦点づけから脱却できるようにしようと試みている。そのような焦点づけこそ、彼女を不愉快な位置に押し留めてきたものであり、彼女はそれを変化させるためにセラピーを受けに来たのである。

　　ポール：そしてケンさんは、これまで、家族に引き込まれないでいることが難しかった。そしてある意味では今でもそういうところがある。
　　ルイーズ：ええ……。
　　ポール：だから……ケンさんは、境界線を引くのを助けてくれる女性を選んだ。
　　ルイーズ：ああ。
　　ポール：あのう、おそらく、言ってみれば、そのうえで、そのことの責任を責めることができる女性を選んだとも言えるでしょう。

ルイーズ：［笑い］ええ。
ポール：そうでしょう。そういう部分もあるでしょう。
ルイーズ：たしかに。
ポール：でもね……そのう、彼は自分の家族とできるだけたくさんの時間を過ごしたいと単純に思ってくれる女性と結婚することだってできたはずですよね。

*

　ここでのやりとりの暗黙のメッセージは，ケンは，自分自身では自分の家族に対して境界を設定するのを難しく感じてきたのであり，ある部分では，ルイーズはケンが自分の家族に対して境界を設定するのを助けてくれるからという理由でルイーズを選んだのだろうというものである。このメッセージは，最初のセッションにおいて導入された次のような視点を補うものである。つまり，ルイーズは実際のところ，自分で気づいている**以上に**結びつきを求めているのかもしれない，そして包み込むようなケンの家族は彼女にとって魅力的なのかもしれない，という視点である。これら2つの視点を結合することで，ケンとルイーズの間にあるあれかこれかの分裂を和らげていくのである。これは，ちょうど，「個人主義」と「集団主義」の二分法を扱うことが，ルイーズとケンの家族との間にあるあれかこれかの分裂を和らげていくのを目指しているのと同じことである。ケンはルイーズが恐れているほどルイーズの境界設定に葛藤して対立しているわけではないということをルイーズが理解すれば，ケンの家族に対する夫婦としての関係について，彼らがそれぞれ感じていることの対立する面を和解させていく可能性が拓かれるだろう。

ルイーズ：ええ。
ポール：でも，彼はそうしなかった。
ルイーズ：ええ，たしかにそうですね。
ポール：僕はそれは偶然だとは思わない。
ルイーズ：たしかにその通りです。そんなふうには思わない。時々私は彼をちゃんと評価してあげられていないみたい。そうですね。本当にそうです。本当に。私たちはお互いのためにたくさんのことをしていると思います。

つまり，彼は……彼は私を励ましてくれる。

ポール：うん……。

ルイーズ：口で言うのは簡単だけど，彼は本当にそうしてくれるんです。

ポール：うん……。

ルイーズ：彼といると，こういう自分でいいんだって，本当に感じられるんです。

ポール：うん……。

ルイーズ：私は今でも，あの，私って太っててキレイじゃないとかなんとか，いろいろ思うときがあるっていつも言ってるんですけど，それでも彼はいつも，それでもいいんだって感じさせてくれるんです。

ポール：うん……。

ルイーズ：こんな私でも。

ポール：うん……。

ルイーズ：そして，私は……［笑い］。それなのに……私はそのことについてあんまり考えてない。ほかのことで頭がいっぱいだから。

ポール：うん……。

ルイーズ：それで，あの，私の母でさえ言ったんです。あの，この人はいい人だよって。

ポール：うん……。

ルイーズ：あの，私の母でさえって言ったのは，そのう，両親って，あのう，私の母は，彼に会ったことがなかったんです。母が彼とはじめて直に顔を合わせたのは，父が亡くなった後なんです。

ポール：うん……。

ルイーズ：母は彼と実際に顔を合わせる前に，「あのね，彼があなたのことを大事にしてくれて，あなたが彼と一緒で幸せだったら，私はそれ以外何の心配もないの」って言ったんです。

ポール：うん……。

ルイーズ：で，母は実際にケンと顔を合わせて，母は「彼はあなたのこと本当に大切に思っているわよ」って。

*

ここでルイーズが具体的な記憶を語っていることに注意してほしい。これらは，ケンについての私の一連のコメントによってかき立てられたものであるように思われる。ここでもまた，こうした記憶の喚起が永続的な変化を反映するものだと言いたいわけではない。変化が確かなものになるまでには，たいてい**複数の**再編成が必要である。そして実際，良い治療はかなりの改善をもたらしうるものではあるけれども，古い体験様式が完全に姿を消すなどということは，まずほとんどない。古い体験様式も，その人のなかに潜在的には保持されているものである。しかし治療がうまくいったなら，古い体験様式が稼働されることはずっと少なくなる。そしてそれは決して些末なことではない。

　同様に，具体的な記憶がかき立てられていると指摘することによって，私はこうした記憶が，いかなる力動的な意味でも，それまで無意識的であったと示唆しているわけではない。しかしここでもまた，それまでとは違った記憶や考えが思い浮かぶようになるということは，決して些末なことではない。そのことは，それ自体が効果的な治療過程を構成する要素なのであり，治療の成果そのものだと言ってよいぐらいである。すなわち，第3章において論じたように（P.L. Wachtel, 2005 も参照）治療過程によってもたらされる記憶の多くは，厳密に言えば，意識に接近不可能な記憶だったわけではないのである。この場合，もし私がルイーズに，「お母さんはこういうことをあなたに言いましたか」と尋ねていれば，彼女は容易にそれを認めていたであろう。けれども，そのとき，彼女の心に，そうした考えが**浮かんでくる**ようになるとは限らない。阻害されがちな記憶を**喚起する**のは，連想のネットワークへのアクセスなのである。適切な質問がなされたとしても，その記憶が永遠に無意識になっているとか，接近不可能になっているとかいうわけではない。第2章で，違った文脈において論じたことだが，フロイト自身が，分析において分析家から質問されてもほとんど何も思い出せなかったと感じていた患者が，後にそのことを思い出したときによく述べる落胆の体験について，次のようなコメントを残している。「患者は，こうした『忘れていた』ことについて話すようになると，たいていこう付け加えるのである。『実のところ，私はいつもこのことを知っていました。ただそれを思いつかなかっただけなんです』」（Freud, 1914/1958）。

ポール：うん……。
ルイーズ：それから，「あのね，私はとってもうれしいわ」って。それって，

私にはとってもうれしい一言でした。でもね，あの，家族ならそういうことを見て，彼の家族も彼のために喜んでくれるって思うじゃないですか。なのに，あの人たちはケンのために良かったなんて思ってないみたい。それはね，私にはわからないけど，ケンが言うには，あの人たちは私に会いたがっているからで，子どもたちも私のことを慕っているからだって。それってすごいと思う。私だって子どもたちのことが大好きですよ。でも，私の時間は限られてるし，私はその時間を彼と過ごしたいんです。

ポール：うん。もしルイーズさんが突然こんなふうに言い出したら，ケンさんはどう感じると思いますか？　もしあなたが「映画を見に行かないで，お母さんのところに行きましょうよ」って……そんなふうに言い出したら，ケンさんはどう感じるでしょう？

*

この介入は，明らかにパラドックスを孕んでいる。これは，ルイーズの考えをさらに推し進め，ルイーズとケンの間に続いている自己永続的なサイクルを中断させる道筋を指し示すようデザインされたものである。現状においては，彼らはいずれも，ケンの家族との関係における葛藤する感情の片方だけに声を与え，その声に基づいて行動するよう駆り立てられるパターンに捕えられている。そして，葛藤する感情のもう一方を相手に重ね，相手と争っている。このコメントは，一見したところ袋小路とも見えるこうした事態の外部に立ち，それを異なった角度から見るための一種の足場を提供するものである。彼らは，彼らの争いをあまりにも単一の見方で見ることに慣れきってきたので，いわば別の角度から眺めることができずにきたのである。それゆえ，互いに対する争いのその部分が，実際には，**自分自身のなかの争い**であるということを，つまり，自分自身のなかの競合する感情や傾向を含み込み和解させようとする奮闘であるということを認識できずにきたのである。新鮮さと驚きとをもたらす仕方でその争いにアプローチしよう。そうすれば，互いに相手の引っ張ってくる力に反応しつづけなくてはならないと感じて，両者ともにやめることができないで続いている綱引き合戦のサイクルを遮断できる可能性が高められる（パラドックスを孕んだ介入についてのより詳しい議論は，E.F. Wachtel & P.L. Wachtel, 1986 ; P.L. Wachtel, 1993）。

ルイーズ：最初は喜ぶと思います。つまり，そのう……。
ポール：最初は？

*

　私はここでこの言い回しに焦点を当てている。もしそうしなければ，これは彼女に気づかれないままに通過してしまっていただろう。私はここで，ケンは，ルイーズが協力的であることを「単純に」喜ばないだろうということに彼女が潜在的に気づいていることに，彼女の注意を向けようとしているのである。そして私は，ケンが自分の巻き込むような家族（Minuchin, 1974）についての葛藤する感情を扱うためのうまい材料をルイーズが提供しなくなったなら，ケンはさほど幸せではないかもしれないということを考えてみるようルイーズを刺激している。

ルイーズ：ええ……つまり彼の家族に会いたいって私から言い出したことを，彼はうれしく思ってくれると思います。
ポール：うん……。
ルイーズ：でも，もしかしたら……ああ，わからない。そんなこと，考えたことなかったですよ。もしかしたら，しばらくしたら……彼は……彼は……あの……ええっと。「あれ！　ちょっと待てよ！　どうして僕たち一緒に何かしないの？」。

*

　ここでルイーズには私の狙いが伝わったように見える。
　ここでの一連の介入が狙っているのは，１つには，ケンの家族との接触を維持することの（**また**それに抵抗することの）重荷を彼女の肩から降ろし，ケンにも等分に担ってもらうようにすることにある。これは単に公平とか，平等とかいった問題ではない。ケンとルイーズが，ケンの家族との接触を維持する仕事を分担してきた仕方が，彼らそれぞれを，彼自身あるいは彼女自身の願望と感情の重要な部分を抑圧したり否認したりするよう導いてきたのである。ケンは家族から自律的でありたいという願望を抑圧してきた。そして，その願望はルイーズに委ねられてきたのだった。ルイーズは（前のセッションの終わりのほうで話し合われ

てきたように）ケンの家族とより親密になりたいという願望を抑圧してきた。このことは、ケンとルイーズの間に葛藤をもたらしただけでなく、それぞれの個人の体験を貧弱なものにもした。というのも、彼らの体験の重要な部分が表現されないままに留められたからである。彼らが「失われた半分」を受け入れ、それを同化できるようになれば、彼らは自らの葛藤する欲求の間のバランスを取り、多様な欲求を表出するためのより効果的な道筋を見出すようになるだろうし、互いの結びつきを感じると同時に、それぞれが自分を1つの全体としてより生き生きと感じるようになるだろう。

　もちろん、ここでもまた私は、治療過程の**1つの小さな側面**について記述し、注意を促しているのである。このようにして私は、彼らの間にある力動のバランスを回復させ、彼らが体験と願望の多彩な側面のための余地を見出すのを助けようとしている。ただしそれには多くのセッションを重ね、多数の介入を行なうことが必要である。私は1つか2つのこうした介入が「治療効果を発揮する」と主張するつもりはない。

　　　ポール：そうですね……そうですね……。
　　　ルイーズ：だから……。
　　　ポール：そうなのかな？
　　　ルイーズ：ええ。
　　　ポール：ええ。
　　　ルイーズ：でも、彼は喜ぶと思う……つまり彼は……あのう、自分の基準を私に押しつけてたんだと思う……うーん……彼はとっても喜んでくれると思う……何回か、たとえば私たちが犬を散歩に連れて行った後、彼のお母さんはほんのすぐそこに住んでいるから、犬を見せに行ったんですよ……でも、お母さんはそんなことには関心がなかったようで、だからよくわからない。でもそれは……それは父が亡くなる前の話だから、もしそのまま続けていたらどんなふうになっていたかは、よくわからない……。

＊

　ここでのルイーズの話は、いくぶん、より断片的で一貫性を欠いているように見える。私が導入した新しい視点が、いわば、彼女に治療的なショックを与えた

のかもしれない。つまり彼女がなじんできた円滑な物の見方が妨害されたために，彼女は，自分がもっているスキーマに容易には同化されない物の見方を理解しようと格闘しているのである。ここでもまたわれわれは，ここで見て取ることができる変化を，それがどんなものであれ，とてもはかない仮そめのものだとみなしておく必要がある。古いスキーマは強力であり，何らかの新しい体験様式が出現してきたとしても，それが快適に容易に利用可能となるまでは，あるいはそれまでの体験様式にうまく統合されるまでは，何度も埋没してしまうものだと予想される（それまでの体験様式も「悪い」ものではなく，ただ制約があるだけだということは憶えておくべきである）。

  ポール：うん……。
  ルイーズ：それで……。
  ポール：だから何らかの仕方で……ルイーズさんが家族に溶け込もうと試みるとき……。
  ルイーズ：ええ……。
  ポール：何か……何かバリアがあった？
  ルイーズ：ええ。
  ポール：そうなの？
  ルイーズ：どうなのかわからないけど……そういったことはケンと話したことがあります。そのとき，私は言ったんです。あの，私，何か誤解されるようなことをしたかなって。

＊

この時点で再び私は，結婚式にケンの家族を呼ばないという決心をしたことについて考えていた。ルイーズはそのことがケンの家族に与えた衝撃についてまだわかっていないようである。

  ポール：うん……。
  ルイーズ：前？　父が亡くなるより前のことだったかな。あの，彼は「僕は知らないよ」って言ったんですけど，でも私はいつもそんなふうに感じてたんです。彼のお姉さんと親しくしようってがんばっていたのに。お姉さ

んは何回かうちに来たんですよ。あの，私はキッチンに一緒に座って，心を開いて自分のことを話そうってがんばったんです。だって，いつも文句を言われるのは，私には滑稽に思えるんだけど，私は自分のことを話さないってことだったから［笑い］。それって……私は自分のことを話しますよ。**もし私のことを話す機会さえ与えてくれるなら，止まらないくらいに自分のことを話しますよ。**

ポール：うん……。

ルイーズ：でも，みんなが自分の子どものことや，子どもを学校に連れて行く話をしているときに，「私はオーストラリアで4カ月過ごしたの……」って言えないでしょう？

ポール：うん。

ルイーズ：私の言ってること，わかってもらえます？

ポール：うん。

ルイーズ：それって，どこでつながりが見つけられるのって感じですよ。私はつながりを見つけようってがんばっているんだけど，あの人たちは……ほら，あなたには子どもがいないでしょうって。だからあなたには自分でも言ってることがわかってないのよ，みたいな。それで私は，「まあ，あの，学校で聞いたから……」って言うと，「ま，どうでもいいけど」とかって言われちゃうんです。

ポール：うん……。

ルイーズ：だから，その……ええ……先生のおっしゃることは正しいです。つまり，バリアがあるんですよ。っていうのも，私はつながりをつくろうって努力してるのに，いつも必ず……ああ，わからない。

ポール：えー。お話を聞いていると，そのう，子どもに関するこの問題っていうのは，ケンさんの家族がルイーズさんを軽蔑的に扱っている例のひとつみたいに聞こえますが，そうですか？

ルイーズ：ええ。この子たちが……子どもたちが怒るからって。子ども……子ども……子ども。

ポール：ううん，でもルイーズさんも子どもをもつよう期待されているんじゃないですか。

ルイーズ：はい，その通り。

ポール：そうですね？

4　ルイーズ——セッション2

ルイーズ：ああ。もちろん。ええ。

ポール：ええ。

ルイーズ：もちろん。子どもができるまで，私には何もわからないんだから。

ポール：ええ。

ルイーズ：でも，たぶん，もし子どもが1人できたら，そしたら……「子どもが2人できるまで，あなたには何もわからない」ってことになるんですよ。

ポール：そうなんだ。

ルイーズ：その次には，「子どもが3人できるまであなたにはわからない」って，なるんですよ。

ポール：うん……。

ルイーズ：だから，いつまでたっても切りがないって思う。

ポール：そうなんだ。

ルイーズ：でも，あの，前にも言ってたように，つまり，あの，子どものことに関してだったら，そんなことじゃなくて，つまり，私が感じたのは……あの，その，デニースが立ち寄ったとき……えっと……私は，オープンになって自分のことを話そうとしていたんです。なのに，デニースは私の話をさえぎって，話を全部自分のことに戻すんですよ。それで，思い切って言ってみたんです。みんなで押しかけてきたときに……つまり……あの騒ぎのときに。それで，あの，こう言ったんです。「私は話をしようとしたのよ。心を開いてお姉さんと会話をしようとしたの」って。学校の宿題の家系図のことで，助けてほしいって言っていたかもしれなかったのに……。

ポール：うん……。

ルイーズ：そうしたら……デニースは，ぶっきらぼうに「ああ，そうなの。あなたは助けが必要なときだったら，私でも良かったのね」って……。私はとっても傷ついたんです。だって私は彼女を利用しようとしてたわけじゃないんだから。私はデニースと何とかつながりを見つけようとしていただけなんです。

ポール：うん……。

*

ここで私は何か次のようなことを言っておくべきだったと思う。「それであなたは本当に誤解されたと感じたんですね」「そのとき，あなたは本当にあなたの動機が歪んで伝わってしまったと感じたんですね。そして本当に拒絶されたように感じたんですね」。

ルイーズ：それで……それでこう言ったんです。「ここに座って，このキッチンで話をしていたとき，お義姉さんは私の話を遮ったじゃない。お義姉さんが聞きたいっていうから私自身について話そうとしていたのに，お義姉さんは全部自分の話に戻したじゃない」って。そうしたら，デニースは「それが会話っていうものでしょ」って切り返すんです。だからこっちは「ごめんなさい。でも，それがどうして会話になるんですか。私に……私に自分のことを何も言わないってやいやい言っておいて，それで私が自分のことを話すと，『私は自分のことを話したいのよ』みたいな」。そうでしょう。それから私，続けてこうも言いました。「お義姉さんは恥ずかしがりじゃないんだから，どうして質問してくれないんですか。私に関して知りたいことがあったら，聞いてくれたらいいのに」って。
ポール：うん……。
ルイーズ：だって，ここでも私のほうが優ってると思ってるって，あの人たちに思われたくないから。つまり，私はあの人たちの誰よりも教育を受けてるし，誰よりもいろんなところに旅行したし。
ポール：うん……。
ルイーズ：誰よりも，いろんな経験をしてます。でも，私のほうが優れてるなんて思ってない……私はただあの家族の一員になりたいだけなんです。

　　　　　　　　　　　　　＊

　「私はあの家族の一員になりたいだけなんです」。何ときっぱりした感動的な言葉だろう。たぶん私はここでこの言葉を，つまり彼女はあの家族の一員になりたかった，でも拒絶されたと感じ，痛みを感じていたということを強調しておくべきだったのだろう。しかしここでもまた，家族の一員になるためには，彼女には，なぜ彼らがそのように彼女に振る舞ったのかを理解できるようになることも必要

である。結婚式はその一部である。けれども，システム的な悪循環も存在している。その悪循環にはすべての関係者が関与している。そこでは，それぞれが相手からの敵意や拒絶に注目し，自分自身の敵意や拒絶には盲目なのである。

　ここで私は，一方では，ケンの家族は，ルイーズが国際的な経歴をもっており，より高度の教育を受けていて，幅広く世界を見てきた経験があるということに恐れを抱き，これに対して防衛的に反応したのではないかと思った。また，他方では，私は，ルイーズは自分で気づいている以上に，ケンの家族に対して軽蔑的に，あるいは慇懃に接してきたのではないかとも思った。私はまた，こうした両者の態度のそれぞれが，相手からのそうした感情の最初のサインを栄養源として成長してゆき，最初は全体の構図のなかの小さな要素にすぎなかったものが，相手からますます大きな反応を引き出すようになるにつれて，どんどん肥大化していったのではないかと思った。

　　ポール：うん……。
　　ルイーズ：だけど，難しいんですよ……私は，あの，どこかにつながりを見つけようとしているんだけど，なのに，「あなた自分が何を言ってるかわかってないでしょ」みたいな。
　　ポール：うん……。
　　ルイーズ：子どもがいないからね，残念ね，とか何とか。
　　ポール：うん……。
　　ルイーズ：だから。
　　ポール：みんなルイーズさんが自分たちとどれだけ違っているかを強調しつづけているんですね？
　　ルイーズ：はい。ええ。
　　ポール：手を替え品を替え，あなたはよそ者だって言いつづけているんですね。
　　ルイーズ：ええ……。
　　ポール：あなたは違っている。
　　ルイーズ：ええ……義理の姉は……義理の姉っていうの面白いですよね。だって，義理の姉って……ケンのお兄さんの奥さんのことなんですけど，こんなこと言ってたんですよ……。
　　ポール：うん……。

ルイーズ：義理の姉は，あの，「私たちよそ者は，よそ者同士団結しなくちゃいけないのよ」って言ったことがあります。
ポール：うん……。
ルイーズ：それを聞いて私はびっくりしたんですよね。そして今気づいたけど，ああ，前回，先生は私と家族の間に似ている点があるかって聞きましたよね。それで……この義理の姉と私が似ている点は，彼女は，彼女も，家族から受け入れてもらってないって感じていることですよ。

*

　ここでルイーズは前のセッションにおけるわれわれのやりとりの一部を想起し，それをさらに詳しく述べている。これはルイーズがわれわれの相互作用に真剣に取り組んできたこと，そして現在もなお引き続きそれについて熟考していることを示す肯定的な指標であろう。患者のなかには，セッションを終えて出ていったあと，次のセッションまでの間に，前のセッションで話し合ったことをほとんど思い出せない人もいる。患者がセッションが終わってからも，さらにセッションで扱った内容について考えつづけてきたときや，セッションで生じたことが患者の頭を繰り返しよぎるようなとき，それは患者が治療作業から真の利益を得る可能性を示す非常に肯定的な指標である。もちろん，ここでのルイーズの場合，この第2のセッションは最初のセッションのほんの数分後にもたれたものであるから，この結論は差し引いて考えられる必要がある。しかし，それでもなお，そのことは，セッションで話し合ったことが，単に心のゴミ箱に消えていっているわけではなく，引き続き考えられていることを示している。

ポール：うん……。
ルイーズ：でも，彼女は家族の反感を買うようなことは何もしてないんですよ。
ポール：うん……。
ルイーズ：一緒に立ち上がって抵抗しようなんてできないほど。
ポール：うん……。
ルイーズ：だから，たぶん彼女は「ルイーズがんばれ」って思ってるのかもしれない。そんなこと一度も声に出して私に言ってくれたことはないけど。

ポール：うん……。
ルイーズ：だから，彼女は私がしようとしていることを応援してくれているのかもしれない。
ポール：わかりますよ。だから，ルイーズさんに自分の代わりをしてもらおうとしている人がたくさんいるんですね。

*

ここで私は，拡張された文脈において，前に導入したテーマに戻っている。すなわち，ルイーズは，ケンが表現しがたく感じている感情を表現しているというテーマである。

ルイーズ：ああ。ええ。
ポール：そう。
ルイーズ：ケンのもう1人のお姉さん……えっと……彼女の名前はマリアっていうんですけど，マリアは「自分たちの夫婦関係に一番良いことをしなくちゃいけない」って言ってくれたんです。
ポール：うん……。
ルイーズ：それを聞いて私は「ワォ！」って思いました。誰かがそんなことを言ってくれたってことは私には大きな支えでした。
ポール：うん……。
ルイーズ：でもそれでも，私は彼女を信頼できないんですよね。以前，正しくないことを吹聴されたことがあるから。
ポール：うん……うん……。
ルイーズ：でも，あのときに彼女が言ったことは……あのときは本気で言ってくれたんだって信じてますけど。

*

この一連の対話において，われわれはルイーズに葛藤を感じさせ，どうしたらいいかわからなくさせている，もう1つの要素を認めることができる。彼女は『ワォ！』って思いました。誰かがそんなことを言ってくれたってことは私には

大きな支えでした」と，素直に感激したかのように言ったかと思うと，すぐにまた「私は彼女を信頼できないんですよね」と言い，そうかと思うと「あのときは本気で言ってくれたんだって信じてます」と言っている。彼女には，何が依って立つことができる確かなことなのか，確信がもてないのである。

> **ポール**：うん，そうなんだ。じゃあ，ちょっと聞いてもいいですか？　ケンさんと一緒になってからずっと……。
> **ルイーズ**：ええ？
> **ポール**：たとえどれだけまれなことだったとしても，ケンさんの家族と一緒にいて**楽しい**って思ったことはありましたか？

＊

ここで私は，前のセッションの終わりにおいて，探索してみることが非常に生産的だと思ったテーマに戻ってきた。

> **ルイーズ**：ええ……はい。だから，余計に私は傷ついていると思うんです。だって……父が亡くなる６カ月前ぐらいは……。
> **ポール**：うん……。
> **ルイーズ**：私はみんなとうまくいってると思ってたんです。楽しい時間が過ごせてるって。
> **ポール**：うん……。
> **ルイーズ**：で，その……家に帰る途中に「ああ，デニースが**こんなこと**を言ったわ。きっと私のこと好きなんだわ。テレーズもこんなことを言ったわ」って，あの，思いながら家に帰ってたんですね……だから家族と良い関係を築いているんだって思ってたんです。だから，あのとき，誰も私のことを認めてくれないから私は傷ついたってことを話したのに……あの人たちは……。私だったら「まあ，ルイーズは悲しんでるんだから，今は……今は本当に……良い状態じゃないから，だから，たぶん頭がいっぱいで……」みたいに考えるんだけど，あの人たちはそういうふうには考えないみたいで。
> **ポール**：うん……。

4　ルイーズ──セッション2　223

ルイーズ：私が神経質なこととか全部わかってるくせに。
ポール：うん……。
ルイーズ：だから，私たちはいろんなものを築いてきたのに，それが全部粉々になってしまったような感じ。
ポール：うん……。
ルイーズ：それで……あの……どこからやり直したらいいかわからないんですよ。
ポール：ええ。ええ。ケンさんの家族との関係を再構築するなかで，あなたが傷ついたという事実も話し合いに含まれる必要があるからですね。

*

　私はどこから手をつけていいかわからないというルイーズのコメントを，もう一度彼らとの結びつきを探りはじめたいという**願望**の表現としても，また，その願望をどのように追求したらいいかがわからない**挫折感**の表現としても受け取った（もちろん，ずっと論じてきたように，彼女は結びつきを回復したいのかどうかについて**葛藤**しており，怒り，不信感，侵入された感じ，また傷つけられるのではないかという恐れなどのさまざまな感情と格闘していた）。このコメントと次のコメントにおいて，私は，彼女が自らの体験のさまざまな側面を結びつけられるよう助けようと試みている。つまり，ケンの家族との結びつきを回復することは，彼女が感じている傷つきを除外することではないし，彼女の傷つきを大切に扱うことは，結びつきを回復したいという願望を切り捨てることではないと伝えようとしている。私は，彼女が自らの情動体験の2つの側面をうまく編み合わせていくことができるように助けようとしている。また私は，彼女に対して，両方の側面を含み込みながらそれについて考える，考え方のモデルを示そうとしている。

ルイーズ：ええ。
ポール：うん，あの，一連の出来事のなかで，ケンさんの家族がどんなふうに感じていたかを見極めることも大事なことだと思います。
ルイーズ：ええ，そうですね。
ポール：でも，だからといってルイーズさんが傷ついたという事実が無視さ

れてよいわけではないです。

*

　この一連の対話において，私は再び，少し違った角度から，ケンの家族の体験に注意を払う必要性，すなわち，彼らが感じていることに敬意を払い，彼らをよりよく理解しようと努力する必要性を強調している。けれどもまた，私はこれをルイーズ自身の感情を犠牲にせずに行なおうとしているのであり，彼女の気持ちがケンの家族に届き，ケンの家族に注目されると期待できるような仕方で行なおうとしているのである。ある種の治療者にとっては，ここでの一連の対話における治療者の姿勢は教育的に過ぎると感じられるかもしれない（たとえば「一連の出来事のなかでケンさんの家族がどんなふうに感じていたかを見極めることも大事なことだと思います」）。精神分析の分野における私の同僚たちの多くは，治療者が教育的な姿勢を取ること自体を良くないことと考え，できるだけ避けようとする。私はこうした考えを支持しない。これは一部には，私が精神分析だけでなく，心理療法の統合運動にも深く関与してきたことを反映するものである。心理療法の統合運動においては，精神分析以上に，より幅広い援助の方法が考慮される。またこれは一部には，変化の重要部分は面接室の外で起こるという私の確信を反映するものでもある。患者の生活における悪循環を打破しない限り，セッションにおける最良の仕事でさえ，古いパターンを進行させているフィードバック・ループによって繰り返し損なわれてしまうことだろう。したがって，生活場面における重要な他者に対する振る舞い方を変えるよう，直接的に患者に教えることは，効果的な治療の本質的な要素なのである。しかし，おそらく私が教育的に振る舞うことに抵抗を感じない最大の要因は，そこで私が達成しようとしている雰囲気，私が純粋に体現しようとしている態度にある。治療者が教育的になることに伴う問題は，治療者の態度に傲慢なところがあるのではないかということ，つまり，「私は人生における対処の仕方を知っている，あなたは知らない，だから教えてあげましょう」という雰囲気やメッセージがあるのではないかということにある。そうならないように保証する有用な手段のひとつは，帰属的コメントを用いることである（P.L. Wachtel, 1993, 2008）。帰属的コメントを用いれば，治療者の考えは，患者にとって，自分自身が考えたことのように体験される可能性が高まるし，治療者は，患者と横並びの視点から，患者の問題を眺める立場に立つ

ことができる。

　　ルイーズ：ええ……。
　　ポール：ええ，僕が思うにはそれは……。
　　ルイーズ：ええ，その通りだと思います。ええ，私は……。
　　ポール：うん……。
　　ルイーズ：私は……みんなは私に，あの，謝ってほしいと思ってるって思うんですよ。
　　ポール：うん……。
　　ルイーズ：だって，私の母がそこにいたのに，それを誰にも言わなかったから。私が……母は私と一緒にスウェーデンからやってきたけれど，母は誰とも会いたくなかった。だから，だから，あの，私は何も言えなかったんですよ。

　　　　　　　　　　　　　　　＊

　ルイーズが捉えられている悪循環の一例がここにも見て取れる。ルイーズが，母親がスウェーデンから来ていることを一言も言わないことにケンの家族が憤慨するとしても，読者は容易に理解できるだろう。また，ケンの家族が強引に押し入ったとき，ルイーズがその振る舞いにショックを受け，激怒したとしても，読者は容易に理解できるだろう。ルイーズもケンの家族もそれぞれ，自らの振る舞いが，いかに自らが非難している相手のまさにその行動をもたらしているか，ということを理解していない[2]。ルイーズがケンの家族からの予期せぬ怒りの噴出や拒絶に出会っても傷つきにくくなるよう援助するという観点からすると，ケンの家族の傷つきと怒りの体験を支えている構造を彼女が理解できるよう助けることが重要である。ルイーズが，自分の行なった選択を，ケンの家族がどのように体験しているのかをよりよく理解できるようになればなるほど，彼女は不愉快な驚きに出くわさないですむようになるだろうし，彼女のさまざまなニードを満たすような関係を彼らとの間に創り出すことができるようにもなるだろう。

　　ポール：うん……。
　　ルイーズ：あの，母には自分だけの時間が必要だったんです。母は押しつぶされそうになっていたから……。

ポール：うん……。
　　ルイーズ：で，私は母のそういう状況を尊重したんです。あの，たぶん家族と顔を合わすのには良いときじゃないって思ったんです。

＊

　ここでわれわれは，ルイーズはまた，自分の母親との間のさらに古いパターンに捉えられているのだと推測する。われわれは，すでに最初のセッションにおいて，このパターンのさまざまなバリエーションを耳にしてきた（パリにおける外傷的な遺棄事件は，もしかすると急性のうつによるものだったのかもしれない。しかしこのエピソードにしても，ルイーズのニードが恐ろしいほど無視された他の多くのエピソードの極端な一例であることに違いはない。パリにおける遺棄事件を除いても，ルイーズの母親が，ルイーズの父親が死を前にしているときにルイーズに来てほしくないと言ったことを，われわれは思い起こすことができるだろう）。ここでもまた，ルイーズの母親の，自分自身の苦痛を和らげたいというニードが優先され，ルイーズのニードは無視されている。ルイーズの母親は，ケンはルイーズにとって素晴らしい夫だと言う。けれども彼女は，自分がそこにいることをケンの家族に言わないようルイーズに頼むことで，自分がルイーズをどんなに苦しい状況に立たせることになるのか，まったく認識できていない。

　しかしながら，こうした力動を探索するにあたって，ルイーズの母親を単に悪者として描き出さないよう注意することが重要である。たとえ結果的に娘に対して多くの痛みを与えているとしても，明らかに，彼女自身，痛みを抱えた人である。親が患者をどのように傷つけたり落ち込ませたりしてきたかを理解できるよう患者を助ける作業においては（親が患者を実際にひどく傷つけたり落ち込ませたりしてきた場合でさえ），患者には，それとバランスを取るような親の肯定的な面を見ていくニードがたいていいつでもあるものである。結局のところ，親は善かれ悪しかれ，その人の自己の感覚のなかにさまざまなやり方で取り込まれているのである。

　親の行動がひどくサディスティックであったり虐待的であったりした場合，それは難しいこともあるだろう。しかし，たとえばルイーズの母親の場合，娘のニードにあれほど問題のある仕方で反応するよう**母親を駆り立てていたものは一体何だったのか**を面接のなかで一緒に考えてみることはきっとできるようになる

だろう。この考察は，娘に対する彼女の行動の「言い訳」にされるべきではないし，その影響力を小さく見させるためのものであってもならない。けれどもルイーズは，そうした母親の別の一面を見る必要をはっきりと示していたし，そして実際，母親には別の面も確かにあったことを示唆していた。患者が親をより立体的に見ることができるよう助けることは，患者が親の行動の「別の一面」と結びついた自分自身の肯定的な性質とつながり直すのを助ける。しかしながらこれは，患者にとって苦痛であったものを軽視するような仕方でなされるべきではないし，また，親の側に対する配慮が欠けた仕方や，親を傷つけるような仕方でなされるべきでもない。

ポール：うん……。
ルイーズ：あの人たちはそんなこと尊重してくれないってわかってたから。
ポール：うん……。
ルイーズ：だからケンに言ったんです，「誰にも何も言わなくて大丈夫かなあ」って。
ポール：うん……。
ルイーズ：で，彼のお母さんとデニースがやってきたとき……。
ポール：うん……。
ルイーズ：彼が入ってきて言ったんですよ。「ああ，僕の母だよ」って。だから私は「ああ，それなら，お義母さんだけなら，母を連れてくるわ」って思ったんです。
ポール：うん……。
ルイーズ：ええ……それで，あの，デニースが押し入ってきて「テレビを消しなさいよ。片づけないといけない問題があるから」って。
ポール：うん……。
ルイーズ：私は「ハァ？」って感じで，あの，早く帰ってって思ってたんですよね。
ポール：うん……。
ルイーズ：一瞬，母がそこにいることなんて忘れてしまって。母は後で，あの，「顔を出そうかなとも思ったけど，あなたが自分だけで対処したいって思ってるかもしれないから，顔を出さないことにしたの」って。
ポール：うん……。

ルイーズ：その後，最終的にみんな落ち着いてから，私は母を紹介したんです。それで，今はみんな私に謝ってほしいと思ってるんです，母を隠していたことで，みんなを傷つけたから。

ポール：うん……。

ルイーズ：それで，その……私は母を隠してたわけじゃないんです。もし説明するチャンスをくれたら，ちゃんと説明したのに……。

*

ここでも，ルイーズはケンの家族との間で生じた出来事に当惑させられている。明らかに，彼女との治療作業の重要な部分は，こんなにしょっちゅう予想外の展開に出くわさないですむよう，ケンの家族が挑発として体験しているものをよりよく理解できるよう助けることにある。

ポール：うん……。

ルイーズ：でも，何を言っても同じなんですよ。あの人たちはこう言ったんです。「私たちはナイアガラの滝に行くことにしたの。12月17日に……ナイアガラの滝までドライブしたの」って。その日はいつも家族がクリスマスを祝う日なんですよ。みんなで集まれるのはその頃だから。その日にプレゼントを交換したりいろいろするんですね。で私はデニースに言ったんです。「あのね，もし仮に母と私がナイアガラの滝に行くことが可能だったとしてもよ，私たちはクリスマスを祝う気分じゃなかったし，行きたいとは思わなかったの」って。そしたらデニースは「まぁ，私たちが元気づけてあげたのに」って。

ポール：うん……。

ルイーズ：それで，私は……何言ってんの？……って感じでした。

ポール：うん……。

ルイーズ：あのう，要するにいつもそんな感じなんですよ。

ポール：聞いてて思ったのは……そのとき実際に起こってたことのひとつは……それは物事を余計に難しくしてしまうように作用したんだろうと思いますが……ルイーズさんはお母さんを守ろうとしていたってことですよね。

ルイーズ：ええ……。
　ポール：つまり，ルイーズさんは自分でもお父さんの死を嘆いていた。あなた自身にとっても大変なときだった，なのに，そのとき，気がついたらケンさんの家族と一波乱起こるかもしれないって感じるような立場に投げ込まれていた。
　ルイーズ：ええ……。
　ポール：それでも，ルイーズさんはお母さんを守らなければならなかった。

＊

　私はここで，ルイーズに，母親がした選択のせいで，いかに彼女が苦しい状況に立たされることになったかを理解できるよう援助しようとしている。ルイーズは母親に忠実であろうとするなかで，ケンの家族を疎外し，ケンの家族にさらなる怒りをかき立てるようなやり方で振る舞わざるをえなくなったのだ。

　ルイーズ：ええ……。
　ポール：……だから，ある意味では，2つの家族の間で板挟みになっていたんですよね。

＊

　ここで私は再び，最初のセッションにおいてルイーズが適切かつ有用だと見出した「2つの家族」という表現を用いている。ルイーズが自律性を体験できる余地を創り出すためには，いかにケンの家族が彼女を傷つけたかという面だけに注目させてしまう色眼鏡をかけないですむよう，彼女を援助することが重要である。いかにケンの家族が彼女を傷つけたかということばかりを見ていくなら，ケンの家族からのさらなる疎外がもたらされるだろうし，彼女の治療目標の達成は遠のくことになるだろう。彼女は**板挟み**になっていると感じている。そのことを認めないことが，彼女がケンの家族の反応にいつまでも驚かされ傷つきやすいままにとどまっている原因のひとつである。

　ルイーズ：ええ，みんなを傷つけたいと思っていたわけじゃない。結婚式の

ときと同じですよ。あの、誰も傷つけようとしていたわけじゃない。私がそんなふうに結婚式を挙げたかっただけ。それだけです。わかってもらえますよね……。

ポール：うん……。

ルイーズ：そういうのが嫌いなんだったら、嫌いで仕方ないです。でも、お前なんて人間じゃない、みたいに感じさせないでほしい。

ポール：うん……。

ルイーズ：とか、私がわざと傷つけたって言わないでほしい。そんなことないって言ってるのに。

ポール：うん……。

ルイーズ：それを信じてくれないんだったら、私にはどうすることもできない。

ポール：うん……。

ルイーズ：でも、やっぱり傷つくんですよね。

ポール：そうですね。

*

　逐語録のこの部分を読んでいると、私は、ここでルイーズが自分の言うことを整理している間に、彼女の体験を承認するあいづちを数多く返しているのがわかる。私はここでルイーズの感情の強烈さを感じていたのだし、彼女にとってこうした感情を表現することは決して安全ではなく、十分に受容可能でもないという点において、彼女が感じていた傷つきやすさの感覚を感じていたのだと思う。そして、このように承認的なトーンのあいづちを数多く与えることによって、私は、彼女のこうした問題への取り組みに潜在的にサポートを与えていたのである。多くの治療者は、自分が「うん、うん」といったあいづちを、セッションのある時点において、他の時点よりも、より数多く言っているということをほとんど意識していないだろう。よりしばしば気づかれているのは、聴き方や関与の熱心さの変動である。たとえば、椅子の上で身を乗り出したり、より強いアイ・コンタクトをしたりすることである。そのような行為によって「私はあなたとともにいます。私はあなたの言うことを聴いていますよ」ということが伝わる。そうした「非解釈的」な介入は、最近まで考えられていた以上に、治療の成功に寄与するより

4　ルイーズ──セッション2　231

大きな要因であることがわかってきた（Lyons-Ruth, 1998 ; D.N. Stern et al., 1998）。

> ルイーズ：それはこの状況でも同じだったんですよ。先生がおっしゃったように……そう，私は母を守らなくちゃいけなかったんです。それが一番の優先事項だったんですよ。

＊

ここでルイーズは，私がもたらそうとしていた認識を受け入れはじめている。私は，この複雑に込み入った要請や引き裂かれる忠誠のなかで，彼女がどちらを選ぶべきかを決めようとしていたわけではない。むしろ私は，彼女は選択を迫られていたのだということを明確にしようとしていたのである。また，より推論的にはなるが，ルイーズの母親は，ケンやケンの家族との間のルイーズの絆を脅かし，**ケンの家族が**ルイーズに対して抱いている期待と衝突するような期待をルイーズに向けているということを，ルイーズが認識できるよう努力していたのである。この母親の期待のせいで，ルイーズがどの選択肢を選んでも，そこには困難が伴うのであった。

> ポール：うん……。
> ルイーズ：そのことしか私の頭になかった。
> ポール：うん……。
> ルイーズ：で，ケンは私をサポートしてくれました。なのに，みんなその説明をまるで聞こうとしないんです。
> ポール：うん……。
> ルイーズ：それが，ケンのお母さんが私と口を聞いてくれない理由のひとつなんです。
> ポール：うん……。
> ルイーズ：私がお義母さんを傷つけたから。お義母さんが言ったんです……あの，「あなたがお母さんを隠していて，私はとっても傷ついたから，私は席を立って帰ろうと思ったの。でも，あなたのお母さんの気分を害したくなかったの」。
> ポール：うん……。

ルイーズ：そんなこと言うんだったら……その……私は思うんだけど……ほかの人ならこう考えるんじゃないかって。あの，もし説明してもらえるんなら，たとえ私にはその説明が理解できないとしても。

ポール：うん……。

ルイーズ：少なくとも……もし自分たちにとって家族がそんなに大事なら……どうしてあら探しばかりするの？　それで，どうして私が電話しても電話を返してくれないの？

ポール：うん……それで，実際，思ったんですけど，ルイーズさんがそのとき言おうとしていたのは……「私はこんなに親をかばう良い娘なのに，どうしてそれをわかってくれないの？」。

＊

　実際，彼女はそのときそう言いたかったのではないかと私は思った。しかしここで私はいわば彼女に道具を貸し与えているのだとも言える。つまり，私は彼女に，彼女が自分自身をより肯定的に考えられるようにする考え方や，彼女が自分をケンの家族に対して彼らがもっとよく彼女のことを理解できるように提示する方法を貸し与えたのである。

　もちろん，これまでに聴いてきたことからして，私は彼らがそう簡単にわかってくれるとは期待していない。彼らはおそらく親戚間の忠誠の綱引きに関与している。悲しいことに，多くの家族においてそういうことがよくある。ルイーズが述べたことからすると，この家族においては特にそれが目立っている。しかし少なくとも，ルイーズはもう少し自分をうまく守ることができるようになるはずだ。そして実際，彼ら自身が用いている家族への忠誠心という言葉を用いて，自分をうまく守ることができるようになるはずなのだ。

ルイーズ：ええ，そうですね。でもそんなこと思ったことなかった……ええ，先生のおっしゃる通りです。だって，私は……私は……それがとっさに私がしようとしたことだったから。

＊

ルイーズは私の発言を気に入ったと思う。なぜなら，その発言は，彼女が言いたかったのだろうと本当に私が思ったことに基づいたものだったからだし，おそらくは彼女が言いたいにもかかわらず，言えずにいたものに基づいていたからである。というのも，そう言うことは，ある意味で，彼女の母親は問題を抱えた人物で，守ってあげる必要がある人物だと認めることになってしまうからである。

　　ポール：うん……。
　　ルイーズ：ええ，みんなにそう言いたいです！
　　ポール：さあ，どんなふうにみんなにそう**言える**でしょう？　どんな言い方で……きっと……ただ家族のみんなの「鼻をへし折る」ような言い方じゃなくて……ルイーズさんが家族のみんなと**つながる**ことができるように，どんなふうにそれが伝えられると思いますか？

＊

　私はここで私のコメントに対するルイーズの熱狂的な反応に基づきながら，具体的な援助を提供している。技法的に言うと，これは最初のセッションで行なったことを繰り返すものである。最初のセッションで，ルイーズは私のリフレーミングに熱狂的に反応した。つまり，彼女が，とてもなじみがないと述べてきたケンの家族のパターンについて，私は「とてもなじみがないけれども，同時にまた，とても中心的なものでもある」と述べたとき，彼女はそれに熱狂的に反応した。しかしその後，彼女は「やっぱり（それをどうしたらいいか）わからない……ただどんなふうに取り組んでいったらいいのかってことだけなんですけど」と言ったのだった。彼女は，この発言を，**いつか**どうしたらいいかということに取り組まなければならないだろうが，このセッションにおいてすぐに取り組めるとは思わないというニュアンスを伴って述べたのだった。しかしながら，彼女のこの発言に対して，私は，たぶん彼女を驚かせただろうが，こう応えたのだった。「ええ。どんなふうに取り組んでいったらいいのかは，一緒に考えていくことにしましょう。どんなふうにケンさんの家族にアプローチ**したい**って思いますか？　何を**言いたい**って思いますか？」。この第2セッションでもまた，彼女が実際に彼らに何を**言う**ことができるかに，そして，彼女がたった今達成した新しい物の見方を日常的な相互作用の現実の世界においてどのようにフォロースルーできるか

に，きわめて直接的に焦点を当てている。ここでも，私の反応は，精神分析的な感覚と認知行動論的な感覚とを結合する統合的なアプローチを反映している。私は助けを求める要請に単に反応するだけでなく，発展しつつある協同的関係の一部として，自発的に助けを提供しようとしているのである。

またここで私が，「ただ家族のみんなの『鼻をへし折る』ような言い方じゃなくて……ルイーズさんが家族のみんなと**つながる**ことができるように」彼らにどう言うか，という言い方をしていることにも注目してほしい。これもまたこの治療作業がもつ統合的な性質の一部である。私は，ただ単に，彼女が自分の感じていることを「表現する」ことや「吐き出す」こと，自分に正直になることを助けようと狙っているのではない。彼女が自分に正直になることはたしかに大事なことである。**決定的に**大事なことである。けれども，構成主義的な認識論が示唆するところによれば（第1章ならびに，Hoffman, 1998 ; P.L. Wachtel, 2008 を参照），自分に正直になるにしても，そこには**複数の**仕方がある。自分の体験していることを表現するにしても，そこには複数の仕方がある。これらの異なった仕方で明確化された体験の表現は，それぞれ，人の自己イメージにとっても，対人相互作用にとっても，いくぶん異なった結果と示唆をもっている。特に対人相互作用は，人の人生のかなり重要な部分を構成し，問題を孕んだパターンを維持している（あるいはそのパターンを変化させることを可能にする）フィードバック・ループにとって非常に重要なものである。ルイーズは最初のセッションのまさに最初において，彼女にとっての治療の中心的な目標は，ケンの家族とのつながりを取り戻す道筋を見出すことにあるということを示したのだった。彼女にとってケンの家族とのつながりを取り戻すことはとても難しいと感じられていたのである。ここで私は，彼女に，その目標の達成を助けるだろうと思われる自己表現を後押ししようとしている。同時に私は，堅固な境界を設定したいという彼女の願望を認めること，そして，傷つきや怒りを表現できるよう援助することにも気を配っている。

ルイーズ：［ため息］ええ。
ポール：だって，それがルイーズさんが……いろんな感情が混ざり合っているにせよ，それがルイーズさんが一番したいことでしょう？
ルイーズ：私はたぶん……たぶんデニースに，たとえば，デニースが私に腹を立てているのは，私も彼女の母親を傷つけたからだと思うんです……だからまず彼女に話をして，こう言おうと思います。「私がお義母さんを傷

つけた，傷つけたかもしれないってお義姉さんが感じたときに，お義姉さんが自分のお母さんを守ったように……」。
ポール：うん……。
ルイーズ：「……それと同じように，私も自分の母親を守ったのよ」って。

*

ルイーズは私の投げた玉を受け，うまくプレイしている。

ポール：うん……。
ルイーズ：そこに共通点があることをデニースがわかってくれるか，見てみようと思います。それで，「私が何をしようとしたかわかってくれる？私はお義姉さんがしたのと同じことをしただけよ」って。
ポール：うん……。
ルイーズ：それからケンのお母さんには……私は……私は親の役割を背負った子どもだったのって。
ポール：うん……。
ルイーズ：だから，私はしょっちゅうこんなふうに感じたんです……私がやらなきゃって……父は何もできなかったし，私がその代わりに……。
ポール：うん……。
ルイーズ：父親の役割を引き継いで。
ポール：そうですね……。
ルイーズ：けど，母に対しても何度もそういうことがあったと思います。母が疲れ果ててしまったときに。
ポール：うん……。
ルイーズ：母は何もかも私に背負わせたんです。
ポール：そうですね……。
ルイーズ：うん……だから……。
ポール：この一番最近の出来事も……そうですよね？

*

ここで私は，われわれが，今もなお，この特定の出来事，つまりルイーズの母がケンの家族にスウェーデンから自分が来ていることを言わないでほしいと頼んだという出来事について話しているのだということを確認している。私は話があまり一般論的になりすぎないようにしたいのだ。特定の出来事から離れないでいることで，話し合いを感情的に生き生きとしたものにすることができる。

　　ルイーズ：ええ，そうです！　っていうのも，母はそのう……母にとっては父が頼みの綱だったんですよね。
　　ポール：うん……。
　　ルイーズ：母はそれで，私が……私が母を支えなきゃ……って。
　　ポール：うん……。
　　ルイーズ：母は何も……あの，何もできなくなってたんですよ。シャワーを浴びることさえも……。
　　ポール：そうなんだ。
　　ルイーズ：その……私がいなければ何もできなかったんです。
　　ポール：うん……。
　　ルイーズ：それで私は怖くなって……私のほうが怖くなってしまって。
　　ポール：うん……。
　　ルイーズ：っていうのも，母が自傷行為に及ぶんじゃないかって，怖くなっちゃったんです。

＊

　ここでわれわれは，彼女の母親のメンタルヘルスの脆弱性のより深刻な指標を見る。最初のセッションにおいてルイーズが報告したパリでの怖ろしい出来事は，唯一のエピソードではなかったのだろう。ルイーズの母親にとってこの種の脆弱性はおそらく慢性的なものだったのであろう。したがって，ルイーズにとって世話者の世話をしなければならないという体験は，彼女の人生経験の慢性的部分だったのだろう。そして，そのことはケンの家族との困難に重要な影響を及ぼしてきたのだろう。

　　ポール：そうなんだ。

ルイーズ：しばらくの間。
ポール：うん……。
ルイーズ：で，私は……私は叔母に電話して，それで……私と叔母はそれで前より親密になったんですけど。
ポール：うん……。
ルイーズ：でも，やっぱり怖い。叔母に言ったんです。あの，お母さんから目を離さないでね……っていうのも，お母さんは自分を傷つけるかもしれないって心配なの。
ポール：うん……。
ルイーズ：母がそんなことするなんて，本心からは思ってないけど，それでも，やっぱり……。
ポール：うん……。
ルイーズ：あー……母がまた参ってしまうんじゃないかって心配してた。でも，そうなるんだったら私が行ったときにそうなってって願ってた。そうしたら，私が母を支えて，母の面倒を見てあげられるからって。

*

ここには2つの兆候が共に認められる。1つは，ルイーズの美点とも言えるもので，母親をケアする気持ちの兆候である。もう1つは，ルイーズが親の世話をする子ども（parentified child）の役割を内在化してきたことを示す，さらなる兆候である。

ポール：うん……。
ルイーズ：だから，デニースに言おうと思うのは……あの……私にとって私の母は，いわば娘みたいなものなんだって。
ポール：うん……。
ルイーズ：だから，私は自分の娘を守らなくちゃいけなかったんだって。
ポール：うん……。
ルイーズ：お義姉さんが自分の子どもを守るように。

*

238　ポール・ワクテルの心理療法講義

これらの一連の陳述は，母親との間の強烈で胸を刺すようなルイーズの体験を，そして潜在的には，その体験がルイーズにもたらしてきた痛々しくも複雑な感情と傾向を表わすものである。

　　ポール：うん……。
　　ルイーズ：うん，たぶんそんなふうに話して，つながりの糸口を探してみようと思います。
　　ポール：うん……今いくつか異なったことをおっしゃったわけだけれど，聴いていてひとつ思ったのは……ケンさんの家族と話をしているところを想像しながらお話しされてたと思うんだけれど……。
　　ルイーズ：ええ……。
　　ポール：……そのう……ルイーズさんは，そのう……相手に私のことをわかってくださいってお願いしている。
　　ルイーズ：ええ……。
　　ポール：そのときルイーズさんは，ケンさんの家族がわかってくれるだろう，そういうことはありうるだろうと想定しながら，ケンさんの家族に話しているところを想像していますね……。

＊

　ここで私は，ルイーズが，自分は理解されうると信じて世界にアプローチすることを優しく支持している。それによって，彼女が実際に理解される可能性が高まるようにコミュニケートすることを期待しているのである。このコメントは，本章と前章においてこれまでにも論じられてきた帰属的コメントの一種と見ることもできる（P.L. Wachtel, 1993, 2008）。このコメントは，彼女のなかに出現しつつある潜在的な可能性としての強さに依拠し，それを強めている。このコメントは，そうした彼女の潜在的な強さがもっと表現されるようになることを狙ったものである。

　　ルイーズ：ええ……。
　　ポール：……一方で，うまくいかなかったデニースさんとの会話では……。

ルイーズ：ええ……。
ポール：デニースさんに対して自分の言い分を主張していた。
ルイーズ：ええ。
ポール：デニースさんに，彼女のどこが悪かったか認めさせようとしていた。
ルイーズ：そうです。
ポール：で，デニースさんはすごく防衛的になってきた。
ルイーズ：はい。
ポール：それで，ダメになっちゃった。
ルイーズ：そうです。
ポール：そして，そのう……ルイーズさんがおっしゃったことは，たしかに正しいんです……合ってます。
ルイーズ：ええ，そう思います……。
ポール：あなたが正確じゃないって言ってるんじゃないんです。
ルイーズ：ええ。
ポール：でも，それはうまくいかなかった……。

＊

　ここで私はルイーズがデニースに言ったことの正しさを認めると同時に，まさにそのように彼女を支持する文脈において，それが彼女のために効果を上げるように，彼女がどのようにそれを言ったのかを再検討してみるよう助けてもいる。患者が何かをもっと違ったように言えたのではないかと再検討する取り組みには，つねに，批判されたとか理解されなかったとかいう感じを患者に感じさせてしまう可能性が伴っている。したがって，そうした場合においては，ここで私が行なったように，治療者のコメントを承認と結合することが特に重要なのである。

ルイーズ：ええ。
ポール：そうすることはデニースさんをただ防衛的にさせただけだった。まさにルイーズさんが正しかった**からこそ**，そのう……的を射ていない攻撃だったら，あのう，そんなに痛くもないんですよ。でも，まさに的を射た攻撃だったら……。
ルイーズ：ええ。

ポール：わかるでしょう……とっても防衛的になってしまうんです。

ルイーズ：そうですね。

ポール：でも，私はびっくりしているんです。っていうのは……ルイーズさんのなかには，まったく別の関わり方ができる部分もちゃんとあるんですね……それは，何ていうか，誰かほかの人のやり方の受け売りなんかじゃない。今，あなたはどんなふうにみんなに言えるか，実際に言ってみましたよね。で，そこでは「ねえ，みんな，私，ほんとにわかってほしいの。私，これまではっきり言ってこなかったことがあったかもしれない。でも，みんなに本当にわかってほしいと思っているの。そして，みんなの経験したことも理解したいの」って言えるルイーズさんとして，しっかりお話しされてましたね。

ルイーズ：ええ……その通りです。

ポール：そうでしょう，それで……それで……ルイーズさんにはできているんですよ。つまり，それは，ルイーズさんにとって違和感のあるようなことではなかったんです。

*

　以上もまた帰属的な介入である。帰属的な介入の多くがそうであるように，上の介入もまた，患者の強さを強調し，さらにそれを増幅させようとするものである。ここで私は，相手に敬意を払いながら，かつまた，自分自身を大事にしながら，話を聴いてくれるよう，そして理解してくれるよう頼むことができる人としてのルイーズに注目している。私はこれを彼女自身が述べたことだと，つまり，誰か他の人から借りてきたものではなく，彼女自身のなかから出てきたものだとだと強調している。この時点でこれを強調しておくことはとりわけ重要である。というのも，ここでの私の治療の方法は，彼女に積極的に示唆を与える共同作業だからである。この共同作業は，彼女が私から何かを教わるだけのものではなく，彼女のなかに**すでに**存在していた彼女自身のリソース（彼女が取り組んできた葛藤によって抑圧されてきたリソース）に依拠したものでもあるのだということを確認しておくことが，彼女にとって（そしておそらくわれわれ両者にとって）重要なのである。

ルイーズ：ええ。気が楽になりました。自分にはできるんだってわかって，気分が良くなりました。

＊

　最初のセッションにおいて，ルイーズ自身，自分には「人を喜ばせる」性質があると言ったように，ルイーズのこの言葉にはお世辞の要素が含まれているだろう。しかし私は彼女のこのコメントは，治療者が患者の強さを引き出し，どこでそれらが制止されているかを理解させようと努力している最中でさえ，治療者が純粋に患者の強さに反応するとき，患者がどのように感じるものかを反映するものだとも信じている。ルイーズが「自分にはできるんだとわかって」いるということが非常に重要である。というのも，彼女が自分にはそれができるとわかっていてこそ，何が彼女にそれをできなくさせているのかを調べる作業が，援助的で成長促進的なものとなるからであり，彼女の他者とのコミュニケーションを調整する治療者の努力も彼女にとって屈辱的なものではなく，心地よく受け入れられるものとなりうるからである。

　　ポール：うん……だけどもう1つ大事なのは，僕がちょっと心配しているのは……ルイーズさんはずっと人の世話をしなくちゃいけなかったでしょう。だからルイーズさんは，今，ちょっと**僕の**世話をしてくれているんじゃないかなあって心配してるんです。つまり，ルイーズさんが……何も，僕の言ったことが役に立ったって言ってくれたことを信じてないわけじゃないんですけどね。
　　ルイーズ：ええ。
　　ポール：でもルイーズさんは……あのう，私がすごく良い仕事をしたって，教えてくれているわけです。

＊

　ここで私はもう一方の側への警告を表明している。私は彼女の人を喜ばせる性質のことが気にかかっている。とりわけ，彼女が世話者の役割を取らなければならなかった事態についてのさらなる証拠を見てきたうえで，それが今ここで現わ

れているのではないかと心配しているのである。私は彼女に私の世話をするという重荷を感じてほしくはないのである。しかし同時にまた，面接が役に立っているという彼女の言葉を単に打ち捨ててしまうようなことはしたくないし，ここで起こってきたことの価値を引き下げてしまいたくもない。そんなことをすれば，結局は，彼女の言葉を打ち捨ててしまうのと同じになるからである。治療者はあまり自信過剰になってもいけないけれども，自信過剰にならないよう警戒するあまり，逆に過剰な謙遜に陥らないようにも注意しておく必要がある。というのも，過剰な謙遜は，達成したことの価値を損なってしまう（それゆえその影響力を実際に小さくしてしまう）からであり，また，治療者はつねに患者にとって（他の役割に加えて）モデルでもあるからである。自律性や分化といったイデオロギーがどれほど強調されようとも，モデルというこの役割が消滅することはありえない。そしてもしわれわれがあまりにも謙遜しすぎるならば，それが患者に伝わってしまうという危険が生じる。つまり，患者もまたこのように謙虚であるべきなのだというメッセージが伝わってしまう。その結果，患者は，達成してきたことに対する健康なプライドでさえ，受け入れられなくなるのである（cf. Crastnopol, 2007）。明らかに，これはわれわれが患者に伝えたいメッセージではない。とりわけ，白日の下で検討することがより困難な「暗黙のニュアンス」によって伝えたいメッセージではない。

　　ルイーズ：はい，その通りです。
　　ポール：言ってる意味，わかりますかね？

＊

「言っている意味，わかりますかね？」という私のコメントは，前のコメントについて，そしてルイーズがそれをどう受け取ったかについて，私が感じていた不安を表現したものである。私は，先ほど解説のなかで取り上げた問題について心配しているから，「言っている意味，わかりますかね？」と言っているのだ。気分がいいとか，私の前のコメントが助けになったとか言うことで，**私（治療者）の世話をしているのだろう**というルイーズに与えたコメントの示唆を，彼女がどのように体験するのか，その体験の仕方にはさまざまな可能性がありうる。彼女があまり助けにならないような体験の仕方をする可能性もありうる。だから私は，

彼女が私の世話をしているということに言及したこのコメントから彼女が何を受け取るかを，もっと詳しく見てみよう，彼女と一緒に調べてみようとしているのである。

> ルイーズ：ええ。そんなつもりはなかったんです……意識してやってたわけじゃないんです……でも，はい。
> ポール：うん……。
> ルイーズ：そうしたかったから……誰かが私を助けてくれたら，私はそれにお礼が言いたいから。
> ポール：そうなんだ。そう，それは素晴らしいことだ。それに，感謝してますよ。それで……僕は……僕は……ちゃんと……。

＊

われわれの対話はちょっと混乱しはじめている。そして，この後しばらくそれが続く。ルイーズが私の世話をしているのではないかという問題を取り上げる際に，私は彼女の葛藤のさまざまな異なる側面に触れようとし，少し複雑なことを伝えようとしすぎたように思う。私は彼女の葛藤の複雑性に気づきを向けすぎであったように思う。ルイーズはこの時点でこれらすべてを受け取る準備はまだできていなかった。つまり私は一人で先走りしていたのである。このことは，おそらくルイーズが，次に私の発言とは論理的にあまり噛み合わないように聞こえる発言（「どんなふうに？」）をもたらした原因のひとつなのであろう。この発言は，彼女の（きわめて適切な）混乱を反映している。私は，2人が混乱に入り込んだと感じ，その混乱から抜け出そうと格闘して，さらに混乱を深めながらいくつかのやりとりを続けた。この混乱は基本的に私が創り出したものである。私は一度に多くのことをしようとしすぎていた。

> ルイーズ：どんなふうに？
> ポール：ルイーズさんをがっかりさせようとしてるわけじゃないんですよ……でも僕は……［2人で同時に話している］……僕が心配しているのは……僕たちが話していたことの一部分には，そのう……。
> ルイーズ：ええ……。

ポール：……たぶん必ずしもその通りだって思えるわけでもない内容もあったんじゃないかって。たぶん……「言うのは簡単だけど、そんなことできるかどうか自信がないわ」っていうような感じかもしれないんですが。で、自分ではちょっとどうかなあって自信がないときに……ルイーズさんは僕を安心させなきゃって感じたんじゃないかっていうことなんです。それが本当にそうなのかどうかわかりませんけど，ただ僕はそれが心配なんです。

*

ここにはトゥー・パーソン的な作業様式の一例が見られる。私はルイーズの前で自分の考えを声に出して述べ，自分の考えを彼女とシェアしている（この点に関しては，Aron（1996），Renik（1995），Safran & Muran（2000）を参照のこと）。

ルイーズ：ええっと，先生からどんなふうにしますかって，うーん，どんなふうにつながろうとしますかって聞かれたとき……口には出さなかったけど，自分の頭のなかで考えていたことは，カウンセラーとしての自分になろうとしたんです。カウンセリングの分野でこれまで受けてきたトレーニングを思い出して……。

ポール：うん……。

ルイーズ：カウンセラーの役を演じようって……だから，でも私は頭で考えていました。先生は……先生はとっても勘がいいんですね。っていうのも，たしかに，たしかに私はそうなんです。つまり，そうしたいって……あの……。

ポール：うん……。

ルイーズ：でもそれはどっちかっていうと……カウンセラーとしてだったら，その役割を取れば，私にもできるっていう。

ポール：うん……。

ルイーズ：それで，自分自身を守ることができるっていう……けど，なんていうか……たぶんだけど……あの，面と向かって話すとしたら……たぶんそれがお義母さんと直接顔を合せなかった……顔を合わせることができなかった理由のひとつなんだろうけど……。

4 ルイーズ──セッション2 245

＊

　セッションのこの部分においては，ルイーズは，明らかに他の部分よりも不明確で一貫性に欠けている。彼女は，彼女にとってはっきり捉えることが難しいものに取り組んでいる。「先生はとっても勘がいいんですね」という彼女の言葉は，おそらく，人を喜ばせる要素を含んだものである（私はその人を喜ばせる要素に少し前にコメントし，そのことで混乱を招いたのであった）。しかし，彼女のその言葉は，重要な面で，理解されたという感覚を反映するものでもあったと思う。すなわち，彼女のその言葉は，われわれは2人とも一貫性も明瞭さも欠いていたけれども，重要な何かについての潜在的に共有された理解を手探りしていたという未構成の感覚（D.N. Stern, 1997）を反映するものでもあったと思う。この時点で，そうしたことをすべて言語化することは容易ではなかった。同時に伝えられるべきことや，取り入れられるべきことがあまりにもたくさんある。しかし（一瞬前の混乱した私の話しぶりとパラレルな）ここでの混乱した彼女の話しぶりは，彼女がより大きなメッセージに共鳴していることを示すものであろう。より大きなメッセージとは，この混乱には多くの側面が含まれているというメッセージであり，一度にその側面のすべてを見たり，話したりすることは困難だけれども，「いい勘」はそれらすべてを把握できるだろうというものである。

　　ポール：うん……。
　　ルイーズ：どうして電話で話すことが必要だったのか，どうしてそういう守りが必要だったのかってことは，何かしら，カウンセラーの役割という守りが必要なのと似ている。私には言葉を見つけるのが簡単じゃなかったんです。
　　ポール：うん……。
　　ルイーズ：ええ……私はそのことでとっても傷ついたから。とにかくその傷が癒えて過去のものになるのを待つ必要があったんです。
　　ポール：うん……。
　　ルイーズ：それはきっとわかってもらえていると思ってるんですけど。
　　ポール：うん……。
　　ルイーズ：でも，やっぱり……どうしてだかわからないけど……デニースは……まるで子どもの頃のいじめっ子が生き返ってきたような……そんな感

じがしてしまうんですよ。

＊

　この話題は，最初のセッションの重要な話題と明らかに関連している。しかし，ありがたいことに，私はこの時点で何ら明瞭な関連づけを**しなかった**。私はすでに「多くのことをしすぎ」ており，ここではただ聴いておくのが一番だと感じていたのである。

　　ポール：うん……。
　　ルイーズ：悪夢のなかみたいな感じで。
　　ポール：うん……。
　　ルイーズ：あの，悪夢でうなされるとき，悪夢に出てくる登場人物みたいに。
　　ポール：そう，そうなんだ。
　　ルイーズ：デニースは私にとってはそういう存在なんです。
　　ポール：うん……。
　　ルイーズ：それってとっても極端に聞こえるって自分でもわかってるんですよ。彼女と直接に会えるようになりたいって思う……。

＊

　この言葉は，極端に聞こえるというよりも，非常にはっきりと，また非常に強く，ルイーズのデニースとの体験，デニースを相手にする体験が備えている不気味な次元を伝えているように聞こえる。デニースとの体験と，実の母親との体験との間の結びつきや，子どもの頃のいじめられ体験との間の結びつきは，（やはりルイーズが同化できるペースで）探究していくべき重要なポイントであるように思われる。というのも，現在の体験は，より古い，より感情的に支配されたスキーマと交わる神経回路に貯蔵され結びつけられているからである（Gabbard & Westen, 2003；Westen & Gabbard, 2001a, 2001b）。

　　ポール：うん……。
　　ルイーズ：仮面の……あの，自分の教育っていう仮面の陰に隠れないですむ

ようになりたいって……。

*

　ルイーズはここで前にみずから言及していたものに触れているようである。つまり，彼女は，ケンの家族との関わりのなかで感じる苦しい感情や体験と対処するために，彼女が受けてきた高度な教育を防衛的に用いているということである。しかし彼女が彼らに対して感じている防衛的な侮蔑は，彼女が出口を見出そうと苦闘している，彼女と彼らとの間の悪循環の一部になっている。ケンの家族が（意識的にであれ，無意識的にであれ）この侮蔑に感づいたら，彼女に対する敵意は高まるだろう。それは彼女の居心地をさらに悪くし，安全感を脅かすことになる。その結果，彼女はそれに対処するために，さらに防衛的な侮蔑を強めることになる。そうして同じパターンがさらになお永続化される。ルイーズが彼らとの関係を効果的に修復しようとするつもりならば，この侮蔑の源と折り合いをつけ，それを支配し，乗り越える必要があるだろう。こうした状況のなかにあって，ルイーズが，自分が「教育という仮面の背後に隠れている」ということについて自発的に言及できたのは印象的である。これは，彼女が洞察を生み出したことを示すものである。と同時にまた，この発言がまったく自発的なものであったことから，これは，われわれが取り組んできたプロセスが実を結びつつあることの兆候でもある。

ポール：うん……。
ルイーズ：仮面の陰に隠れずに，彼女に面と向かって立ち向かえるようになりたい。
ポール：うん……。
ルイーズ：言ってること，わかりますかね？
ポール：えっと，あなたの話を聞いていて僕に伝わってきたのは……僕らは２人ともその点をはっきり認識しておくことが大事だと思うんですが……。
ルイーズ：ええ……。
ポール：つまり，ルイーズさんはデニースさんとつながりたいって思っているのだけれど，どんなやり方でもいいからとにかくつながりたいっていう

わけではなくて,「あなたに私のことを理解してほしい。そして,私もあなたのことを理解したい」っていうようなやり方でつながりたいっていうこと。

*

　ここにも帰属的コメントの一例が見られる。ある意味で私は単に**ルイーズ**がそう言ったものと私が聴き取ったことを述べ直しているだけである。けれども,同時にまた私は,潜在的に彼女に,同じことをより効果的に言う言い方,あるいはより効果的に考える**考え方**(というのも,彼女が自分自身の言葉で表現するのが一番だろうから)を提供しているのである。彼女はこの暗黙の示唆を取り入れることもできるし,打ち捨てておくこともできる。この示唆がこのような形で提示されたからこそ,彼女にはその示唆をより気楽に打ち捨てておくことが可能になるのである。しかし,もし彼女がこの示唆を取り入れようと思う場合には,この示唆がこのような形で提示されたことによって,彼女はそれを私から取り入れたものではなく,自分自身のなかから出てきたものと感じやすくなるだろう。

ルイーズ:ええ……。
ポール:でも,デニースさんとのことでは,もう1つ別の面もある。ルイーズさんはその面を私に見落としてほしくないと思っているし,その面を自分から取り上げられたくないとも思っている。
ルイーズ:ええ……。
ポール:つまり,こういう面がある……。
ルイーズ:ええ……。
ポール:デニースさんには,ルイーズさんの子ども時代のいじめっ子を表わすような存在になっている面があるっていうことです……。
ルイーズ:ええ……。
ポール:そして,ルイーズさんはそういう思いがあるってことを話せるようになりたいって思っている。
ルイーズ:ええ……。
ポール:でもそれは,あなたが彼女について感じている,もう1つの部分なんだ。で,何というか,あたははそれをごまかして隠しておこうとはして

いない。

＊

　ここで再び，私はこれまで脇に押しやられてきたものを前面に出そうと取り組んでいる。表に現われているルイーズの面は推移しつづけている。そして重要なことに，ルイーズにとって受け入れ可能な面も推移しつづけている。解離の過程，推移する自己状態といった概念がここでは重要であるように思われる（Bromberg, 1998a ; Crastnopol, 2001 ; P.L. Wachtel, 2008）。

　　ルイーズ：ええ。そして，前にも言ったように，私にはこう言ってた部分があったと思うんですけど……わかっているんです……そして，そのう，自分にそういうところがあるってわかっていることは気分がいいです。自分のことを誇らしく思います。

＊

　こうしたルイーズの発言もまた，彼女が成し遂げてきたことや，彼女にできることを強調するアプローチを彼女がある面で実際にとてもよく理解していることを，そしてまた，彼女がそうしたアプローチから重要なものを得ていることを反映していると私は思う。同時にまた，（推移する自我状態について，そしてすべてのその面をアクセス可能あるいは受容可能にする道筋を見出す必要性について，上に言及したことのもう１つの例として）彼女は，自分のでき**なさ**を知ってほしいとも思っているのである（そのできなさ**もまた**受容可能なものであり，話されることが可能なものである）。彼女は，恐れと制止のために，ケンの家族に対して効果的に振る舞うことができないのである。以下のいくつかのやりとりのなかで，彼女のこの面が明確に表現されていく。

　　ポール：うん……。
　　ルイーズ：実際，先生のおかげで，私は自分のことを誇らしく思えます……でも同時に，私にはできるって先生に対して言えることを実際に実行できるかって言ったら，現実はほど遠いなって思います。

ポール：そうなんだ。

ルイーズ：でも、できるってわかったことは、スタート地点としてはとっても大きなことだって思います。

ポール：うん……。

ルイーズ：でも実際にまだやってないから。つまり、いつも思うんですよ、あの、「もっとよくわかっているはずだ。あの、トレーニングを受けたんだから……」って。でもいつも実際にそういう状況に置かれたら……。

ポール：うん……。

ルイーズ：普通、難しいですよね。

ポール：そうですね。

ルイーズ：どれだけたくさんのことを知っていても。

ポール：そうですね。話を聞いていると、もしかしたら最初は……。

ルイーズ：ええ……。

ポール：ケンさんのお母さんから始めたほうが易しいかもしれないって感じがしますが。

ルイーズ：はい。

ポール：デニースさんより。

ルイーズ：ええ。

ポール：デニースさんは、何ていうか、最後の難関って感じがするんです。

ルイーズ：ええ。

ポール：まず、はじめの段階をクリアしないといけないでしょう。

ルイーズ：ええ。デニースは博士号ですね。[**含み笑い**]。

ポール：ええ。そうですね。

ルイーズ：ええ。

ポール：そうです。

ルイーズ：ええ、ええ、その通りです。でも、今向こうから何も言ってこないから辛いです……私は一生懸命がんばったのにって感じるから……。

ポール：うん……。

ルイーズ：つまり、私は、とっても、あの、とっても傷ついて、今とっても傷つきやすくなってるんですよね。

ポール：うん……。

ルイーズ：やっと、友達といるときのように、やっとできるようになって。

ポール：そうなんだ。
ルイーズ：あの，だけど，デニースとは……彼女がすること1つひとつに，私は反応してしまうような。
ポール：うん……。
ルイーズ：こうした状況にすごく反応してしまいやすい土台があるんですよ。私が言ってるのは……。
ポール：うん……。
ルイーズ：そのう……私は，あの，やっと第一歩を踏み出して，彼女に電話をかけたのに，彼女は電話を返してくれないんです。
ポール：うん……。
ルイーズ：それって，何ていうか，あの，傷口にさらに塩をすり込むようなものじゃないですか。
ポール：そう。そうなんだ。
ルイーズ：わかってもらえますか。
ポール：そうですね。ええ，辛いですよね。
ルイーズ：ええ。
ポール：ええ，辛い。それで，1つ，ケンさんについて思っていることがあるんですが……。
ルイーズ：ええ……。
ポール：そのう……今までにケンさんが間に入ろうとしたことがありましたよね。それに対してルイーズさんはあまりいい気がしなかったけれど。
ルイーズ：ええ……。
ポール：1回目のセッションで，ルイーズさんはそうおっしゃった。
ルイーズ：ええ……。
ポール：でも，ある意味で，あの，ルイーズさんは傷ついたと感じている。ルイーズさんはそれほどまでにしょっちゅう人の世話をする立場にいますよね。
ルイーズ：ええ……。
ポール：たぶん，時には，誰かに世話をしてもらう立場になることも必要なんじゃないですか。

*

ここで私はセッションにおいて前に導入し，解説部分においてさらに強調してきたテーマをフォロー・アップしている。私はこのテーマを彼女のケンとの体験に新たに結びつけた。そして，そこに，彼らの関係を切り拓き，豊かにする潜在力があるのではないかと考えている。

　　ルイーズ：ええ……。
　　ポール：そのう，もしかしたら……あのう，ルイーズさんはそのことについてケンさんと話をしたっておっしゃいましたよね。だったら，その……。
　　ルイーズ：ええ……。
　　ポール：ケンさんとその話をまったくしなかったわけじゃない。でも，そのう「傷ついた感じ」だとか，「窮屈な感じ」だとか，「どうしていいかわからない」とか，「ここからあそこにたどりつきたいのに，どうやって行けばいいかわからない」とかっていう感じは，もしかしたら……。
　　ルイーズ：ええ……。
　　ポール：そのう……そういう感じは，ケンさんと話してみるとよいことなのかもしれないって思うんです。
　　ルイーズ：ええ……。
　　ポール：世話をしてもらう側になってもいいんじゃないかと。
　　ルイーズ：ええ……。
　　ポール：ルイーズさんは人に頼りたくないって思ってると僕は思うんですけど。
　　ルイーズ：ええ……。
　　ポール：そして，人に頼らないってことは，明らかに，つまり，いろんな意味で大きな意味をもってるんですよね。
　　ルイーズ：ええ……。
　　ポール：でも，あのう，もうひとつ，たった今，急に思いついたのは……それから，もうすぐセッションを終わらないといけないんですけど……。
　　ルイーズ：ああ，そうですね。
　　ポール：今このことを話し出したとき，僕の頭をよぎったのは……。
　　ルイーズ：ええ。
　　ポール：ルイーズさんは，叔母さんから世話をしてもらったんでしょう。

ルイーズ：ええ……。
ポール：それで，叔母さんと親しくなったんですよね……。
ルイーズ：ええ……。
ポール：叔母さんに助けを求めたとき……。
ルイーズ：ええ……。
ポール：それで，あのう，こんな話をどこかで読んだことがあるんですが，優れた政治家というのは，誰かの感情を害したときに……。
ルイーズ：ええ……。
ポール：その関係を修復するためにたいてい何をするかと言うと，彼らは謝ったりなんかしないんですよ。その代わり，彼らが頼みごとのできる立場ではないと思えるまさにその相手に，**何か頼みごとをする**んだそうです。
ルイーズ：はい。
ポール：それで頼みごとをすることで……。
ルイーズ：ええ……。
ポール：相手の人にあなたとつながるきっかけを与えるんです。だって，あなたは相手の人に少しばかり頼ることになるわけだから。
ルイーズ：そうですね。
ポール：ルイーズさんは叔母さんに対して同じことをしたわけですよ，結局……。
ルイーズ：ええ。ええ，それは……。
ポール：もし同じことをケンさんにしたら……。
ルイーズ：ええ……。
ポール：もちろん……どうやってするかを考えれば，簡単ではないでしょう……。
ルイーズ：ええ……。
ポール：でもケンさんのお母さんとだって，それからたぶん最終難関に到達して……。
ルイーズ：ええ……。
ポール：……デニースさんと向き合う際にも，あのう，何か頼みごとをすることができるかもしれない。そのほうが実際には楽なこともあります。
ルイーズ：ええ……。
ポール：あのう，お願いしたいことがあるんです。助けてくれませんかってね。

ルイーズ：ええ……。
ポール：あのう，少なくとも政治家たちはそれでうまくいくって言ってます。
ルイーズ：それって，たとえば，ジェーン，ケンのお母さんに，デニースとのことで助けてほしいってお願いするとか？
ポール：うん……。
ルイーズ：そうやって彼女のほうに手を伸ばすんですね。
ポール：とても興味深い。

*

「とても興味深い」と私が言ったとき，私は文字通りの意味で心からそう言ったのである。ルイーズは私の言ったことをとてもよく聴き，取り入れ，「自分自身の」やり方で創造的に用いている。その意味で，それは，誰かに頼ることと，自分自身のリソースに頼ることとの結合を示す良い例ともなっている。そしてさらに，誰かに頼ることが自分自身のリソースをもっと引き出すことを示す良い例でもある。

ルイーズ：わかりました。
ポール：素晴らしい！　創造的なアイディアだ。たぶん，ここで終わりにするのが最適でしょう。
ルイーズ：ええ。よかったです。
ポール：よかった。
ルイーズ：よかった。ありがとう。
ポール：これが実際に役立てばいいと思います。
ルイーズ：ええ，素晴らしい。素晴らしい。その通りです。[**クスクス笑い**]。
ポール：ええ。そうですね。

*

ルイーズとのこの2回目のセッションは，最初のセッションのような物語曲線を備えていない。新たな告白はほとんど出てこなかったし，劇的な驚きもなかった。2回目のセッションでは，私はさほど目立って積極的に振る舞わなかった。

4　ルイーズ——セッション2　255

私はあまりたくさん話さずに，聴く役割を取ることが多かった。この点でも，それは最初のセッションとは違っていた。かなりのところ，これは，ルイーズが最初のセッションから多くを得たことを，つまり，彼女には同化し，取り組むべきものがたくさんあったことを示していると私は考えている。そのことはセッションのかなりはじめにおいてすでに明らかであった。最初のセッションに関して何が一番心に残っているかを尋ねたとき，彼女は最初のセッションにおいて最初は同化するのが難しかったけれども，そのセッション内で後に自発的に帰ってきた考えを再び強調した。それは，「とてもなじみがないけれどもとてもよく知っている」という考えである。そして彼女は，それを，自分自身の家族とケンの家族について考えるうえでの重要なメタファーにしたのである。2回目のセッションで彼女は，私の質問に答えて，彼女の心に残ったのは次のような考えだと同様に言っている。「家族がそんなにも重いものだなんてことは，私にはとてもなじみのないことなんです。たとえ私の人生で，それがずっと私にとって中心的なものだったにしても。自分の家族がどれだけ重いものだったのかってことに気づいてこなかったんですよ。だって，『ええ，たしかに家族は重要なものよ，だとしても，この人たちはあまりにも極端だわ』って感じてたから」。
　ここで彼女は，これまでなじみがないと思っていたものが，実際には彼女の人生経験にとってずっと中心的であったという考えを結実させただけでなく，いかに自分が**自分自身の**家族についての認め難い側面から自らの注意を逸らすためにケンの家族についての知覚を利用していたかに気づきはじめている。この後，彼女が述べているように，「私の家族も極端に走っていた」。
　この新しく接触可能になった体験を即座に明確にしていくなかで，ルイーズは最初，「違い」を強調しつづけている。ここで彼女が強調しているのは，彼女自身の家族もまた極端に走ったということ（ケンの家族との共通点）だけでなく，彼女自身の家族はケンの家族とは**違った**方向で極端に走ったということでもある。ケンの家族は過度に緊密に結びつき，要請と義務で縛りつけていたけれども，彼女の家族は「全然，顔を合わすことがないんですよ。全然，集まったりしないんです。いつも電話で話したりするだけ。でも，あの，『ほかの人に家族の問題を話すな』っていう雰囲気があった」。これは彼女にとって重要な視点の拡張である。この発言は，最初のセッションのはじめにおける「私たちはいつもお互いの側にいた」という説明とは，とてもはっきりとした対比を成している。重要な点において，彼女の家族とケンの家族は実際に違っている。ルイーズはいまやこう

した違いをより冷静な目で見ることができている。つまり、自分の家族はまったく良くて、ケンの家族はまったく悪いという見方に陥らずに見ることができている。けれども、「とてもなじみがないけれども、とても中心的」という言葉には、最初のセッションにおいてかなり焦点が当てられたもう1つの面がある。すなわち、ケンの家族における強制の構造と彼女自身の家族における強制の構造とは**よく似ている**ということであり、彼女の家族は彼女にあまりにも大きな負担を強いてきたということである。ルイーズの母親がルイーズに要求した忠誠心は、ケンの家族において求められてきた忠誠心と厳密に同じものではないだろうが、秘密を守るよう求める忠誠心の要請でさえ、ルイーズにとっては、外で遊んだり、反抗したり、親離れしたりしつつ、成長しながら前思春期と青年期を通り抜けることを難しくさせたであろう。ルイーズは、自分の家族が絶望的な状況に置かれて、切実に助けを求めているのを目の前にしていたのである。「私は家で身体が麻痺したあなたのお父さんに縛りつけられているというのに、どうしてあなたは外へ出て楽しめるの？」という問いかけがはっきりと口に出されたのか、口に出される**必要さえなかった**のかはわからない。いずれにせよ、その問いかけは、ケンの家族の「試験勉強をしなくてはいけないというだけの理由で、どうしてあなたはイースターに夫の実家に来て私たちと会わないの？」という問いかけと、よく似た情動的な響きを帯びた要請をもたらしていたのだろう。

セッションのはじめにおいて、私は、少し時期尚早に、ルイーズがこのもう1つの面を見ることができるよう助けようとした。「つながりが欠けていた、両親とそんなふうにはつながることができなかったっていう面があるように見える、そういう見方があるけれども、一方で、お父さんの世話をしなければいけなかったときには、つながりが**強すぎる**ときもあった。つまり、あのう、あなたがそこにいて、お父さんを置いて立ち去ることなど許されていなかったときにはってことです。そうですね？」とすぐに述べることで、私はルイーズがその瞬間に話していた体験、つまり「私たち、全然、顔を合わすことがないんですよ。全然、集まったりしないんです」という体験を軽く片づけてしまった。その孤独で、結びつきの失われた感じこそ、ルイーズのその瞬間の情動的な体験だったのだ。さらに、明らかにそれは、彼女の成長過程において、忠誠心の要請と同じくらい苦痛のもとであった。そして、2つの家族の間には、最初のセッションにおいて私が強調してきたように類似性があるけれども（そしてその類似性をルイーズが認識できるようになることはやはり重要ではあるものの）、大きな違いがあることも

また明らかである。

　ここで振り返ってみると、私は、ルイーズの「私たち、全然、顔を合わすことがないんですよ。全然、集まったりしないんです」という体験にしばらくとどまったほうがよかったと思う。特に、それは重要な、強く感じられていた体験であったばかりか、それ自体が実際に新しい視点であったし、白か黒かのイメージ、全部良いか全部悪いかのイメージを緩和してくれるものだったからである。そしてそうした鋭い二分法的なイメージこそ、彼女をケンの家族から疎外させていたものだったのである。私が彼女のその体験にとどまらなかったのには、いくつかの要因があったと思う。第一に、私はルイーズがより完全でバランスの取れた全体像を達成するのを助けようとしていた。彼女の家族がバラバラで、ケンの家族が緊密であることを強調するなかで、ルイーズはきっと２つの家族の間の現実の重要な違いを指摘していたのである。しかしそれは、いわば部分的な真実であり、私は十全な像を描き出したかった。しかしながら、私は、点と点を性急につなごうとあせったために、その時点でルイーズに、彼女自身が**達成した**重要な新しい理解に浸り、詳しく調べ、**感じる**機会を十分に与え損なった。

　その時点でおそらく私の選択に影響を与えたもう１つの要因は、最初のセッションで、ケンの家族がいかになじみがあり、いかに異質なものではないかを強調したことが、情動的な揺さぶりを伴う再構成をもたらしたように見えたことである。私がルイーズに「あの、今ちょっと妙なことが思い浮かんだんですけど。何ていうか、ケンさんの家族も、ルイーズさんが育ってきた家族とよく似たところがあるように思うんです」と言ったとき、ルイーズは強い承認をもって反応し、「ええ、そんなふうに考えたことはなかったです。ええ、そう言われてみれば、本当にそうですね。たしかに、そう思ってみると、もっと同感っていうか、共感できるような気がします」と言った。そしてセッションの残りの時間の多くは、この変化の方向に従ったものだった。同様に、セッションの後のほうで、「あなたが思っていたよりも異質ではない」ということの異なったヴァージョンとして、彼女とケンの家族のメンバーの間の類似点に気づくよりも相違点に気づくほうが容易だろうと私が言ったとき、ルイーズは、ついにケンの母親との「共謀」のエピソードを回想するに至った。すなわち、ケンの母親が１人の時間をもてるように「自分（ルイーズ）の家にいた」と言えばいいと示唆したというエピソードである。ここでもまた、この焦点づけは情動的に重要な結果を生んだように思われた。すなわち、ケンの母親との感情的な結びつきへの重要な架け橋がかけら

れつつあった。第2セッションを始めたとき、私は気づかないうちにこうした体験に共鳴していた。その結果、私はルイーズのこの新しい体験の次元を過大に評価してしまっていた。そして、ルイーズをこの次元に引き戻そうと躍起になってしまっていた。その分、その時点で彼女がいるところに一緒にとどまろうとする気持ちが不足してしまっていた。

　何度か指摘してきたことだが、幸運なことに、もし治療者が何がうまくいっており、何がそうではないかについて思慮深くあろうとし、また実際にそうできているならば、治療プロセスは治療者に対して比較的寛大である。セッションの始まりにおけるこの過ちは、しばしば心理療法を学びはじめた学生が恐れるようには、セッションを「台無し」にすることはなかった。過ちは避けがたいものである。重要なことは、プロセスが有用な仕方で進むことだ。ここで私は、自分があまりにも時期尚早に多くを成し遂げようとしすぎていることに、かなり早いうちに気づいていたのかもしれない。というのも、セッションが進むにつれて、私はより傾聴の姿勢を取るようになり、（介入がなお有用で援助的であったと考えられる）最初のセッションと比べても、また、（介入がより有用でも援助的でもなくなってきた）この2回目のセッションの最初のほうと比べても、介入を控えるようになっていったからである。セッションが進むにつれて、われわれの協力は最初のセッションとはいくぶん違った様相を帯びたものになってきた。けれども、彼女の早期の人生経験についても、彼女のケンの家族との経験についても、新たな理解の仕方や体験の仕方を探究する努力はなお有意義な形で続けられた。ケンとケンの家族に、よりうまくアプローチする新たな道筋を探究する努力もまた同様である。セッション終了の時点には、私は、ルイーズはこの2回の面接から多くを得たと感じた。そして私は時間が限られていたことを残念に思った。

註

1 ── ここでもまた、「そうなんだ（right）」という一連の言葉は、正しいか間違っているか、ちゃんとしているかおかしいか、ということとはまったく関係なく用いられたものである。ここでのその言葉は、ただ、私が彼女の話を聴いていること、そして、彼女が話している間、彼女とともにいることを伝えるための発話である。

2 ── ワクテル（P.L. Wachtel, 1999）は、人種的ないしは民族的グループの間に認められる同様の力動について、詳しく論じている。そこでもやはり、それぞれの側が、相手側を刺激して、自分たちが非難しているまさにその行動を繰り返し喚起している。

5

メリッサ

　本章において提示される患者，メリッサとのセッションは，ルイーズとのセッションとはかなり異なった性質のものとなった。セッションのかなりの部分で，私はメリッサとの関わりにおいて足がかりを見出すのに困難を覚えた。メリッサと私との間には何か食い違いがあるように感じられ，普段，感じられるような真の共同作業の感覚が感じられなかった。メリッサと純粋に共同作業をしているように感じられるようになるには，ルイーズの場合よりも長い時間がかかった。メリッサとのセッションは，ルイーズとのセッションほど生産的には感じられなかったし，うまくできたとも思えなかった。

　もちろん，参加する2人が異なれば，作業の進行の仕方が異なるのも当然である。われわれの領域においては，何が治療者をある患者とは特にうまくやれるようにするのか，あるいは，何が患者をある治療者とは特にうまくやれるようにするのか，という問いはほとんど注目されてこなかった。ある部分では，私はルイーズとのほうがメリッサとよりも「相性」が良かったのかもしれない。しかし多くの複雑な要因のために，この場合，本当にそうなのかどうかはわからない。まず第一に，当然のことながら，今回の治療の相互作用が1回限りのデモンストレーションのセッションとして設定されていたという事実は，治療関係にすでに内在する複雑性に，明らかに一層の複雑性を加えていた。これはルイーズにとっても同じであったけれども，同じ設定も，人によって異なる意味をもちうる。もしメリッサと私がさらにもう1セッションをもつ機会を与えられ，そこで，われわれが最初のセッションで味わった困難をフォローアップし，探究することができたなら，そしてまた，われわれが最初のセッションで体験した結びつきを拡張していくことができたなら，われわれはより強い治療同盟を確立することができていたかもしれない。そしてその治療同盟を基盤として，ずっと深い関与がなされ，より十全で意味深い共同作業が可能となったかもしれない。実際，私の体験では，

治療の初期段階において結びつきが難しく感じられるときに，後に振り返ってみると，その難しさが治療作業を促進する体験となっていたことが判明することがしばしばある。それは，治療者が，患者の困難の背後にある問題により十分かつ直接的に出会うことを可能にする，一種の「実験」あるいは「ワークショップ」となっていたのである。そのような場合，最初の出会いが円滑に進んでしまうことは，実のところ，最も重要な問題が効果的に扱われないままになってしまうことを意味しているのかもしれない。

　治療の出会いが1回限りのデモンストレーションのセッションであったことがメリッサにとってもちうる意味に特に強い影響を与えたかもしれない要因について，私は，セッションが始まる少し前に，ビデオシリーズの世話人から知らされた。メリッサにとって，このような形式でのセッションは，はじめてではなかったし，彼女にとってAPAビデオシリーズはこれが最初の出会いではなかったのである。彼女は1年前にダイアナ・フォーシャによる同様のビデオ録画を伴う1セッションの治療に参加していたのだ。ダイアナ・フォーシャのことは私もよく知っているし，治療者として非常に尊敬している。私はどのような初回面接とも変わらない仕方で，セッションにアプローチしようと努めた。つまり，患者にとってセッションが良い有用な体験となるよう，どのような体験が私を待ち構えているかを知らないままに，できる限りオープンでいるようにした。けれども，この特別な環境（すなわちメリッサが同様のセッションを以前にもっていたということ）は，われわれの課題を複雑にする付加的要因となった。

　これだけでも尋常でない事態だが，この影響に加えて，ダイアナとのセッションは，メリッサにとって特に意義深いものであった。逐語録を読んでいただければわかるように，私とのセッションにおいて，メリッサは非常に肯定的にダイアナとのセッションに言及している。そしてダイアナのほうはと言えば，メリッサとのセッションをAPAビデオシリーズに収録するセッションに選んだのだった。そのようなわけで，私は「よそ者」としてセッションに入っていったような感じになった。私は，いわば，面接室のなかの「ダイアナではない人」であった。

　メリッサが以前にダイアナとAPAビデオを（われわれが今撮影しているのとまさに同じスタジオで）撮影したことの意味をさらに複雑にしていたのは，私とのセッションにおいてメリッサが述べたように，彼女が**自分の離婚をダイアナとのセッションに起因するものと考えている**ことである。彼女はこれを肯定的な文脈で述べており，ダイアナが自分の感情を十分に明確化してくれたことで，離婚を

追求する勇気を得ることができたと、ダイアナに感謝している。しかし、それでもなお、メリッサの経験したところでは、APAがシカゴに連れてきた訪問治療者による、たった1回のセッションが彼女の人生の基盤を変化させたことに違いはない。それゆえ、意識的にであれ無意識的にであれ、たった1回のセッションのためにニューヨークから彼女に会いに来た別の治療者によって、また同じように感動させられたり心を揺さぶられたりなどさせないぞと彼女が固く決心していたとしても、少しも不思議ではないのである(1)。

セッションにおいて取り組みたいと思う問題についての彼女の表現の仕方には、この点に関するメリッサの警戒心が現われているようにも受け取れた。メリッサは明らかに葛藤していた。それは治療者にはおなじみの心理状態である。しかし彼女が焦点づけていた葛藤は、ウェイトレスという（彼女が大学で身につけたスキルや知識を活用する仕事ではないし、発展させる仕事でもない）現在の仕事を続けるべきか、それとも、（彼女が職業的訓練を受けた仕事であり、なお就きたいと熱望している仕事である）新しい仕事を見出すべきかという、非常に具体的な選択の葛藤に限られていた。この葛藤における彼女の決断は、給料や健康保険といった具体的な経済的問題にかなり狭く焦点づけられていた。そして彼女は、セッションの時間の大半にわたって、この焦点づけからあまり離れなかった。

こうしたことは、現在のアメリカの社会において決して些末な心配ごとではない。しかし、メリッサが自分のジレンマをあまりにも狭い焦点づけで表現したことは、この領域における彼女の葛藤を解決するのを邪魔しているかもしれない他の問題を幅広く探索していくことを、事実上、妨げることになった。セッションが進むにつれて、その視野はいくらか広がった。そして、メリッサの人間関係と、彼女の生活における重要人物との間の葛藤が前よりも見えてきた。しかし、概して言えば、メリッサがセッションに持ち込んだ訴えの表現は、よりキャリア・カウンセリングにふさわしいものであり、心理療法にはあまり似つかわしくないものである。私がより典型的に実践している心理療法は、関係、葛藤、体験、排除された情動に焦点づけたものであり、ダイアナ・フォーシャの心理療法もまたそうである。言い換えれば、メリッサは、暗黙のうちに、もう「ダイアナ・タイプ」のセッションは（この場合「ポール・タイプ」のセッションは）経験したくないと心に決めているかのようであった。

セッションを通して、力動的な、あるいは統合的な心理療法家が援助しうるような多くの付加的なテーマが出現してきた。幼い娘をもつシングルマザーとして、

メリッサが医療給付を失いたくないのは当然であった。しかし最近離婚してシングルマザーになったことの影響は、おそらくメリッサに他のレベルでもストレスを生み出していた。困難と葛藤のひとつは、前夫とどんなふうに関わっていったらいいかを考えつづけることであった。明らかに、前夫は、今もこれからも彼女の人生における重要人物である。それは、広く情動的な意味でも、また単に彼が子どもの父親であるというだけの意味でもそうである。このことと関連して、彼女は、この人生の岐路において、自分は新しい関係を求めたいのか、それとも、今はむしろ子どもと仕事の問題に集中したいのか、という問いにも直面していた。これらのテーマはいずれも潜在的にはメリッサと探究していく価値があるものだったと思う。しかし、それらはセッションにおいて、私が普段の治療において見慣れているほど十分に、あるいは豊かに扱われることはなかった。本章における議論ではその理由が探究される。

　セッションを概観してみると、私の参加はとりわけ２つの要因によって妨げられていたと思う。第１の要因は、心理療法家、とりわけ心理力動的な方向づけをもった心理療法家に一般的なバイアス、すなわち、より「表面的」で実際的な心配ごとにとどまりたがらず、その「背後」を見ようとし、より複雑な隠された問題を見出そうとするバイアスである。私は、さまざまな仕方で、そうした傾向を批判してきたし、少なくともそうした傾向が問題のある偏った見方になりうることを批判してきた（P.L. Wachtel, 1997, 2003）。けれども私は、ここでは、ある程度、その傾向に取り憑かれていたと思う。１年前のメリッサのダイアナ・フォーシャとのセッションは、彼女の人生を変化させた。振り返ってみると私は、そのセッションが、彼女の自分自身や自分の人生についての感じ方に、とりわけ治療体験そのものについての感じ方に、どれほど大きな影響を与えていたか、その影響力の大きさを過小評価していたと思う。ある意味でメリッサは、治療者から受けた以前の援助が役立ったのだが、その援助に取り組むうえでの援助を求めていたのだと言えるかもしれない。メリッサの説明によれば、ダイアナとのセッションの後に生じた変化は彼女にとって重要で肯定的なものであった。けれども、それらはやはり大きな変化であって、彼女はなお、幼い子どもを抱えたシングルマザーとしてのストレスフルな環境のなかで、それらを同化しようとし、また、生活を組織化し直そうと格闘していたのである。

　私が提供したいものを彼女に差し出そうとするのではなく、メリッサ自身が求めていた援助を提供するのを困難にした第２の要因は、このセッションが録画さ

れており，ビデオとして公開される可能性があったということであった。その結果，私にはセッションが視聴者となるだろう人々にとって**興味深い**ものになってほしい，私がどのように治療を進めるかがよくわかるようなものになってほしい，という思いが生じた。治療者として，われわれは，興味深いことと援助的であることとの間には，おそらく正の相関関係があるにせよ，そこには決して厳密な結びつきがあるわけではないということを認識しておくことが重要である。時には，患者が必要としているのは，治療者が求めているものではないかもしれない。つまり，患者は取り立てて「興味深い」知的にわくわくするような関与を求めているわけではなく，ただ穏やかで安定し，親切で支持的な存在を求めているだけかもしれない。カメラの存在は，これまで経験した他の録画セッション（ルイーズのセッションも含めて）以上に私に影響を与えた。おそらくそれは，セッションが始まってすぐの段階ですでに，私のセッションにおいて「たいてい」起こることをデモンストレートするには難しいセッションになりそうだと感じていたからだろう。その結果，純粋に協力的であったメリッサと歩調が合うようになるのに時間がかかってしまった。

　この1セッションのなかでさえ，時間が経つにつれて，メリッサと私は次第にいくらか共通の地平を見出し，より生産的に作業するようになった。セッションの後半は前半よりもずっと生産的で興味深いものになったと思う。特に，セッションが進むにつれ，メリッサに対して，彼女がいかに今の仕事にとどまりたいと思っているかということを，そして彼女が転職を考えた主な理由は他者からのプレッシャー（他者からの実際の要請であると同時に，以前の体験の名残による彼女の頭のなかの「べき」思考でもあるプレッシャー）にあったということを，明確にすることができた。家族システムにおけるメリッサの複雑な役割も明確にされた。彼女は，整理するのが難しい，混乱したメッセージを受け取っていたように思われるということが指摘された。セッションの雰囲気は，より支持的なものになると同時に，より探索的なものになっていった。治療過程の議論において，しばしばこれら2つは対立的なものとして扱われている。私自身は，これら2つを対立的なものではなく，相補的で，相互に促進的なものと見ている。支持的であることによってこそ，効果的に探索できるのだし，その逆もまた然りである（P.L. Wachtel, 1993, 2008）。たとえば，メリッサとのセッションにおいて，これから次のようなことが明らかになるだろう。仕事の選択についての彼女の困難に寄与している，そして，事実上，彼女が自分で決めたことであるにもかかわらず，心か

ら納得できないままにさせている，より複雑で無意識的な要素を探索しはじめられるようになったのは，ひとつには，私が彼女の選択や傾向を支持し，それらを「メリッサ流に」行なっているという言葉で肯定的に表現したことにあった。究極的に言って，われわれの共同作業の最初のチャレンジは，セッション自体を「メリッサ流に」行なっていく道筋を見出すことだった。たいていのセッションにおいては，これを達成する努力は，このセッションにおけるほど明白ではないだろう。しかしそれはなお究極的には，**あらゆる**治療的出会いの課題でもある。

● **セッション**

  ポール：メリッサさん，こんにちは。

  メリッサ：こんにちは。

  ポール：今日ここへいらした理由を簡単に説明していただけますか。

  メリッサ：今，一番の関心事は，自分の分野で仕事に就くことなんです。私は最近……えっと，カウンセリングのコースを勉強しているんですが……。

  ポール：うん……。

  メリッサ：私は結婚生活や家族の問題を扱うコースにいたんですけど，スクール・カウンセリングにコース変更することにしたんです。

  ポール：うん……。

  メリッサ：で，私は今はウェイトレスをしてるんです。えっと，たぶん足掛け5年ウェイトレスをしています。

  ポール：うん……。

  メリッサ：で，一番大きい問題は，今の自分の仕事を辞めて，自分の専門分野で別の仕事を見つけるってことなんです。今の仕事はずっと辞めたいって思ってたんです。でも，それって，結構難しいんですよね。だって，今の仕事は手っ取り早くて，簡単で，すぐ現金で払ってもらえる。家に持って帰ってやるような仕事じゃないんです。仕事をする時間も便利だし。でも，そろそろ履歴書を書きはじめることが必要かなって。あの，自分のキャリアを築いていくときかなって。

  ポール：うん，うん……。

メリッサ：だから，今一番の問題って思えるのは，スクール・カウンセリングをやっていくうえで，あの，今何をすればよいか決めていくってことなんです。

ポール：うん……うん……ということは，あなたの問題は，ある部分では，実際的で外的な問題，人生の決断の問題ですね。その一方で，また別の部分では，メリッサさんには何か直観的に感じることがあって，それでここにいらしたわけでしょう。そうした決断を妨げている何かがあるって。そんなふうに考えてみたら，何か思いつくことがありますか？

*

　ここまでのところで私が耳にしたのは，かなり実際的な心配ごとである。それは重要なことではあるけれども，心理療法家があまり助けになれるようなことではない。彼女はこれを心理療法家に相談しているのであるから（そして，彼女がここに来た理由としてそれを述べているのであるから），私は彼女が明確化したり取り組んだりするのを助けられるような**ほかの何か**がこの決断に含まれているのではないかということを探究しようとしている。「メリッサさんには何か直観的に感じることがあって，それでここにいらしたわけでしょう。そうした決断を妨げている何かがあるって」と私が彼女に言うとき，私は彼女がその直感に注意を払うよう，そして，それにもっと触れていくよう助けようとしているのである。このような言い方をすることで，私は帰属的コメントを提供しているのである（P.L. Wachtel, 1993）。つまり，彼女がまだ口に出していないし，まだもってもいないかもしれない直観を，彼女がもっているものと信じて託しているのである。

　このようなセッションの非常に早期の時点において，私はすでに治療者として有意義なことを何もできないのではないかと心配しはじめている。とりわけ，これはデモンストレーションのセッションだったので，訓練中の心理療法家や，心理療法の過程についてさらに深く学ぼうとしている経験を積んだ心理療法家にとって，興味深いことは何もできないのではないかと心配しはじめている。

メリッサ：そのう，私の一番の心配は，そのう……私は離婚したばかりなんですよ。娘とアパートで暮らしてるんです。だから，私の一番の心配はお給料が少なくなることですね。(2)

＊

　セッション中にもすでに考えはじめていたことだし，振り返ってセッションについて考察していても思うことだが，ここでの問題は，共有できるアジェンダを見出すこと，つまり，私が彼女の助けになれるような問題，私のスキルと経験が適している問題を見つけ出すことになりつつあった。もちろん，彼女の心配事は完全に理に適ったものである。そして，明らかに，彼女には，治療者の興味のあることや治療者のスキルが適したことではなく，**彼女が心配なことを心配する権利**がある。しかしミスマッチの感覚が生じはじめているのも事実である。つまり，彼女は間違った人に出会ってしまった，少なくとも彼女が言葉にしたような問題には何の専門性もない人に相談に来てしまった，という感覚が生じはじめている。

　われわれは一緒にいくらかの時間を過ごすことにコミットしてきたわけで，そこでの私自身のアジェンダは，一方では，彼女の体験にとどまること，彼女が感じていることや欲していることの専門家として彼女を尊重することにあるが，しかし他方では，どこかでは純粋に外的ではなく実際的ではない葛藤を彼女が体験しているかもしれないという可能性を探究していくことにある。結局のところ，私が彼女に提供できるのは，医療給付についての専門知識ではなく，何らかの気づかれていない考えや感情が，ひとつには気づかれていないがゆえに，彼女の意思決定を妨げているのではないかということを彼女が検討していくのを助ける専門知識である。

　無意識的過程についての私の見方は，そして無意識的過程についての治療場面での私の話し合い方は，多くの力動的治療者のそれとはやや異なっている（P.L. Wachtel, 2005, 2008）。私は無意識を，患者には何の手がかりもなく，治療者だけが認識できるような完全に独立した領域とは見ていない。むしろ私は，無意識を，患者にとって焦点づけて見ることが難しく，たいていは認めることが居心地悪く，それゆえ意識の周辺に追いやられているか，焦点的な気づきからまったく締め出されている体験の諸側面から構成されているものと考えている（cf. D.B. Stern, 1997）。治療者の専門的技術は，おおむね，何かが締め出されているということを示す多様なヒント（何らかの内容が不自然に欠如していること，ある時点で話題が不自然に変わること，言い間違といった言語上の現象に加えて，言いよどみなどの感情的な手がかりのように非言語的に表出される現象をも含む多様なヒン

ト）に注意を向けさせることにある。治療者の専門的知識は，締め出されている体験を推測するためのアイデアを与えてくれるような知識や体験にある。

　良い治療者は，現在の治療者の訓練においてはしばしば欠落している，また別の種類の専門的技術も身につけておく必要がある。それは，こうした観察や暫定的仮説を患者にどのように**伝えるか**という点に関する専門的技術である。もし治療者のメッセージの暗黙の主旨やニュアンスが「あなたは自分ではまったく気づかないままに，～と考えたり感じたりしています」「あなたはあなた自身の体験について無知なのです」「あなたは自分では～を欲していると考えているのだけれども，『本当は』ほかのことを欲しているのです」といったものであるなら，そのメッセージは治療的ではないだろう。[3] 他方，もし治療者が患者が体験していることを認め，承認し，それに沿って進むならば，そしてそのうえで，**それに加えて**そのほかにも何かを欲したり感じたりもしてはいないかを探究するならば，つまり，患者の自己感覚に挑戦するのではなく，患者の自己感覚を**拡張する**ならば，治療的な結果がより得られやすいだろう（P.L. Wachtel, 1993, 2008）。

　この後，このセッションが進むにつれて，読者には，自分自身や自分のジレンマについての患者の見方を拡張しようとする私の試みは，ルイーズの場合ほどうまくいっていないということが明らかになってくるであろう。セッションの進行のさまざまな時点で，私が性急すぎて治療同盟の発展を妨げてしまってはいないか，そしてその結果，われわれが最初に言葉にした問題を協働して拡張していくのをより困難にしてしまってはいないか，検討していこう。メリッサとの関係がルイーズとの関係とはどのように違ったように発展していったかについても考察しよう（こうした違いとその意味については，第6章においてもさらに考察する）。

ポール：うん……。

メリッサ：だから，経済面から見ると，お給料が少なくなるのは困るんです。けど，心理学の学士号で就ける仕事だったら，今の仕事から見ると賃金カットになっちゃうって思うんです。だから，それが私の一番の心配ごとですよ。あの，だから，だから身動きできないんですよ。もし，仕事を変わるんだったら，履歴書に書いて見栄えのいい仕事に就きたいから。

ポール：うん……。

メリッサ：ウェイトレスを辞めるっていうことだけのためにウェイトレスを辞めたいとは思わないんです。あのう，で，もう1つの心配は保険です。ウェ

イトレスの仕事を辞めたくないもう1つの大きな要因はそれなんです。
ポール：そう。
メリッサ：だから，まあ結局お金の問題ってことですよね。
ポール：うん，それは明らかにとっても現実的なことですね。
メリッサ：ええ……。
ポール：そうしたことを考慮に入れなければ，だれも良い決断を下すことはできませんよね。
メリッサ：ええ……。
ポール：でも，私たち2人がここでこうして，それで，メリッサさんのなかには，そうした決断を下すことには，ただお金の勘定をするだけじゃなくて，それ以上のものが何かあるのかもしれないっていう思いがあるんじゃないですか？

　　　　　　　　　　　　　　　＊

　ここで私は，もう一度，以前に始めた探究のラインを追求している。私は，彼女が表現した，経済とキャリアのチャンスについての現実を認め，それらについての懸念の適切さを承認することから始めた。しかし，その後，私は，いわばそのレンズを拡張しようと試みている。つまり，どうしてその決断をすることがそんなに難しいのかを彼女自身がもっとよく理解できるよう助けられないか，試みている。

メリッサ：ええ……。
ポール：離婚したばかりで，お子さんがいらっしゃるっておっしゃいましたよね。そうしたことが決断を下す難しさに何か関係しているってことはないですか。

　　　　　　　　　　　　　　　＊

　ここで私は以前に彼女が自分の決断の文脈の一部として言及したことを取り上げている。結局のところ，私は彼女に，このことが彼女の決断にとっての単なる実際的な文脈にとどまらず，**情動的**な文脈の一部にもなっているのではないかと

いうことを考慮してみるよう助けようとしているのである。

　メリッサ：さあ，どうでしょう。仕事を変わること自体は，別に問題じゃないんです。それが怖いと思っているわけじゃない。気がかりな内容ではないんです。でも，私が気にしているのは，スクール・カウンセリングみたいに，あの，続けることに価値があることをすることだと思うんです。今までは病院で仕事を見つけようって思ってたから。勤務時間は都合がいいし，手当てもいいし，あの，保険もあるし，だから結婚生活や家族の問題に関するコースを続けていたら，それがいいって思ってたんです。でも，コースを変えることにしたから，病院で働くのってそんなに良い話じゃないかもしれないって思いはじめたんです。
　ポール：うん……。
　メリッサ：でも，それに縛られるわけじゃないから，わからないんですよ。っていうか，ここ2カ月間のストレスに飽き飽きしてるんですよね。だから，とりあえず今の仕事のままでいたらちょっと安らげるかな，みたいな。
　ポール：うん……うん……。

＊

　そのときには言わなかったし，思いつかなかったけれども，今この原稿を書いていると次のような着想が湧いてきた。彼女のなかには「～すべき」という内的なプレッシャーの感覚があるのではないだろうか。そして，それが彼女に決断することを難しくさせてしまっているのではないだろうか。ここで彼女にそのように示唆してみたら，きっと役に立ったのではないかと思う。たとえば次のように言うこともできるかもしれない。「あなたの言っていることからすると，多くの点で，ウェイトレスを続けることが今のところ本当にベストの選択であるような感じがするんですね。けれども頭のなかにそんなことは『すべきではない』と言ってくるしつこい声があるみたいなんですね」。もしこれが彼女の現象的な体験を捉えていることを示す反応が彼女から返ってきたなら，治療者はさまざまにフォローアップできるだろう。彼女の反応とその情動的な次元に応じて，たとえば「その頭のなかのしつこい声は，以前にもあなたにプレッシャーをかけてきたことがあるんですか？」と尋ねることもできるだろう。あるいは，もっとその体験を直

接的に尋ねることもできる。「その声がどんなふうなのか，もっと話してみてくれませんか。その声は，ほかにどんなことを言ってきますか？ その声のトーンはどんな感じでしょうか？ その声にはなじみがある感じがしますか？ あなたが育ってくる間に身近にいた誰かの声みたいでしょうか？ その声はどんなふうに**感じられますか？**」（これらの質問のいずれもが有用でありうる。選ばれなかった質問は，最初に選ばれた質問があまり豊かな反応を引き出さなかった場合のための予備質問となるか，あるいはさらに探究を深めていくための追加質問となる）。

彼女のなかに，その声に対して**怒っている**部分，その声にどこかへ行ってほしいと願っている部分がないか，探索してみたいと思う読者もいるだろう。その場合，「その声に対して何と言い返したいですか？」と尋ねることもできるだろう。このように尋ねることで治療者は，彼女の行動を妨害している内的な要求から少なくとも部分的に彼女を**解放**しうるような反応を彼女が探索し，それを潜在的にリハーサルするのを助けているのである。

  メリッサ：でも，喜んで仕事を変わりたいって思っているのは本当なんですよ。
  ポール：うん……。
  メリッサ：だから……。
  ポール：そのことについてもう少し話してくれませんか，ストレスがあったこと，そして，今はちょっと安らぎを感じていることについて。

＊

逐語録を読んでいると，私が1つか2つ前の彼女のコメントに戻って反応しているように見えるかもしれないけれども，実際には私は直前の彼女の発言に対して反応しているのである。そのことは，1つには，実際にはセッションの対話には含まれていない解説が挿入されているために，そしてもう1つには，逐語録では，私の単なるあいづちである「うん……」がはっきりと文字化されているために，わかりにくくなっている。実際には，メリッサは，ここ2カ月のストレスについて，そしてウェイトレスの仕事にとどまっているとそのストレスがちょっと安らぐことについて，本質的に持続的に話している。

ここでのコメントにおいて，私は感情の領域にもっと入っていこうと試みてい

る。メリッサはストレスを感じていると述べ，そして，決断しないまま放置しておくこと，つまりウェイトレスのままでいることが，ストレスを**和らげる**と述べている。ストレスとその緩和の体験に焦点を当てることで，私は心理療法過程の目標を促進するのに適した形で彼女の体験に入っていこうと，再び試みている。もし私が心理療法家ではなく，たとえば友人として彼女と関わっていたのなら，キャリア上のチャンスと医療保険の利点のどちらを優先させるかというレベルにとどまり，そのレベルでの話し合いを続けていただろう。

メリッサ：ストレス感っていうのは，そのう，ちょうどいっぱい不安があったって感じかなあ。あのう，緊張感があったんですよ。考えたくないことがたくさんあるんですよね。そのう，で，安らぎっていうのは……。今安らぎが得られるのは，私はまだウェイトレスをしていて，収入が安定していて一定であるってわかってることだけなんです。そういった意味では安らぎがあります。

*

ここでもまた私はこの解説を書きながら，彼女を単に安らいだ**ままにしてはおかない**彼女の内的な声について考えている。そして，このセッションでそのことを扱うコメントができていたら助けになっただろうと考えている。

ポール：うん……うん……。
メリッサ：あのう，でも，ここ最近，私の人生は，すっごくたくさんの局面で変わってしまったから，もう1つ変わったからってどうなのって思ったんです。
ポール：うん……うん……。
メリッサ：あのう，仕事も変わって，何もかも変えたらいいじゃない，みたいな。だから，あの，本当に，喜んで変わるんだけど，でもこの場にとどまることで安らぎを得ている自分がいることもたしかなんだと思います。喜んで変わるっていうのも本心なんだけど。そのう，特に保険のことを考えると，あの，辞めようって思うんですよ。
ポール：うん……うん……。

*

　この解説を書きながら，「ここ最近，私の人生は，すっごくたくさんの局面で変わってしまったから，もう1つ変わったからってどうなのって思ったんです……仕事も変わって，何もかも変えたらいいじゃない，みたいな」という彼女の発言についてさらに考えてみると，彼女のこの発言には自己懲罰的なトーンがあるのではないかという考えが生じてきた。彼女は離婚について意識的に罪悪感を感じているのだろうか。そして離婚の「罰」として，すでに多くの困難が重なっているところに困難をもう1つ加えるという苦しみを味わわなければならないと感じているのだろうか。それとも，この発言は「次から次へと大変なことが起こる。もう1つ増えたって同じじゃない？」といったような絶望的な言葉なのだろうか。こうした可能性は，次のような問いかけによって探究することができるだろう。「もうこんなにたくさんストレスフルなことが起こったのに，そこにさらにもう1つストレスが増えてもいいとあなたが感じているのはなぜなんでしょう？」「次から次へと大変なことが起こってくる。こうなったら，もうどっちでも同じだっていう感じでしょうか？」。

　　メリッサ：だから……。
　　ポール：間違った結論を出すことを恐れているって部分はありますか。たとえば……？
　　メリッサ：今，心配していることのなかで，有利だって言えるのは，今の仕事に関しては，いったん仕事を辞めても，またいつでも戻れるってわかってることですね。辞めたとしても，もし戻ることが必要になったら，また雇ってもらえるって思います。だから，そのう，大きな問題じゃないんです。でも，本当にこの仕事を辞めるんだとしたら，しっかり辞めて将来のためになる場所に行くようにしたいって思うんです。
　　ポール：うん……うん……。
　　メリッサ：それが，一番大きな問題ですね。
　　ポール：うん……うん……。
　　メリッサ：あのう，1カ月くらい前に，履歴書の下書きを始めたんですよ。それで，えっと，修士課程に進もうかって考えたり。それで，そのことは

ちょっと後回しにして，あの，今はいろんな人の話を聞いてみようかなあって。誰か，あのう，その筋の人を知ってる人を探してみたり。もしかしたら，何かアドバイスがもらえるかもしれないし。

ポール：そう。ということは，メリッサさんをサポートしてくれる人たちがいて，もし戻ってくるようなことがあったら，受け入れてくれる環境にいるってことが，とっても重要なんですね。

*

このコメントもまた，経済問題やキャリア問題といった現実的なレベルの問題から，より心理的なレベルの問題へと焦点をリフレームする努力であるが，このコメントは，探索の出発点としての安全基地という，愛着現象に言及したものである（Bowlby, 1988 ; Wallin, 2007）。

メリッサ：ええ，ええ。つまり，それがわかってるってことで，大きな安心感があります。

ポール：ええ。

メリッサ：でも，同じことの繰り返しですが，仕事を変わりたいって思っているのも本当なんですよ。

ポール：うん……うん……。

メリッサ：あのう，それって，もし今の場所を離れるんだったら，それが正しいことだって確信したいんです。ふらふら行ったり来たりしたくないから。

ポール：うん……。

*

私はここで，メリッサのこの考えは，彼女が最近離婚したことや，その選択とその結果について，おそらく居心地よく感じているよりも疑いをもっているほうが大きいことと関連しているのかもしれないと考えている。ふらふら行ったり来たりすることへの懸念や，自分が正しいことをしているのか確信がもてないことは，最近のより重大な決断についての疑念の置き換えられた表現なのかもしれな

274　ポール・ワクテルの心理療法講義

い。そして，**その決断**において行ったり来たりしてみたい気持ちを暗に示唆するものなのかもしれない。あるいはまたそれは，独身になった今，自分にはまた家がもてるのか，つまり安全な居場所がもてるのか，それともただ「ふらふら行ったり来たりする」だけなのかについての懸念を暗に示唆するものなのかもしれない。

 メリッサ：あのう，もし今の場所を離れるんだったら，そのう，言いたいことは，あのう，えっと，自分の専門分野の仕事について，お給料が減ったとしても……。
 ポール：うん……。
 メリッサ：1カ月に何回か週末にウェイトレスの仕事をして，ちょっと余分に稼ぐとか……。
 ポール：うん……。
 メリッサ：そうしたことができるってこともわかってるんです。だから，そのう……でも一番大きな問題は，そのう，いくらお金がもらえるかってことで，それで，もし仕事を変わったら，ゆくゆく私に利益をもたらしてくれることかどうかってことなんですよ。あの，後でほかのことと結びつかないような仕事には就きたくないんですよ。
 ポール：あのう，メリッサさんは最近人生で大きな変化を経験したばかりですよね。離婚っていう……。

*

ここで私は上の解説部分において述べていた考えの一部をメリッサとの間で取り上げはじめている。私は面接の焦点を経済的な懸念から離婚自体へと変えようとしている。

 メリッサ：そう，そうですね。
 ポール：離婚がどんな感じだったのか，簡単に説明してもらえますか。
 メリッサ：スピード離婚ですね。ちょうどこんな感じ。2月に書類を出して，3月には離婚が成立していた。
 ポール：うん……。

メリッサ：本当にスピード離婚でした。

ポール：うん……結婚生活はどのくらいだったんですか。

メリッサ：3年半です。もうすぐ4年になろうとしてました。

ポール：うん……それでメリッサさんが離婚することになりそうだって気づいたのは……離婚自体はとっても速かったおっしゃいましたよね。だとしたら，どういういきさつで離婚することになりそうだって気づいたんですか？

メリッサ：怖かったのは，11月にここでダイアナさんと会ったんですよね。そのダイアナさんとのセッションで，学んだことがたくさんあったんです。彼女と話をして，それは，私にとっては目からうろこの経験でした。自分自身のいろんなことに気づいたし，それがわかるようになった。自分を抑えつけていたものがたくさんあったって思うようになったんです。ここにとどまるべきか，ここから去るべきか，思いを巡らせていた理由が理解できたんです。

ポール：うん……。

＊

　メリッサのダイアナとのセッションは，明らかに，多くの点で現在のこのセッションにとっての重要な文脈の一部となっている。一方で，彼女はダイアナとの間で非常に意味深く力強いセッションをもった。この状況で，やはりまた単発のセッションのためにまた違った治療者に会うということは，彼女にとって次のようなことを意味するかもしれない。つまり，彼女が本当に会いたかったのはダイアナであって，私はその貧弱な代用品にすぎないという感じがするかもしれない。あるいはまた，治療者たちはただやってきては去っていくだけであり，いかに力強く心を動かしたとしてもフォローアップのためにそこにとどまっているわけではないという感情がかき立てられるかもしれない。こうした感情のいずれもが，彼女がこのセッションの治療的可能性に深く参与することを妨げるだろう。

　それと同時に，ダイアナとの体験はまた違った仕方でこのセッションに影響を与えている可能性もある。メリッサは，ダイアナとのセッションを意義深く援助的なものと体験しただけでなく，治療を少し**強力すぎる**ものとして体験したのかもしれない。その結果，彼女はより深い体験に接触する程度を制限しているのか

もしれない。結局のところ，彼女の体験においては，ダイアナとのたった一度のセッションが離婚を決意するうえで重要な役割を果たしたのである。それは，最終的には良いことだったと感じられているにせよ，苦しい体験であることも明らかである。そのことは，たとえば彼女がダイアナとのセッションの結果を「怖かったのは」と述べていることにも反映されている。いかなる治療者とのセッションも人生全体をその軌道から逸らしうるものと受けとめられているとすれば，彼女がこのセッションの影響力を制限するように動機づけられていたとしても，驚くべきことではない。

　（セッションのこの時点で，次のことに注意を促しておくこともまた有用であろう。ここで離婚について言及した「ここにとどまるべきか，ここから去るべきか」というメリッサの言葉は，セッションにおいて検討したい主な問題として彼女が提示している葛藤との間に橋を架けるものでもある。すなわち「ここにとどまるべきか，ここから去るべきか」という言葉は，メリッサがウェイトレスの仕事について自問している問いでもある。そして，現在の葛藤と離婚の決心についての問いとの間にこうした一致が認められるということは，具体的な仕事の決定における彼女の困難のいくらかが，離婚にまつわる未解決の感情と結びついている可能性をさらに示唆している）。

　　メリッサ：それは，なんていうか，理由がわかったってことでちょっと安心したんですよ。っていうか，ようやく答えを見つけたんだって感じです。で，ダイアナさんとのセッションの数週間後に彼に話したんですよ。
　　ポール：うん……。
　　メリッサ：で，私は晴れて離婚したわけです。
　　ポール：うん……。
　　メリッサ：だから，今日のこのセラピーでどんなことになるかわからないけど，だから，ちょっと緊張してますね。
　　ポール：不安定になりたくない……。
　　メリッサ：ええ，いろんなことがいっぱい変わったから……。
　　ポール：……って思ってるってことでしょうか。
　　メリッサ：ええ，しばらくはじっとして，動かないでいられればいいなあって。

＊

ここには，メリッサが，ダイアナとのはじめてのセッションの体験の後で，今回はずっと慎重になろうとしている兆候がより明瞭に見て取れる。

　　ダイアナさんとのセッションの数週間後に彼に話したんですよ……で，私は晴れて離婚したわけです……だから，今日のこのセラピーでどんなことになるかわからないけど……不安定になりたくない……しばらくはじっとして，動かないでいられればいいなあって。

これらの発言はすべて，治療セッションが，またもや，彼女に心構えができている以上の変化をもたらしてしまう危険を冒したくないという，メリッサの側の非常によく理解できる心理状態を指し示している。その結果，セッションの焦点づけはかなり狭いものとなり，少なくとも最初のうちは，ルイーズとのセッションの場合のようには，探索と深化の機会も得られなかった。

　　ポール：ああ，それはそうですね。ええ。
　　メリッサ：はい。
　　ポール：そう。
　　メリッサ：だから……。
　　ポール：だから，離婚はメリッサさんが決めたことなんですね。

＊

このコメントをするにあたって，私は話題を，探索の出発点，つまり離婚の意味と影響力に戻そうとしている。私はまたメリッサを彼女の人生における積極的な主体として強調している。

　　メリッサ：ええ……。
　　ポール：うん……うん……。
　　メリッサ：私から言い出したことですけど，最終的には双方が同意したことです。
　　ポール：うん……で，今は離婚についてどのように感じているんですか？

*

あからさまだけれども、しかしなお重要な質問である。

 メリッサ：いろんなことを自問しています。あの、いろんなことで「もしもあのとき、もしあのとき私たちがこうしていたら」とか。それが、ダイアナさんと話を続けている理由のひとつです。彼女は、シカゴのセラピストを紹介してくれるって言ったんですけど。
 ポール：はい……。
 メリッサ：もし、第三者に間に入ってもらったとしたら、どうだっただろうって考えました。あの、2人の間の成り行きは変わっていたかなあって。だから、そんなことをいつも考えてます。一連のいきさつのなかで一番嫌だったのは、どこにも、決して終結点がなかったってこと。ていうか、私は11月に言ったんですね、彼に、離婚したいって。でも、4月に家を売るまで、私たち、一緒に住んでたんですよ。
 ポール：うん……。
 メリッサ：4月の1日まで。お互いに迷いがあって、同じ家に住んでたんですよ。つまり、彼は出て行かず、どこにも行かなかった。それって、一番難しいことでしたね。他の人たちは、「離婚することにしたのに、それでも一緒に住んでいるってどんな感じ」って聞いてくるんですよね。それで私は、「なんか変な感じ。離婚しないみたいな」って答えて。あのう、本当に変でしたね。

*

前のコメントとも一致することだが、離婚は明らかになお葛藤と不確実感の源となっている。離婚は彼女にとって、確固とした決定的な良い決断というわけではないのである。だから、それほど重大ではないにせよ、なおかなり重要な事柄について、この時点でまた決心をすることに彼女が躊躇するとしても、当然のことである。

ポール：うん……離婚を考えていたときは、どんなふうに感じていたんですか？

メリッサ：私はただ、幸せじゃないって感じてました。もしそのまま結婚生活にとどまっていたら、決して私のありのままの姿を受け入れてもらえない夫婦関係だって感じてたでしょうね。私は何をやっても十分だって認めてもらえなかった。いつもそんな感じでしたね。

ポール：ということは、彼が面白くないとか、彼に対してワクワクした気持ちがなくなったとかいうことだけじゃなかったんですね。彼はメリッサさんのことをあまり大切にしてくれてなかった。メリッサさんに十分に注意を払って、答えてくれなかった。

*

セッションのこの部分を読んでいると、批判的な内的な声についての以前のコメントが思い起こされる。「何をやっても十分だって認めてもらえなかった」という体験が、外的な批判の体験であると同時に、おそらくは、**内的な声**を活性化する体験でもあるのだろう。その内的な声が、夫からの批判的な声と暗黙のうちに共謀ないし同意する亡霊を呼び覚ますのである。

メリッサ：ええ……はい。そのう、えっと、私たちの結婚生活は、ダイアナさんにもたぶん言ったと思うんですけど、私が経験した恋愛関係のなかで、情緒的に一番貧弱な関係だったと思うんです。

ポール：うん……。

メリッサ：そんな感じだったんですよ。本当に、そのう、なんていうか、とっても変だったのは、私たちの関係にはいくつものレベルがあったって思うんですよ。つまり、あの、何もしなくても、一緒に座ってテレビを見ているだけでも、私は彼とつながっていることができたし、それでよかったんです。でも同時に別のレベルでは、しょっちゅう衝突していた。そんなことの繰り返しで。しかもくだらないことばかりだったんですけど。

ポール：ちょっと例を挙げてもらえませんか。どんな感じだったか僕も理解できるように。

メリッサ：あのう、たとえば子育ての問題……3歳の子どもがいるんですけど。

ポール：うん……。
メリッサ：子育てでは，いつも衝突してましたね。て言うか，たとえば，ダコタがぐずったり，泣いたりするとしますよね。そしたら，あの，いつも私が玄関に入った瞬間に……あのう，たとえば，彼が一日娘の面倒を見てたとしますよね，私が週末仕事に行ってたときとか。そんなとき，私がうちに帰ると途端に彼が言うんです。「君が帰ってきた途端に，竜巻が起こったみたいだよ。ダコタは一日中泣いたりぐずったりしてなかったのに，ママが帰ってきた途端，泣きわめいてぐずるんだから」って。
ポール：うん……。
メリッサ：で，そんなこと，つまり私がそばにいるときにダコタがすることに対してまったく容赦がないんですよ。我慢なんかしないし，すごく怒ってたんです。
ポール：で，彼から批判されているように感じたんですか。
メリッサ：ああ，その通り，その通り。まったく。
ポール：ええ。
メリッサ：そのう，私はいつも彼から批判されているように感じてたし，たとえば娘のことに関しても，いつも競争があるんですよね。いろんなレベルで私たちは競い合っていて，つまり，それが気に食わなかったことですね。だから何なのって感じだけど。ダコタが泣いたって，ぐずったって，それは，私とだったらそういうふうに振る舞っても大丈夫だってわかってるからでしょう。その，私とだったら感情的になっても大丈夫だって感じているから。
ポール：ということは，ある意味で，彼はメリッサさんに対して優しくなかった。メリッサさんを理解してくれなかったし，メリッサさんを責めていたってことですね。けれどもそこにはまったく別の部分もあった。お話を聞いていると，その部分というのは，彼がメリッサさんとつながっていなかったっていう感じとより関わっているみたいに聞こえます。
メリッサ：ええ……。
ポール：その部分に関してもう少し話してください。
メリッサ：彼はいろんなことを受け止めるタイプじゃなかったって思うんです。私は彼のことを……これは彼も知ってると思うけど，私は，彼はとっても批判的で，人に厳しい判断を下す，とっても独善的な人間だと思って

ます。そのう，私はその正反対なんですよね。ていうか，そのう，彼のことが気に食わないのは，つまり，これはダイアナさんにも言ったんですけど，彼のことが気に食わないのは，そのう，彼は白黒をはっきりさせたい人なんです。それに対して，私は灰色がたくさんある世界に生きてるんですね。だから，その，私がどちらか一方を選ばないと，自分の立場をあいまいなままにしておくと，その，彼はそれが我慢できないんです。それで彼はいつもイライラしてたんです。

*

ここで，メリッサが持ち込んだ主要な問題とも関連して，決心をすることは彼女にとってより**一般的な**問題であるということが明らかになってきた。つまり，彼女は，何かを決めることに困難を覚える人であるようだということである。このことを考慮すれば，彼女の離婚が非常なスピード離婚だったことや，ダイアナとのセッションが見たところ彼女に大きな影響力をもっていたことは，より強い印象を与えるものである。同時にまた，この部分を今読んでいると，彼らが一緒に住みつづけた合間の期間の「離婚しないみたいな」感じの頃の体験は，さらに探索してみることが有用だろうと思われる。

ポール：ということは，今メリッサさんが仕事に関して迷っている状態っていうのは，彼には我慢がならない状況なんでしょうね。
メリッサ：彼がそれに腹を立てるかって？
ポール：ええ，メリッサさんが決心できないでいると，腹を立てるっておっしゃったでしょう。
メリッサ：ああ。そういうことですか。ああ，その通り，彼は私に小言のひとつも言うでしょうね。彼なら，「君は学士の，学士号があるんだから，探しに行ったら仕事が見つかるはずだよ。いいお金がもらえる仕事ができるはずだ」って言うでしょうね。でも，「それって本当？ううん。それなら，ここガバナーズ州立大学で心理学の学士をもってる人に，どんなことをしたか，社会福祉の分野でどんな仕事をして，どんなお金をもらっているか，聞いてみたら」って。でも彼は学位をもってて，教育を受けていたら，探せばいい仕事が見つかるはずだって。ウェイトレスなんか続けるべきじゃ

ない。続ける必要なんかないって。

ポール：うん……。

メリッサ：ええ、彼は正しいと思いますよ。続ける必要はないって。でも、お金のことを考えたら、それが、私がウェイトレスを続ける理由なんです。

ポール：っていうことは、決断を下さないままでいて、それでも誰からも批判されないでいられるっていうのは、いわば贅沢みたいに感じられるんでしょうね。

*

　ここで私は彼女と手を取り合おうとしている。彼女が決心するための時間をもつことにサポートと承認を与えようとしている。私が表現している態度が、彼女が夫に感じた態度とは異なっているという意味で、これは一種の修正情動体験として見ることができるかもしれない（Alexander & French, 1946）。それはまた、たとえば、プラグマティック、家族システム的、ナラティヴ・アプローチなどで用いられている「抵抗の肩を持つ」という概念から理解されるかもしれない。メリッサは、この選択をするのを難しく感じていることに関して非常に自己批判的であった。ここで私は彼女の優柔不断を性格上の欠点ではなく贅沢としてリフレームすることによって、いくらかの休息の余地をつくりだそうとしているのである。

メリッサ：ええ、そうですね。今は、彼の重圧から解放されたみたいな。でも、この間、彼に話したんですよ。結婚生活や家族の分野から離れて、スクール・カウンセリング専攻に変わるんだって。そしたら、「それはいい」って。彼はとっても喜んでいたみたいなんですよ。彼は以前に「学校心理学で学士か修士を取ったら？」みたいなことを言ったことがあるんですよ。それで、彼のお母さんの友達が、もし私が学校心理学で修士を取ったら、すぐにでも私を採用するって言ったんですって。お給料は5万ドル台だって。で、彼は全部数字で考えるんですね。私は、ええ、すごいね。とっても素敵な額だわ。いいお給料よ。でも、どうやってその分野の勉強のための学費を出すのって。何の準備もなしに学校心理学に飛び込むことなんてできませんよ。そうでしょう。そうでしょう。そんな簡単に。悪いけど、私はその意見には賛成できないわって。

ポール：そう。

*

　本書に収められた3つの逐語録の多くの場所でもそうだが，ここでも「そう（right）」は，彼女が言っていることの正否についてのコメントではなく，単に彼女が言ったことをちゃんと聞いているよと伝える言葉であって，「うん（uh-huh）」とあまり変わらない反応である。ビデオとは違って，逐語録では音声のトーンが伝わらない。そのため，私が判断を下しているように読めるかもしれない。それゆえ，読者はこのことをはっきりと意識したうえで読んでほしい。

メリッサ：でもね，その，彼にとっては全部数字なんです。私にはそれが正しいって思えないんですけど。私は「冗談でしょ」みたいな。まず，私がそんなふうに，ただそれだけのために修士課程の学費を出すわけないでしょう。精神衛生の仕事に何の準備もなしにいきなり飛び込むなんてできないでしょう。そんな考えには賛成できません。でも，彼はそんな人だったんですよ。私は「冗談でしょ」みたいな。
ポール：メリッサさんのなかには確かな価値観があって，自分自身で……。
メリッサ：そう。
ポール：それで，そういったことに関して，人からあれこれ言われたくない。

*

　ここでまた，私は彼女の立場に立とうとし，彼女にとって支持的な存在になろうとしている。このコメントには明らかに帰属的な次元が備わっている。これまでの章で帰属的コメントについて論じてきたのと同じ意味において，人にあれこれ言わせないという態度を彼女に帰属することによって，私は彼女のなかにそうした態度を刺激し，強めようとしているのである。

メリッサ：その通りです。私は特定のことに関しては……。
ポール：実際のところどうしたいかではなく，実際のところどんなふうに感じているかについては……。

メリッサ：うん……そうですね。彼はいつも「僕は腰を痛めているし，一生大工仕事がしたいわけじゃない。でも，時には文句を言わずにやるしかないんだよ。君も文句を言わずに仕事をしろよ！」って言うんですよ。でも，私は「わかったわ。でも，あなたはお金を払って教育を受けたわけじゃないでしょ。あなたは大工の修士号をもってるわけじゃない。あなたは……」って感じで。そんなの私が話す人には，たいてい意味が通らないですよ。お給料のためにいきなり飛び込みでやる分野の修士号にお金を払うなんて，意味が通らないですよ。

*

　ここでわれわれが見ているのは社会階級の影響力である。社会階級はわれわれの社会をはじめとする多くの他の社会において非常に重要な変数であるにもかかわらず，この分野ではあまりにもしばしば無視されている。ここでの対立は，ほんの部分的にのみ個人的なものである。彼女の夫は，仕事は本質的に「値段」であるという態度を表明している。彼女の夫にとって，仕事は**お金を稼ぎ出す活動**にすぎず，それがもたらすお金の金額という面からのみ測られ，価値づけられるものである。メリッサは，仕事を，その意味深さという面からも評価されるものと見ている。

　私はここで，労働者階級の価値観では，単に賃金の高さだけが問題とされていて，満足感をもたらす仕事への誇りや好みは問題にならないのだと示唆するつもりはない。とりわけ，たとえば大工のような熟練仕事の領域においては，多くの労働者階級の個人は仕事に大いに誇りを抱いている。そして高度の教育・訓練を受けた専門職に就いている人たちと同様に，自分たちの労働生活の質を高く価値づけている。その意味では，メリッサの夫は階級の態度ではなく**個人的な態度**を表明しているのである。それとは反対に，われわれの社会の悲劇のひとつは，少なくとも私個人の観点からすると，メリッサの夫が表明しているような態度が，最もエリートの上・中流階級や上流階級の人々の間に非常に広く浸透しているということである。一流大学を卒業した知性豊かな人々のなかにも，ガンを研究したり公共サービスに取り組んだりするより，投資銀行に勤めたりヘッジ・ファンドを管理したりすることを選ぶ人々がたくさんいる。このことは，これと似た傾向を反映している。そして，私にはこれは最も高次の知的資源の間違った配置の

ように思える。

　にもかかわらず，メリッサと彼女の夫との間の葛藤に含まれている階級の次元を無視することは，紋切り型の見方を斥けるという口実の下に**怠慢を働く**ことである。メリッサは2つの異なる階級アイデンティティの境界線上にいる女性のようである。そして，そのことは，彼女の個人的な困難の一部を，また，彼女と彼女の夫との間の不和の構図の一部を形成しているように思われる。

　　ポール：うん……だから，メリッサさんは……？
　　メリッサ：……そう思うだけ，ばかげてるって。
　　ポール：そう，そうですね。ということは，メリッサさんの人生のこの時点において，つまり，決断を下そうとしているこの時点において，あなたは「しばらくウェイトレスを続けることにはデメリットがある。そうすることに不利な点がある」って思っている。で，あなたはそれに対して葛藤を感じている。本質的には……何かに葛藤を感じるときには，私たちの頭のなかで複数の声が聞こえていて，それらがそれぞれ別々の方向に私たちを押しやろうとしているってことだと言える部分があると思うんですが……それで，あなたのなかのその声のひとつは，「文句を言わずにやらなくちゃ」ってことでしょうか？

＊

　私はここで前の解説において言及した内的な声の概念を，その一例を挙げて導入している。もちろん，ここでは，それは彼女の夫の声である。しかしここで私は同時に，この後，親の声をはじめ，**葛藤する**内的な命令を表象するさまざまな声を扱っていくための土壌をも準備しているのである。このセッションにおけるさまざまなコメントを通して扱ってきたテーマとも調和することだが，メリッサの葛藤には，おそらく，他者の態度との同一化や，他者の態度の内在化以上のものがあるのだろう。しかし私は，経済学者でもファイナンシャル・コンサルタントでもないので，彼女に「将来の総所得の見積額」を提示するような助けはできない。しかしながら，私は，われわれの対話に私が導入しようとしているような種類の問題（彼女が思っている以上に彼女の決心を妨害することに寄与している問題）や，それについての考察を提示するような助けなら得意である。

メリッサ：仕事を替えるか迷っているときですか？　いいえ。

ポール：うん……。

メリッサ：違いますね。

ポール：うん……じゃあご主人の声はこれには関係していない？

メリッサ：関係ありません。「何が何でもウェイトレスの仕事を辞めなくちゃいけないし，その結果がどんなことになっても，文句を言わずにやっていかなくちゃ」なんて，自分では思っていません。

ポール：そう。

メリッサ：その通りです。

ポール：そう。じゃあ，そこからはメリッサさんは解放されている。

メリッサ：ああ，その通り。それは私の考えにはないです。

ポール：はい。彼と一緒に住んでいたときには，そういう考えが今よりもっとあなたの頭のなかに忍び込んできたっていうようなことはありましたか？

*

　ここで私は一種の「限界検査」に取り組んでいる。読者にはたぶん見て取れるように，私が取っている方向性がまったく不適切なのか，私はまだはっきりと確信していない。私は彼女がより受け入れやすい別の言い方を提供しようと試みている。治療作業のなかで，こうしたときには，私はたいてい「しばらく様子を見守る」態度を採用する。すなわち，私は，患者が何を言おうと自分の解釈は正しいとか，患者は私が指摘していることに気づくことに対して防衛しているだけだとかいうように断定することはない。同時にまた，人は自らの心理力動のさまざまな側面に対する気づきや認識に対して，実際いろいろなやり方でもがくものであり，「その瞬間に患者がノーと言ったのなら，それで終わり」という態度もまた同様に問題であると思う。治療者は，「抵抗する患者」に一方的に決めつけた話を押しつけるのでもなく，患者が直ちに受け入れないならば自分の仮説を丸ごと打ち捨てるのでもなく，より複雑な針路を取る必要がある。治療者は，患者がそれを異なった角度から見られる可能性が高まった後の時点でまた持ち出して，患者の反応を試してみることができるように，その考えを心に置いておくことも

できるだろう。そして，そのために患者をしつこく責め立てたり，脅したりする必要はない（もちろん，治療者は，仮説が確証されそうにもない場合には，それを潔く放棄することもできなければならない）。

メリッサ：そんなことはないと思います。だって，私は仕事を辞めなかったし。娘が生まれてから9カ月半，うちにいられたし。その後は，週に2日，時には3日，仕事に行って，時々，それ以外にももう少し仕事をして。だから，仕事はとっても良かったんです。彼もそれはわかっていました。いい仕事で，手っ取り早く楽に現金がもらえて，だから，その，その時点では，良かったんですよ。そんな環境から抜け出して，学士号を使って本当の仕事を見つけろなんてプレッシャーはなかった。実際的なプレッシャーがなかったのは，いつも娘とうちに一緒にいたからですよ。2人とも娘を保育所とかに預けたくなかったから。でも，ええ，あの，彼と一緒に住んでいたときでさえ，あの，フルタイムの仕事を見つけろなんてプレッシャーはなかった。その，時々余分に仕事をしてたけど，何でもいいってわけでもなかったし。

ポール：じゃあ，今メリッサさんが感じている気持ちについては，そして実際，うまく伝えられるといいんですが……。僕にはメリッサさんの話を聞いていて，2つの考えが出てくるんです。それで僕はちょっとよくわからないんです。

メリッサ：ええ。

ポール：というのも，僕には2つの話が聞こえてくるように思えるんです。聞こえてくる話の1つは，「私は自分がどうしたいか決心がつかない。それで困っているから，助けを求めてここに来た」……。

メリッサ：はい……。

ポール：……そして，もう1つは「誰も決心しろって急かす人がいないっていうのはいいことだ。これこそ今私がいるべき場所で，快適だ。だから，もう決心はついている。まだ決心しないってことに決めたんだ」ってこと。

*

このコメントではいくつかのことが生じている。1つには，私は，私の思考過

程や，私のジレンマさえをも，メリッサとシェアしようとしている。こうした思考過程のシェアリングについては，レニック (Renik, 1995, 1999) がトゥー・パーソンの視点から特にうまく記述している。私はまた，メリッサに対して**葛藤**の要素をもう少し明瞭化し，問題を心理学的な仕方でより明確に描き出そうと試みている。さらに私は，メリッサはともかく決心したのだということを，ただその決心は彼女が居心地悪く感じるような決心なのだということを指摘しようと試みている。そして私はその居心地の悪さが何についてのものなのかを探究していこうとしている（その居心地の悪さのうちのいくらかは，内在化された夫の声の働きによるものであるかもしれず，そしておそらくは夫の声と共鳴する人生早期に内在化された声の働きによるものであるかもしれない。私はそうした可能性を探究していこうとしている）。

メリッサ：はい……。

ポール：それは……？

メリッサ：彼が，仕事を見つけてこいってプレッシャーをかけてこないってわかっていることに安らぎを感じるのはたしかです。もちろん，離婚して数カ月たっているけど，あの，彼なら「自分の分野で仕事に就くことはできるだろう」ってぐらいは言うだろうから。それとも「君は教育があるから」って。彼がそう言うのが聞こえてくるみたいに感じることはあるけど，でも，もう1つのプレッシャーは，この間郵便が来て，私の保険……ああ，学校を通して大きな医療保険に入ったんですよ。だから，いろんなことがカバーされているんです。でも，あと1カ月で失効するんです。で，もう3カ月更新すべきかどうかって問題がまた出てきてるんです。

ポール：うん……。

メリッサ：それで，私自身がプレッシャーをかけてるのかもしれないけど，それなら履歴書を書いてみようか，転職を考えようか，みたいな。でも，私の一部分は，いいや，このままでいようって思ってるんです。

ポール：たしかに。

メリッサ：ひどい話に聞こえますよね。たしかに転職は必要だってわかってるんだけど，でもそこには安らぎがあるからって。

ポール：ひどい話に聞こえるっていうのはどういう意味なんでしょう？

5　メリッサ

*

　ここでもまた，私は自己非難的な次元を取り上げようと試みている。これは，彼女が自分自身を自己非難から解放するための準備的な作業である。

　メリッサ：え，そのう，それって……。
　ポール：もう少し話してください。どうしてひどい話に聞こえるんですか？
　メリッサ：それはそのう，えっと……1年前に仕事を辞めるって言ったんですよね。ちょうど今のコースを始めたときに。ある先生にお会いして，そのときには知らなかったんですけど，噂を聞いて，それで友達の一人が，あのう，会いに行けって言ったんですよ。どうしたらいいか，その，きっと相談に乗ってくれるよって。それで，去年の夏その先生に会いに行ったんです。そのとき，彼女は，ご自分がなさったことについて話をしてくださったんですよ。なのに私はまだ仕事を辞めていない。
　ポール：うん……。
　メリッサ：まだ仕事を辞めていなくて，それが安らぎに関することなのかどうなのかわからないけど，とにかくひどいって言ったんです。ひどいって言ったのは，別に大きな医療保険じゃなくても普通の保険にすればいいってわかってるから。でも私のなかの一部分が，あのう，少なくとも大きな医療保険でカバーされてるし，レストランでそこそこ稼いでるんだからそれでいい，気にするな，みたいな。ここ2, 3カ月でもう少し稼いで，その後決めたらいいか，みたいに思うんです。
　ポール：うん……。
　メリッサ：ええっと。
　ポール：うん……。
　メリッサ：よくわからないけど。
　ポール：ううん，お話を聞いていると，ここ数年間，誰かからああしろ，こうしろって言われて過ごしてこられた感じがする。
　メリッサ：はい。
　ポール：ううん，そうですか。どうなのかなあ？　その，ああしろ，こうしろって言われて過ごしてきた経験，それに対して，今，メリッサさんは「もう，あれこれ言われたくない」と言っている。

メリッサ：はい……。
ポール：「自分で，自分自身のタイミングで，何をしたいか決めたい」って。どうなんでしょう？　その，ああしろこうしろって言われた経験っていうのは，ご主人との結婚生活に特有のことだったんですか？　それとも，それはご主人と結婚されるよりもっと前から，あなたの人生におけるなじみの経験だったんでしょうか？

＊

　これらのコメントにおいて私は，本質的に，彼女のために，彼女の体験の中の葛藤し，時に埋もれてしまっている部分のひとつだと私が聞き取ったものを述べ，それを表出し，受容可能なものにし，それに言葉を与えようとしているのである。これらのコメントがもたらす見方は，彼女がその葛藤に取り組むのを助けるだろう。メリッサは，気楽でいたいという願望や，あれこれ言われることに抵抗したり反発したりしたいという願望が正当だと認めることに，このように困難を抱えているわけである。私はここで，この問題はより根深いものなのか，つまり，彼女の人生においてより長期的でより一般的な問題であったのか，という問題を取り上げている。

メリッサ：私がああしろこうしろって言われてきたっておっしゃったけど，たしかに彼は何でも仕切りたいタイプの人でした。で，いろんな意味では，別にそれでよかったんですよ。あの，私には別に気にならなかった。私は相手を支配しないと気がすまないタイプじゃないから。
ポール：うん……。
メリッサ：あの，だから，ある意味では別に気にならなかった。たしかに気になった場合もあったけど。
ポール：うん……。
メリッサ：でも，そのう，ああ，もう一度おっしゃってください。これがもっと前の経験と関係があるかって聞かれましたか？
ポール：えーっと，僕が思っていたのは，メリッサさんが今経験されていることは，ある面では……あのう，2つの話を聞いていて僕が感じている混乱は，ある面では，その2つは両方ともにあっていいものですね。つまり，

あちらかこちらかっていうようなものじゃないっていうことです。
メリッサ：はい……。
ポール：「決心すべきだ。決断が下せないことが私の問題だ」っていう気持ちと，「私は**決心した**。ただ**あの人たち**がすべきだって思ってることをしていないだけだ」って気持ち。でも，メリッサさんは，**ご自分がしたいことをなさってる**んでしょう？　それが，今メリッサさんがなさってることじゃないですか。僕には，それって，なんていうか，いつもこうすべきだってあなたに言っていた人と一緒に住まなくなったことで得た開放感の一部だと思えるんです。メリッサさんが言われた通りにするかどうかは別として。

*

　ここでもまた私は，すぐに決断をしないで，あるいは「責任感のある」決断をしないで，とりあえず気楽なことをするということも含めて，自分がしたいことをしていることと関連した**開放感**を強調している。
　しかしながら，逐語録を読んでいて，私は，人からあれこれ言われるという体験が彼女の人生早期からなじみのあるものだったのかどうかという自分の質問をフォロー・スルーしていないことに気がついた。また，これと関連して，私は「もう一度おっしゃってください。これがそれまでの経験と関係があるかって聞かれましたか？」という彼女の質問に対して，実際のところ答えていない。

メリッサ：そう。
ポール：いつもそんなふうに言われながら生きていかないといけないっていうのは，イライラすることでしょうね。

*

　これは帰属的コメントである。たいていの帰属的コメントがそうであるように，このコメントも，患者がすでに感じていることを直截に共感的に認める陳述であると同時に，患者がまだ自分自身にも十分には明瞭にしていないか，認めていない感情を言葉にする「予言的な」陳述である。

メリッサ：ええ……。
ポール：それでどうなんでしょう……ああしろこうしろと言われる，文句を言わずにやれって言われる，こうすべきだって言われる。そうした感じって，「どうしてこんな人間関係に陥ってしまったんだろう。こんな経験，今までしたことがなかったのに」って感じられるようなものだったのでしょうか？　それとも，今考えてみたら，それ以前にもメリッサさんの人生でしょっちゅう起こっていたことなのでしょうか？

*

　ここで私は，これが彼女の人生において以前にもあったことなのかという質問に戻っている。その質問は，最初，その体験を，より「単独のエピソード」として描き出すように述べられている（「こんな経験，今までしたことがなかったのに」）。そのような述べ方をしたのには2つの目的がある。第1の目的としては，私はこのように述べることによって，もしそれがたしかに彼女の体験であるならば，私にはその体験を聞く心構えができているということを彼女に知らせているのである。すなわち，この質問はそのような見方を強制することなく，受け容れられるようにしている。同時にまた，この質問は，事態をかなり極端に描き出しているので（こんな経験，**今までしたことがなかったのに**），そのような見方は自分の人生の現実を正しく反映していないのではないかという問いに彼女の注意を差し向けることになるかもしれない。しかもそのとき，彼女は否認や過小評価を「解釈」されているとは感じないだろう。そのうえで，彼女に「それとも」の陳述を提供することによって（「それとも，今考えてみたら，それ以前にもメリッサさんの人生でしょっちゅう起こっていたことでしょうか？」），そのコメントは，それを彼女の人生において繰り返されてきたパターンだったのではないかという問いを追究していく扉を開き，より幅広い可能性を明瞭にするものとなっている。

メリッサ：それがそれまでの私の体験とどのように結びついているか，というか，結びついているのかどうか，私にはわかりません。別の恋愛関係もあったし，家族もいた。でもおもしろいのは，私の家族はみんな，あの，いつまでもウェイトレスしているわけにはいかないでしょって言ってるん

ですよ。まさか，本当に？　って感じだけど。
ポール：うん……うん……。
メリッサ：ええ，でもわからない。そのう，私が思うには，そのう，実際うちの家族は，みんなが学校に行って，大学に行って，教育を受けて，社会に出てまともな仕事に就くって，そういう筋書きの上にいるみたいですね。家族はみんなキャリアをもってるし。
ポール：うん……。
メリッサ：弟一人を除いては。でも，みんな，なんていうか，ちゃんとしてる。それに比べ，私はまだぶらぶらしてるんですよ。修士号を取る過程にいるって思ってる。だから……その，私はまだそこには行きつきたくない。でも，気にはしてないんですよ。今自分がやっていることに悩んでるとは思わない。つまり，ある意味では，ええ，気になっています。保険とか必要なことを考えると。でも，よくわからないけど，そのう……家族の何人かは，たとえば，父とか，継母とかは，あの，いつまでもウェイトレスをしているわけにはいかないでしょ，みたいに言うから，私も，ええわかってるけど，みたいな。でも，だからって，そんなふうに，そのう，いつも私にプレッシャーをかけてるって感じじゃないですよ。離婚手続きが最終段階に近づいていたときに，1回言われたときみたいに。そのときは，これからどうするんだ。どんな仕事をするつもりなんだって感じだったけど。あのう，ほかの人は私がレストランでどれくらいもらってるか知らないんですよ。だから，そのう，家族は，私はほんの少しのお金しかもらってないと思って，私のことを心配して，気にかけてくれているんだと思います。でも，実際それを口にしたのは，それがはじめてでした。そんな話が出たことはあったけど。でも，毎週履歴書はつくったかって電話で聞いてくるわけじゃないし。だから，ちょっとはあれこれ言ってくるけど……。
ポール：じゃあ，メリッサさんは家族がそうしてくるとき，どんなふうに感じてるんですか？
メリッサ：まあ，放っておいてよ，みたいな。

*

彼女はいらだちとプレッシャーを過小評価しようとしてきた（「ちょっとはあ

れこれ言ってくるけど」)，けれどもそれから強い感情が湧き起こってきた。彼らに放っておいてほしいと思う彼女の願望がここでより強く表出されたことは，ここまでの治療的相互作用がもたらした成果の一部なのかもしれない。

　われわれはまたここで，上のやりとりは，彼女が夫との間で経験してきた，あれこれ言われるという体験は，単独のエピソードではなく，彼女の人生においてこれまでにも繰り返し生じてきたものであったことを裏づけていることに気がつく。

　　ポール：うん……。
　　メリッサ：だって，私はもうすぐ30歳になるんだし，自分がしなきゃいけないことはわかってます。私がまだウェイトレスをやってるっていうのは，**家族にとっては無責任な**ことに思えてるみたいだけど，ちゃんと暮らしていけてるわけだから。
　　ポール：うん……。
　　メリッサ：もちろん，まあ，それでみんなうんざりしているのかもしれないけれど。
　　ポール：それで，それはメリッサさんが誇りに思ってることですよね。それはメリッサさんが……。
　　メリッサ：なんとかやっていってるから。家族の誰にも頼ってないし。
　　ポール：ええ。
　　メリッサ：「お金がいるんだけど」なんて，電話していないし。
　　ポール：ええ。

＊

　私は誇りの感情を強調した。誇りは，彼女が一般に自分自身に体験することを許していない感情である。私が誇りの感情を強調したからこそ，彼女は，その後，自分が彼らの誰にも助けを求めたりお金を求めたりしていないことについて，さらに詳しく述べることができたのだと私は考えている。私はここで，私が提唱している観点に基づく治療的対話が，患者に安全感と励ましを与え，以前には自分に許容できなかった感情を感じる余地をもたらすことを示すことができたと思う。彼女は，「そう，私には誇りに思うものがある」と，「自分自身でかなりうまくやっ

てきた」と，そして「普段は自分自身にそう簡単には認めてこなかった強さと独立性を示した」と，心のなかで，さらには声に出してさえ言ったのだ。それゆえ，彼女は以前よりも少しはそうした考えを考えやすくなり，そうした視点を自分自身の自己感覚に同化しやすくなるだろうと期待される。

> メリッサ：ええ。家族に対して，その部分に関しては，あのう，そうなのかもしれない。よくわからないけど。
> ポール：それは，あのう，聞いていると，僕にはメリッサさんの誇らしい気持ちが伝わってきますし，その，その話をするとき，あなたは輝いているように見えます。そこには**嬉しい感じ**があるみたいです。でも……。
> メリッサ：おそらく誰からもああしろこうしろって言われてないから。
> ポール：ええ。
> メリッサ：つまり，誰にも指図させてないから。
> ポール：ええ。
> メリッサ：ええ。
> ポール：そして，それはメリッサさんにとって，とっても**大切なこと**なんですね。

＊

　これらのコメントにおいて，私はさらに彼女の誇り，決定，そして自分自身についての良い感じを強調し，確証している。そして彼女はそうしたことについてさらに詳しく述べることで反応している。もちろん，たった一度のこうした介入が永続的で明確な変化をもたらすわけではない。しかしこれを繰り返すうちに，変化はより永続的になり，患者の自己感覚により統合されるようになる。ここに見られる変化はその過程の一部であり，重要な一部である。
　けれども，こうしたことが起こるには，多くの心理力動的治療者によって強調されている「内在化」や，多くの認知的治療者によって強調されている「認知の再構築」以上のものが必要である。これらの諸過程は，実際，非常に実質的に寄与する。しかし，それらは，変化した**行動**もその本質的な部分として含む，より大きな過程の一部なのである。多くのところで論じてきたように（たとえば P.L. Wachtel, 1993, 1997, 2008［特に第 12 章］, 2009），変化が持続的で適度に浸透し

たものになるためには，患者の他者との相互作用のパターンが実際に変化する必要がある。こうしたパターンは患者の内的過程のみによって決定されているわけではなく，他者との持続的な相互交流のセットの一部なのである。そこでは相互の行動が，相手の行動と，そして少なくともある程度までは相手の内的過程との両方を変化させるように，フィードバックし合っている。

　　メリッサ：ええ，最終的な決断を下すときには，私が**そうしたい**からそうするのであって，誰かがそう言うからじゃありません。
　　ポール：だから，さっきおっしゃったのは，家族のみんなは，なんていうか，はじめからみんな軌道に乗っていて，一定の方向に向かって進んでいて，そこから逸れたりしないってことなんですね。そしてメリッサさんは違う道を選んだ。

*

　ここで私は彼女が**選択したこと**を強調している。つまり彼女は彼らのコースを追求することに失敗したのではなく，**違う道を選んだ**のだ。そして私は，暗黙の内に，彼女のその選択を，愚かなものではなく，勇気あるものだったとリフレームしている。しかしながら，これはまったく意図的なものではなく，私としては暗黙の帰属的コメントのつもりであった。

　　メリッサ：はい……。
　　ポール：家族のなかではずっとあなたはほかの人とはどこか違っていたのかな？　あなたには家族のなかでほかの人とは違った役割があったんでしょうか？　メリッサさんにはそういうことができたっていうのは，どうしてだったんでしょう？

*

　ここで私は2つの異なることをしている。1つは，歴史的あるいは発達的な視点からパターンを調べている。もう1つは，肯定的な帰属的次元に取り組みつづけている。つまり，「どうしてあなたにはそんなに難しいこと（そして暗黙の内に，

5　メリッサ　297

感動的で大胆なこと）ができてきたんでしょう？」と暗に問いかけている。

> メリッサ：ええ，たぶん私は家族のほかの面々とは違ってたと思います。ほかに4人いるんですけど，上の2人，えっと，上の2人と私のすぐ上にもう1人いるんですけど，この3人はみんな自分のキャリアをもってるんですよ。で，弟のデーブはピザ屋さんで働いています。でも，デーブはちょっと鈍いほうだから。それで，デーブは大学なんかにも行かなかったし，あの，でも，でも，ええ，私は，今私がいる立場に対して，たぶん，あの，家族の誰もびっくりしているとは実際思っていません。で，それに対して私は，ちょっとゆっくりスタートを切ってるんだって言いますね。あの，みんなはすでにキャリアをもってるから。あの，でも，私はそこに行きつくまでにちょっと長くかかっているだけ。
> ポール：じゃあ，子どものとき，ほかの兄弟と違っているってことを**楽しんでましたか**？　それとも，ほかとは違うっていうのはメリッサさんにとっては**大変なことでしたか**？

＊

このような言い回しで質問することによって，メリッサは「正しい」答えや「間違った」答えといった観点を離れて，どちらの面についても（あるいは両方の面についても）答えることが容易になる。

> メリッサ：みんなと違うってことがそんなに大変なことだとは思いません。ほかのみんなとは違って，私は自分が違っているってわかってたし，みんなと同じように，つまり，うちは良い家族なんですよ。つまり，みんなそれぞれ問題は抱えてたけど，誰も高校生のときにパーティーに興じてたわけじゃないし，誰もタバコを吸わなかったし，あの，吐くまでお酒を飲んだりしなかったし。私はしたけど。そんなことしたのは私です。だから，そのう……その意味では，私はみんなと違ってました。ほかのみんながやらなかったことを……みんな保守的なんです。それでいいんです。それはいいことなんです。誰もドラッグに手を出さなかったし。誰も，そんなことはしない，私もしてませんけど，でも，そのう，だから……私は私自身

でいたんです……ここにピアスの穴を開けたとき，その，みんな，そんなことをするのはメリッサだって。とか，タトゥーを入れるとしたら，私だろうって。別のところにピアスの穴を開けるのも私だろうって。そんなことはメリッサのすることだってみんな知ってるんですよ。

ポール：うん……。

メリッサ：あの，ほかの誰もそんなことはしないみたいな。だから，そんなふうであることが嫌だと思ったことはないです。

ポール：そうすると，ほかのみんなは本当には楽しんでないって感じはありましたか？　楽しくないからほかのみんなみたいに生きたくはないって？

メリッサ：そんなことはないと思います。みんなそれぞれ自分自身でいて，それがあの人たちの個性で，あの，私はほかのみんなとはちょっと違っているだけ。

ポール：それでは，もう1つ聞かせてください。つまり，お話をお聞きすればするほど，うーん，もしかしたら外れているかもしれないけど，聞けば聞くほど，メリッサさんは，少なくとも今この時点では，自分がした選択に対して，良い選択をしたと思っているように聞こえてくるんです。そうすると，私には聞こえていない，見えていない部分っていうのは何なんでしょうか？

*

　ここで私は2つのことをしている。一方で私は，彼女がした選択を承認し，彼女が自分の選択は正しかったと感じられるよう助けつづけている。しかしその一方で私はまた，彼女は自らの選択のどの部分に**居心地悪く**感じているのか，どのような葛藤が彼女を私とのセッションに連れてきたのかという問いを再びもちかけている。

　ある部分で，私がこの第2の（葛藤的な）次元から考えているのは，これまでのセッションを通して，メリッサは葛藤ととどまることが難しかったからであり，私は彼女が葛藤を探究できるよう助けようと試みているのである。また私は，私が彼女の選択を承認したことで，葛藤の探究が閉ざされること，疑いや心配を探索する余地がなくなることを望んでいなかったのである。ある意味で，これは，治療がうまく進行していると私が思う場面の良い例である。つまり，アクセルと

ブレーキとを同時に踏んでいるような状況である。これは車の運転にとってはあまり良くない操作であるけれども，治療にとっては実際に良い方略である。

メリッサ：今はレストランにとどまることにした決断ですか？
ポール：ええ。それが，あなたがここに来ることになった問題だっておっしゃったから。
メリッサ：ええ，ええ。そのう，私はどうすべきかっていう問題だと思います。私はこの時点で仕事を辞める**べき**なんです。
ポール：うん……。
メリッサ：ええっと。つまり，今そこに残ることについては納得してるんですけど，でも，たぶん，私のなかに，それはあなたがすべきことじゃないよって言ってる部分があるような気がするんです。
ポール：うん……。
メリッサ：本当は仕事を辞めるべきで，本当は歩みはじめるときだって。お給料が減ったって気にせず，必要な保険だけをかければいいって。たぶん私のなかにそう言う部分があって……［聞き取り不能］
ポール：ということは，「べき」って言葉は聞きたくないんですね。「べき」って言葉を聞くと，保険のことやなんかを考える気持ちも萎えてしまう。
メリッサ：はい。
ポール：その「べき」っていうのに対処しなきゃならないのは，本当に嫌なものですね。

*

　私はメリッサの葛藤に，彼女自身の主観的体験の視点からアプローチしている。彼女は自分の体験や選択が間違っていると言われることに慣れている。私は，彼女の目から見るとどのように物事が見えるかを描き出し，それを承認し，説明しようと試みている。同時に，私は，「べき」というのは嫌なものだと強調することで，彼女の体験を増幅ないしは「純化」しようとしている。この立場は，セッションが進んでいくにつれ，メリッサが自分の傾向を自分自身でよりしっかりと認めていくのに寄与したように思える。

メリッサ：ええ……よくわかりませんけど。
ポール：今どんなことが頭によぎったんでしょう？　お顔にちょっと笑みが浮かんだけど。

*

　治療者が非言語的で感情的な手掛かりに敏感に気づいていることが重要である。一見したところ，どこからともなく出てきたこうした微笑みは，しばしば治療者が注目すべき特に貴重な手がかりである。私はこうした手がかりに非常に優先的に注目する。ただし，ここでしたように，いつもそれにコメントしたり，それについて尋ねたりするわけではない。そうするかどうかは，患者についての知識に基づいて，私がそうすることを患者が親しさや注意深い見守りの表われとして受け取ってくれそうか，それとも，じろじろ観察しているとかしっぽをつかもうとしているとかいうふうに受け取りそうか，という判断による。後者の場合，私は重要なことが起こっているということを単に自分の心にとどめておく。そのようにしておいて，患者には何も言わずにおいた場合の興味深い一例については，ワクテル（2010b）を参照してほしい。

メリッサ：ああ，どうでもいいんです。
ポール：うん……。
メリッサ：つまり，今この時点では，ウェイトレスをしててもどうでもいいんです。つまり，自分のなかに今はそれでいいんだって言ってる部分があるんですよ。
ポール：うん……。
メリッサ：でも，それでも，たぶん，うちの両親の考え方からすると，つまり，でもやっぱりウェイトレスを辞めて，仕事，本当の仕事に就かないとだめよ，みたいな。
ポール：うん……。
メリッサ：だから，そのう，あなたはそれで……えっと，そのう，問題は，ああ，でも，また，そのう，私だけなんです。ほかのみんなだったらたぶん違うことをするんでしょうけど，私は今はこの道でいいんです。
ポール：そうですね。だからあなたは，メリッサ流に行きたいってことですね。

5　メリッサ　301

メリッサ：そう。
ポール：ええ，わかります。ほかの人があなたにしてほしいって言ってることは，メリッサ流とは思えない。
メリッサ：ええ……。
ポール：じゃあ，そのメリッサ流っていうのは，どんなやり方なんですか？　いったん「べき」っていうのはすべて脇においておいて，そのう，自分が本当にしたいと腹の底で感じていることに注意を払っているかどうか，見てみようじゃないかって言ったとしたら？

*

「メリッサ流」という言い方は，彼女の個人的なやり方を指して，少し前に彼女自身が自分のことを三人称で言ったことを取り上げたものである（「そんなことはメリッサのすることだってみんな知ってるんですよ」）。このような言葉の使い方は，些細な工夫のようだが，治療者がラポールあるいは同盟を構築するために重要なものである。また治療者が，自分の言葉を，患者の心のなかに情動的なレベルで響かせるためにも重要なものである。さらに，こうした言い方は，メリッサのユニークさを承認している。多くの人々のやり方がある一方で，メリッサ流がある。

メリッサ：はい……。
ポール：誰からも何をすべきだとか，いつすべきとか言われずにすむとしたら，人生の軌道，シナリオ，青写真は，どんなものになるでしょう？
メリッサ：［間］私はただ，私に青写真や時間枠があるかどうかわからないけど，でも，私はそこにたどりつくときには，そこにたどりついてるってわかってるんです。つまり，えっと，私に締め切りがあるかどうかわからないけど，私には，私たちには，事をなすべき時が来ればわかります。だから，たぶん，私のなかには，こう考えてる部分があって，つまり，辞める時が来たらウェイトレスを辞めるって。
ポール：うん……。
メリッサ：あの，修士課程を修了する2カ月前とか，それからたぶん今，離婚してからのごたごたやなんかの2カ月後で，辞めたいとは思わない。

たぶん，今は，どうでもいい，今いるところにいるんだ，みたいな。

ポール：っていうことは，おそらく，ほぼ確かなこととして，メリッサ流っていうのは，「9月26日の午後2時に，私はこれをする」っていうのではないってことですね。

メリッサ：そう。

ポール：それで私の質問は，ちょっとその，そこでは**僕が**メリッサさんにプレッシャーをかけていたように感じられたんじゃないですか。あの，「メリッサ流ってどんなやり方？」って言ったとき，僕がメリッサさんを，うーん，見張っているみたいに感じられたんではないでしょうか……。

メリッサ：いつそうするのって？　はい。

ポール：そう，そうですね。だから，ほかの人がそういうふうにしていると感じてしまいやすいんですね。

メリッサ：ええ……そのう，どうしてかわからない。いつ，いつそうなるかとか，それがどんなことかとか，私流っていうのはどんなものか，わからないけど，でもわからない，私はただそこへ行きつくんだろうな，みたいな感じですね。

ポール：うん……うん……それはある意味では1つの答えになっています［聞き取り不能］。

メリッサ：言葉にしにくいですよね。ええ，ええ。

ポール：あなたの答えは，それは僕には聞くべき大事なもののように感じられるんだけど，それは，「いつ何をするかとか，どこへ向かっているかということは考えたくない」。そして，あなたは今いる場所が気に入っている。そして，ともかく進んでいくんだろうという自信がある。そしてそれでいいっていう感じがしている。

メリッサ：ええ……。

ポール：だから問題は，ある意味では，あなたが自分の決断に自信がないってことにあるわけではない。問題は，「違った方法でやるべきだ」っていう口やかましい声がまだそこにあるっていうこと。それでもあなたは，いつかは然るべきところに行きつくって感じている。

メリッサ：うん……ええ。つまり，その時が来たら，自分が進むべき道を進んでいるだろうっていう自信があります。はい。

ポール：うん……じゃあ，そのことをほかの人，たとえばご両親や別れた夫

に言うのは難しいですか？

メリッサ：そんなこと，話したことがないです。別れた夫は，彼はきっと，彼に対して，それは，つまり，私は白か黒かの世界に生きているわけじゃないのよって。

ポール：うん……。

メリッサ：だから，そのう，私にはいつ仕事を辞めて，いつ新しい仕事を始めるかっていう締め切りはないんですけど，でも，あの，そのうちそういう日が来るみたいに思ってるんです。その時が来たら，私は仕事を辞めるでしょう。でも，それは，あのう，彼にとっては私の見方で物事を見るのは本当に難しいんですよね。

ポール：そしてそれを彼に話すのは難しい。どう言えばいいのかわからないんですね。

メリッサ：そんなこと，彼に言ったことありません。家族にも言ったことないです。あの，時期が来たら辞めるからって。そんなこと家族にも話したことないです。

ポール：家族にどんなことを言いたいって思いますか？

メリッサ：みんなきっと，メリッサは頭がおかしいって言うでしょう。

*

　ここで私は，メリッサがただどのように主観的に感じているかにとどまらず，いかにそれを**他者に向かって述べることができるか**を，彼女自身に明確にできるよう助けようとしている。ここでの狙いは，彼女が自分の見方をより効果的に**表現したり守ったり**できるようになることにある。そしてそれによって彼女が，自分には自分の立場を表現したり守ったりできないと感じてしまうために，自分自身の体験から退却してしまうような状況に陥らないですむようにすることにある。患者が自分の主観的体験とより触れられるよう援助することに焦点づけた心理療法の多くが備えている問題点は，ひとたび患者が理解を深めさえすれば，患者は容易にそのことを他者に表現することもできるし，他者との間に調和的で満足のいく相互作用をつくりだすために必要な行動を取ることもできると想定していることにある。しかしながら，その想定はいつも正しいとは限らない。患者の主観的体験だけでなく，患者がそれを他者との言語的なやりとりや他者との相互作用

のなかで,具体的にどのように表現しているのかに注意を払うことがどうしても必要となることがよくある（P.L. Wachtel, 1993, 1997, 2008, 2009)。

　メリッサが家族メンバーに何を言いたいかを尋ねた私の質問に対する反応において,次の点に注目することが有用であろう。つまり,彼女は,その質問に対して,彼らが何を言うだろうかということについて発言したということである。このことは,彼女自身は自分を個人主義者であり,反抗者であり,自由なスピリットを生きている人間だと考えているにもかかわらず,他者の反応への焦点づけや懸念が,しばしば彼女自身の体験や欲望に,効果的に,あるいは楽に声を与えるのを妨げていることを示唆している。

　　ポール：うん……うん……。
　　メリッサ：どうしてメリッサはそんなふうに生きられるんだって。
　　ポール：そう。
　　メリッサ：保険がない仕事をしていて平気だなんて,そんなわけはないって。きっとうちの父や継母は思うでしょうね。特に,うちの父は。
　　ポール：うん……。
　　メリッサ：絶対。
　　ポール：それで,ご両親はメリッサさんのことをうらやましいって思うんでしょうか？

＊

　ここで私はまたメリッサの選択に対してきわめて異なった,より肯定的な視点を導入している。私はそれを明確にこうなのでしょうと言う代わりに,質問の形で投げかけている。けれども,それを投げかけるだけでも,つまり出し抜けにこの「奇妙な」質問を投げかけるだけでも,メリッサが意識的に考えたことがない考えを導入することになる。その考えは,彼女を「うらやましがられる」存在とみなし,少なくとも何らかの仕方で彼女がより自由に,自らの体験や自分を喜ばせるものを大事にしていることを示唆し,また,彼らは狭い直線的な目標を執拗に追求するような制限された生き方をしていて,秘かに彼女のようになりたがっているのかもしれないと示唆している。

　以前の「アクセルとブレーキ」のコメントとも調和して,ここでもまた,メ

リッサの選択に対するこうした承認は，その選択について本当に心配している彼女の側面への注目と一緒にして提示する必要がある。その際，その心配というのは，単に彼女の両親の内在化された声を反映しただけのものではなく，彼女自身の感情や準拠枠から生じている心配である。

メリッサ：よくわからないけど。そんなことはないって思います。

ポール：全然ない？

メリッサ：よくわからないけど。

ポール：ご両親から受け取るメッセージは，それっておそらく，メリッサさんが子ども時代から受け取ってきたメッセージだろうと思うけど，それは，あなたがしていることは，頭がおかしいっていうものだった。

メリッサ：いいえ，そんなことはありません。私がやっていることの多く，私が下した決断の多くが頭がおかしいなんて，そんな感じじゃないです。よくわからないけど，おそらく，ただみんなほど保守的じゃないとか，あの，両親ならやらないことだ，みたいな。

ポール：うん……。

メリッサ：それについて両親がうらやましがっているのかどうかはわかりません。

ポール：うん……。

メリッサ：もしかしたら，家族のうちの1人か2人は，「自分もそんなふうにできたら。そんな態度でいられたらいいなあ」って思ってるかもしれないけど……。

ポール：僕が思っているのは，**あなたは**家族のなかでそんな自由をより表現できて，自分自身の真の姿をありのままに生きることができた。でもほかの人たちにはできなかった。自分たち自身，そんなふうに生きることを許さなかったし，たぶん，**あなたが**そうしているのを楽しんでいたって認めることさえできなかったのかもしれない。でも家族のなかには，そんなふうに思ってる人もいたんですね。

メリッサ：ええ……。

ポール：それは……？

メリッサ：[間]姉の1人は，姉は，「すごい。私もそんなふうにできたら」って感じで私を見ていたと思います。

ポール：はい……。
メリッサ：ええ，姉はきっと。今はそんなふうに思ってないかもしれない，今はそうじゃないかもしれないけど，私がもっと若かったときには。ええ，姉はそうだったかもしれないと思います。
ポール：うん……っていうことは，メリッサさんは家族みんなのために自由を担っていたっていうことですね？
メリッサ：ええ，家族のなかに，やりたいことをやっちゃう人はいなかったから。そんなに冒険的な人は誰もいなかった……私がそうだったってわけじゃないんですけど，私もそんなに気違いじみてたってわけでもないけど，でも，家族のみんなはもっと保守的で……ええ，保守的，それがうちの家族を表すには一番ぴったりの言葉だと思います。
ポール：もう1つ，別のつながりについて，興味があるので質問させてください。それは……**つながり**っていうのは一番適当な言葉じゃないかもしれない。パラレルっていうのが同じかどうかわからないけど，まあともかく，メリッサさんとメリッサさんのご両親に共通していることのひとつは，ご両親も離婚されているし，あなたも離婚されたということです。

*

　この部分の逐語録を読んでみると，なぜ私はこの時点でこの質問をしたのか，少し困惑する。この質問は，ここで話し合っていたことから注意を逸らすものであるように思われる。この質問を引き出したものが何かあったはずである。たとえば，今となってはもう再構成できない何らかの考えや連想，あるいは，セッション中の感情的体験で注意を引いたものなどである。しかし，もし私がこのコメントを「スーパーヴァイザー」の立場で見るとすれば，どうしてセラピストは唐突とも思えるこの質問をここで発したのかを尋ねるだろう。

メリッサ：ええ……。
ポール：ご両親の離婚もメリッサさんの離婚と同じような感じだったんですか？　それとも違ってましたか？
メリッサ：私の離婚とは全然違ってました。両親のは陰険で，怒りに満ちた苦々しい破局でした。

ポール：うん……。
メリッサ：決着がつくのに3年近くかかって。
ポール：メリッサさんはおいくつだったんですか？
メリッサ：別居したときには，3歳か4歳だったと思います。
ポール：うん……。
メリッサ：ちょうど私の娘と同じ年ですね。娘は3歳ですから。私たちの場合1カ月半で決着がつきましたけど。
ポール：うん……。
メリッサ：決着がついたときには，私はおそらく6歳か7歳になっていたと思います。
ポール：メリッサさんにとって，それはどんな感じだったんですか？
メリッサ：とっても変なんですけど，私は覚えているんですよ。私は学校の友達とうちの玄関の前に立っていて，その友達が，「それで，お父さんとお母さんが離婚するってどんな感じ？」みたいなことを聞いてきたんですよ。で私はまだ年端のいかない子どもだったのに，「先に進むためにそうしないといけないんだったら，それでいいの」って言ったんですよ。今思い返して思うのは，私は自分がそう言ったのをずっと忘れずに覚えてるんですけど，家で起こってることに関して学校のカウンセラーや母親と話したことなんてなかったって思うんです。近所の人や友達とも。それでも，どうしてだかわからないけど，そんな小さな頃に，たぶん，6歳ぐらいだったと思いますけど，それでも，そんなに分別のある受け答えをしたんですね。その時点で，私はそのことをしっかり受け入れていたんですよ。
ポール：うん……。
メリッサ：両親がまだ結婚していたとき，同じ家で一緒に暮らしていたときのことについては，覚えていないことが多いです。あの，母はいつも2階にいて，父はいつも1階にいたってこと以外は。
ポール：うん……。
メリッサ：そして，いつもケンカしていた。その多くは憶えてないけど。でもその時点で，うまくいってないことがわかっていた。どうしてだかわかんないけど，6歳か7歳のときに，それも確かじゃないけど，そのときすでに，別れたほうがいいのかもみたいに感じてたんですね。自分がどんなふうにその結論にたどりついたかわかりません。でも，そんなことはどう

でもよかったんです。両親を見て「どうして，2人で力を合わせてうまく
やっていくことができないの？」とか思ったことがなかった。むしろ，「ど
うしてうまくいってた時期があったの？」みたいに思うけど。

ポール：うん……。

メリッサ：それぞれに目を向けたとき……［聞き取り不能］。私には20年来
の継母がいます。父は再婚したから。母はしなかったけど。それで私は継
母のことを心から慕ってるんです。継母は私にとって人生の最高のお手
本なんです。だから，両親を見て，どうしてうまくいかなかったのみたい
に思ったことはありません。あの，どうして両親はうまくいかなかったの？
みたいに。

ポール：うん……だからメリッサさんは……。

メリッサ：変ですよね。

ポール：……メリッサさんは，物事を流れにまかせる力［聞き取り不能］を
身につけてきたんですね。

メリッサ：ええ，たぶん。ええ，変ですけど，今でも，まあ父と母がうまく
いかなくて，運が悪かったなんて，思ったことがないですよ。

ポール：はい……。

メリッサ：そんな思いは全然なくて，反対に，どうやって，5人も子どもを
産むことができたんだろう，みたいに思います。

ポール：はい。うん……。

メリッサ：それって，普通じゃないでしょう？

ポール：うん……そろそろ，終わりに近づいてきてるんですが……。

メリッサ：ええ。

ポール：どうでしょう？　今までいろんなことを話してきましたが，そう
いったことを思うとき，どれか1つ印象に残っていることがありますか？
あるいはもっと考えを深めたら役に立つかなあとに思えることはありま
すか？

メリッサ：自分のキャリアがどこに向かっているのかとか，自分の仕事のこ
とについて今はわかってないけど，でも，あの，時が来たら，ちゃんと行
くべきところにたどりつくことができるっていう自信がある。そういう事
実ですね。

ポール：うん……。

メリッサ：そして，私はなんていうか，状況によってはわからないままにしておくことが好きなような，そんな人間だってことですね。
ポール：うん……。
メリッサ：事柄によっては，わかっていないといけないこともあるけど。
ポール：うん……。
メリッサ：だから，そういったことが，そのう……自分の仕事に関して，もっと大きなストレスを感じていたり，もっと不安感を感じていたら，それについてきっと何かしていただろうって思う。
ポール：うん……。
メリッサ：でも，今はそこに安らぎを見出しているんです。だから，その安らぎが，これから向かわないといけないところに案内してくれると思うんです。
ポール：うん……。
メリッサ：だから，そうしたことが私にとっては……あの，たぶん，少しリラックスさせてくれる。それはいつか起こるって。
ポール：ええ，ええ。あなたが下している決断には，いろんな要素があるって，私にはそんなふうに聞こえますね。だって，あなたがその決断を下しているんだから……。
メリッサ：ええ……。
ポール：あなたは決断を下していないわけじゃない。
メリッサ：そう。
ポール：あなたは決断を下しているんです。

*

このやりとりにおいて，私は明らかにメリッサの積極的な行為を強調している。彼女が決断していることを強調し，承認している。

メリッサ：そう。
ポール：そしてそれは，いろんな意味で今現在のあなた自身に真実なものだと感じられる決断です。でもそれについて1つだけ私が気になっているのは，メリッサさんが変化する自由ももっているのかなということです。家

族みんなのための楽しみを担う人間では**なくなる**自由も持ち合わせていますか？　だって，それ自体が，結構大変な重荷だから。家族の人たちにも楽しみを味わわせてあげなくちゃ！

*

　ここで私は，一方では，彼女が下しているように思われる選択，つまり今はウェイトレスの仕事にとどまるという選択を承認している。その際，私は，これが彼女自身の体験に最も忠実で，彼女にとって最良と感じられている選択であることを強調している。けれども同時にまた私は，その選択は十分に自由なものというわけではなく，彼女がありのままに感じている気持ちに根ざしていないのではないかという疑問をも呈している。

　そこでの1つの可能性は，彼女がその選択を反応的に下しているのではないかというものである。つまり「彼らは私に仕事を辞めるよう，あれこれ言ってくる。だから私はうるさく言われないために反射的に『いいえ，私は辞めないの』と言っておく」（結局それが一番良いことだと感じられるかどうかはお構いなしに）。もう1つの可能性は，その選択もまた隠された**服従性**を反映するものかもしれないというものである。つまり，メリッサは家族における彼女の古い役割を演じつづけるように反応しているのではないかということである（ここでもまた，それが彼女にとって最善のことなのかどうかとはお構いなしに）。この第2の可能性において強調されているのは，家族の多くはつねに保守的なまっすぐの細い道を歩んでおり，それとは対照的に，メリッサはプレイフルで反抗的で，より楽しい選択をする唯一の存在となってきたということである。この観点からすると，メリッサがこの方向において少々**やりすぎる**ことでさえ（吐いてしまうまでお酒を飲むなど），家族内における「指定された道化役」としての彼女の暗黙の役割を反映するものかもしれない。

　この観点から見ると，家族はメリッサにウェイトレスを辞めてより因習的なキャリア・パスに乗っていくように急き立てているけれども，それとは別の可能性もまた見えてくるのである。つまり，メリッサにはもう1つの，より微妙でより無意識的なプレッシャーがあるのかもしれない。それは，彼らが自分たち自身には許容しておらず，メリッサと同一視することによって代理的に充足している楽しみをメリッサが楽しむように強いるプレッシャーである。メリッサにとって，

5　メリッサ　　311

ウェイトレスの仕事は，**長期的に**それが彼女にとって何を意味するにせよ，とりあえず短期的には気分良く**感じさせて**くれるものなのである。彼女は，ある部分で，家族システムにおいて書かれた脚本，つまり，家族の他のメンバーが，まじめで責任感のある存在でいられるように，彼女に楽しみを愛する「無責任な」存在でいることを要求する脚本を演じているのだろうか？　そして彼女は，彼女自身のきわめて多様で複雑な要求に応えるために，この役割を調節することができないという意味で，この脚本に**捕えられている**のだろうか？

この時点では，私にとってこうした推測はあくまで単なる推測であり，それ以上のものだと言うつもりはない。しかし，これらの問いは，人が，そして家族が，葛藤する欲求に取り組む際のさまざまな複雑な道筋を熟知している心理療法家が，有用であると見出してきたものである。ここでの仕事は，相手を脅かすことなく，探究のための余地を創り出し，可能性のためのドアを開くことである。

メリッサ：ええ……。
ポール：決断を下す人間にならないといけないってわけじゃありません。それと同じように，楽しみを満喫する人間にならないといけないってわけでもない。
メリッサ：ええ……。
ポール：この時点での私の唯一の懸念はそのことです。
メリッサ：ええ……。
ポール：でも同時に，あなたは，それについて最適の判断を下すんだろうとも思っています。
メリッサ：ええ，ええ。
ポール：［聞き取り不能］
メリッサ：はい。
ポール：意味のある話し合いができたと思います。
メリッサ：ええ。お話しできてよかったです。
ポール：ええ，よかった。
メリッサ：ありがとう。
ポール：お会いできてうれしかったです。
メリッサ：ええ……こちらこそ。
ポール：さようなら。

セッションを全体的に振り返ると，メリッサとの間に真の結びつきを創り出し，目標の共有による治療同盟を形成するプロセスは，明らかにかなり険しい道のりであった。ルイーズとの間では，治療同盟はセッションのほとんど最初の瞬間から明らかであり，接触の間を通して，それは維持され，あるいは成長しつづけた。[4] メリッサとの間ではそのようにはいかなかった。セッションのかなりの部分が，治療同盟を形成し発展させる課題のために費やされた。すでに逐語録の合間に挿入した解説において論じてきたように，ここでは，われわれのこの面接の形式と，メリッサの以前のダイアナ・フォーシャとの経験の両方が，非常に重要な役割を果たしている。けれども，そこには私の最初の態度や参加の様式もまた寄与していると指摘しておくことが重要である。私には「心理療法家」について特定のイメージがあった。そのイメージは，そしてまた，そのイメージに結びついた目標や実践は，セッションの最初の部分における困難を増幅させた。それと同時に，セッションの後の部分における治療的な仕事に寄与したとも思う。

　メリッサが入室したまさに最初の瞬間において（私が一言も発しないうちでさえ）面接室に存在した要素にまず戻るなら，この面接は単一のセッションとして予定されているという事実が，多くの点でメリッサに影響を与えた。ある意味では，彼女が話題として選んだ問題の性質は，この面接が単一セッションであるという事実を考慮するとき，非常に適切に選ばれたものだと言えるだろう。このすぐ後に論じるように，私はメリッサがセッションにおいて焦点づけようとする問題を言葉にするときの，そのやり方には少々手こずったけれども，それは実際，非常に適切な選択であった。本質的に言って，彼女は単一セッションにおいて話し合うことができる話題，さらなる治療的な接触を必要としない話題を選択したのである。しかし，彼女が単一セッションの治療的出会いに見合ったやり方で目標を言葉にしたことで，そのセッションは結局のところ，現在の標準的な治療の仕方である複数回の治療的な出会いの1回において生じることの見本にはなりにくくなってしまった。[5]

　われわれの出会いが，あらかじめ，ただ1回のセッションとして計画されていたという事実は，メリッサが以前にダイアナ・フォーシャと1セッションの出会いをもったことがあるという事実と，相互に影響を及ぼし合った。この面接が1

回限りであるという事実が，関連する文脈的要因であることはたしかである。しかし，メリッサは単にその事実を知っていただけではなかった。彼女は，たとえ暗黙のうちにであれ，こうした形式における**以前の体験**を心のどこかに抱いていたのである。そしてそれは文字通り人生を変えるような体験だったのである。たった1回のダイアナとのセッションが，夫と離婚するというメリッサの決心に実際上どれほど影響を及ぼしたのか，疑問に思う人もいるかもしれない。結局のところ，彼女はダイアナとのセッションに入る時点で，すでにその選択について考えていたのである。ダイアナとのセッションがなくても，彼女は同じ結論に至ったかもしれない。しかし，ダイアナとのセッションが強力な役割を果たしたとメリッサが**考え，感じた**ことにはほとんど疑う余地がない。今や離婚は既成事実となったうえで，彼女がこの決心と折り合いを付けるのになお抱えている困難を考慮すれば，そして，独身の母親として彼女が出会い，生きてきた実際上の困難（まさにわれわれのセッションの焦点となってきた困難）を考慮すれば，メリッサが，明確に意識しているかどうかはともかくとして，今回のセッションには前のように自分の人生に強力な影響を与えるようなことはさせないという決心を抱いてセッションに臨んでいたとしても，よく理解できることである。ダイアナとのセッションが彼女には自分の幸福への非常に価値ある寄与だと感じられてきたのだとしてもなお，「今はもういい」のだし，「私は1回きりのセッションでも人生をひっくり返すことができるということを知っているし，そんなことがまた起こらないようにするつもり」なのである。

　私自身の役割について，そして，良い心理療法とはどのようなものかについての私の考えを述べてみよう。そこでは，メリッサと私がセッションのはじめに出会った困難の原因のいくつかをさらに見ていくことになるだろう。そしてまた，心理療法家であることがいかにほとんど不可避的に矛盾やパラドックスをもたらすかを見ていくことにもなるだろう。治療者として私は，2つの重要な目標あるいは理想にコミットしている。それらは私の治療実践と治療哲学の核を形成してきた主要な力である。1つは，「仮面をはぐ」「覆いを取る」「防衛を解釈する」といったことをしようと努力するアプローチとは対照的に，尊重・承認しつつ患者の話に耳を傾けることである（P.L. Wachtel, 1993, 2008；Wile, 1984 も参照）。もう1つは，患者が恐れや罪悪感や恥などゆえに気づきから締め出し，自己の感覚から排除してきた体験を取り戻す余地をつくりだすべく，深く情緒的なレベルで患者と関わろうとすることである（P.L. Wachtel, 1993, 2008）。たいていこの2つの目標は，

治療的な協力の過程のなかで手に手を取って互いに促進し合うものである。しかしながら，メリッサとのセッションにおいては，それら2つの目標はセッションのかなりの時間にわたって対立していた。セッションにおいて私が体験した困難の多くは，結局のところ，それらを和解させることにあったように思われる。上に述べたように，メリッサがおおむね実際的な問題に限定的に焦点づけたことは，理解可能なことであり，尊重・承認されるべきことである。同時にまた，少なくともはじめのうち，セッションが進行するにつれて，こうしたメリッサの焦点づけは，彼女の行き詰まり感を形成してきたより大きな問題を扱うことや，彼女が接触し同化できるようになればよいと私が願っていた，より深いレベルの体験を扱うことを妨げるようになっていった。これはルイーズのセッションとは対照的であった。ルイーズとのセッションにおいては，彼女の体験を承認することと，彼女の体験を拡張し深化することとは，歩調を合わせ，相互に促進するようにして展開していくものとして体験されたのであった。

セッションが進むに連れて，私は話し合いの枠組みを拡張しようとして，メリッサが探究したいと思いながらも，たぶん躊躇して持ち出せないでいる**ほかのこと**を見出そうとしつづけた。このやりとりにおいて，われわれはしばらく，もたつきながら進んだ。私の目指しているものと彼女の目指しているものとは調和しているようには思えなかった。私は，セッションを，私にとってキャリアカウンセリングと感じられるものではなく，より「心理療法」と感じられるものにするため，性急に舵取りをしすぎたところがあった。私は良き心理療法家がすべきこと——治療者側の都合を押しつけず，**患者が**興味をもっていることや望んでいることに注意を向ける——をして骨を折っていた。私の側のこの困難は，私がこのセッションはメリッサとの唯一のセッションであると知っていたこと，それゆえこの1回のセッションで彼女のためにできる限りのことをしてあげたいという気持ちであったことと関連していたのであろう（このことは，彼女が今いるところを超えて先走ってしまうほど，**過剰なまでにしてあげたい**と思うよう導いた）。非常に重要なことだが，それは背景にあったこの特異な環境——セッションは録画され，世界中の学生や同僚に向けてそのまま公開されるという環境——とも，おそらく関係していたことであろう（自分で率直に認められる以上にあからさまに関係があったのかもしれない）。読者もおそらく容易に理解するだろうが，私はAPAビデオシリーズのために，このセッションではなくルイーズとのセッションを選んだ。けれども，メリッサとのセッションの時点においては，私はまだルイー

ズとはセッションをしていなかったのであり、私の脳裏には「これが私がどんなふうに治療しているかをみんなに見せるためのセッションだって？　私が普段している事が何ひとつ起こっていないじゃないか！」という若干のパニックの感覚があったとしても不思議ではない。

　セッションの体験は、われわれが彼女の離婚について、そして離婚前後の夫との関係について話し合い始めるにつれて変化しはじめた。この話合いは、メリッサが体験してきた夫や両親や兄弟からのプレッシャーと強制を明らかにするものとなった。彼女が描き出したところでは、これらの人物は、いずれもかなり慎重で保守的で一直線であり、彼らの目には、キャリアと専門家を目指すのなら、ウェイトレスの仕事などただの回り道でしかないと映っていたようである。われわれはメリッサを彼女の家庭における反逆者だとみなした。メリッサは一直線に進まず、パーティーに興じたり、タトゥーを入れたり、「メリッサ流に」事を進める冒険好きな人物なのだ。そして私はメリッサと一緒に次のような推測をしてみた。おそらく彼女は家族のなかで「みんなを楽しませる役目を任命された人」だったのだろう。そして彼女は、一方では、「間違いを正して直ちにまともな道を歩むように」というあからさまな期待に反抗してきた。それと同時に、他方では、家族を楽しませる反逆者のままでいてほしいという家族からのより無意識的な願望を満たさなければならなかった。この家族の効率優先の灰色の生活においては、彼女は代理的にいくらかの彩りをもたらす存在だったのだろう。彼女はこの期待と願望の間の苦しい板挟みに捕えられてきたのだろう。あからさまな期待と、誰も気づいていない要請との間の葛藤に捕えられて、彼女は純粋に実際的な問題として語った自らのジレンマを非常に解決困難なものと感じていたのである。

　逐語録の間に挿入した解説において述べたように、メリッサのジレンマと優柔不断についての私のこの推測が正しいのかどうか、決して私に自信があるわけではない。メリッサが家族のなかで秘やかに生命感や冒険心やたくましさを感じさせる役割を果たしているという見方は、なぜメリッサが進路の選択について心理療法家との面接を求めるほど苦しんでいるのかを理解するための、ひとつのありうる理解の仕方を提供するものである。けれどもそれは容易に間違った導きともなりうる。私が**より自信をもって**言えるのは、医療保障はたしかにそれ自体で純粋に重要だけれども、メリッサのストーリーには医療保障以上のことが関わっているということである。セッションが展開するにつれて、私は、メリッサは今のところはウェイトレスの仕事にとどまりたいと感じているようだという感覚をま

すます強く感じるようになった。興味深いことに，まさにこのことを指摘し，この選択を（そうすることが「メリッサ流に」やることだと強調するようなリフレーミングによって）サポートする過程において，私は，メリッサが家族に反抗的衝動や快を求める衝動を届けるメンバーだったのであり，家族のためにそうした衝動を表現し，家族に彼ら自身は排除している人生の諸要素を代理的に充足するためのモデルを提供していたのかもしれないという家族力動の可能性について，より明確な感覚を得たのだった。

　この推測は正しいかもしれないし間違っているかもしれない。そのことを念頭に置いたうえで，上に述べたことは次のように言い換えることもできる。私は，メリッサが最も進みたそうに見える方向に進んでいけるよう彼女をサポートしていたのだが，その過程においては，内的生活における**葛藤**への私の強い興味が，彼女の体験のもう一方の側面を吟味するよう私を導いたのであった。人の心が，たとえ一見したところ一枚岩のように見える場合でも，実際にそうであることは滅多にない。文脈によって思考，体験，行動が変化することや，時によりその意識化の程度が変化することは，社会学習理論から（Mischel, 1968 ; Wachtel, 1973b, 1977a），関係精神分析まで（Bromberg, 1998a ; Mitchell, 1993），幅広く多様な立場の思索家たちによって強調されてきた。こうした思考，体験，行動の変動性が豊かさや柔軟性の源となるか，それとも苦痛で歪曲的で解離的な生き方の源となるかの程度は，人によってかなり異なっている。しかしわれわれは誰しも，一見してそう見えるほど「単純」ではないし「一貫」してもいないと私は思う。

　最後に，メリッサとのセッションは**社会的**な要因がいかに重要かということを思い起こさせるものである。このセッションがなされた時代に，アメリカ合衆国に異なった健康保険の制度があったなら，メリッサは彼女のすべき決断をきわめて違ったように体験していただろう。おそらく，セッションの後のほうで扱われた問題のいくらかはもっと早くに浮かび上がってきただろう。そのとき，それらはより入念に調べられ，探索されただろう。けれども，メリッサが彼女のジレンマを語ったレベルの深さは，2009年のアメリカ合衆国に適したものであった。われわれの心理学的な体験と心理学的な力動は，早期体験の内在化物と，われわれの現在の現実の親しい人間関係のシステムの関数であるだけでなく，人種，社会階層，文化，社会といったより大きな現実の関数でもある。経済は人格や主観**性と相互作用する**「付加的」ないし「外的」な変数ではない。経済は，われわれが自分自身や自分の人生をどのように体験するかに関わる本質的で内在的な部分

なのである（P.L. Wachtel, 2003）。われわれが心理的なものと社会的なものを区別してしまうなら、われわれは結局、いずれの理解も貧弱なものにしてしまうだけである。

註

1——ダイアナとの1回のセッションでメリッサには多くの思いがかき立てられたので、ダイアナはフォローアップの電話面接をボランティアで引き受けたという。私とのセッションでメリッサが示唆したところでは、ダイアナはニューヨークからの電話面接を何度か行なったということだった。したがって、厳密に言えば、メリッサがダイアナとの間でもった接触は1回限りではなかった。それでもなお、ここでの論点の適切性には変わりはないし、おそらくはいっそう適切だとさえ言えるかもしれない。

2——私はまだここではそのことに気づいていなかったが、実際、メリッサはセッションのこの非常に早期の時点ですでに、ウェイトレスとしての現在の仕事にとどまるかどうかという葛藤を取り巻く、より広い文脈について話している。彼女は、最近離婚したという事実や、娘の面倒を1人で見ないといけないという事実について自発的に話している。こういったことは、私の普段の治療作業における標準的な関心事であるような問題や体験（人間関係の困難、喪失の体験、葛藤を孕んだ情動的反応など）を探究するための糸口を提供するものである。しかし対話のなかで私がこうしたテーマを取り上げるようになるにはもう少し時間がかかった。それどころか、メリッサがそうしたテーマを導入していたと気づくのにさえ時間がかかった。この時点での私の知覚は、なお、このセッションはあまりにも焦点が制限されているので、良いデモンストレーション・ビデオにはならないのではないかという不安に支配されていた。

3——不幸なことに、治療者のコメントがこうしたトーンを帯びていることは、一般に気づかれている以上によくあることである（Wile, 1984）。

4——もちろん、治療同盟はいったん成立したら、その後、ずっと維持されるというような性質のものではない。面接室における二者の相互の体験の性質は、時間の経過にともなって、新しい知覚と体験が導入されるにつれて、そして相互の誤知覚と誤解が不可避的に生じてくるにつれて、かなり変動することを避けられない。実際、時間の経過とともに必然的に生じるこうした変動を、つまり混乱と危機（願わくば小さな危機）を探究することこそ、心理療法における決定的に重要な治療的要素である（Ruiz-Cordell & Safran, 2007 ; Safran & Muran, 2000 ; Safran, Muran & Proskurov, 2009）。

5——ルイーズがより拡張された治療過程に適した治療的焦点づけを選択したことは興味深い。その点に関して、セッションで彼女が提示した問題への取り組みにおいて、われわれがあれだけの進歩を成し遂げることができたということは、驚くべきことだと見なされるかもしれない。もちろん、われわれが成し遂げたものは、ケンの家族との問題をルイーズがこれから徹底操作していく過程における**最初の**ステップにすぎない。それら

は非常に込み入っており，ルイーズの以前の歴史の多くの側面と関連しており，そうした歴史の側面もまた徹底操作される必要がある。にもかかわらず，セッションは，多くの重要な問題を明らかにし，より明瞭にしたように思われる。これらの努力は，適切にフォローアップされれば，ルイーズにとって非常に助けになるであろう。その結果，ルイーズと過ごした時間は，メリッサと過ごした時間以上に，より長い治療の過程との類似性が高いものになっている。

第3部
考察
Section III
Reflections

6

セッションを振り返って

　ここに提示した3つのセッションは，セッション自体についてのみならず，本書の第1部に記述したような理論的前提と治療技法の諸原理について振り返る機会をも提供するものである。これらのセッションは，どのようにこうした諸原理を反映しているだろうか？　どのようにこうした諸原理から離反しているだろうか？　こうした一般的な諸原理の修正や再考を求めるような，患者ごと，セッションごとに異なる特定のニードやチャレンジは何だろうか？　これらのセッションは，どんなふうに一般的な諸原理を「一般的にはXをするのがよいけれども，時にはYをするほうがよいこともある」と言い直すように求めるだろうか？　そしてその場合，Yをするほうがよいのはどのようなときなのか？　それと関連して，与えられた事例の具体的詳細から，どのようにして，**一般的にはX**をするのが有用である場合でも，この事例においては，あるいは，この治療過程のこの特定の時点においては，Xをする**機会はあまりない**という理解が得られるのか？　つまり，特定の事例や，特定のセッションにおいては，一般原理に従うことは間違いであることがあるし，必ずしも間違いではない場合でも，単に無関係なこともあるのである。つまり，そのセッションにはそれをする機会がないこともあり，また求められていないこともあるのだ。

　こうした問いについて熟慮してみるとき，やはりまた，これらのセッションが継続的な治療関係の一部ではなく，1回限りのデモンストレーションのセッションだったということを思い起こすことが重要であると思う。これらのセッションにおける相互作用や治療過程と，より継続的な治療におけるそれらとの間には十分な類似性があり，そこから多くを学ぶことができるだろう。しかしそれらの間には明らかに違いもあり，もしわれわれが，ここに提示された材料から最も有用な結論を導き出そうとするのであれば，こうした違いもきちんと考慮されなければならない。これらのセッションを眺めるとき，私は，私の「日常の」臨床活動

のほぼどのセッションでも生じているような，非常になじみ深いものを感じるとともに，普段とは違ったものも感じる。この仕事には不可避的にその起源を反映しているところがあり，そのこともまた考慮される必要がある。私はそれを文脈化された仕方で理解したいと思う。というのも，文脈化された仕方での理解は，**あらゆる**治療作業にとって，そして人格発達や人格力動の理解にとって，非常に本質的なものだと信じているからである。

　前章において論じたように，これらのセッションが備えていた枠組みの影響は，メリッサとのセッションにおいてとりわけ明らかであった。もしこのセッションが，短期であれ長期であれ，計画された**継続的な**セッションの初回であったなら，どのように違ったものになっていたかを正確に予想することは難しい。けれども，少なくとも，このセッションが**一回限りのセッション**であったという事実がその展開にどのように寄与したかを理解することはさほど難しいことではない。信頼の問題，メリッサが焦点づけたいと思う問題をどのように定義したかという問題，そのような問題選択に対して私がどのように反応し，何にフォローアップし，何にフォローアップしなかったかという問題，これらはすべて明らかに単一セッションの形式に関連していた（前述のように，メリッサは1年前にダイアナ・フォーシャと同様の形式での面接を経験していたため，事態はさらに複雑になっていた）。

　単一セッションの形式は，ルイーズにはまた違った影響を与えた。ルイーズには，制約の兆候はさほど見られなかった。ルイーズは，少なくともたいていの患者と同じくらい，最初のセッションで自分をオープンにしたように私には感じられた。彼女は，これが一緒に作業する唯一の機会だと知っていたので，たいていの患者以上にオープンでさえあったかもしれない（実際にはわれわれは2回目のセッションをもったけれども，最初のセッションが終わるまで2回目のセッションをもつことになるとは予想していなかったのである）。その人生においてあれほどの重大な外傷体験を被ってきた人物であることを思うとき，ルイーズは驚くほど素直に心を開いてくれた。私は，メリッサとのセッションの最初に感じたような綱引きを，ルイーズとのセッションで感じることはなかった。たしかに，ルイーズは，最初，自分の人生経験の複雑さを，部分的に知覚や理解から閉め出していた（学校の子どもたちについての最初の話では，彼らは彼女の親密で幸せな家族を妬んでいたということだったし，家族についての説明では，彼女の家族は祝祭日にも集まらない「個人主義的な」家族だが，「互いが必要なときにいつも

互いの側にいて助け合ってきました」と述べられていた)。けれども，彼女が他の視点を取り入れられるようになるのに，そしてその新しい視点を実体化するような記憶（たとえばケンの家族を結婚式に招待しなかったこと，父親の発作，母親が彼女と父親をパリに置き去りにしたこと）を自発的に思い出したり，新しい材料を生み出したりさえするのに，ひどい労力が必要とされたわけではなかった。実際，これら3つの告白は，いずれも最初の1つのセッションの過程で生じたものであり，セッションに物語としての推力（narrative thrust）を与えた。映画監督であれば褒められるところであろう。そして，これら3つの重要な告白は，それぞれが，私に物事を違った意味合いの下で見せてくれ，ルイーズの苦闘に新しい洞察をもたらしてくれたばかりか，**ルイーズ**が重要な洞察を得たと思われた対話へとわれわれを導いてもくれたのであった。

　ルイーズがこうした「洞察」を達成しさえすれば，彼女の問題は「解決」するというわけではない。本書の全体を通して，私は徹底操作の重要性について述べてきた。洞察が見られるから治療目標は到達されたと結論するような愚かな考えに引き込まれてはならない。洞察は見られたり，失われたりする。出現したかと思うと，また見えなくなってしまう。それらが堅固に取り入れられたかどうかは，それらが患者の困難を維持しているフィードバック・パターンを変化させるような仕方で日常生活に表現されているかどうかによる（P.L. Wachtel, 2008／特に第12章を参照）。しかし，ルイーズとメリッサの間で，この単一セッション形式の体験のされ方の違いに関して顕著なのは，ルイーズは自分の体験をどう見るかを**再検討**することについて，メリッサよりもずっと受容的であるように見えたことである。おそらく気づいておくべき最も重要なことは，2人の異なった患者が単一セッションという形式にきわめて異なった仕方で反応したという単純な事実である。つまり，異なった人間は，外部の観察者が「同じ」とラベルしうる文脈や状況に，**いつでもそれぞれ個人的な仕方で反応する**のである。

● **治療同盟**

　メリッサとルイーズの間の違いとして私が述べてきたことの一部は，治療同盟の次元に属することである。治療同盟の質は，治療努力の成否を左右する非常に重要な要因であり，その重要性は治療技法や学派の理論と同じくらい，あるいは

それ以上でさえあるということを示す証拠が蓄積されつつある（Duncan, Miller Wampold & Hubble, 2009 ; Norcross, 2002 ; Ruiz-Cordell & Safran, 2007 ; Safran, Muran & Proskurov, 2009 ; Wampold, 2001）。多くの読者は，メリッサとよりもルイーズとの間により強い治療同盟が築かれたと判断するだろう。けれども，セッションにおいて生じる他のすべてのことがそうであるように，治療同盟についても，トゥー・パーソンの視点に立って見れば，その質がいかに**共同構築**されているかを理解することができるだろう（Aron, 1996）。

　メリッサとのセッションを論じるなかで，私は彼女がダイアナ・フォーシャとの間でもったような，（重要な点で非常に肯定的な体験であったとしても）不安定にさせられる体験に自分自身を開くのを躊躇していること，そして，彼女が狭い枠組みのなかで狭い問いにかたくなに焦点づけつづけていることを強調した。けれども，そのセッションにおけるそうした行動は，単純にメリッサの「人格」に備わった性質ではない。すでに述べたように，私がルイーズとメリッサ，それぞれに対して反応し，相互作用する際の異なった仕方は，彼女たちがセッションに参加する際の異なった仕方に寄与している。ルイーズとのセッションが始まってものの1分とたたないうちに，私は，彼女の父親の死に対するケンの家族の反応の仕方に関して，彼女が表わした傷つきの感情に積極的に身を乗り出して同盟を結んだ。彼女はケンの姉のデニースが，ルイーズの父親が亡くなったとき，すぐに電話しなかったことを冷たい感じの声で謝りつつ，「電話する時間がなかったの」と言ったことを話していた。私は，ルイーズの話をほとんど遮ってまで，即座に「すごく大事なことっていうより，まるで些細なことのように話したんですね」と言った。そう言うことで私は，まさにセッションの始まりの時点で，ルイーズに，私はルイーズの側に立っているということを，また暗黙のうちに，私はルイーズをデニースのように扱ったりはしないということを伝えていたのである。この初期の，積極的・明示的に差し挟まれた同盟構築の働きかけは，メリッサとのセッションにおいては，とりわけ最初のほうには，同じようには存在していない。このように，そもそもの最初から，ルイーズとメリッサでは，私が波長を合わせていると感じている程度や，私が味方であると感じている程度は異なっていたのである。そして，その理由には，彼女たちのなかに，もともと存在していた内的状態に関するものだけではなく，私自身の行動に関するものも含まれていたのである。

　ここで私は，セッションで生じたことの責任を，単にルイーズやメリッサから

私へと移行させようとしているわけではない。もし読者が本書を通して私の議論をよく理解してくれているのであれば，私が事態をそれほど単純に，あるいは二分法的に見ていないことは明らかであろう。トゥー・パーソンの視点が求めているのは，結局のところ，非文脈的な患者の行動への焦点づけから，非文脈的な治療者の行動への焦点づけへと単に焦点づけを移行させた，異なるワン・パーソンの視点をつくりだすことではない。明らかに，トゥー・パーソンの視点が求めているのは，患者と治療者の**両者が**セッションで生起することに寄与しているということであり，さらには，その寄与は，それぞれが瞬間瞬間に相手の行為に反応することで持続的に発展していくものであるということである。その観点からすれば，たとえば，私はルイーズの傷つきやすさを感じ取ったのであり，そのことが，私がセッションの非常に早い時期に積極的に強い共感的反応を示した**理由**になったということが指摘できるだろう。

これと対応して，メリッサとのセッションの始まりの部分で，私がさほど積極的に支持的でなかった理由の一部は，その時点でそれを意識していたかどうか，それが意識的な選択であったかどうかは別として，メリッサは私を排除している，彼女に触れていくのは難しいだろう，目標や進め方のモードを調和させていくのは困難な過程になるだろう，といった感覚に私が反応していたということにある。このように，ルイーズとメリッサに対する私の異なった反応は，彼女たちのなかにある違いに対する反応として見ることができるだろう。けれども，同時に，私は彼女たちのそれぞれに対して，実際，違う形で振る舞っていた。そしてその私自身の行動が，ある部分では，セッション中の私に対する彼女たちの行動の違いを**創り出した**（少なくとも維持した）のである。ここにはどんな鶏も卵も明瞭には存在していない。すべてが入り混じっている。[1]

● 患者が締め出してきた感情のための余地をつくる

3つの逐語録で例証された治療アプローチにおいては，いくつかの考えや手続きが重視されている。それらは，かなりの程度，相互に重なり合い，交わり合っているので，もはや別々のものというよりは，1つの過程を異なった角度から見たときに見えてくる像，ないしは1つの過程を見るための異なった視点とでも言ったほうがよいかもしれない。その異なった相補的な視点とは，以下の4つで

ある。(a) 不安，罪悪感，恥といった感情に注目する。そうした感情こそ，患者が特定の考え，感情，願望，自己体験や他者体験を防衛し，排除するよう導いたものである。こうした防衛努力を基本的に抵抗や回避といった観点から見ることは控える。(b) 患者がその不安を克服するのを助ける。そのために，行動論的なエクスポージャーの概念と，共感的な同一化と排除された自己体験の明瞭化とを結合させた方法をしばしば用いる（これは解釈と呼ばれているものとかなりよく似ているが，そのスピリットが異なっている）。(c) 患者が受け容れられないと感じてきた体験を承認し（affirmation），妥当なものとして認める（validation）。(d) 危険だとか不愉快だとかいうことで排除されてきた感情を，患者が感じるための余地をつくりだし，それを再び自分のものとして体験できるよう促進する。以下において，私はセッションについて論じるなかで，治療過程のこうした見方を広く用いていく。その際，読者は，これらは4つの別々の概念ではなく，ほぼ交換可能で大きく重なったもの，ほぼ同じ過程，ほぼ同じ態度を別の表現で表わしたものであるということを念頭に置いてほしい。

　本書の第1部において述べたように，フロイトの改訂された不安の理論は，患者や治療過程に対して実質的に異なった態度を導く示唆を含んでいた。しかし，そのことは精神分析実践のメインストリームには十分に注目されなかった。真剣に受けとめれば，この重要な理論の改訂は，たとえば，抵抗，自己欺瞞，分析家から不適当な満足を無理矢理引き出そうとする操作的な努力といった，厳しくてしばしば敵対的な見方よりも，同じ患者の努力に対してずっと支持的で慈悲深い見方を方向づけるものである。また，これらは，解釈の過程へのきわめて異なるアプローチを示唆している（P.L. Wachtel, 1993 ; Weiss & Sampson, 1986 ; Wile, 1984）。その理論的改訂はまた，心理療法の分野の今日の発展において，精神分析の解釈的アプローチと，行動論的なエクスポージャーへの焦点づけとの間の重なりを指し示している。この両者の重なりから，より**体験的な**ヴァージョンの解釈が出現可能になる。

　注意深く観察すれば，心理力動的治療者にしても，認知行動療法家にしても，1つのタイプの介入のみに頼ることなどないということは明らかであろう。にもかかわらず，それぞれのアプローチにおいて最も顕著で原型的な介入を同定することは困難ではない。心理力動的な治療者にとって，典型的な介入は明らかに解釈であろう（たとえば，Bibring, 1954 ; Friedman, 2002 ; Laplanche & Pontalis, 1974）。より曖昧なところはあるが，認知行動療法家にとっては，さまざまなヴァリ

エーションも含めて，私はそれはエクスポージャーだと思う（たとえば，Barlow, Allen & Basden, 2007 ; Foa & Kozak, 1986 ; Foa, Rothbaum & Furr, 2003 ; Moscovitch, Antony & Swinson, 2009）。解釈ベースの治療とエクスポージャー・ベースの治療との間には，根本的な違いがあるように見えるかもしれない。そしてその違いは，われわれの分野の多くの者が心理力動的治療と認知行動療法の間にあると考えている溝にきわめて近いものである。

しかしながら，本書に提示された治療作業の背景にある統合的アプローチの観点からすれば，解釈とエクスポージャーはさほど根本的に異なるものではない。実際，それらは1枚のコインの2つの面でしかない。最も効果的な解釈は，患者が気づきから排除した，あるいは気づきの周辺に追いやった考え，感情，願望に，患者を具体的かつ体験的に**エクスポーズ**するよう促進するものである。最も効果的なエクスポージャーは，多くの場合，患者自身の考えや感情と連合した刺激へのエクスポージャーである。つまりこれは，行動療法と認知行動療法に先立つ学習理論の観点からの治療過程の理解にほかならない（Dollard & Miller, 1950）。本書に提示された治療作業の基礎となっているモデルにおいては，不安，罪悪感，恥がどのようにして，患者に，自らの心的生活の重要な側面に気づくことに尻込みさせているのか，あるいはそれらを顕在的行動として表出することを許すことに尻込みさせているのか，その仕方を同定することを目標として重視している。患者が自らの考え，感情，知覚に対して発達させてきた不安は，それらの体験を拒否し，避け，ミスラベルし，制約する防衛努力をもたらす。こうした防衛努力は，自動的に，そしておおむね気づかれないうちに進行する。そうした防衛の行為は，高度の苦悩によって発動させられるわけではない。つまり，そうした防衛の行為が生じなかったとしても，高度の苦悩，言い換えれば，何か注目すべきことが起こっていると当人に警告を与えるようなレベルの苦悩が生じるわけではない。そうした防衛の行為が発動されるには，**ほんのかすかに不安が高まるだけで**十分なのである。そしてその防衛の行為は，その行為によってそのかすかな不安の高まりが鎮められるなら，十分に強化されうるのである。[2] 言い換えれば，それらの防衛的な行為は，不安をもたらす感情的ないし行動的な場面にわれわれがさらに入っていくのを防ぐことでもたらされる短期的な慰めによって維持されているのである。しかし，そうした行為はまた，さまざまな持続的な心理的苦悩をもたらすような結果をも生み出してしまう。社会的相互作用の機能不全，どんよりした感じ，空虚感，活気のなさ，など。

より安心で，しっかりして，生き生きとして感じるためには，患者は，体験された自己の感覚から締め出してきた彼自身の感情や傾向と親しみ，それとともにいて居心地良く感じる必要がある。そして治療の中心的な目標は，（時に脅かすものであるとしても）生命力があり真実のものである自己体験を自分のものとして取り戻せるよう，また，そうした自己体験のための**余地**を患者の人生のなかに，彼の自己と主観的体験の構造のなかに**つくりだせる**よう，助けることである。本書において提示されたセッションのかなり多くの部分は，この目標を達成しようとする努力を具体的に示したものである。そして本章において私がさらに論じていることの多くは，こうした目標を念頭に置いた治療課題へのアプローチと，患者が自分自身から隠してきたものを「解釈」したり直面化したりするという観点からのアプローチとの間の違いである。

　人が自分自身の重要な部分を気づきから消し去ったとしても，あるいは体験された自己感覚から消し去ったとしても，それらが消えてなくなるとは限らないし，その人の行動に影響を与えることをやめておとなしくしているという保証もない。しかし，そのとき，それらが彼の行動を形成するうえでどのような役割を果たしているのかは，はっきりわからなくなってしまう。その結果，彼が自らの行動を効果的に調節することは難しくなる。気づきから消し去られるのは感情的な意味であることが特に多いために，こうしたことがとても起きやすい。人の行動に伴う感情的なニュアンスは，しばしば他者からの異なった反応を引き出す最も重要な要素であるとともに，人が最も制御しがたいものでもある。否認されていたり，気づかれていなかったりすればなおさらである。したがって，排除された体験や傾向は，依然として，その人の生活において表現され続けることになる。けれども，それは，おおむね患者自身には気づかれないように表現される。それゆえ，患者にとっては他者の反応を予想することが難しくなってしまう。そして患者は，自らの表現によって，しばしば盲点を突かれてしまうような体験をすることになる。[3]

　たとえば，ルイーズは結婚式に招待しなかったことに対するケンの家族の反応に，不意打ちを食らわされたように感じたようだった。おそらく，子ども時代のいじめに関しても，彼女の抱えていた問題の多くは，自分の行為が他の子どもたちにどのように知覚されるか，そして他の子どもたちにどのような情動が伝わり，それがどのように知覚されるかを，予測したり理解したりすることが困難だったことに根ざしていたのであろう。いずれの場合においても，こうした傷つきやすさは，不安や恥や罪悪感が，ルイーズに，自らの知覚や感情反応や傾向を安全で

受容可能なものとして体験できないようにしてきた結果として理解できる。ルイーズにとって，父親の発作とそれが彼女の家族生活に与えた影響の結果として生じた恐怖，恥，見捨てられ感を統合することは困難であった。最初のセッションの時点においてさえ，ルイーズは自分の家族を「お互いの側にいて助け合ってきた」というように描き出す必要があったのである。これは，彼女の家族生活の事実とはとても一致するようには思えない記述である。そして，彼女の母親が，父親の臨終に際して，ルイーズがスウェーデンに帰ってくることを許さなかったことについての彼女の感情にしても，あるいは，ルイーズが14歳のときのパリでの恐ろしい出来事についての感情でさえ，彼女が何とかがんばって話してくれた彼女の生い立ちの語りのなかに，ほんの少しの場所しかなかったのである。ケンの家族を悪魔のように描き出すことは，優しく，ケアし，彼女の欲求に気配りするような彼女自身の母親や家族の脆いイメージを何とか維持するための方法であったのだと思われる。

　こうした状況から抜け出せるよう（ほかのどのような患者でも同じだが）ルイーズを助けるためには，「診断的な」観点からアプローチしないことが重要である。つまり，いかにその人が自らを欺いているかを示したり，その人が避けている「真実」に直面させようとしたりするようなコミュニケーションに重きを置かないことが重要である。長年にわたる同僚とのやりとりから，また，若い治療者をスーパーヴィジョンしてきた経験から，臨床作業へのこうしたアプローチはまだまだ困惑するほどよくあることだということを私はよく知っている——ワイル（1984）は，高度の経験を積み，尊敬されている治療者の間にさえ，いかにこうしたアプローチが認められるかを検証している。そのようなアプローチに代わって，ルイーズとのセッションにおいて私は，彼女が同化困難で葛藤した感情を体験できるよう，次のような仕方で援助した。つまり，彼女が考えたり感じたりしたことのうちのある側面は，よりなじみ深く居心地が良いものだったけれども，その一方で，彼女自身の体験の他の重要な側面は声を与えられてこなかったということを強調するコメントによって，彼女を援助しようと試みた。そのコメントは，彼女は自らを欺いていたのであり，自分ではあることを感じていると思っていても，「本当は」別のことを感じていたのだというメッセージを伝えるものとはなっていない。そうではなくて，そのコメントは，彼女の体験は非常に複雑なものだったのであり，その体験のすべての部分に声を与えることが重要なのだというメッセージを伝えるものとなっている。それはまた，暗黙のうちに，よりなじみの薄い感

情，排除されてきた感情もまた正当なものであり，尊重に値するものであり，恥ずべきものでも悪いものでもないということをも伝えている。

　このアプローチの仕方は，先に言及した解釈とエクスポージャーの結合を暗黙の内に含んでいる。ここでは，解釈は洞察をまず第一に促進する目的のためになされているわけではなく（もちろん洞察は価値あるものとみなされ，歓迎されてはいるが），むしろ体験された自己から排除された考えや感情や知覚を喚起し，**呼び起こす**手段としてなされているのである。不安は人を防衛過程へと駆り立て，その防衛過程は人の心的生活の諸側面を漠然とさせたり，見えなくさせたりさえしてしまう。そしてその過程において，まさにその不安を克服するのに必要不可欠なエクスポージャーを妨害してしまう。この観点からすると，治療者のコメントは除外された体験を指摘ないし明確化するようデザインされているだけでなく，禁じられた考えや感情を実際に喚起するようにもデザインされている必要がある。なぜなら，禁じられた考えや感情が実際に喚起されてはじめて，患者はそれにエクスポーズされうるからであり，そうしたエクスポージャーが提供する不安低減のための機会をもつことができるからである。

　したがって，ルイーズとのセッションにおいても，メリッサとのセッションにおいても，私のコメントは，彼女たちが自らに否認してきたことを**見つめる**よう，**認める**よう仕向けることを目指したものではなく，彼女たちが不安のために退却してきた自らの感情，願望，その他の側面を**体験する**よう促進することを目指したものである。そしてその際に，以前には回避されていた体験を，安全なものとして感じられるように，より大きく包括的な自己感に同化されうるようにすることを目指したものである。もちろん，こうした目標は1回のセッションで十分に達成されるものではない。しかしその**過程**は，より長期の治療努力においてもほぼ同じである。私は，患者に禁じられた感情を感じるよう，禁じられた考えを考えるよう**励ます**ことを目指していた。また，そうしたことが生じてもよいという内的な**許可**を生み出すことを目指していた。私は感情や願望を**招こう**としていたのであって，それらを明るみに出そうとか，暴露しようとか，直面化しようとしていたのではない。言い換えれば，私は体験のための**余地をつくりだそう**としていたのである。

　ルイーズに関して言うと，私が彼女において解放し，体験のための余地をつくりだそうとしていた彼女の側面のひとつは，ケンの家族とより親密になりたいという願望であった。その願望は，1つにはそうした親密さは彼らに呑み込まれて

しまう結果をもたらすという恐れによって，そしてもう1つには，ケンの家族とより親密になりたいという切望を認めることは自分の母親を裏切ることだという罪悪感に彩られた不安によって，覆い隠され，ぼやかされていた。この後者の不安は，ケンの家族にそのような肯定的な性質を認めることは，自分の母親に対する怒りと失望の感情を解き放ってしまうという恐れによって高められていたように私には思われた。そしてその恐れは，ケンの家族を，彼女の欲求に対して傷つけるほどに無反応な家族としてのみ知覚することよって，かなり封じ込められていた。ルイーズの最初の話では，彼女にとってケンの家族と過ごす時間は，ケンに嫌な思いをさせないために仕方なく受けいれているだけの不愉快な強制の時間だとされていた。セッションが進むにつれて，私は，ルイーズはケンの家族との結びつきについて，自らに認めることを許してきた以上に葛藤しているのではないかと，ますます感じるようになった。彼女は明らかに本当に大きな不満を感じていたし，ほんの少しでもドアを開けば二度と出てこられないブラックホールの重力圏に捕えられてしまうのではないかと本当に心配していた。けれども，私は次第に，彼女は**また**この大家族の一員になりたいという**願望をも**感じていたのではないかと思うようになっていった。この大家族は，否定的なものを押しつけてくるにせよ，彼女自身の小さく感情的に制限された家族には与えることができなかったものを，彼女に与えてもいたのである。

　こうした考えを取り上げるにあたって，私はいかに彼女が自己欺瞞的であったかを彼女に直面化するようデザインされた解釈を与えることはしなかった。また私は彼女が感じていると自ら思っていたものは，実のところは「本当の」感情ではなかったということを彼女に示そうともしなかった。その代わりに私は，彼女がほかに何かを感じていたとしても，それは，彼女が感じていると自ら思っていたものは本当ではなかったとか，間違いだったとかいうことにはならないという前提で，彼女がほかにも何か感じていたのではないかと尋ねていった。つまり，彼女が感じているものの像を**拡張する**ような何か，あるいは，感じてよいと自らに**許せる**範囲を拡張するような何かを，ほかにも感じていたのではないかと尋ねていった。こうした探究の作業こそ，私が排除された体験を体験する「余地をつくる」作業と呼んでいるものである。

　私はたしかに「表面」に見えている態度には防衛的な要素があると感じていた。つまりそれは，彼女が居心地良く感じていない態度を水面下に隠しておくのに寄与しているようだった。けれども私は，その「表面」に見えている態度，つまり，

彼女にとってよりなじみのある彼女の体験の部分も（たとえそれらがもう1つの同様に妥当な自分自身の面を見るのを妨げる役割を果たしているとしても）やはり妥当なものであり真実のものであるという見方をもって，ルイーズにアプローチした。言い換えれば，ここで私は，ルイーズはケンの家族を寄せつけたくないと自分では思っているつもりなのだろうけれども，「本当は」彼らと親しくなりたいのだと彼女を説得しようとしていたのではない。つまり，彼女は単に自己欺瞞に関与しているのであって，自分が本当に欲していることを知らないのだと彼女を説得しようとしていたのではない。そうではなく，私は，彼女がほかにも欲しているものがないかを探究し，その欲求のための余地をつくりだそうとしていたのである。私は彼女が競合するこれらの欲求を和解させる道を見出すのを助けようとしていたのである。それは，覆い隠されてきた側の欲求に気づくとともに，それを体験する余地がなければ為しえないことである。

　セッションのなかで，ルイーズやメリッサが認めがたく感じてきた体験の側面を話題にしようと試みるときには，多くの場合，私は彼女たちが体験している**葛藤**を強調しながら，あるいは，これまで認められてこなかった感情に接近することがもたらしうる不快や危険を強調しながら，アプローチした。ケンの家族と親しくなりたいという願望を含んだルイーズの体験の側面を開いていく試みにおいて，私はまず最初に他の体験の側面を認め，理解し，尊重していることを明らかにすることから始めた。私はルイーズに「ケンさんの家族から引っぱり込まれるような力を感じているんですよね。それで，ルイーズさんにはそれに抗って踏ん張る必要があって，そこで葛藤が発生する。彼らはルイーズさんを引きずり込もうとするし，ルイーズさんは境界線を引いておきたいって思うし」とはっきり述べている。けれどもそれに続けて，私は，彼らに対する彼女の感情には**もう1つ別の面**があるのではないかと声に出して問いを投げかけている。私は彼女が非常に小さな家族で育ったこと，一人っ子であったことに言及し，さらに「お父さんが父親として十分に存在していなかった分，ある意味では，ルイーズさんの家族はもっと小さかったのかもしれない」と付け加えている。その後，私はこう尋ねている。「そうしたことを踏まえてみると，もしかしたら，この大きな，何もかも包み込むような家族が，ある意味で，ルイーズさんにとって魅力的で，惹きつけるような部分があるんじゃないだろうかって」。それから，彼女がこれを認めたとき，反転して葛藤の他の側面に戻ってきて，そちら側の面を強調しながら，こう言っている。「でも，たぶんちょっと，あまりにも惹きつけられすぎて……うー

ん，何かほとんど**怖い**くらいに惹きつけられているようなところがあるのかもしれない」。このようにして私は，ルイーズには，彼らに惹きつけられることに関して非常に**居心地の悪い**気持ちがあること，彼らへの魅力を体験することは彼女を葛藤状況に置くということを認めるところに戻っている。

● 暫定的な仮説と治療者−患者の協働

　この問題を私がどのようにルイーズと探究していったか，その探究の仕方の重要な側面について，次の点に触れておくことにも価値があるだろう（ルイーズとメリッサのいずれとの間でも，取り上げられた問題の大半において同じことが言える）。そこで私が行なっていることは，十分に形成された仮説をテストしたり，伝達したりするというようなことではない。つまり，私は何が問題であるかを「すでに知っており」，彼女にもそれを理解してもらえるよう援助している，というようなことではない。これと関連するテーマを取り上げて，レニック（Renik, 1993）はこうコメントしている。

> **解釈**という用語の由来は，今や一般的に批判されている精神分析過程の概念化にある。その概念化においては，分析家は無意識を露わにするために患者の思考を解読し，患者の言語化の顕在的内容の背後に隠された意味を同定するということになっている。フロイトの有名な比喩において，旅慣れた鉄道のガイドが，無知な乗客に，彼が今いる場所について話して聞かせてやるように。
> (p.560)

　レニックは，このアプローチに伴う深刻な問題は「解釈者は常に解釈の受け手よりも見識がある」(p.560)という点にあると指摘している。あるいは，フィクション（HBOシリーズのドラマ「In Treatment」）のなかの治療者であるポール・ウエストンの言葉を借りれば，「心理療法においては，消費者はいつも間違っている」ということになる。
　ルイーズとの治療作業において，私は彼女を無知な乗客とはみなしていない。また私は自分自身を，これから旅するであろうあらゆる道を知り尽くしたガイドだとも思っていない。私には勘や直観はあったけれども，それらはルイーズとの

協働作業のなかで次第に発展し，明確な形を取るようになっていった。つまりそれらは，私が最初はおぼろげに知覚したものを定式化しようと試み，その私の最初の反応に対して彼女が反応し，その彼女の反応に私が反応して……といったようにして次第に形成されてきたものである。ルイーズが実際にはケンの家族ともっと親しくなりたいという欲求を抱いているのではないかという考えを最初に取り上げたとき，私は次のような仕方で提示した。

　うん。うん。うーん，どうなのかなあ……ひとつよくわかっているのは，ルイーズさんが今話してくれたことで，僕にはよく理解できるんですけど，そのう，なんていうか，ルイーズさんは，ケンさんの家族から引っぱり込まれるような力を感じているんですよね。それで，ルイーズさんにはそれに抗って踏んばる必要があって，そこで葛藤が発生する。彼らはルイーズさんを引きずり込もうとするし，ルイーズさんは境界線を引いておきたいって思うし。でも，それと同時に，僕が思うのは，もう1つの面としてね，そのう，ルイーズさんはとても小さな家族の一員として成長したわけですよね。一人っ子だったし，また，お父さんが父親として十分に存在していなかった分，ある意味では，ルイーズさんの家族はもっと小さかったとも言えるかもしれない。そうしたことを踏まえてみると，もしかしたら，この大きな，何もかも包み込むような家族が，ある意味で，ルイーズさんにとって魅力的で，惹きつけるような部分があるんじゃないだろうかって。

このコメントの，まさにその提示の仕方のなかに，私の定式化の暫定的な性質が，つまり，私自身が心に思い描きはじめたばかりの目的地を探しているという感覚が，はっきりと見て取れるだろう。文章は切れ切れで，目標は変化していっている。目的地を求めて，明確化に向けて手探りで進んでいるのである。これは，印刷済みの案内地図を無知の乗客に差し出すような感覚とはまるで違うものである。私は，その時その場で，まさに私のなかに湧き起こってくるものを，定式化し表現しようと奮闘しているのである。私が，あなたには触れることがより困難なもう1つの感情があるん「じゃないかなあと思う（wonder）」と言うとき，私は本心からそう言っているのである。時に治療者は，かなり踏み込んだ定式化を非常な自信と確信をもって伝えながらも，それを「……じゃないかなあと思う」というような羊の皮をかぶった言い回しで表現することがある（たとえば「あな

たは本当は，今，私にすごく怒ってるんじゃないかなあと思うんだけど」といったように)。ここでの私のコメントはそういうものとは違っている。私はたしかにこの考えに引き込まれ，興味をそそられた。そうでなければ，それは述べるに値しなかっただろう。たしかに，私自身，実のところは（正直に言えば）「私はそう確信しているんだが」と内心では思いつつ，「……じゃないかなあと思うんだけど」と口にしているような場合もある（こうした場合，本当に確信がもてない唯一の要素は，私が提供している真実を患者が見て取ることができるかどうかということなのであろう)。しかしこうした場合とは対照的に，ここでは**本当に**「……じゃないかなあと思うんだけど」という具合だったのである。それはルイーズがどう反応するか次第で，私がより強く抱くか，あるいは放り出すか，まだ定まってさえいない，非常に暫定的な考えだったのである。

　私は，非常に暫定的にアイデアを提供するところから出発して，次第に確信を抱くようになっていった。そして，その確信の程度は，患者の反応によって形成された。その一例は，ルイーズが最初に話していたほどには，母親からの支持について，また母親が彼女の欲求に応えてくれたという感覚について，安心していないのではないかと探究を進めていったときのルイーズの反応に認められる。結婚式にケンの家族を呼ばなかったという話を聞いた後で，私は彼女がそう決めた理由を探究した。そして，彼女が「私はほかの人を幸せにするために結婚するんじゃない。自分を幸せにするために結婚するんです」と言ったことに心を打たれた。これを聞いて，私は少し後にこう声に出していぶかしがった。「これは私のためのことで，ほかの誰かを喜ばせるためのことじゃないんだって，それをしっかり主張すること，それがあなたにとってとっても重要だったんだなあってことです……うーん，そうすると，それは，もしかしたらこれまでに，ほかの人を喜ばせなきゃっていう思いに駆り立てられてきた経験がずっとあったんじゃないかなっていうような……そんな感じにも聞こえるんですけど」。これに応えて，ルイーズは，自分はすごく人を喜ばせようとする人間であり，今や，その性格を変えようと決心したのだと述べている。

　このテーマをさらに追求するなかで，ルイーズは母親を，**ルイーズが**したいようにするよう励ます人だと話している。私は，この話を聞いて，ルイーズの母親はこの話が示唆しているほどには，ルイーズに対して支持的でも，ルイーズの欲求に安定的に応えてくれていたわけでもなかったのだろう，ということを告げる漠然とした直観を抱いた。(4) そのため，私はこのことについて，最初は**ルイーズが**

言ったことを強調しながら探索していった。そしてそのうえで，はじめて，他の側面について尋ねていった。

  ポール：お母さんは，ルイーズさんのことを，そしてルイーズさんがやりたいことを支えてくれたようですね。
  ルイーズ：ええ。
  ポール：ほかの子どもたちからいじめられながら大きくなったっていう経験があって，それで，自分の家族のなかではどうだったでしょう？つまり，お父さんやお母さんとは？　お父さんやお母さんといるときにも，喜ばせようって思う感じはありましたか？

　この質問は，ルイーズにとって重要な扉を開いた。ほぼその直後に，父親の発作という外傷的な体験について，そしてしばらく後にはパリでの母親による置き去り事件というやはり外傷的な体験について，彼女がはじめて話しだしたことは，それを示す兆候である。彼女が，最初にそうしたように，「ええ，もちろん」としか言わなければ，たしかに承認しているとはいえ，不十分な承認だっただろう。結局のところ，彼女はすごく人を喜ばせようとする人間なのであり，私が言ったことを承認することは，彼女のそういう傾向に一致する。けれども，ここで彼女は単に承認しただけではなく，新しく，情動的に意味深い素材をもたらしながら，詳細な話を語っている（そして実際，そうした素材はセッションが進行するにつれて，さらに新しい視点を指し示すようになる。その視点はセッションに導入され，以後も同様に，互いの入力に基づきながら取り組まれていく）。
　メリッサとの治療作業においては，脇に追いやられていた感情や知覚を自分のものとして取り戻せるよう助ける過程は，より制限されたものであった。おそらくメリッサの場合，離婚に関して今の彼女が認めることができる以上の悲嘆や両価感情があり，そして，そうした感情が脇に追いやられているのだろうと思う。けれども，メリッサが，本質的に，両価感情と後悔に心を開くよりも，新しい生活に気持ちを集中し，そこに向かっていくことを選んだとしても，それはそれでよく理解できることである。メリッサに異なった感情のための余地をつくりだす協働作業において，われわれはむしろ，しばしの間，**決断しないでいたい**という感情，あるいはウェイトレスの仕事に**とどまりたい**という感情と取り組み，より成功を収めた。ここでもまた，私は彼女の見方に直接的に挑戦することはせず，

彼女の見方や体験の仕方に基づくことから出発した。つまり，その話題に**メリッサ自身の準拠枠から言葉にすることによってアプローチした**。ある時点で私は彼女にこう言った。「っていうことは，決断を下さずにいて，それでも誰からも批判されないでいられるっていうのは，いわば贅沢みたいに感じられるんでしょうね」。そして，それからしばらくの対話の後，私はこう言った。

> というのも，僕には2つの話が聞こえてくるように思えるんです。聞こえてくる話の1つは，「私は自分がどうしたいか決心がつかない。それで困っているから，助けを求めてここに来た」……そして，もう1つは「誰も決心しろって急かす人がいないっていうのはいいことだ。これこそ今私がいるべき場所で，快適だ。だから，もう決心はついている。まだ決心しないってことに決めたんだ」ってこと。

メリッサの場合，背後に隠されているもののなかで，取り上げられ，支持される必要があったのは，彼女の不決断の肯定的な側面，「キャリア」の決断を今はまだしないでいたいという願望，元夫や家族に「黙ってて！　準備ができたら将来を決めるわ。しばらくはこの状態が心地いいの」と言いたい気持ちであった。メリッサの苦悩は，彼女がこのような態度をどこか正当ではないと感じていることから生じているように思われた。その結果，彼女はそうした態度をあまり前面に出すことができなかった。それゆえ，彼女は人生における重要な人々からあれこれ言われることに対して傷つきやすく感じていたのだった。[5]

この話題に関して，彼女に今現在どのような体験があるのかを探索するなかで，私は，このパターンにはより早期の起源があるのかどうかという質問（おそらく多くの治療者が考慮するであろう質問）を投げかけている。しかしながら私はその質問を，このパターンが長期にわたるものなのか，それとも彼女の人生において比較的珍しい状況なのか，という選択肢を提供する尋ね方で尋ねている。

> それでどうなんでしょう……ああしろこうしろと言われる，文句を言わずにやれって言われる，こうすべきだって言われる。そうした感じって，「どうしてこんな人間関係に陥ってしまったんだろう。こんな経験，今までしたことがなかったのに」って感じられるようなものだったのでしょうか？　それとも，今考えてみたら，それ以前にもメリッサさんの人生でしょっちゅう

起こっていたことなのでしょうか？

　私は，たしかに非常に明瞭に，彼女が経験していることにはより早期の起源があるのではないかという考えを導入しており，彼女が現在陥っている葛藤状態には家族的文脈があるのではないかという疑問を探究することに興味を抱いている。けれども，それに代わる選択肢を，明瞭で生き生きした一人称の言葉（「どうしてこんな人間関係に陥ってしまったんだろう。こんな経験，今までしたことがなかったのに」）で述べることによって，私は，強い示唆を含んだ探究において肯定を求める暗黙のプレッシャーを和らげつつ，彼女に自分自身の経験の基礎に基づいて反応するためのより大きな自由を与えようと試みているのである。私自身，この治療セッションのビデオを見るまで，自分がそういうことをしているとは気づいていなかった。けれども，今では，治療者として私は，選択肢を与えることによって探索のための質問を「誘導する質問」にさせないようにするという，この質疑のスタイルを日常的に用いていることを認識している。意識的にそういうふうにしていたわけではなく，むしろ，ほぼ自動的にそうなっていたように思われる。けれども，その質疑のスタイルは，私の全般的な治療スタイルとも調和している。すなわち，患者の体験を承認することや，どのようなものであれその瞬間に率直に感じられている体験の側面に対する余地をつくりだすことへの強い関心と調和している。

● **患者の強さに依拠する**

　強さを見ていく観点から患者にアプローチすることを強調し，患者の病理を強調しないようにするということも，これまで述べてきたこととも関連する私の治療の特徴である。われわれの領域においては，不幸にも，病理学のレンズを通して人を見る強い傾向がある。そして，とりわけ学生が専門家になろうとして学ぶ過程においては，患者の表面的な適応の「背後」にボーダーラインや自己愛などの特徴を識別すると，洞察力があると褒められる。かつては，行動療法家や認知行動療法家にはこうした傾向はあまり見られなかった。というのも，その歴史の初期においては，彼らは医療モデルに強く反対していたからである。しかしながら，今日では，もはや認知行動療法家は医療モデルの最も強力な支持者となっ

ている。認知行動療法家は，特定の「障害」に対する特定の「治療」を強調し，DSM の診断を，われわれの治療作業に経験的な支持を与える作業にとって本質的に重要なものであると主張している（P.L. Wachtel, 2010a を参照）。

　私自身にとっては，たいていの場合，治療作業における診断カテゴリーの価値は限られたものでしかない（もちろん，例外はある。特に，投薬が問題となるような場合など）。しかし私は診断**カテゴリー**を避けることだけを求めているのではない（診断カテゴリーはそれ自体で，しばしば非生産的にわれわれの知覚を形成し，知覚にフィルターをかける。DSM はとても鈍い道具である）。私は病理を見出そうとする**態度**を避けることをも求めているのである。しばしば治療者は病理を見出そうとする過程において，患者が，与えられた困難な環境に対処しようとして，患者なりに取り組んでいる（必ずしもうまくいっていない）有意義な努力として見ることもできる行動の側面を見逃してしまう。あるいは，その価値を低く見積ってしまう。

　私のアプローチにおいては，真に有能な治療者が備えている技巧の重要な特徴は，患者の生活における困難で苦しい問題を，確固とした仕方で明瞭に，しかし同時に患者の強さに注目し，それを強調さえしつつ取り上げる能力にある。治療作業のこの側面が，単に患者の強さに**注目する**だけで事足りることもある。しかし多くの場合においては，患者の強さを強調する必要がある。たとえば，ルイーズとの最初のセッションにおける重要な瞬間のひとつは，われわれが彼女の友達関係について話し合っていたときに起こった。私は彼女が，実際上，友達関係に関して目標を達成してきたことに気づき，そのことを彼女に伝えた。そのとき，ルイーズは嬉しそうに微笑んだ。私はそれを見て，私がそう言ったとき驚いたように見えたとコメントした。私が最初の観察（彼女は目標を達成してきた）を伝えたのは，ひとつには，このセッションにおいては，彼女の「問題」が調べられるだけでなく，彼女の強さや達成も注目され，認められるだろうという事実に彼女の注意を喚起するためであった。そして私は，その観察を強調するために，私がこう言ったとき彼女が驚いたことにも言及した。私がそうしたのは，第3章の解説部分で述べたように，治療において，患者は非常にしばしば何かを違ったように見るようになるけれども，自分の知覚が変化したことに**気づかない**からである。そしてその結果，その変化は，短命なものになってしまう。もし患者がその変化を自覚していれば，その変化はより長く持続するかもしれない。達成された変化がこのように短命なものでしかないのは，その変化した知覚を踏み固め，患

者の生活という織物のなかに編み込んでいくような新しい種類の行動が生じないからである。問題を孕んだパターンを維持してきたフィードバックループを変化させる新しい行動が必要なのである。

● 解離，未構成の体験，変化しつつある無意識の概念

　当然のことながら，これまで私が論じてきたことの多くは，精神分析理論が**無意識**と呼んできた心的機能のモードから理解しうることである。私自身の考えでは，臨床作業において出会う現象を，スターン（D.B. Stern, 1997）が「未構成の体験（unformulated experience）」と呼んだ概念のレンズを通して見ることによって，物事はずっと明瞭になる。第2章において触れたように，精神分析が，分析以前にはまったく気づきに上ることがなかった記憶や体験を掘り起こすことなど滅多にないということは，フロイト（1914/1959）でさえ認めていた。臨床場面においてわれわれがよく目にするのは，十分に明確化された願望や空想が封印され，偽装されて埋もれていて，それが掘り出され，本当の姿を明らかにされるのを待っている，というようなものではない。むしろわれわれが目にするのは，さまざまな程度の気づきや明確化の複雑な混合物であり，さまざまな**種類**の気づきや明確化である。したがって，最も重要な問いは，たいていのところ，「それは意識されているのか，いないのか」ではなく，それは**どのように**意識されているのか，である。つまり，それはどのように完全に気づかれているか，焦点的に気づかれているか，明瞭化されて気づかれているか。その考えや観念の気づきは，どの程度，それらに伴うものと期待される**感情**と結びついているか。そうした気づきは，どの程度，それらに関連する**行為**と結びついているか。その行為は，観念に対してどの程度，ニュアンスを伝え，分化を示しているか，などなど。

　治療過程において，このような心理的な性質はさまざまに入り混じった姿で観察されることだろう。そして「無意識を意識化する」といった抽象的な概念は，そこで観察されるものの複雑さや微妙さを扱うには不十分なものである。しばしば，ある体験の特定の側面の明確化の欠如に寄与しているのは，まさにその体験の別の側面の意識的な明確化の活動なのである。こうした図と地の力動は，1セッション中でさえ，何度も推移しうる。こうしたことが認識されるようになってきたために，精神分析的思索家の間で，永久に封印され，接近不可能で，抑圧され

た無意識という，より古い概念を補い，ある程度までそれに取って代わるものとして，解離や多重自己状態といった概念がますます用いられるようになってきたのである（たとえば，Bromberg, 1998a；Davies, 1998；Harris, 1996；Slavin, 1996；D.B. Stern, 1997）。

　たとえばルイーズは，私が，ケンの家族もルイーズが育ってきた家族とよく似たところがあるように思うとコメントしたとき，それに対して熱狂的に「ええ，そんなふうに考えたことはなかったです。ええ，そう言われてみれば，すごくそうですね」と反応している。そしてそのように類似点を見ることで，ケンの家族に対してもっと共感的になれるとさえ言って，さらにそのコメントを是認している。しかし，そのほんの少し後に，基本的に同じ問題を話し合うなかで，彼女は「そういうのって，私にはとてもなじみのないものなんです」と言っている。彼女が私のコメントを「理解していなかった」から，同意した直後に，それに反することを言ったのだとは私には思えない。そうではなく，ある心的状態においては，彼女はそのコメントをとても意味のあるものとして理解していたのだが，また別の心的状態においては，彼女は自分自身の家族の「善」の領域を守るというその同じ欲求のために，直前に達成した理解を脇に追いやり，古い物の見方に舞い戻ったのである。セッションの残りを通してずっと，ルイーズが，ケンの家族への不満だけでなく，彼らとより親しくなりたいという切望をも体験できるよう，つまりその2つの感情をともに体験できるよう取り組むなかで，そしてまた，彼女自身の母親に対する（自分のものとして体験するのがより困難でさえある）同様に入り混じった感情をともに体験できるよう取り組むなかで，これら2つの体験の仕方は交替的に現われた。

　これと関連して，メリッサは，セッションのいくつかのポイントで，かなり明瞭に，自分にとっては現在の仕事にしばらくとどまることがよさそうだと感じており，家族や元夫から不当にプレッシャーをかけられているように感じているとはっきり述べることができている。しかしこうした明瞭な知覚は，よりキャリア志向の進路を目指す「べき」だという感情と交替的に現われている。ある意味では，これを葛藤という概念で記述することも適切であろう。この葛藤の解消がどうして非常に難しいのかを理解するためには，解離の現象に注目することが有用である。解離とは，いわば統合されることなく並行するトラックを別々の体験が進行しており，それが交替する現象である。

　このような解離がどのように解消されはじめるかは，ルイーズとの治療作業の

6　セッションを振り返って　343

過程のなかで垣間見ることができる。2回目のセッションにおいて，彼女は自発的に1回目のセッションでのやりとりに言及した。それは，ケンの家族のあり方を「なじみがない」と見る見方に彼女が逆戻りしたとき，私が「とってもなじみのないものなんですね。そして同時にあなたにとって，とても中心的なものでもある」と言った場面である。私が，ケンの家族をなじみのないものとして見る見方は「防衛」であるとか，歪曲であるとか「解釈」せずに，このような言い方をしたのは，彼女の体験の**両面**に公平に統合的に注目するためであった。ある部分では，これは私がすでに論じてきた治療作業のスピリットを反映するものである。つまり，患者の体験のある部分を，「より深い」層にある，より「現実の」，あるいはより「真実の」体験を隠すための，偽物の見せかけとして斥けるようなことはしないということである。また，そのコメントは，以前はしっかり分けられていた彼女の体験の2つの面を，より統一され，解離の少ない全体へと**まとめあげ**，その両面を抱擁するような体験の理解へと編み込むことによって解離を扱っている。2つのセッションの進行に伴って，彼女がこれらのセッションを問題を扱うために用いはじめるにつれ，彼女は何度か自発的に「とてもなじみがないと同時にとても中心的」というコメントに戻ってきて，それをますます自分自身のものにしていった。彼女が，単に解離された視点を行ったり来たりしているのではなく，いくらかは本物の治療的な仕事を達成したことを示す兆候として，以前には難しかったような仕方で，自分自身の家族についての感情を表出したことを挙げることができる。そのために，彼女はケンの家族に焦点づけることから始めている。それは，自分自身の家族について考えることを「安全」にするのに寄与するアプローチである。けれども，それから彼女は自分自身の家族についても考えはじめる。

　だって，「ええ，たしかに家族は重要なものよ，だとしても，この人たち［ケンの家族］はあまりにも極端だわ」って感じてたから。でも今思うと……その，私の家族も極端だったなって。私たち，全然，顔を合わすことがないんですよ。全然，集まったりしないんです。いつも電話で話したりするだけ。でも，あの，「ほかの人に家族の問題を話すな」っていう雰囲気があった。[6]

● **日常生活への注目——セッション外での変化の促進**

　究極的には，セッションにおける作業の目標は，セッションの外での患者の生活における変化に寄与することである。もちろん，これは明らかなことである。しかしながら，このことは，治療者が，面接室で起こっていることの何に焦点づけるかという判断において，時に見逃されたり，周辺に追いやられたりしている。ある意味で，こんなにも大事なことを「忘れてしまう」この傾向は，私自身の統合的な治療アプローチ，すなわち関係精神分析におけるとりわけ重要なテーマであった（この問題についてのより詳しい議論は，P.L. Wachtel, 2008［特に第 12 章を参照］）。関係論的視点は精神分析的視点を刷新することに大いに貢献してきた。そしてまた，本書の第 1 部において論じてきたように，それは，精神分析的な理論と実践を，他の治療学派の考えや経験的な研究の知見と統合するための基礎となってきた。そして，その主要な貢献のひとつは，治療関係や治療的相互作用それ自体の治療的影響力を明確にしてきたことにある。しかしこのことは，時に，患者の日常生活への無頓着という問題のある姿勢に寄与することともなってきた。別のところで論じたように（P.L. Wachtel, 2008），関係精神分析家は，面接室のなかの 2 人の間に生起していることを理解することにあまりにも焦点づけてしまうために，患者の日常生活における出来事を後回しにしてしまうことが多い。

　そのような態度は，関係論的観点に本質的なものではない。実際，私自身の関係論的アプローチは，**非常に重要な仕方で**，面接室の外に広がる患者の日常生活に関わっている。このことは，第 1 部において簡単に言及してきたことであるが，ここでもう少し詳しく述べておくことにしたい。ただし，関係論的視点は私の臨床的アプローチ全体に重要な仕方で寄与してきたものであるから，ここでの要点は，私自身の仕事が，関係精神分析の理論と実践を支持している他の多くの支持者たちと，この点に関してどのように違っているかを明確にしておくことにある。

　上に述べてきたこととも関連して，治療同盟や治療関係が治療効果を高めるうえでいかに強力な役割を果たしているかを強調する研究知見（たとえば，Norcross, 2002, 2009）が蓄積されてきたことの意味を明らかにしておくことが有用であろう。ここでもまた，治療同盟を発展させ促進することに焦点づけるあまり，セッションの外での患者の生活上の出来事への注目が果たす同様に重要な役割が忘れ去られてしまわないようにすることが重要である。治療同盟は治療的変

化に少なくとも2つの(相補的な)仕方で寄与する。1つは,関係精神分析家によって非常に強調されてきたことだが,関係の質そのものがもたらす寄与である。つまり,治療同盟は,促進的な人間関係のモデルとなるということである。治療者が提供する人間関係は,患者が成長過程において体験してきたものとは少なくともいくつかの重要な点で異なっているであろう。それは,患者の自己と他者の体験に,そして患者に治療を求めさせた問題を孕んだ感情と体験に,直接的な効果をもっている。それは,自己と他者の新しい相互作用と新しい体験が育まれ,形成され,促進されるための直接体験を提供する。その過程において,それは実験室,あるいはワークショップになる。その部屋での体験自体に基づいて,患者は新しい行動を学習し,新しい感情調節の様式を発達させ,スキーマと表象を修正する。

しかし治療同盟の寄与にはもう1つの重要な次元がある。つまり,なぜ力強く肯定的な同盟が治療効果と重要な仕方で相関するのかには,もう1つの理由がある。良い作業同盟は,成功した心理療法においてなされる**ほかのすべての作業**を促進するのである。患者と治療者との相互作用に協力的で協働的な性質があるとき,患者が治療者を信頼し,治療者に敬意を払っているとき,治療者を自分のことを理解し尊重してくれている人物として体験しているとき,患者は治療過程により十全に,より生産的に取り組むことだろう。より十全で生産的な参加には,単なる関係そのものの質には還元されえない,(しばしば治療技法とか学派に特定的な介入という面から論じられている)幅広い過程や体験への取り組みが含まれている。つまり,治療同盟は,変化のより直接的な原因である治療過程の**ほかの側面**に対して影響を及ぼすことを通して,治療効果に影響力を及ぼすものと理解される必要があるということである。それを認めることは,治療同盟の価値を引き下げることではない。治療同盟が**どのように働くのか**,どのように治療的変化に寄与し,治療的変化を可能にするのかを明確化することである。言い換えれば,治療同盟は,(患者が自分自身と世界をどのように体験するかに影響を与える新しい関係体験としての)直接的な効果によってのみ治療に寄与するわけではない。それは**触媒**としても,つまり,**ほかの諸過程**を促進するのに寄与する要因としても,治療に寄与する。そうしたほかの諸過程の影響力は,治療同盟自体からは独立しているが,力強く促進的な治療同盟が存在していなければ消滅してしまうものなのである。

こうしたほかの過程を理解しようとするときにも,面接室において生起することの価値は,基本的に,面接室の**外**でそれらが引き起こすことから得られるとい

うことを思い起こすことが重要である。もっとはっきり言うと，治療が成功したかどうかの最終的な**基準**は，単純に，患者の日常生活が変化したかどうか，ということにあるのである。時として治療者は自分の治療の効果について過度に楽天的である。というのも，治療者は，患者の**治療者との関わり方**が重要な点で変化したことを自らの目で見ているからである。初回面接時には感情面で抑制されていた患者が，より感情豊かに関与しながら治療者に関わりはじめる。敵意的で論争的な患者が，より協力的になってくる。懐疑的で引きこもっていた患者が，治療者を信頼して関わりはじめる。こうした変化は時に劇的であり，治療の成功についての治療者の判断に強烈な影響を及ぼす。しかし不幸なことに，面接室におけるそうした変化が，患者の日常生活における変化を伴っていないことも稀ではない。

　治療関係はとても特別な関係である。それは，変化を促進する潜在力の一部ではあるけれども，治療者を誤った見方へと導く原因のひとつでもある。治療者は患者の生活におけるほかの人々よりも，2人の間に生じるトラブルについてより理解的であることが多いし，患者がより効果的な自己のあり方に向かって奮闘努力する途上において，患者が示す欠点に対してより忍耐強いことが多い。その結果，患者は治療体験の学びを面接室の外の日常生活に適用しようとするとき，他者はそれほど理解的でも忍耐強くもないということを見出すことになりやすい。面接室において発展した新しいあり方や，自己や他者の体験の仕方は，面接室の外ではなかなか持続しないのである。患者はこうしたことが生じていると意識的には自覚しないかもしれないし，自分が面接室で学んだことを日常生活に適用しているとも思っていないかもしれない。にもかかわらず，患者は，実際のところ，「**ここでは**，私は不満があるときには不満を表現できるし，要求があるときには要求できる。自分の強い面も，弱い面も，両方とも表出できる。つまり，私は自分自身でいることができる。けれども**外では**，そんなふうにはできない」という結果に至るような，強力な弁別学習をしているのかもしれない。

　多くの治療者があまり明確に理解していないけれども，より重要でさえあるのは，変化の過程においては，人の内的状態と生活上の出来事とは別々の領域ではなく，完全に織り合わされたものとなっているということだ。患者の問題を維持する過程においても同じである。愛情，敵意，承認，当惑，理解，誤解，などなどの体験（つまり，われわれの自分自身や自分の人生の見方の中心にあるような体験であり，多くの人々を治療へと導いたものの中心にあるような体験）の説明

6　セッションを振り返って　347

となる生活上の出来事は、台風や不景気のような「外的な」出来事ではないということである。それらは、おおむね、われわれが、自らの行為や相互作用やそこに伴う感情的なトーンによって、引き起こすことに寄与してきた出来事である。

　ある意味では、そして特定の立場の治療者の基本的な観点からすると、こうした行為や感情の傾向は、とりわけそれらがその人の人生において何度も反復されてきたものである場合には、長期的に確立された性格的属性を反映するものだということになる。つまり、それらは、思考、欲望、感情、表象などの性格学的な配置であり、その人を特定の仕方で相互作用するように導くものであって、治療的努力の標的とされるべきものとみなされる。しかし、本書の第1部において強調したように、こうした理解は、次のような理解によって補われる必要がある。すなわち、こうした長期的な心理的傾向は、その人の現在の生活上の出来事から切り離されて密封された、独立した「内的」世界の影響を反映するわけではないということである。内的状態が他者との相互作用が反復される原因であるのと同じくらい、反復的な他者との相互作用パターンは内的状態の原因なのである。持続的な人格特徴に関しても、治療にやってくるきっかけとなった訴えの多くに関しても、その根っこにあるものは、個性や体験の、この完全に織り合わされた2つの次元の間の絶え間ない行き来なのである（たとえば、P.L. Wachtel, 1997a, 1980, 1993, 1994, 1997, 2008 を参照）。そして、この双方向的なパターンの反復的な再循環に介入し、患者が捕えられている悪循環を断ち切る努力において、治療は持続的な変化をもたらす最も強力な影響力をもつのである。そのパターンがどのように患者が生活上日常的に関わる他者によって反復的に強化され、維持されているのかに注意が払われないのであれば、面接室での良い体験の結果として生じる変化は、束の間のものに終わるか、上述のような弁別の過程によって（「ここでは違ったように振る舞っても安全だが、面接室の外ではそうではない」）、面接室に**限定された**ものになるか、そのどちらかであろう。

　したがって、人格力動と心理的困難をこのように理解すると、治療者は、患者の心的状態に細やかに注目する必要があると**同時に**、それと同等に、（患者の世界の主観的体験を反映すると同時にそれを維持している）患者の日常的な相互作用と体験にも細やかに注目する必要がある。患者の日常的相互作用や、患者が捕えられているごたごたに注目することは、まったく「表面的」なことではない（Boston Change Process Study Group, 2007 ; P.L. Wachtel, 2003）。それは、人を深く理解する作業の本質的部分であり、幅広くまた持続的な変化を促進する作業の本質

的部分なのである。

　こうした治療過程へのアプローチや，治療過程の理解の仕方は，メリッサとの面接においてよりも，ルイーズとの面接において，より明瞭に表われている。メリッサが給料や保険などに焦点づけたことは，明らかに重要で意味のある懸念を反映するものであったけれども，彼女の人生体験のより幅広い側面に触れ，そこに取り組むのを阻む要因となった（ただし，セッションの後半においては，彼女のジレンマをより複雑に探究する機会が出てきた）。これとは対照的に，ルイーズとの面接においては，一方では，彼女の主観的体験や長期的な心理的構造や傾向に，そして他方では，他者との関係における彼女の実際の行動や，そうした行動が永続化に寄与してきた循環的な過程に，同時に注目していった。そのようにしながら彼女の不安に接近することが，この面接の顕著な特徴であった。ルイーズとの治療作業の中心的な狙いは，彼女がケンの家族とのつながりを取り戻す道筋を見出すよう助けることにあった。しかもなお，彼女に最終的には怒りや欲求挫折感を感じさせたまま取り残すような仕方，つまり人を喜ばせるためだけの迎合的な仕方で，自分自身の欲求を押し殺してしまったと感じさせることなく，そうする道筋を見出すよう助けることにあった。(7)この努力には，彼らとの関わりのパターンをよく**見てみる**よう彼女を助けることや，彼らとの関わり方がもたらしてきた結果をよりよく理解するよう助けることが含まれていた。しかし，その治療作業はまた，彼女が実際に違ったように**振る舞える**ようにすることを狙ったものでもあった。つまり，彼女が，彼ら全員が捕らえられており，互いが相手に最もしてほしくないと願っているまさにその行動を相手から引き出してしまう，その反復的なサイクルを壊すように，ケンの家族と関わることができるよう助けることを狙ったものでもあった（まさに不満の理由となる行動を相手から引き出してしまうという，こうしたパターンとよく似たパターンが，どのようにして人種間ないし民族間の相互不信やステレオタイプ化というより大きなスケールでも永続化するかという議論については，P.L. Wachtel（1999）を参照のこと）。

　こうした相互に深く連結し合っている複数の目標を追求するにあたって，新しい行動への橋わたしとなる影響力の重要な部分は，しばしば**解釈**と呼ばれているものの構造をもつコメントから成っている。ただしそれは行動志向的な解釈である。つまり，ルイーズが欲しており，体験しているものを同定し，共感し，明確化し，分化させることを目指したコメントではあるけれども，彼女が**言いたいこと**，あるいは**したいこと**という面から言葉にされたコメントである（「あなたの話

6　セッションを振り返って

からすると，あなたが彼らに言いたいのは……ということのようですね」)。そのようなコメントには，解釈や共感の要素だけでなく，モデリングや暗示の要素も，さらには潜在的な行動リハーサルの要素さえ含まれている。おそらく，ミラー・ニューロンが発火しているときにはそういうことが生じるのであろうが，私が**ルイーズの立場に立って**彼女がケンの家族に言えるだろうと思うことを言うとき，彼女がそれを聞くことは，彼女自身がそう言うことの仮想体験になるだろうと私は考えている。そしてそれは潜在的に，彼女において，そう言うことに対する脱感作を多少なりとも促進するだろう。またそれは，彼女が私の言葉を内在化させ，再編し，自分自身のものとし，自分の体験と一致させていくための潜在的な練習をも促進する。

　日常生活における行動の次元に真剣に注目することへのコミットメントは，セッションの後のほうでは，また違った仕方で現われている。ルイーズは，ケンの家族について，そして彼らとの関係について，新しい有用な視点を達成した後，「ええ，そう，きっとこの問題に面と向かって取り組まないといけないんでしょうね。でも，やっぱりわからない……ただどんなふうに取り組んでいったらいいのかってことだけなんですけど」と言っている。この発言において彼女は，この問題にどう対処していいのかが実際に**わからない**のだということを伝えている。それと同時にまた彼女は，暗黙の内に，この問題について私に助けを求めるのは不適切なのだろうと考えていることをも伝えている。「ただどんなふうに取り組んでいったらいいのかってことだけなんですけど」という言葉は，ある意味で，**責任の過剰な引き受け**である。もし「どんなふうに取り組んでいったらいいのかってことだけ」の問題であるのなら，彼女はそれに取り組むことは**しない**だろう。なぜなら，取り組む必要がありながら，とても長い間，避けつづけてきた場合，避けるのをやめて，実際にどのようにできるだろうかと取り組んでいくのは気乗りのしないことだからである。多くの治療者が潜在的に立脚している「デフォルト・ポジション」★（P.L. Wachtel, 2008）では，このような本質的に自己否定的な，そして非常に間接的な援助の求めを取り上げない。ルイーズは，「どんなふうに取り組んでいったらいいか」は自分一人で取り組まなければいけないことだと感じたままで面接が終わったとしても，それは当然だという感じで話している。けれども私はそのようには終わらせない。私は彼女に「どんなふうに取り組んでいったらいいのか，**一緒に考えていくことにしましょう**」と言っている。そして，さらにそれをフォローし，それについて彼女が考えるのを**助ける**ために，

次のようにはっきりと促している。「どんなふうにケンさんの家族にアプローチ**したいって思いますか？　何を言いたいって思いますか？**」。

このように，私はルイーズの積極的な参加を引き出そうと努力し，できるだけ彼女自身の傾向，好み，スタイル，能力に基づいてプロセスを展開させようとしている。けれども私は，彼女はこの課題に一人で取り組まなければならないわけではなく，**パートナー**がいるのだということを，数多くのやり方で伝えている。まず第一に，彼女が，実際上，（たぶんできないだろうが）一人で取り組もうとしたことを私が取り上げたというまさにその事実が，パートナーが存在することを伝える行為となっている。私は**一緒に**考えようとはっきり言うことによっても，パートナーが存在することを伝えている。私は協力的で協働的な過程を強調している。それは，単に私が観察者としてそこにいるような自己探求の過程ではない。ルイーズは，彼女自身の行動と，ケンの家族の行動とが，互いに相手の傷つきを繰り返し悪化させるサイクルにずっと捕えられてきた。まさにその事実が，そのサイクルを打破することを極端に困難なものにする。それを打破することが積極的に援助されなければ，どのような洞察が達成されたとしても，本物の変化を生み出す前に失われてしまい，そのサイクルは自己永続的なままにとどまるであろう。

読者にも明らかなように，私は，患者が自分の考えや感情や願望に気づきを深め，それらに受容的になっていくことを可能にする洞察や内的状態の変化に価値を置いている。だからこそ，私は本書の全体を通して，**患者の感情のための余地をつくること**を強調してきたのである。しかし「内的」状態のこの変化は，その人の生活をつくりあげている他者との「外的」相互作用の変化なしには（あるいは，言い換えれば，そしてより正確には，「内的」と「外的」の区別は，おおむね人為的なものだという理解なしには）安定的に維持されえない。多くの治療者は，もしわれわれが洞察を促進すれば，あるいは患者の「内的世界」に変容をもたらせば，それに伴って必然的に行動の変化が生じてくると考えている。私はそういうことが頻繁に起こるという主張には懐疑的である。

すでに述べてきたことから明らかであると思うけれども，これは一次元の直線的な考え方において，**逆の考え**を支持するものではない。つまり，つねに顕在的な他者との相互作用の変化が内的な状態の変化をもたらすという方向で，もっぱら逆方向の因果律を想定しているのではない。そうではなくて，私は変化のプロセスを，相互的で持続的な因果律によるものとして考えているのである。（患者

6　セッションを振り返って　351

の心の状態の変化であれ，他者との顕在的な相互作用の変化であれ）人の生活の1つの側面における変化は，他の側面における変化を導くばかりか，他の側面における変化なしには**維持されえない**のである。

● 結びのコメント

　ルイーズもメリッサも共に，心配ごとに取り組もうとするときに彼らのなかに生じる感情や考えや知覚の強い不快感のために解決が困難となっていた人生のジレンマに取り組んでいた。ルイーズにとって，排除されていた脅威的な体験には，次のようなものが含まれていた。たとえば，彼女の成長過程において，彼女の家族がいかに苦痛な場であったかという気づき。彼女の家族は，彼女の周りの子どもたちの家族とはいかに「違っていた」かという気づき。それについて彼女が感じていた恥ずかしさ，怒り，失望の感情。彼女の母親が，いかに信頼できず，苦悩しており，彼女を見捨てたかについての認識。本当に互いを必要とするときには互いのためにそこにいるという考えによって覆い隠されてきた，彼女の家族における結びつきの欠如。自分の母親への裏切りとして感じられた，ケンの家族に近づきたいという切望（そのため，ケンの家族の欠点に焦点づけることで，母親の欠点は意識の周辺へと追いやられていた）。

　メリッサとの治療作業においては，彼女の葛藤した感情や知覚の探究はより制限されたものであった。ルイーズは治療過程にメリッサ以上に関与した。そして私は，もちろん，ほんの予備的な仕方ではあるにせよ，ルイーズのほうをよりよく知るようになった。けれどもメリッサについても，自分自身の感覚や世界における自分の場所の感覚に受け容れて統合することが難しい何らかの体験がある兆しが認められた。メリッサは，たとえば，反抗的で，楽しむことが好きで，今この瞬間に生きる自分の側面を，高く評価したり，承認したりしてよいのかどうか，あるいは，自分自身を，もっと真面目になり，教育やキャリア・アップや責任ある行動などについての家族の理想に従う必要がある存在と見るべきなのかどうかに関して，きわめて葛藤しているようであった。もちろん，前者の感情のセットも彼女の人生のなかに表現されてきたし，彼女の自己感覚の一部，「メリッサ流」と感じられるものの一部となってはきたのだが，彼女がこうした自分自身の側面をそれほど心地よく受け容れてきたわけではないことを示すサインも認められた。

そうした側面は，その用語のより古い理解において（ある意味ではより単純な理解において），「抑圧」されているわけではなく，「無意識的」でもない。しかしそうした側面は，明らかに，彼女にとって十分に承認的な仕方で体験するのが難しい自分自身の体験，あるいは自分自身の傾向であるようだった。彼女が現在の仕事にとどまるべきかどうか，葛藤してしまって，なかなか決められなかったのは，このように自分自身の体験や知覚や願望を承認することが難しかったという理由によるところが大きいと私は思う。

　ルイーズやメリッサとのセッションについて考えるとき，そしてそれらを私の普段の治療作業と比較するとき，私は，そこに私の一般的な実践の多くの特徴が表われているのを見て取ると同時に，いくらか違う点をも見出すのである。私の実践の特徴を最も明らかに表わしているのは，葛藤を孕んだ，あるいは，十分には受け容れられていない感情や傾向に焦点づけているところであり，また，患者の心理的な組織や自己の体験にとって，こうした感情や傾向が受け容れ可能となるための**余地をつくりだす**よう努力しているところであろう。また同時に，その努力を，患者が自分自身を欺いているとか，幼児的な感情や願望を抱いているというように，患者に突きつける「解釈」によって成し遂げようとはしていないところであろう。むしろ私は，彼女がなじんでいる自分自身の見方を尊重しながらも，彼女が自分はこういう人間だと感じる感覚，あるいはこういう人間であるべきだと感じる感覚から排除されてきた感情や傾向が体験されるための余地をつくりだすことを目指して，彼女の体験を**拡張する**ようなコメントをすることで，この努力を成し遂げようとしている。

　セッションに明白に見て取れる，私の実践に特徴的なまた別の要素に，私が**帰属的**コメントないし帰属的解釈と呼んでいるものの使用がある。帰属的コメントのこうした強調は，私自身，それと自覚しないうちから，それに名前をつける前から，つまり，効果的な治療的コミュニケーションについての著作（P.L. Wachtel, 1993）を書くなかでその概念を明確にしはじめるより何年も前から，私のなかで発展してきたものである。現時点において，私はかなり幅広いコメントを**帰属的コメント**として考えている（帰属的という用語を，私は社会心理学の「帰属理論」の文献で用いられているのとはやや異なった意味で用いていることに注意を喚起しておきたい（たとえば，Heider, 1958；Jones et al., 1972；Weiner, 1986））。私が帰属的コメントと呼んでいる介入に共通する特徴のひとつは，そして，それらの介入を記述するのに**帰属的**という用語を用いるよう私を導いた性質のひとつは，

これらのコメントが，たいていの治療的対話において一般的に認められるよりもずっと，治療的達成を患者に**帰属させていることにある**。ある部分では，これは，治療者が自分のコメントを，まだよく理解していない患者に洞察を授けるような言い方ではなく，患者がすでに理解していることを認識するような言い方で表現することによって（「もし私があなたのことを適切に理解しているとすれば，あなたが言っていることは……」），成し遂げられる（cf. Renik, 1993）。帰属的な次元に関わるその他の例としては，患者がいかにより明確な気づきに，あるいはより効果的な行動に，**すでに踏み出している**かに焦点づけるコメントがある。ここでは，帰属的コメントは，患者の強さに依拠するというテーマで上に論じられてきた観点に基づいている。つまり，このコメントは，世界における患者の新しい行動を促進する最善の方法のひとつは，その新しい行動の種ないしつぼみは，すでに自分の行動レパートリーのなかにあると患者が感じられるよう助けることであるという考えを反映したものである。これとかなりよく似た治療アプローチを論じて，私の妻エレン・ワクテルは，「生成の言語（the language of becoming）」（E.F. Wachtel, 2001）という用語を用いている。この用語は，ここで私が帰属的コメントと呼んでいるもののスピリットをよく伝えている。

このように，帰属的な要素は，洞察や治療の成果を治療者ではなく患者に帰すること（つまり，治療者の寄与を引き下げ，患者の寄与を強調すること）に関わっている場合もあれば，こうした成果をたいていの観察者から見えるよりも先に進んでいるものとして描き出し，それによって実際にその成果が先に進むよう**促進する**ことに関わっている場合もある（このテーマについてのより詳しい議論は，P.L. Wachtel（1993）を参照）。逐語録のなかに挿入された解説において，私は何度も私のコメントに含まれる帰属的な性質を指摘した。

これらのセッションが私の普段の治療作業を反映していると思える，また別の特徴について述べよう。これらのセッションにおいては，私の普段の治療作業においてもそうであるように，患者の日常における他者との相互作用にかなりの注意が払われている。また，世界における患者の振る舞いと，そうした振る舞いの結果に，直接的に取り組む努力がなされている。このように，私は日常生活における具体的な出来事の世界に興味をもっている（この興味は，精神分析的な諸前提によって導かれている実践家に典型的な「内的世界」への興味と互いに手を携えながら発展してゆくものである）。1つには，それは，私が，人を心理療法に連れてくる問題を非常に幅広く特徴づけている悪循環に重要な関心を寄せている

ことによる。また1つには、それは、私が、おおむね自己永続的なパターンの結果として、「内的」世界と、他者との具体的な相互作用の「外的」世界とが、いかに持続的に互いを複製し、維持しているかに重要な関心を寄せていることにもよる。具体的な対人関係上の出来事への焦点づけは、発展しつつある統合的モデルに、システム理論とシステム的治療アプローチの寄与をも組み込んで初期の統合の努力を拡張していこうとする私の方向性を反映している（E.F. Wachtel & P.L. Wachtel, 1986 ; P.L. Wachtel, 1997）。普段の治療作業においては、私は、家族関係だけでなく、職場の人間関係や友達づきあいなどの他の関係についても扱う。人々はバラバラに切り離された個体ではない。われわれは、社会的で心理的な**システム**のなかに浸って生きている。システムにおける各人の行動と体験は、それぞれの参加者の互いの相互作用の複雑な産物として理解できる。ルイーズとケンの家族の間の相互作用はシステム的パターンの良い例である。それは、各個人の性質としてのみ理解されるべきものではなく、システム自体の性質によっても理解されるべきものである。それは、時間をかけてそれ自身の命を吹き込まれ、それ自身として扱われるべきものとして立ち現われてくるパターンなのである。

　私が用いている統合的アプローチに寄与した4つの大きな流れのうち最後のものが、体験的な学派である。**体験的**という用語は、幅広い理論的・臨床的アプローチを指すために用いられている（たとえば、Elliott, Greenberg & Lietaer, 2004 ; Fosha, Paivio, Gleiser & Ford, 2009 ; L.S. Greenberg & Pascual-Leone, 2006）。そして、現時点において、この治療的伝統に含まれるさまざまな視点のうちのどれが私自身の考え方と関わってくるのか、そしてどのように関わってくるのか、私には正確に述べることができない。けれども、ずいぶん古い話になるが、私を心理療法の統合へと最初に駆り立てたのは、その当時の標準的精神分析が、私には過度に言語的で知性化されたもののように映り、それが不満だったからであった。そのことをはっきりと意識するようになるにつれて、私はますます体験的な視点の領域における文献に惹きつけられるようになってきた。行動リハーサルや各種のエクスポージャーといった行動論的な方法は、患者が恐れている対象や、患者が取り組むべく治療に持ち込んだチャレンジングな状況を、より直接的に体験させる機会を提供するもののように思われた。そしてこのように直接体験に触れさせる機会の導入は、精神分析的伝統における、より言語的で反省的な強調を有用な仕方で補うものであるように思われた。私の治療は、発展しつづけるなかで、さまざまな治療学派の伝統から何らかの要素を選択的に取り入れてきた。その際、そ

の選択はとりわけ治療をより体験的なものにしたいという願望に基づくものであった。たとえば，第1章において論じたように，私は患者の感情的体験を「不合理」だと説得しようとする認知行動療法のヴァージョンよりも，感情に注目し，感情を受容するような認知行動療法のヴァージョンに魅力を感じている。また同様に，精神分析の領域においては，相互作用的なフィールドの外部の視点から患者の体験を「中立的に解釈する」立場よりも，**参加**や直接的関係体験の影響力を強調する関係論の立場（cf. K.A. Frank, 1999）に魅力を感じている。

　本書で論じられたセッションにおいては，私の普段の治療作業と比べて，直接的に体験的な次元はあまり目立たないものとなっている。ひとつにはそれは，これらが最初のセッションだったからである。しかしこの次元は，完全に欠落していたわけではない。たとえば，ルイーズとメリッサが自己にとって許容不可能なものとして排除してきた傾向や感情体験を，「解釈する」のではなく，**招き入れる**努力は，数多くの点で，これらのセッションを特徴づけている。しかしながら，その他の面においては，私の普段の治療作業には一般的な特徴が，もっと欠落していた。たいていのところ私は，セッションのかなりの時間を，患者と自分との間で起こっていることや，互いが互いをどのように体験しているかを調べたり話し合ったりするために用いる。面接室のなかで生じていることへのこうした注目は，日常生活で生じていることへの注目を補うものである（逆もまた然りである）。面接室のなかでの出来事への注目と日常生活のなかでの出来事への注目とは，互いの間を絶えず行ったり来たりしているうちに，互いの理解が深まっていき，互いが明らかになっていくものである。しかしながら，これらのセッションにおいては，日常生活のなかでの出来事ほどには，面接室のなかでの二者関係は注目されなかった。その理由は，大まかに言って，それらのセッションが単に最初のセッションだったというだけでなく，より長期の継続的な治療の最初のセッションとして意図されても予期されてもいない，単一のセッションだったためである。ルイーズとのセッションでも，メリッサとのセッションでも，私は面接室において，この次元について**考えて**はいた。けれどもそれについて話し合うことはほとんどなかった。したがって，この点においては，これらのセッションは，私の多くの通常のセッションの進み方とは違っている。

　またここで同時に，私の治療作業においては，1つのセッション全体がもっぱら面接室において生じていることへの焦点づけに捧げられることはないということに注意を喚起しておこう。前にも述べたように，関係論的な治療者や分析家の

なかには，面接室における情動的な結びつきの機微を調べることを治療過程の中心に置き，そのようなやり方を理想として，患者の日常生活の詳細への注目を皮相だと考える人たちがいる。私自身はそのような考え方を取ってはいない。ルイーズとメリッサの日常生活上の出来事やジレンマへの注目は，私にとってはつねに中心的な焦点づけを反映したものである。これらのセッションにおいて見られた，面接室内の二者関係への注目の欠落は，私のセッションにおいては**ほんの時たまにのみ**生じるものである。しかしなおそれは時には生じるものであるし，もし生じたなら，それは治療過程や治療アプローチの全体にとって重要なものであるから，気づくに値するものなのである。つまり，ここに提示された特定のセッションが，たとえ私の普段のセッションの多くと外観的には劇的に違わないにしても，やはりなおそういう点で違っているのである。言い換えれば，普段の治療の場合とは違って，これらのセッションにおいては，協働的な関係が時間をかけて安全に確立されてきたわけではなかったので，徐々に展開していくと期待される普段の治療の場面においてしているのと比べて，面接室内の二者関係への焦点づけをセッションに導入する気にならなかったのである。

　関係についての話し合いがかなり欠落していたこととも関連して，これらのセッションには，通常，**自己開示**と呼ばれているものも，ほとんど見られなかった。あるいは，**考慮され意図された**自己開示がほとんど見られなかったと言ったほうがより正確であろう。治療者がただ単に特定の年齢，背丈，外見，性別で，特定の声をもち，特定の話し方で話し，特定の料金を設定し，特定の場所にオフィスを構えている人間であるということがもたらす自然の産物であるような，偶発的で非意図的な自己開示は，意図にかかわらず生じるものである（K.A. Frank, 1997 ; Renik, 1995, 1999）。私の治療作業においては，面接室において生じる私自身の考えや感情を患者に話すこともあるし，面接室外の自分の生活のなかの出来事や体験について話すこともあるし，私自身の子ども時代の話をすることさえある（P.L. Wachtel, 1993, 2008）。もちろん，毎回そういう話をするわけではない。だから，ここに提示されたセッションは，その点においても私の普段の治療作業と劇的に異なるわけではない。けれども，面接室内の二者関係についての話し合いの欠落の場合と同様に，まさにこれらのセッションの構造そのもの（単一のセッションとして計画され，多くの治療者や学生に視聴されるために録画されていたという構造）が，その欠落に異なった意味を与えているということに注意を喚起しておくことが重要である。つまり，これは，単に継続する治療過程のなかで，自己開

示が生じるセッションもあれば，生じないセッションもあるというような問題ではない，ということに注意しておくことが必要である。

全般的に言って，これらのセッションは私の治療者としての普段の実践を代表するものになっていると私は信じている。それらを振り返ってみると，それらはまた，かなりの程度，私の治療作業を導くものとして第1部で提示した理論的考察を反映するものともなっているようにも思える。しかし，ルイーズとメリッサとのセッションを省察しつづけるなかで私は，それらが，私自身にもまだ未知の仕方で，その理論的考察のさらなる発展に寄与するものとなっていけばいいという期待をも抱くようになっている。優れた理論は，固定され信奉された理論ではない。優れた理論は，一方では臨床経験，他方では新しい経験的研究への注目，この両者から絶えず生じてくる新しい観察に反応する理論である。

治療はマニュアル化されるべきだと信じている治療者集団がある。特定の治療アプローチが「経験的に支持される」かどうかは単一の研究パラダイムによって評価することができると信じている治療者集団がある。私はこうした治療者集団には属していない（P.L. Wachtel, 2010a）。しかしながら，私は，われわれの考えを経験的な観察（臨床的観察と系統的な調査から得られる観察の両方）から得られるエビデンスに基づかせることが重要だと信じている。そして，そうすることがわれわれの理論を活性化しつづけ，有用にしつづけるうえで必須であると信じている。治療アプローチが「エビデンスに基づいている」とは厳密に言ってどういうことなのかというのは，実際のところ，多くの人が考えている以上に複雑であり，議論の余地のある事柄である（たとえば，Norcross, Beutler & Levant, 2006；Shedler, 2010；P.L. Wachtel, 2010a）。多くの尊敬されている研究者たちが，「経験的に支持された治療」のリストに名を連ねることで，特定の「パッケージ」や「ブランド名」の妥当性を証明しようとしたり，お墨付きを得ようとするよりも，治療の成功を説明する基本的な過程，原理，媒介変数の理解を追求するほうが，経験的な研究の方向性としてより健全であると論じてきた（たとえば，Castonguay & Beutler, 2003；Goldfried & Eubanks-Carter, 2004；Kazdin, 2007, 2008；Kazdin & Nock, 2003；Pachankis & Goldfried, 2007；Rosen & Davison, 2003）（そのように原理に焦点づけることが，単に今までわれわれが発展させてきたアプローチの有効性を評価するだけにとどまらず，治療者としてのわれわれの有効性を**高めることに**いかに寄与するかについてのさらに詳しい議論は，P.L. Wachtel（2010a）を参照のこと）。

本書に記述されてきたアプローチは，治療実践に関する調査に基づいている。また，このアプローチは，そうした調査を過程中心に見ていく見方によって導かれている。本書で述べられたアプローチは，認知行動論的な視点，心理力動論的な視点，システム論な視点，体験的な視点に基づく研究から得られた諸原理に基礎を置いた統合的なものである。そして，これらの諸原理にはかなりの経験的な支持が得られている（そうしたエビデンスの概観は，P.L. Wachtel, 1994, 1997 ; P.L. Wachtel, Kruk & McKinney, 2005 ; Andersen & Saribay, 2005; Andersen, Thorpe & Kooij, 2007 ; Bargh, 2006 ; Elliot, Lietaer & Greenberg, 2004 ; Greenberg & Pascual-Leone, 2006 ; Hofman & Weinberger, 2007 ; Norcross, 2002 ; Shedler, 2010 ; Wampold, 2001 ; Westen, 1998 ; Wilson, 2002）。けれども，経験的な妥当性を求めていくうえで，「経験的に支持された治療（empirically supported treatment : EST）」のアプローチと，ここに記述されたアプローチとは対照的である。EST のアプローチでは，固定されマニュアル化された治療「パッケージ」に対して，適切な調査を調べる（Chambless & Ollendick, 2001）。ここに記述された治療作業では，特定の事例に適用可能な心理学的な変化の原理を幅広く理解するために有用な調査を調べる。EST 運動には，マニュアルとランダム化比較試験への圧倒的な信奉が伴っている。このことは，EST 運動の科学へのアプローチがイデオロギー的に彩られたものであることを反映している。EST 運動は，その方法論的視野狭窄によって，臨床実践を科学的方法の最も幅広い基礎に根づかせることを妨げ，莫大な量の健全で適切なデータを無視するよう導いてしまう（P.L. Wachtel, 2010a）。

　このような指摘をするからといって，私は，特定の心理的問題に対して特定の治療をテストするために，ランダム化比較試験を使用することまで全面的に否定しているわけでは決してない。そうしたアプローチの適切さは，そこで評価される治療の性質と扱われる臨床的問題による。ある種の問題の治療は，どの患者についても十分によく似ているので，より大きな調査計画の一部としてランダム化比較試験がなされれば，かなり価値のある調査となるだろう。けれども他の多くの場合においては，「EST」アプローチの諸前提には，この分野における意義深く洗練された臨床科学を，進歩させるよりもむしろその進歩を阻害するような，不当で経験的裏づけのない多くの仮説が含まれている（P.L. Wachtel, 2010a ; Westen, Novotny & Thompson-Brenner, 2004）。

　系統的な経験的調査によって支持されてきた基本的な諸原理に注目することによって，私の臨床実践は，長年の間に，かなり変化してきた（たとえば，P.L.

Wachtel, 1997 ; P.L. Wachtel et al, 2005 を参照のこと)。けれども本書に提示されているアプローチがマニュアル化されたことはなく,「パッケージ」としてランダム化比較試験によって検証されたこともない。その理由のひとつは, そのような仕方で検証すること自体が, 本書のアプローチに潜在的に含まれている諸前提(患者一人ひとりの個性的な体験に注意深く注目し, またセッションにおける相互作用的な出来事に反応してその体験が瞬間瞬間に変化するその仕方に繊細な注意を払う)を積極的に蹂躙することになるからである。また別の理由としては, 次のようなこともある。たしかに, 治療の相互作用が生み出す, つねに変化する随伴性に反応するための一連のガイドラインを教示の一部に含んでいるような, 洗練されたマニュアルもつくられてきた。けれども, より柔軟で臨床的に反応的なマニュアルは, まさにその本質的な性質が, **マニュアル**という用語自体の意味を拡張しすぎている。それは, もはや科学的な目的よりも政治的な目的に奉仕するものとなっている (P.L. Wachtel, 2010a)。

　治療結果の経験的な妥当性を証明しようとして, 現在, 取られている多くの方法は, 医療場面において薬物治療を検証するために用いられてきた方法を不適切に応用したものである。こうした方法は, 薬物治療を検証するためには有用であったけれども, 心理療法の過程と結果を研究するために用いられるときには, しばしば洗練を欠く機械的な科学へのアプローチとなってしまう。心理療法の過程と結果を調査するうえで出会う課題は, 薬物治療を検証する課題とは異なったものだからである。たとえば,「EST」の方法論は, それが模倣しようとしている薬物調査において二重盲検法を基礎とした研究がいかに重要であるかを十分に考慮できていないし, もしその調査において二重盲検状態が維持されていなかったなら, その調査の内的妥当性にとっていかに深刻な脅威であるかということを十分に考慮できていない。心理療法の調査においては, 当然のことながら, 患者と治療者とが共に, どのような治療がなされているのかを知らないままであることなど, 事実上不可能である (この問題やこれと関連する問題についてのさらに詳しい議論は, P.L. Wachtel (2010a) を参照)。

　一方には「経験的な妥当性」や「経験的な支持」を示すためのルールに対する偏狭でしばしばイデオロギーを帯びた隷属的な支持があり, 他方には何ら統制されない「臨床的直感」の崇拝がある。その2つの間にこそ, 広大で生産的な領域がある。本書に記述されているアプローチの種は, まさにこの広く肥沃な土地に蒔かれた。これらの種の質と, その果実を消費する人々にとってのその価値は,

つねに確実にモニターされていく必要がある。しかし，そうしたモニタリングや評価の過程が，モニターされるまさにその種や果実を破壊するようなものであってはならない。一方では患者と治療者の人間的性質，他方では持続的な調査研究が提供する知識の背景，この両者の交わるところを持続的に詳しく調べていくことによってこそ，患者の利益も，われわれの領域の進歩も，最も大きくなるのである。

註

1——心理療法の面接室のなかで生起していることを観察するに際して，共同構築という性質に注目することは，患者が面接室に持ち込む人格特性や人格傾向をいっさい否認することだと間違って受け取られることがある。これは関係的観点あるいはトゥー・パーソン的観点の深刻な誤解である（P. L. Wachtel, 2008）。

2——フロイト（Freud, 1926/1959）はこうした微妙な不安の増加を，**信号不安**（*signal anxety*）と呼んだ。サリヴァン（1953）もダラードとミラー（1950）も，それぞれ異なる理論的枠組みから，**不安勾配**（*anxiety gradient*）という用語を用いた。いずれも，非常にかすかな不安の増大が，強力に防衛努力を発動させることを指摘したものである。

3——この定式化は，脳の情報処理についての蓄積されつつある研究成果とも一致している。これらの研究から明らかとなってきたのは，脳は，観察可能な最終的な行動と主観的体験を生み出すために，多くの組織化過程が同時進行しながら，複雑なやり方で結合している並行処理に取り組んでいるということである。現代の認知的感情的神経科学は，これらの組織化過程の多くは，意識的ではなく，意識化が難しいものであることをも明らかにしている。

4——すぐ後で論じられるように，このセッションの私がここで言及している時点においては，父親の発作の件や，パリでの置き去り事件については，私はまだ聞いていないということに注意してほしい。

5——もちろん，すぐ後で論じるように，彼女は反抗的でもあった。けれどもここでわれわれが目にしていることが示唆しているのは，少なくともその反抗のいくらかは，反応的なものだということである。つまり，彼女はたしかに「メリッサ流に」することにかなりコミットしているけれども，こうしたあり方をあまり居心地良く感じているわけではなく，自分は間違ったことをしているという感覚と格闘しているのである。彼女の言葉によれば，彼女の家族では「みんなが学校に行って，大学に行って，教育を受けて，社会に出てまともな仕事に就くって，そういう筋書きの上にいるみたいですね。家族みんな，キャリアをもってるし」。こうした流れに逆らって泳ぐのは容易なことではない。

6——解離あるいは葛藤がどのように解消されていくかが垣間見られる例として，この会話を引用したのは，進行するプロセスにおける小さなステップを示そうとしてのことで

ある。解離あるいは葛藤の解消は，決して，一瞬で「洞察」が得られて終わり，というようなものではない。

7── もし彼女が自分自身の欲求や願望を無視することで「偽りの解決」をしていたなら，彼女は，彼らと再び結びつこうとするまさにその試みを失敗させるような仕方で，彼らと関わる結果となっていたであろう。

8── ルイーズとは2つのセッションをもったから，こう言っているわけではない。これはあくまで最初のセッションでの違いについて述べたものである。

9── 皮肉なことに，薬物をテストするための方法論をこのように模倣することは（そしてそれと関連して，治療結果の調査を，特定の精神医学的診断の研究に限定するよう強く主張することは），しばしば，「医療モデル」に立脚しているとされた学派を長きにわたって批判してきた学派の信奉者たちによって特に強調されてきた。

★ [訳註]──デフォルト・ポジション（default position）は，直訳すれば，「省略時選択の立場」ということになる。コンピューターのマニュアルなどで，デフォルトは，ユーザーが特別に何も指定しないときに，初期設定として割り当てられる選択のことを意味している。ここではそれと同様に，特別に考慮すべき事情がない場合に，治療者がとりあえず取る方針のことを意味している。

監訳者あとがき

　心理療法について論じた本はたくさんある。しかし，心理療法の実際のセッションを丸ごとありのままに記述した本は，実のところ，ほとんど存在していない。しかも，3つのセッションをそのまま逐語的に記述した本ともなると，なおさらである。本書はその数少ない例外である。本書の中心である第2部には，ポール・ワクテルによる統合的心理療法の3セッションの逐語録が，本人による詳細な解説とともに収録されている。

　セッションの逐語録に先立って，本書の第1部には，ワクテルの理論的な立場が素描され，近年の関係精神分析の発展が概観されている。これらの理論的な論考も，とても読み応えのあるものとなっている。

　このあとがきにおいては，まず，ワクテルの立場や考え方の特徴について，私なりの言葉で簡単に紹介しておきたい。そして本書のような逐語録の公刊の意義についても，私なりの考えを述べておきたい。

● ポール・ワクテルの立場

　本書の著者であるポール・ワクテルは，1970年代から現代にいたるまで，心理療法の統合運動をリードしてきた人物である。周知のように，20世紀を通して，心理療法の歴史は数多くの学派間の闘争の歴史であった。指導的な立場にある理論家や実践家は，それぞれ自らが属する学派を唯一優れたものとして提示し，他の学派を全体的に劣ったものとして一蹴したり，無視したりすることが多かったと言えよう。他の学派の主張にオープンな態度を取り，そこから積極的に学ぶことによって新しいものを創り出そうとする者は稀であった。

　ワクテルは，基本的に精神分析の自我心理学派の訓練を受けて心理療法家とし

てのスタートを切った。その後，当時としては精神分析の領域において周辺的勢力であった対人関係論に興味を広げながら，精神分析の新たな方向性を探究していく。やがて行動療法と出会い，その実践のなかに自らが模索していた精神分析の新しい方向性を導く可能性を見出すことになる。そして，本格的に行動療法を学ぶとともに，著名な行動療法家のセッションを見学し，意見交換を重ねていく。さらにカップル療法や家族療法を代表とするシステム理論の影響も受けながら，新しい統合的心理療法を探究していった。そうした努力の結果，提唱されたのが，第1章にその輪郭が素描されている循環的心理力動アプローチである。

　循環的心理力動アプローチにおいては，治療者はおおむね受容的，共感的な傾聴の構えをもってクライエントの話を聴いていく。またそこで治療者は，伝統的に「解釈」と呼ばれてきたコメントとよく似たコメントをする。しかし，そのコメントで治療者が意図しているのは自己理解よりも自己受容であり，安心感と制御感を確保しながら，不安を喚起している私的刺激（欲求，願望，記憶など）に徐々にエクスポーズしていくことである。ただし，治療者は終始，非指示的あるいは中立的な態度に徹するわけではなく，場合によっては，ロールプレイや行動リハーサルやイメージ脱感作のような積極的な介入をも行なう。

　このように，ワクテルの心理療法は，心理力動的な伝統に基礎を置いている。同時に，不安を喚起する私的刺激へのエクスポージャーを重視し，治療者との人間関係の中で安心感と制御感を保障しながら，不安を喚起する私的刺激を探索し，徐々にその私的刺激に接触することを促進する。そのとき，クライエントの心の影の側面を曝き，真実に直面させるという自己認識の側面よりも，クライエントがその私的刺激を受け入れて体験できるよう援助するという自己受容の側面を重視する。また彼は，不安を喚起する私的刺激が気づきの外に置かれるようになるメカニズムは個人内の心理力動だけで完結するものではなく，対人関係的な相互作用によって初めて維持されうるものであると考える。つまり，個人の心理力動を閉じたシステムとして考えず，家族や社会との相互作用に開かれたシステムとして考えている。その意味で，きわめてシステミックでもある。

　ワクテルのアプローチは，最初は精神分析と行動療法の2つの学派に注目し，それらに由来する要素を引き継ぎつつ発展させるものであった。けれども，そのアプローチは，さらに他のさまざまな学派との接触によって刺激され，より包括的なものへと改訂されていった。その結果，認知行動療法，システミックなアプローチ，ヒューマニスティック・アプローチの要素をもあわせもった，統合的な

心理療法へと発展した。この循環的心理力動アプローチについては第1章に述べられているが、より詳しく知りたい読者は『心理療法の統合を求めて——精神分析・行動療法・家族療法』(Wachtel, 1997)、『心理療法家の言葉の技術［第2版］——治療的コミュニケーションをひらく』(Wachtel, 2011)を参照してみてほしい。

第2章では、関係精神分析について、とりわけトゥー・パーソンの視点について、わかりやすく概観されている。近年の洗練された精神分析の流れにあまり詳しくない、認知行動療法をはじめとする他の諸学派の読者のために書かれたということだが、現在の日本の状況においては、学派を問わず多くの一般読者にとって興味深い内容となっているだろう。

統合的心理療法をリードしてきた第一人者だけあって、以上を措いても、本書の至るところで彼の発言にははっとさせられる。とりわけ、「経験的に支持される心理療法」のリストに心理療法のブランドをリストアップすることに労力を捧げることが、いかに心理療法全体の発展にとって不毛であるかについての彼の見解は注目に値する。

「科学」とは何かという問いは、そう簡単なものではない。「科学」についての深い省察なしに、「科学的」というお墨付きを求めて、もっともらしい「科学」の手続きの下で学派のブランド競争に走ることは、心理療法の健全な発展を促進するよりは阻害してしまう。さらに言えば、科学的に検証されたと主張されているマニュアルに忠実に従って実践するなら、心理療法のもっとも重要な要素が窒息させられてしまう。それよりも、堅固な科学的基礎をもった治療原理をしっかりと理解したうえで、それを柔軟に、臨機応変に、アーティスティックに運用して実践することを目指したほうが健全だ。本書を通じてワクテルは、学派を超えた治療原理の科学的な研究こそが必要とされていると訴えている。

心理療法の比較研究で有名なジェローム・フランク、実存的心理療法のアーヴィン・ヤーロム、そして統合的心理療法のポール・ワクテル。立場は異なるけれども、私が好きで精読してきた理論家たちはみな、心理療法の本質は決してマニュアル化できるような種類のものではないと訴えている。彼らの著作は、心理療法と科学との関係についての深い省察へと読者を誘ってくれるだろう。

● 逐語録の公刊の意義

　第1章においてワクテルも述べているように，心理療法について論じている本はたくさんある。そして，そうした本にも事例は記載されている。しかし，そうした事例はたいてい断片的なエピソードである。それらのエピソードは，その論述の説明のために特に選ばれたものである。つまり，それらはその論述の理解を助けるために都合良く選択され，切り取られたものなのである。
　心理療法についての本は書店にあふれかえっているけれども，現状において心理療法の現実をありのままに伝える本は，実はほとんど存在していない。つまり，心理療法の現実をありのままに伝える本は，この領域における文献の欠落部分なのである。
　実はワクテルは，本書のほかにも，心理療法界における重要な文献上の欠落を埋めている。それは『心理療法家の言葉の技術』である。この本は，心理療法家が言いたいことをどのような言い回しで言うか，どのようなニュアンスで言うかということを，きわめて具体的な内容を題材にしながら，しかし高度に理論的な解説を加えながら論じた本である。
　精神分析家であれ，認知行動療法家であれ，治療者はどんな概念的内容をクライエントに伝えるかということについては理論的によく検討するけれども，それをどのような言い回しで伝えるかということについてはあまり考えないことが多い。しかし心理療法の実践においては，同じ概念的内容でも，それをどのような言い方で伝えるか次第で，まったく違った結果になる。そのことは少しでも本当に心理療法を実践したことがある人なら，痛いほどよく知っているであろう。
　このようにワクテルは，心理療法界における2つの重要な文献上の欠落を埋めている。1つは言葉の言い回しの技術についての著作。もう1つは本書，つまりセッションを丸ごとありのままに記述した著作である。
　ここで私は次のように問うてみたい。なぜ心理療法界にはこのような重要な文献上の欠落が存在しているのであろうか？　そしてなぜワクテルはそれを埋めることができたのであろうか？
　この問いは，前述の「科学」とは何かという問い，そして心理療法と科学との関係はどうあるのが健全かつ生産的かという問いと深く関連している。心理療法はこの問いと長らく苦闘し続けてきたし，今も苦闘し続けている。

この問いと関連して，少なくとも，ワクテルは心理療法はマニュアル化できるようなものではないと考えており，マニュアル化することで科学的な手続きに近づけるという考えには反対している。ワクテルは，クライエントに治療的な変化をもたらすための治療原理を科学的に検証することが大切だと考えている。しかしまた，そうした原理をどのように運用するかという点においては，クライエントとの関係をはじめとして，多くの要因を考慮し，臨機応変であることが重要だとも考えている。そしてそこでは治療者の直感も必要だと考えている。言い換えれば，暗黙知に開かれた態度を取り，暗黙知に導かれることも重要だと考えている。つまり，治療者の意識的で知的な分析だけがすべてではないということである。

　こうしたワクテルの考えを私なりに咀嚼して言葉にすると，心理療法は科学的に十分に検証された原理に基づくという点においては科学の側面をもっているが，その原理をいかに創造的に運用するかという点においてはきわめてアーティスティックな側面をももっているということである。

　こうした心理療法観をもっているからこそ，ワクテルは，患者に伝えるべき概念的な内容を理論的に論じるだけでなく，それをどのように伝えるかというニュアンスや言い回しの重要性に注目したのであり，さらには心理療法を論じるだけではなく，心理療法をやってみせることの重要性に気づいたのである。

　現在の心理療法界は全体として浅薄な「科学」理解に駆り立てられ，その「科学」に適合しない要素はすべて非科学的であり無価値であるとみなす傾向に陥っているように見える。そのような傾向が，こうした文献上の欠落を生んだ重要な背景となっているのではないかと思う。

　本書がそのような行きすぎた不毛な傾向を是正する役に立てばと思う。

● **おわりに**

　私はこれまでさまざまな専門書の翻訳に携わってきたが，本書の翻訳はこれまでの翻訳とはかなり勝手が違うものであった。というのも，本書が単に専門的な論考を収めた本ではなく，3つの面接の逐語録を丸ごと含んだ本だからである。当然のことながら，逐語録は治療者と患者とが話したことを，ありのままに文字化したものである。それはまさに口語英語であり，そこには書き言葉とはまったく違う特有の言葉づかいが頻繁に現われる。また，心理療法における患者の話は，

しばしば文法的に不正確であったり、言いかけて途中で終わったり、つっかえたり、言いよどんだり、言い直したりと、かなり混乱しているものである。さらには、心理療法の対話を理解するためには、単に言語的内容だけではなく、その雰囲気やニュアンスを生き生きと伝える必要がある。それらを考え合わせると、この逐語部分の翻訳は、私の手に余るものであった。

そのため、今回の翻訳は、バイリンガルで、オーストラリア在住の翻訳家である小林眞理子氏と共同で行なうことにした。逐語部分の翻訳を小林が、その他の部分の翻訳を杉原が担当して下訳を作成し、その後、全体を杉原が監修した。言語的な内容として正確でありながら、言いよどみやつっかえなども含めて、対話の流れをニュアンス豊かに自然な日本語で表現することはとても難しいものである。この翻訳はわれわれなりのひとつの作品である。いくらでも他の訳し方が可能であるし、原文を参照しながら理解できる読者からは、さまざまなご意見があろうかと思う。監訳者としては、ワクテルの実践の一端が生き生きと伝わるものとなっていることを願っている。

なお、本書の第3章に収められているルイーズとの1回目のセッションは、本文中にも紹介されているように、アメリカ心理学会から教材DVDとして販売されている。興味のある読者は、あわせて視聴すればさらに理解が深まるだろう（"Integrative Relational Psychotherapy" Systems of Psychotherapy Video Series. APA, 2007）。

最後になったが、本書の刊行に当たって、金剛出版編集部の藤井裕二さんにはたいへんお世話になった。とても細やかな仕事をしていただき、感謝している。藤井さんの指摘のおかげで、本邦訳書では原著においては欠落している文献がいくつか、巻末の文献リストに加えられた。本邦訳書の文献リストは、原著以上に完全なものとなったのである。

本書が日本における心理療法の発展に寄与することを願って、結びとしたい。

杉原保史

文献

Alexander, F., & French, T. M. (1946). *Psychoanalytic therapy: Principles and applications*. New York, NY: Ronald Press.

Allen, L. B., McHugh, R. K., & Barlow, D. H. (2008). Emotional disorders: A unified protocol. In D. H. Barlow (Ed.), *Clinical handbook of psychological disorders: A step-by-step treatment manual* (4th ed., pp. 216-249). New York, NY: Guilford Press.

American Psychological Association. (Producer). (2007). *Integrative relational psychotherapy* [DVD]. Available from http://www.apa.org/pubs/videos/

Andersen, S. M., & Chen, S. (2002). The relational self: An interpersonal social-cognitive theory. *Psychological Review, 109* (4), 619-645. doi:10.1037/0033-295X.109.4.619

Andersen, S. M., & Saribay, S. A. (2005). The relational self and transference: Evoking motives, self-regulation, and emotions through activation of mental representations of significant others. In M. W. Baldwin (Ed.), *Interpersonal cognition* (pp. 1-32). New York, NY: Guilford Press.

Andersen, S. M., Saribay, S. A., & Kooij, C. S. (2008). Contextual variability in personality: The case of the relational self and the process of transference. In F. Rhodewalt (Ed.), *Personality and social behavior: Frontiers of social psychology* (pp. 79-116). New York, NY: Psychology Press.

Andersen, S. M., Thorpe, J. S., & Kooij, C. S. (2007). Character in context: The relational self and transference. In Y. Shoda, D. Cervone, & G. Downey (Eds.), *Persons in context: Building a science of the individual* (pp. 169-200). New York, NY: Guilford Press.

Angus, L. E. & McLeod, J. (2003). *The handbook of narrative and psychotherapy: Practice, theory and research*. Thousand Oaks, CA: Sage.

Apfelbaum, B. (2005). Interpretive neutrality. *Journal of the American Psychoanalytic Association, 53*, 917-943. doi:10.1177/0003065105053b030101

Aron, L. (1990). One person and two person psychologies and the method of psychoanalysis. *Psychoanalytic Psychology, 7*, 475-485. doi:10.1037/0736-9735.7.4.4 75

Aron, L. (1991). Working through the past, working toward the future. *Contemporary Psychoanalysis, 27*, 81-109.

Aron, L. (1996). *A meeting of minds: Mutuality in psychoanalysis*. Hillsdale, NJ: The Analytic Press.

Aron, L. (2006). Analytic impasse and the third: Clinical implications of intersubjectivity theory. *The International Journal of Psychoanalysis, 87*, 349-368. doi:10.1516/15EL-284Y-7Y26-DHRK

Balint, M. (1950). Changing therapeutical aims and techniques in psycho-analysis. *The International Journal of Psychoanalysis, 31*, 117-124.

Bargh, J. (2006). *Social psychology and the unconscious: The automaticity of higher mental processes*. New

York, NY: Psychology Press.

Barlow, D.H. (2002). *Anxiety and its disorders: The nature and treatment of anxiety and panic* (2nd ed.). New York, NY: Guilford Press.

Barlow, D. H., Allen, L. B., & Basden, S. L. (2007). Psychological treatments for panic disorders, phobias, and generalized anxiety disorder. In P. E. Nathan & J. M. Gorman (Eds.), *A guide to treatments that work* (3rd ed., pp. 351-394). New York, NY: Oxford University Press.

Barlow, D. H., Allen, L. B., & Choate, M. L. (2004). Toward a unified treatment for emotional disorders. *Behavior Therapy, 35*, 205-230. doi:10.1016/S0005-7894(04)80036-4

Bass, A. (2003). "E" enactments in psychoanalysis: Another medium, another message. *Psychoanalytic Dialogues, 13*, 657-675. doi:10.1080/10481881309348762

Beebe, B., & Lachmann, F. (2002). *Infant research and adult treatment: Co-constructing interactions*. Hillsdale, NJ: The Analytic Press.

Beebe, B., & Lachmann, F. (2003). The relational turn in psychoanalysis: A dyadic systems view from infant research. *Contemporary Psychoanalysis, 39*, 379-409.

Benjamin, J. (2004). Beyond doer and done to: An intersubjective view of thirdness. *The Psychoanalytic Quarterly, 73*, 5-46.

Berman, E. (1981). Multiple personality: Psychoanalytic perspectives. *The International Journal of Psychoanalysis, 62*, 283-300.

Bibring, E. (1954). Psychoanalysis and the dynamic psychotherapies. *Journal of the American Psychoanalytic Association, 2*, 745-770. doi:10.1177/00030651540020041

Bion, W.R. (1961). *Experiences in groups and other papers*. London: Tavistock Publications.

Blatt, S. J. (2008). *Polarities of experience: Relatedness and self-definition in personality development, psychopathology and the therapeutic Process*. Washington, DC: American Psychological Association Press.

Bornstein, R. (1988). Psychoanalysis in the undergraduate curriculum: The treatment of psychoanalytic theory in abnormal psychology texts. *Psychoanalytic Psychology, 5*, 83-93. doi:10.1037/h0085122

Boston Change Process Study Group. (2007). The foundational level of psychodynamic meaning: Implicit process in relation to conflict, defense and the dynamic unconscious. *The International Journal of Psychoanalysis, 88*, 843-860. doi:10.1516/ijpa.2007.843

Bowers, K. S. (1973). Situationism in psychology: An analysis and a critique. *Psychological Review, 80*, 307-336. doi:10.1037/h0035592

Bowlby, J. (1969). *Attachment and loss: Vol. 1. Attachment*. New York, NY: Basic Books.

Bowlby, J. (1973). *Attachment and loss: Vol. 2. Separation*. New York, NY: Basic Books.

Bowlby, J. (1980). *Attachment and loss: Vol. 3. Loss*. New York, NY: Basic Books.

Bowlby, J. (1988). *A secure base: Parent-child attachment and healthy human development*. New York, NY: Basic Books.

Brenner, C. (1979). Working alliance, therapeutic alliance, and transference. *Journal of the American Psychoanalytic Association, 27*, 137-157.

Bromberg, P. M. (1996). Hysteria, dissociation, and cure: Emmy von N revisited. *Psychoanalytic Dialogues, 6*, 55-71. doi:10.1080/10481889609539106

Bromberg, P.M. (1998a). *Standing in the spaces: Essays on clinical process, trauma, and dissociation*. Hillsdale,

NJ: The Analytic Press.

Bromberg, P.M. (1998b). Staying the same while changing: Reflections on clinical judgment. *Psychoanalytic Dialogues, 8*, 225-236. doi:10.1080/10481889809539244

Bromberg, P. M. (2003). Something wicked this way comes: Trauma, dissociation, and conflict: the space where psychoanalysis, cognitive science, and neuroscience overlap. *Psychoanalytic Psychology, 20*, 558-574. doi:10.1037/0736-9735.20.3.558

Burton, N. (2005). Finding the lost girls: Multiplicity and dissociation in the treatment of addictions. *Psychoanalytic Dialogues, 15*, 587-612. doi:10.1080/10481881509348852

Cacioppo, J. T., & Berntson, G. G. (1992). Social psychological contributions to the decade of the brain: Doctrine of multilevel analysis. *American Psychologist, 47*, 1019-1028. doi:10.1037/0003-066X.47.8.1019

Cacioppo, J. T., Berntson, G. G., Sheridan, J. F., & McClintock, M. K. (2000). Multilevel integrative analyses of human behavior. *Psychological Bulletin, 126*, 829-843. doi:10.1037/0033-2909.126.6.829

Castonguay, L. G., & Beutler, L. E. (Eds.). (2003). *Empirically supported principles of therapeutic change*. New York, NY: Oxford University Press.

Chambless, D. L., & Ollendick, T. H. (2001). Empirically supported psychological interventions: Controversies and evidence. *Annual Review of Psychology, 52*, 685-716. doi:10.1146/annurev.psych.52.1.685

Cohen, J., & Tronick, E. (1988). Mother-infant face-to-face interaction: Influence is bidirectional and unrelated to periodic cycles in either partner's behavior. *Developmental Psychology, 24*, 386-392.

Cortina, M., & Marrone, M. (2003). *Attachment theory and the psychoanalytic process*. London, England: Whurr.

Craske, M. G., & Barlow, D. H. (2008). Panic disorder and agoraphobia. In D. H. Barlow (Ed.), *Clinical handbook of psychological disorders* (4th ed., pp. 1-64). New York, NY: Guilford Press.

Craske, M. G., & Mystkowski, J. (2006). Exposure therapy and extinction: Clinical studies. In M. G. Craske, D. Hermans, & D. Vansteenwegen (Eds.), *Fear and learning: Basic science to clinical application* (pp. 217-233). Washington, DC: American Psychological Association. doi:10.1037/11474-011

Crastnopol, M. (2001). On the importance of being (earnestly) hybrid—Or, qualms of a qu. *Psychoanalytic Dialogues, 11*, 253-267. doi:10.1080/10481881109348610

Crastnopol, M. (2007). The multiplicity of self-worth. *Contemporary Psychoanalysis, 43*, 1-16.

Davies, J. M. (1996). Linking the "pre-analytic" with the postclassical: Integration, dissociation, and the multiplicity of unconscious process. *Contemporary Psychoanalysis, 32*, 553-576.

Davies, J. M. (1998). Multiple perspectives on multiplicity. *Psychoanalytic Dialogues, 8*, 195-206. doi:10.1080/10481889809539241

Deacon, B. J., & Abramowitz, J. S. (2004). Cognitive and behavioral treatments for anxiety disorders: A review of meta-analytic findings. *Journal of Clinical Psychology, 60*, 429-441. doi:l0.1002/jclp.10255

de Shazer, S., Dolan, Y., Korman, H., McCollum, E., Trepper, T., & Berg, I. K. (2007). *More than miracles: The state of the art of solution focused brief therapy*. New York, NY: Haworth Press.

Dimen, M. (2004). The return of the dissociated [Discussion]. *Psychoanalytic Dialogues, 14*, 859-865. doi:10.1080/10481880409353132

Dollard, J., & Miller, N. E. (1950). *Personality and psychotherapy*. New York, NY: McGraw-Hill.

Duncan, B. L., Miller, S. D., Wampold, B. E., & Hubble, M.A. (Eds.). (2009). *The heart and soul of change, second edition: Delivering what works in therapy*. Washington, DC: American Psychological Association.

Eccles, J. S. (2004). *Contextual influences on life span/life course*. Hillsdale, NJ: Erlbaum.

Ehrenreich, J. T., Buzzella, B. A., & Barlow, D. H. (2007). General principles of the treatment of emotional disorders across the lifespan. In S. G. Hoffman & J. Weinberger (Eds.), *The art and science of psychotherapy* (pp. 191-210). New York, NY: Routledge.

Elliott, R., Lietaer, G., & Greenberg, L. S. (2004). Research on experiential psychotherapies. In M. J. Lambert (Ed.), *Bergin and Garfield's handbook of psychotherapy and behavior change* (5th ed., pp. 493-540). New York, NY: Wiley.

Erickson, M. H. (1982). *My voice will go with you: The teaching tales of Milton H. Erickson*. New York, NY: Norton.

Erickson, M. H., & Lankton, S. R. (1987). *Central themes and principles of Ericksonian therapy*. New York, NY: Brunner/Mazel.

Erikson, E. H. (1950). *Childhood and society*. New York, NY: Norton.

Erikson, E. H. (1980). *Identity and the life cycle*. New York, NY: Norton.

Fairbairn, W. R. D. (1952). *An object relations theory of the personality*. New York, NY: Basic Books.

Fairbairn, W. D. (1958). On the nature and aims of psycho-analytical treatment. *International journal of Psychoanalysis, 39*, 374-385.

Ferenczi, S. (1926). *Further contributions to the theory and technique of psychoanalysis*. London, England: Hogarth Press & the Institute of Psychoanalysis.

Foa, E. B., Huppert, J. D., Cahill, S. P., & Rothbaum, B. O. (Eds.). (2006). *Emotional processing theory: An update*. New York, NY: Guilford Press.

Foa, E. B., & Kozak, M. J. (1986). Emotional processing of fear: Exposure to corrective information. *Psychological Bulletin, 99*, 20-35. doi:10.1037/0033-2909.99.1.20

Foa, E. B., & Meadows, E. A. (1997). Psychosocial treatments for posttraumatic stress disorder: A critical review. *Annual Review of Psychology, 48*, 449-480. doi:10.1146/annurev.psych.48.1.449

Foa, E. B., Rothbaum, B. O., & Furr, J. M. (2003). Augmenting exposure therapy with other CBT procedures. *Psychiatric Annals, 33*, 47-53.

Fonagy, P. (2001). *Attachment theory and psychoanalysis*. New York, NY: Other Press.

Fosha, D. (2000). *The transforming power of affect: A model for accelerated change*. New York, NY: Basic Books.

Fosha, D., Paivio, S. C., Gleiser, K., & Ford, J. D. (2009). Experiential and emotionfocused therapy. In C. A. Courtois & J. D, Ford (Eds.), *Treating complex traumatic stress disorders: An evidence-based guide*. (pp. 286-311). New York, NY: Guilford Press.

Fosha, D., & Yeung, D. (2006). Accelerated experiential-dynamic psychotherapy: The seamless integration of emotional transformation and dyadic relatedness at work. In G. Stricker & J. Gold (Eds.), *A casebook of psychotherapy integration* (pp. 165-184). Washington, DC: American Psychological Association. doi:10.1037/11436-013

Frank, J. D. (1973). *Persuasion and healing: A comparative study of psychotherapy* (Rev. ed.). Baltimore, MD: Johns Hopkins University Press.

Frank, K. A. (1997). The role of the analyst's inadvertent self-revelations. *Psychoanalytic Dialogues, 7,* 281-314.

Frank, K. A. (1999). *Psychoanalytic participation: Action, interaction and integration.* Hillsdale, NJ: Analytic Press.

Frank, K. A. (2002). The "ins" and "outs" of enactment. *Journal of Psychotherapy Integration, 12,* 267-286. doi:l0.1037/1053-0479.12.3.267

Freud, S. (1926). Inhibitions, symptoms, and anxiety. In *Standard edition* (Vol. 20, pp. 87-172). London: Hogarth Press, 1959.

Freud, A. (1936). *The ego and the mechanisms of defense.* New York, NY: International Universities Press.

Freud, S. (1957). Remembering, repeating and working through In J. Strachey (Ed. & Trans.), *The standard edition of the complete psychological works of Sigmund Freud* (Vol. 12, pp. 145-156). London, England: Hogarth Press. (Original work published 1914)

Freud, S. (1959). The neuro-psychoses of defence. In J. Strachey (Ed. & Trans.), *The standard edition of the complete psychological works of Sigmund Freud* (Vol. 3, pp. 41-61). London, England: Hogarth Press. (Original work published 1894)

Freud, S. (1959). Further remarks on the neuro-psychoses of defence. In J. Strachey (Ed. & Trans.), *The standard edition of the complete psychological works of Sigmund Freud* (Vol. 3, pp. 157-185). London, England: Hogarth Press. (Original work published 1896)

Freud, S. (1959). On the history of the psychoanalytic movement. In J. Strachey (Ed. & Trans.), *The standard edition of the complete psychological works of Sigmund Freud* (Vol. 14, pp. 7-66). London, England: Hogarth Press. (Original work published 1914)

Freud, S. (1959). Repression. In J. Strachey (Ed. & Trans.), *The standard edition of the complete psychological works of Sigmund Freud* (Vol. 14, pp. 141-158). London, England: Hogarth Press. (Original work published 1915)

Freud, S. (1959). Inhibitions, symptoms, and anxiety. In J. Strachey (Ed. & Trans.), *The standard edition of the complete psychological works of Sigmund Freud* (Vol. 20, pp. 87-172). London, England: Hogarth Press. (Original work published 1926)

Freud, S. (1959). New introductory lectures on psycho analysis. In J. Strachey (Ed. & Trans.), *The standard edition of the complete psychological works of Sigmund Freud* (Vol. 22, pp. 1-182). London, England: Hogarth Press. (Original work published 1933)

Friedman, L. (2002). What lies beyond interpretation, and is that the right question? *Psychoanalytic Psychology, 19,* 540-551. doi:10.1037/0736-9735.19.3.540

Fromm, E. (1941). *Escape from freedom.* New York, NY: Holt, Rinehart and Winston.

Fromm, E. (1956). *The art of loving.* New York, NY: Harper & Row.

Gabbard, G.O. & Westen, D. (2003). Rethinking therapeutic action. *International Journal of Psychoanalysis, 84,* 823-841.

Ghent, E. (1989). Credo—The dialectics of one-person and two-person psychologies. *Contemporary Psychoanalysis, 25,* 169-211.

Gill, M. M. (1954). Psychoanalysis and exploratory psychotherapy. *Journal of the American Psychoanalytic Association, 2,* 771-797.

Gill, M. M. (1979). The analysis of the transference. *Journal of the American Psychoanalytic Association, 27*

(Suppl.), 263-288.

Gill, M. M. (1982). *Analysis of transference*. New York, NY: International Universities Press.

Gill, M. M. (1984). Psychoanalysis and psychotherapy: A revision. *The International Review of Psychoanalysis, 11*, 161-179.

Goldfried, M. R., & Eubanks-Carter, C. (2004). On the need for a new psychotherapy research paradigm. *Psychological Bulletin, 130*, 669-673. doi:10.1037/0033-2909.130.4.669

Greenberg, J. R., & Mitchell, S. A. (1983). *Object relations in psychoanalytic theory*. Cambridge, MA: Harvard University Press.

Greenberg, L. S. (2002). *Emotion-focused therapy: Coaching clients to work through their feelings*. Washington, DC: American Psychological Association.

Greenberg, L. S., & Pascual-Leone, A. (2006). Emotion in psychotherapy: A practice-friendly research review. *Journal of Clinical Psychology, 62*, 611-630.

Hansell, J. (2004). *Writing an undergraduate textbook: An analyst's enlightening journey*. Psychologist-psychoanalyst. Volume XXIV, No.4.

Harris, A. (1996). The conceptual power of multiplicity. *Contemporary Psychoanalysis, 32*, 537-552.

Hassin, R.R., Uleman, J.S., & Bargh, J.A. (Eds.). (2005). *The new unconscious*. New York, NY: Oxford University Press.

Havens, L. (1986). *Making contact: Uses of language in psychotherapy*. Cambridge, MA: Harvard University Press.

Hayes, S. C., Follette, V. M., & Linehan, M. M. (Eds.). (2004). *Mindfulness and acceptance: Expanding the cognitive-behavioral tradition*. New York, NY: Guilford Press.

Hayes, S. C., Luoma, J., Bond, F., Masuda, A., & Lillis, J. (2006). Acceptance and commitment therapy: Model, processes, and outcomes. *Behaviour Research and Therapy, 44*, 1-25. doi:10.1016/j.brat.2005.06.006

Hayes, S. C., Strosahl, K. D., & Wilson, K. G. (1999). *Acceptance and commitment therapy: An experiential approach to behavior change*. New York, NY: Guilford Press.

Heider, F. (1958). *The psychology of interpersonal relations*. New York, NY: Wiley.

Hoffman, I. Z. (1998). *Ritual and spontaneity in psychoanalysis: A dialectical-constructivist view*. Hillsdale, NJ: The Analytic Press.

Hofman, S. G., & Weinberger, J. L. (Eds.). (2007). *The art and science of psychotherapy*. New York, NY: Routledge.

Horney, K. (1937). *The neurotic personality of our time*. New York, NY: Norton.

Horney, K. (1939). *New ways in psychoanalysis*. New York, NY: Norton.

Horney, K. (1945). *Our inner conflicts*. New York, NY: Norton.

Horney, K. (1950). *Neurosis and human growth*. New York, NY: Norton.

Howell, E. (2006). *The dissociative mind*. Hillsdale, NJ: The Analytic Press.

Jaffe, J., Beebe, B., Feldstein, S., Crown, C. L., & Jasnow, M. (2001). Rhythms of dialogue in infancy: Coordinated timing in development. *Monographs of the Society for Research in Child Development, 66* (2), vi-131.

Johnson, S. M. (2004). *The practice of emotionally focused couple therapy: Creating connection* (2nd ed.). New York, NY: Routledge.

Jones, E. (1961). *The life and work of Sigmund Freud.* New York, NY: Basic Books.

Jones, E. E., Kannouse, D. E., Kelley, H. H., Nisbett, R. E. ,Valins, S. & Weiner, B. (Eds.). (1972). *Attribution: Perceiving the causes of behavior.* Morristown, NJ: General Learning Press.

Kazdin, A. E. (2007). Mediators and mechanisms of change in psychotherapy research. *Annual Review of Clinical Psychology, 3,* 1-27. doi:10.1146/annurev.clinpsy.3.022806.091432

Kazdin, A. E. (2008). Evidence-based treatment and practice: New opportunities to bridge clinical research and practice, enhance the knowledge base, and improve patient care. *American Psychologist, 63,* 146-159. doi:10.1037/0003-066X.63.3.146

Kazdin, A. E., & Nock, M. K. (2003). Delineating mechanisms of change in child and adolescent therapy: Methodological issues and research recommendations. *Journal of Child Psychology and Psychiatry, and Allied Disciplines, 44,* 1116-1129. doi:10.1111/1469-7610.00195

Keane, T. M. (1995). The role of exposure therapy in the psychological treatment of PTSD. *National Center for PTSD Clinical Quarterly, 5,* 1-6.

Keane, T. M. (1998). Psychological and behavioral treatments of posttraumatic stress disorder. In P. E. Nathan & J. M. Gorman (Eds.), *A guide to treatments that work* (pp. 398-407). New York, NY: Oxford University Press.

Kernberg, O. F. (1976). *Object relations theory and clinical psychoanalysis.* New York, NY: Jason Aronson.

Klein, M. (1952). *Developments in psycho-analysis* (J. Riviere, Ed.). London, England: Hogarth Press.

Klein, M. (1957). *Envy and gratitude; a study of unconscious sources.* London, England: Tavistock.

Klein, M. (1961). *Narrative of a child analysis: the conduct of the psychoanalysis of children as seen in the treatment of a ten year old boy.* New York, NY: Basic Books.

Klein, M. (1984). *Love, guilt, and reparation, and other works, 1921-1945.* New York, NY: Free Press.

Kohut, H. (1984). *How does analysis cure?* Chicago, IL: University of Chicago Press.

Laplanche, J., & Pontalis, J.B. (1974). *The language of psycho-analysis.* New York, NY: Norton.

Leichsenring, F., & Rabung, S. (2008). Effectiveness of long-term psychodynamic psychotherapy: A meta-analysis. *JAMA, 300,* 1551-1565. doi:l0.1001/jama.300.13.1551

Levy, R. A., & Ablon, J. S. (Eds.) (2009). *Handbook of evidence-based psychodynamic psychotherapy: Bridging the gap between science and practice.* Totowa, NJ: Humana Press.

Linehan, M. M. (1993). *Cognitive-behavioral treatment of borderline personality disorder.* New York, NY: Guilford Press.

Linehan, M. M., & Dexter-Mazza, E. T. (2008). Dialectical behavior therapy for borderline personality disorder. In D. H. Barlow (Ed.), *Clinical handbook of psychological disorders: A step-by-step treatment manual* (4th ed., pp. 365-420). New York, NY: Guilford Press.

Loewald, H. W. (1960). On the therapeutic action of psycho-analysis. *The International Journal of Psychoanalysis, 41,* 16-33.

Loewenstein, R. J., & Ross, D. R. (1992). Multiple personality and psychoanalysis: An introduction. *Psychoanalytic Inquiry, 12,* 3-48. doi:10.1080/07351699209533881

Lyons-Ruth, K. (1998). Implicit relational knowing: Its role in development and psychoanalytic treatment. *Infant Mental Health Journal, 19,* 282-289. doi:10.1002/(SICI)1097-0355(199823)19:3<282::AID-IMHJ3>3.0.CO;2-O

Lyons-Ruth, K. (1999). The two-person unconscious. *Psychoanalytic Inquiry, 19,* 576-617.

Magnusson, D., & Endler, N. (Eds.). (1977). *Personality at the crossroads: Issues in interactional psychology.* Hillsdale, NJ: Erlbaum.

Mahoney, M. J. (1995). *Cognitive and constructive psychotherapies: Theory, research, and practice.* New York, NY: Springer.

Mahoney, M. J. (2003). *Constructive psychotherapy: A practical guide.* New York, NY: Guilford Press.

Mancini, J. A. (Ed.). (2009). *Pathways of human development: Explorations of change.* Lanham, MD: Lexington Books.

Maroda, K. J. (1999). *Seduction, surrender, and transformation: Emotional engagement in the analytic process.* Mahwah, NJ: The Analytic Press.

Mayes, L., Fonagy, P., & Target, M. (2007). *Developmental science and psychoanalysis: Integration and innovation.* New York, NY: Karnac.

McCullough, L. (2003). *Treating affect phobia: A manual for short-term dynamic psychotherapy.* New York, NY: Guilford Press.

McNeilly, R. B. (2000). *Healing the whole person: A solution-focused approach to using empowering language, emotions, and actions in therapy.* New York, NY: Wiley.

McWilliams, N. (2004). *Psychoanalytic psychotherapy: A practitioner's guide.* New York, NY: Guilford Press.

Messer, S. B. (2000). Applying the visions of reality to a case of brief psychotherapy. *Journal of Psychotherapy Integration, 10,* 55-70. doi:10.1023/A:1009470427889

Miller, S.D., Hubble, M.A., & Duncan, B. L. (Eds.). (1996). *Handbook of solutionfocused brief therapy.* San Francisco, CA: Jossey-Bass.

Minuchin, S. (1974). *Families and family therapy.* Cambridge, MA: Harvard University Press.

Mischel, W. (1968). *Personality and assessment.* New York, NY: Wiley.

Mischel, W., & Shoda, Y. (1998). Reconciling processing dynamics and personality dispositions. *Annual Review of Psychology, 49,* 229-258.

Mitchell, S. A. (1988). *Relational concepts in psychoanalysis.* Cambridge, MA: Harvard University Press.

Mitchell, S. A. (1993). *Hope and dread in psychoanalysis.* New York, NY: Basic Books.

Mitchell, S. A. (1995). Interaction in the Kleinian and interpersonal traditions. *Contemporary Psychoanalysis, 31,* 65-91.

Modell, A. H. (1984). *Psychoanalysis in a new context.* New York, NY: International Universities Press.

Molnar, A., & de Shazer, S. (1987). Solution focused therapy: Toward the identification of therapeutic tasks. *Journal of Marital and Family Therapy, 13,* 349-358.

Moscovitch, D. A., Antony, M. M., & Swinson, R. P. (2009). Exposure-based treatments for anxiety disorders: Theory and process. In M. M. Antony & M. B. Stein (Eds.), *Oxford handbook of anxiety and related disorders* (pp. 461-475). New York, NY: Oxford University Press.

Moses, E. B., & Barlow, D. H. (2006). A new unified treatment approach for emotional disorders based on emotion science. *Current Directions in Psychological Science, 15,* 146-150. doi:10.1111/j.0963-7214.2006.00425.x

Neimeyer, R. (2009). *Constructivist psychotherapy: Distinctive features.* New York, NY: Routledge.

Neimeyer, R. A., & Mahoney, M. M. (Eds.). (1995). *Constructivism in psychotherapy.* Washington, DC: American Psychological Association. doi:10.1037/10170-000

Norcross, J. (Ed.). (2002). *Psychotherapy relationships that work: Therapist contributions and responsiveness to patients*. New York, NY: Oxford University Press.

Norcross, J. C. (2009). The therapeutic relationship. In B. L. Duncan, S. D. Miller, B. E. Wampold, & M. A. Hubble (Eds.), *The heart and soul of change, second edition: Delivering what works in therapy* (pp. 113-142). Washington, DC: American Psychological Association.

Norcross, J. C., Beutler, L. E., & Levant, R. F. (Eds.). (2006). *Evidence-based practices in mental health: Debate and dialogue on the fundamental questions*. Washington, DC: American Psycological Association.

O'Hanlon, B., & Weiner-Davis, M. (1989). *In search of solutions: A new direction in psychotherapy*. New York, NY: Norton.

Ogden, T. H. (1994). The analytic third: Working with intersubjective clinical facts. *The International Journal of Psychoanalysis, 75*, 3-19.

Ogden, T. H. (2004). The analytic third: Implications for psychoanalytic theory and technique. *The Psychoanalytic Quarterly, 73*, 167-195.

Orange, D. M., Atwood, G. E., & Stolorow, R. D. (1997). *Working intersubjectively: Contextualism in psychoanalytic practice*. Mahwah, NJ: Analytic Press.

Pachankis, J. E., & Goldfried, M. R. (2007). An integrative, principle-based approach to psychotherapy. In S. G. Hoffman & J. Weinberger (Eds.), *The art and science of psychotherapy* (pp. 49-68). New York, NY: Routledge.

Pizer, S. A. (1996). The distributed self: Introduction to symposium on "The Multiplicity of Self and Analytic Technique" *Contemporary Psychoanalysis, 32*, 499-507.

Polanyi, M. (1958). *Personal knowledge: Towards a pos-critical philosophy*. Chicago, IL: University of Chicago Press.

Polanyi, M. (1967). *The tacit dimension*. Chicago, IL: University of Chicago Press.

Pos, A. E., Greenberg, L. S., & Elliott, R. (2008). Experiential therapy. In J. L. Lebow (Ed.), *Twenty-first century psychotherapies: Contemporary approaches to theory and practice* (pp. 80-122). Hoboken, NJ: Wiley.

Psychological & Educational Films. (Producer). (1989). *Integrative psychotherapy, Part 4: A demonstration with Dr. Paul Wachtel*. Available from http://www.psychedfilms.com/index.html

Redmond, J., & Schulman, M. (2008). Access to psychoanalytic ideas in American undergraduate institutions. *Journal of the American Psychoanalytic Association, 56*, 391-408. doi:10.1177/0003065108318639

Renik, O. (1993). Analytic interaction: Conceptualizing technique in light of the analyst's irreducible subjectivity. *The Psychoanalytic Quarterly, 62*, 553-571.

Renik, O. (1995). The ideal of the anonymous analyst and the problem of selfdisclosure. *The Psychoanalytic Quarterly, 64*, 466-495.

Renik, O. (1999). Playing one's cards face up in analysis: An approach to the problem of self-disclosure. *The Psychoanalytic Quarterly, 68*, 521-530.

Rhodewalt, F. (Ed.). (2008). *Personality and social behavior: Frontiers of social psychology*. New York, NY: Psychology Press.

Rickman, J. (1957). *Selected contributions to psycho-analysis*. Oxford, England: Basic Books.

Ricoeur, P. (1970). *Freud and philosophy: An essay in interpretation* (D. Savage, Trans.). New Haven, CT: Yale University Press.

Rosen, G. M., & Davison, G. R. (2003). Psychology should list empirically supported principles of change

(ESPs) and not credential trademarked therapies or other treatment packages. *Behavior Modification, 27*, 300-312. doi:10.1177/0145445503027003003

Ruiz-Cordell, K., & Safran, J.D. (2007). Alliance ruptures: Theory, research, and practice. In S. G. Hoffman & J. Weinberger (Eds.), *The art and science of psychotherapy* (pp. 155-170). New York, NY: Routledge.

Safran, J.D., & Muran, J. C. (2000). *Negotiating the therapeutic alliance: A relational treatment guide*. New York, NY: Guilford Press.

Safran, J.D., Muran, J. C., & Proskurov, B. (2009). Alliance, negotiation, and rupture resolution. In R. A. Levy & J. S. Ablon (Eds.), *Handbook of evidence-based psychodynamic psychotherapy: Bridging the gap between science and practice* (pp. 201-225). Totowa, NJ: Humana Press. doi:10.1007/978-1-59745-444-5_9

Schafer, R. (1983). *The analytic attitude*. New York, NY: Basic Books.

Schafer, R. (1992). *Retelling a life: Narration and dialogue in psychoanalysis*. New York, NY: Basic Books.

Schafer, R. (1997). *The contemporary Kleinians of London*. Madison, CT: International Universities Press.

Schore, A. N. (2003). *Affect regulation and the repair of the self*. New York, NY: Norton.

Shapiro, D. (1965). *Neurotic styles*. New York, NY: Basic Books.

Shawver, L. (1983). Harnessing the power of interpretive language. *Psychotherapy: Theory, Research and Practice, 20*, 3-11.

Shedler, J. (2010). The efficacy of psychodynamic psychotherapy. *American Psychologist, 65*, 98-109.

Shoda, Y., Cervone, D., & Downey, G. (Eds.). (2007). *Persons in context: Building a science of the individual*. New York, NY: Guilford Press.

Slavin, M. O. (1996). Is one self enough? Multiplicity in self-organization and the capacity to negotiate relational conflict. *Contemporary Psychoanalysis, 32*, 615-625.

Spence, D. P. (1982). *Narrative truth and historical truth*. New York, NY: Norton.

Spence, D. P. (1983). Narrative persuasion. *Psychoanalysis and Contemporary Thought, 6*, 457-481.

Spezzano, C. (1996). The three faces of two-person psychology: Development, ontology, and epistemology. *Psychoanalytic Dialogues, 6*, 599-622. doi:10.1080/10481889609539141

Stern, D. B. (1997). *Unformulated experience: From dissociation to imagination in psychoanalysis*. Hillsdale, NJ: The Analytic Press.

Stern, D. B. (2003). The fusion of horizons: Dissociation, enactment, and understanding. *Psychoanalytic Dialogues, 13*, 843-873. doi:10.1080/10481881309348770

Stern, D. B. (2004). The eye sees itself: Dissociation, enactment, and the achievement of conflict. *Contemporary Psychoanalysis, 40*, 197-237.

Stern, D. N. (1985). *The interpersonal world of the infant: A view from psychoanalysis and developmental psychology*. New York, NY: Basic Books.

Stern, D. N. (2004). *The present moment in psychotherapy and everyday life*. New York, NY: Norton.

Stern, D. N., Sander, L. W., Nahum, J. P., Harrison, A. M., Lyons-Ruth, K., Morgan, A. C., Tronick, E. Z. (1998). Non-interpretive mechanisms in psychoanalytic therapy: The "something more" than interpretation. *International Journal of Psycho-Analysis, 79*, 903-921.

Stolorow, R. D. (1997a). Dynamic, dyadic, intersubjective systems. *Psychoanalytic Psychology, 14*, 337-346. doi:10.1037/h0079729

Stolorow, R. D. (1997b). Principles of dynamic systems, intersubjectivity, and the obsolete distinction between one-person and two-person psychologies. *Psychoanalytic Dialogues, 7*, 859-868. doi:l0.1080/10481889709539224

Stolorow, R. D., & Atwood, G. E. (1992). *Contexts of being: The intersubjective foundations of psychological life*. Hillsdale, NJ: Analytic Press.

Stolorow, R. D., Atwood, G. E., & Orange, D. M. (1999). Kohut and contextualism: Toward a post-Cartesian psychoanalytic theory. *Psychoanalytic Psychology, 16*, 380-388.

Stolorow, R. D., Brandchaft, B., & Atwood, G. E. (2000). *Psychoanalytic treatment: An intersubjective approach*. Hillsdale, NJ: The Analytic Press.

Stone, L. (1961). *The psychoanalytic situation*. New York, NY: International Universities Press.

Strachey, J. (1934). The nature of the therapeutic action of psychoanalysis. *The International Journal of Psychoanalysis, 15*, 127-159.

Sullivan, H. S. (1947). *Conceptions of modern psychiatry*. New York, NY: Norton.

Sullivan, H. S. (1950). The illusion of personal individuality. *Psychiatry, 13*, 317-332.

Sullivan, H. S. (1953). *The interpersonal theory of psychiatry*. New York, NY: Norton.

Swales, M. A., & Heard, H. L. (2009). *Dialectical behaviour therapy*. New York, NY: Routledge.

Tenzer, A. (1984). Piaget and psychoanalysis: II. The problem of working through. *Contemporary Psychoanalysis, 20*, 421-436.

Tronick, E. (1989). Emotions and emotional communication in infants. *American Psychologist, 44*, 112-119.

Wachtel, E. F. (2001). The language of becoming: Helping children change how they think about themselves. *Family Process, 40*, 369-384. doi:10.1111/j.1545-5300.2001.4040100369.x

Wachtel, E. F., & Wachtel, P. L. (1986). *Family dynamics in individual psychotherapy*. New York, NY: Guilford Press.

Wachtel, P. L. (1973a). On fact, hunch, and stereotype: A reply to Mischel. *Journal of Abnormal Psychology, 82*, 537-540. doi:10.1037/h0035375

Wachtel, P. L. (1973b). Psychodynamics, behavior therapy, and the implacable experimenter: An inquiry into the consistency of personality. *Journal of Abnormal Psychology, 82*, 324-334.

Wachtel, P. L. (1977a). Interaction cycles, unconscious processes, and the person situation issue. In D. Magnusson & N. Endler (Eds.), *Personality at the crossroads: Issues in interactional psychology* (pp. 317-331). Hillsdale, NJ: Erlbaum.

Wachtel, P. L. (1977b). *Psychoanalysis and behavior therapy: Toward an integration*. New York, NY: Basic Books.

Wachtel, P. L. (1980). Transference, schema, and assimilation: The relevance of Piaget to the psychoanalytic theory of transference. *The Annual of Psychoanalysis, 8*, 59-76.

Wachtel, P. L. (1983). *The poverty of affluence*. New York, NY: Free Press.

Wachtel, P. L. (1987). *Action and insight*. New York, NY: Guilford Press.

Wachtel, P. L. (1991). The role of accomplices in preventing and facilitating change. In R. Curtis & G. Stricker (Eds.), *How people change: Inside and outside therapy* (pp. 21-28). New York, NY: Plenum Press.

Wachtel, P. L. (1993). *Therapeutic communication: Principles and effective practice*. New York, NY: Guilford

Press.

Wachtel, P. L. (1994). Cyclical processes in psychopathology. *Journal of Abnormal Psychology*, *103*, 51-54. doi:l0.1037/0021-843X.103.1.51

Wachtel, P. L. (1995). The contextual self. In C. Strozier & M. Flynn (Eds.), *Trauma and self* (pp. 45-56). London, England: Rowman & Littlefield.

Wachtel, P. L. (1997). *Psychoanalysis, behavior therapy, and the relational world*. Washington, DC: American Psychological Association. doi:10.1037/10383-000

Wachtel, P. L. (1999). *Race in the mind of America: Breaking the vicious circle between Blacks and Whites*. New York, NY: Routledge.

Wachtel, P. L. (2003). Full pockets, empty lives: A psychoanalytic exploration of the contemporary culture of greed. *American Journal of Psychoanalysis*, *63*, 103-122. doi:l0.1023/A:l024037330427

Wachtel, P. L. (2005). Anxiety, consciousness, and self-acceptance: Placing the idea of making the unconscious conscious in an integrative framework. *Journal of Psychotherapy Integration*, *15*, 243-253. doi:l0.1037/1053-0479.15.3.243

Wachtel, P. L. (2008). *Relational theory and the practice of psychotherapy*. New York, NY: Guilford Press.

Wachtel, P. L. (2009). Knowing oneself from the inside out, knowing oneself from the outside in: The "inner" and "outer" worlds and their link through action. *Psychoanalytic Psychology*, *26*, 158-170.

Wachtel, P. L. (2010a). Beyond "ESTs": Problematic assumptions in the pursuit of evidence-based practice. *Psychoanalytic Psychology*, *27*, 251-272.

Wachtel, P. L. (2010b). One-person and two-person conceptions of attachment and their implications for psychoanalytic thought. *International Journal of Psychoanalysis*, *91*, 561-581.

Wachtel, P. L. (in press). *Therapeutic communication* (2nd ed.). New York, NY: Guilford Press.

Wachtel, P. L., Kruk, J., & McKinney, M. (2005). Cyclical psychodynamics and integrative relational psychotherapy. In J. Norcross & M. Goldfried (Eds.), *Handbook of psychotherapy integration* (2nd ed., pp. 172-195). New York, NY: Oxford University Press.

Wallerstein, R. S. (1989). The psychotherapy research project of the Menninger Foundation: An overview. *Journal of Consulting and Clinical Psychology*, *57*, 195-205. doi:l0.1037/0022-006X.57.2.195

Wallin, D. J. (2007). *Attachment in psychotherapy*. New York, NY: Guilford Press.

Wampold, B. (2001). *The great psychotherapy debate: Models, methods, and findings*. Mahwah, NJ: Erlbaum.

Watzlawick, P., Weakland, J. H., & Fisch, R. (1974). *Change; principles of problem formation and problem resolution*. New York, NY: Norton.

Weiner, B. (1986). *An attributional theory of motivation and emotion*. New York, NY: Springer-Verlag.

Weiss, J., & Sampson, H. (1986). *The psychoanalytic process*. New York, NY: Guilford Press.

Westen, D. (1998). The scientific legacy of Sigmund Freud: Toward a psychodynamically informed psychological science. *Psychological Bulletin*, *124*, 333-371.

Westen, D., & Gabbard, G. O. (2001a). Developments in cognitive neuroscience: I. Conflict, compromise, and connectionism. *Journal of the American Psychoanalytic Association*, *50*, 53-98. doi:10.1177/00030651020500011501

Westen, D., & Gabbard, G. O. (2001b). Developments in cognitive neuroscience: II. Implications for theories of transference. *Journal of the American Psychoanalytic Association*, *50*, 99-134. doi:10.1177/00030651020500011601

Westen, D., Novotny, C. M., & Thompson-Brenner, H. (2004). The empirical status of empirically supported psychotherapies: Assumptions, findings, and reporting in controlled clinical trials. *Psychological Bulletin, 130*, 631-663. doi:10.103 7/0033-2909.130.4.631

White, M., & Epston, D. (1990). *Narrative means to therapeutic ends.* New York, NY: Norton.

Wile, D. B. (1984). Kohut, Kernberg, and accusatory interpretations. *Psychotherapy: Theory, Research, & Practice, 21*, 353-364. doi:10.1037/h0086097

Wilson, T. D. (2002). *Strangers to ourselves: Discovering the adaptive unconscious.* Cambridge, MA: Harvard University Press.

Winnicott, D. W. (1965). *The maturational processes and the facilitating environment: Studies in the theory of emotional development.* Oxford, England: International Universities Press.

Winnicott, D. W. (1971). *Playing and reality.* New York, NY: Basic Books.

Winnicott, D. W. (1975). Through paediatrics to psycho-analysis. In *International psychoanalysis library* (Vol. 100, pp. 1-325). London, England: The Hogarth Press & the Institute of Psycho-Analysis.

Wolff, P. H. (2001, June). *Why psychoanalysis is still interesting?* Paper presented at the Annual Meeting of the Rapaport-Klein Study Group, Stockbridge, MA.

Zeig, J. K. (1985). *Ericksonian psychotherapy.* New York, NY: Brunner/Mazel.

Zinbarg, R. E., Barlow, D. H., Brown, T. A., & Hertz, R. M. (1992). Cognitive behavioral approaches to the nature and treatment of anxiety disorders. *Annual Review of Psychology, 43*, 235-267. doi:10.1146/ annurev.ps.43.020192.001315

索引

人名索引

アプフェルバウム（バーナード）....................093
ウィニコット（ドナルド）...........................066
ウエステン（ドリュー）........................054, 055
エリクソン（エリク）............080-082, 085, 093
エリクソン（ミルトン）...............................050
エリス（アルバート）...........................036, 037
カーンバーグ（オットー）...........................066
ギル（マートン）..........................071-074, 184
クライン（メラニー）..................................066
グリーンバーグ（レスリー）.......................083
サフラン（ジェレミー）..............................003
サリヴァン（ハリー）.........045, 078, 080, 361
ジャネ（ピエール）.....................................034
シャピロ（デヴィッド）..............................180
ジョーンズ（アーネスト）..........................027
スターン（ドネル）....................079, 137, 342
ダラード（ジョン）....................................361
ビオン（ウィルフレッド）..........................063
フェアバーン（ロナルド）..........................066
フォーシャ（ダイアナ）....261-263, 313, 324, 326
フランク（ジェローム）..............................052
ブロイエル（ヨーゼフ）..............................034
フロイト（アンナ）....................................146
フロイト（ジークムント）.........025-027, 033, 034, 037, 080, 085, 086, 212, 328, 335, 342, 361
フロム（エーリッヒ）.................................080
ブロンバーグ（フィリップ）.......................079
ヘイヴンズ（レストン）..............................033
ヘイズ（スティーヴン）........................039, 089
ベック（アーロン）.............................036, 037
ボウルビー（ジョン）..........................066-068
ホーナイ（カレン）...................080, 082, 092

ポランニー（マイケル）..............................163
マローダ（カレン）.................069, 070, 075, 092
ミッシェル（ワルター）............081-083, 091
ミッチェル（スティーヴン）...069, 070, 076, 077, 079, 083, 088, 089
ミラー（ニール）..361
ムーラン（ジョン）....................................003
リクール（ポール）....................................034
リネハン（マーシャ）.........................039, 089
レニック（オーウェン）....................289, 335
ワイル（ダニエル）....................................331
ワクテル（エレン）....................................354
ワラーシュタイン（ロバート）..........040, 041

事項索引

あ

愛着.............035, 042, 065, 067, 075, 274
　──理論..066, 068
アイデンティティ.....027, 054, 061, 080, 081, 085, 286
赤ん坊の比喩...070
悪循環......025, 026, 041, 042, 048, 049, 052, 067, 082, 118, 134, 135, 138, 144, 181, 220, 225, 226, 248, 348, 354 [▶良循環]
アクセプタンス＆コミットメントセラピー...039
新しい関係体験...................................046, 346
新しい対象体験..046
暗示...350
暗黙知..163
偽りの自己...088, 089
エクスポージャー.....025, 028-032, 051, 055, 328,

383

329, 332, 355
エクスポーズ......................027, 029, 030, 329, 332
エナクトメント..................................048, 077
エビデンス・ベイスド....................................055
親の世話をする子ども................................238

か

懐疑学派..034, 036
解決志向アプローチ..050
外在化..104, 125
解離.........084-086, 088, 148, 250, 342-344, 361, 362
家族療法........................044, 049, 050, 063, 138
関係理論..............................059, 070, 077, 083, 084
　関係論的 003, 023, 054, 059, 060, 069, 071, 074, 075, 083, 092, 168, 345, 356
患者のテストにパスすること..........................046
間主観的................................022, 039, 072, 179
帰属的解釈......................................177, 353
帰属的コメント 177, 225, 239, 249, 266, 284, 292, 297, 353, 354,
帰属的次元..158, 297
キャリアカウンセリング..................................315
共同構築 059, 061, 062, 070, 075, 076, 092, 326, 361
強迫的防衛......................................105, 181
共犯者..............................043, 044, 048, 076, 185
グループ療法..063
経験的に支持された治療（EST）.....055, 358-360
攻撃者との同一化..146
構成主義........................036-040, 051, 061, 235
　——的アプローチ..036
行動リハーサル..............................156, 350, 355
合理主義..............................036-039, 051, 061
　——的アプローチ..036

さ

暫定的な仮説..335
自我心理学..............................071, 080, 082
自己開示..............................040, 041, 060, 357
自己受容..032
自己成就する予言..041
自己状態

推移する——..250
　多重——............................083, 086, 087, 090, 343
自己理解............028, 030-032, 036, 157, 164
社会階級..285
修正情動体験......................................046, 283
循環的心理力動論......041, 049, 050, 074, 077, 079, 082, 083
信頼できて慈悲心に富む親のような人物との現実の関係..046
スキーマ......067, 073-075, 092, 132, 216, 247, 346
スプリッティング............................112 [▶分裂]
生成の言語..354

た

体験的 030, 031, 051, 079, 083, 110, 328, 329, 355, 356, 359
体験論的......012, 023, 024, 031, 039, 051, 052, 059
対象関係..............................065-070, 076, 077
対人関係論..............................078-080, 082
中立性..040, 060
治療関係......047, 048, 060, 068, 260, 323, 345, 347
　——における不和の修復..........................046
治療的対話..............................033, 295, 354
治療同盟 003, 260, 268, 313, 318, 325, 326, 345, 346
　——の亀裂..098
出会いの瞬間......................................046, 131
抵抗..............................033, 035, 283, 287, 328
徹底操作..............031, 048, 098, 318, 319, 325
デフォルト・ポジション..........................350, 362
転移..072, 073, 090, 092
トゥー・パーソン......003, 057-077, 083, 091, 092, 179, 245, 289, 326, 327, 361 [▶ワン・パーソン]
特性理論..081
匿名性..040, 060

な

内在化された作業モデル..................................066
内在化された対象..066
ナラティヴ........................049, 050, 056, 089
人間性主義............016, 036, 061, 062, 110

著者について

　ポール・L・ワクテル博士は，ニューヨーク市立大学の博士課程プログラム，ならびに，ニューヨーク市立大学大学院センターの特別教授（臨床心理学）。コロンビア大学を卒業後，イェール大学で臨床心理学の博士号を取得。その後，ニューヨーク大学で精神分析と心理療法における博士課程修了後プログラムを修了した。現在，ニューヨーク大学で教鞭を執っている。ワクテル博士は，心理療法の分野における改革者として，また心理学の理論と研究をわれわれの時代の喫緊の社会問題に応用した人物として，国際的に認められている。

　ワクテル博士は，心理療法の統合を探究する学会の創設者の一人であり，心理療法，人格力動，心理学的な方向づけをもった社会批評に関して，多くの著書がある。代表的な著書に，*Action and Insight*, *The Poverty of Affluence*（土屋政雄＝訳（1985）『豊かさの貧困──消費社会を超えて』阪急コミュニケーションズ），*Family Dynamics in Individual psychotherapy*, *Therapeutic Communication*（杉原保史＝訳（2014）『心理療法家の言葉の技術［第2版］──治療的コミュニケーションをひらく』金剛出版），*Psychoanalysis, Behavior therapy and the Relational World*（杉原保史＝訳（2002）『心理療法の統合を求めて──精神分析・行動療法・家族療法』金剛出版），*Race in the Mind of America*, *Breaking the Vicious Circles Between Blacks and Whites*，そして近著に，*Relational Theory and the Practice of Psychotherapy*, *Cyclical Psychodynamics and the Contextual Self*（杉原保史監訳にて金剛出版より刊行予定）などがある。彼の著作の多くはこの分野における古典として広く認められている。

[監訳者／訳者略歴]

杉原 保史
（すぎはら・やすし）

京都大学学生総合支援センター長（教授），京都大学博士（教育学），臨床心理士。

1989 年 京都大学大学院教育学研究科 博士後期課程 単位取得退学
1990 年 大谷大学文学部 専任講師
1996 年 京都大学保健管理センター 講師
2000 年 京都大学カウンセリングセンター 講師
2007 年 京都大学カウンセリングセンター 教授
2013 年 京都大学学生総合支援センター 教授
2015 年 京都大学学生総合支援センター長

著訳書　『心理学入門』（共編・誠信書房・1993），『臨床心理学入門』（共編・培風館・1998），『大学生がカウンセリングを求めるとき』（共編著・ミネルヴァ書房・2000），『臨床心理学』（共著・ミネルヴァ書房・2009），F. Pine『臨床過程と発達』（共訳・岩崎学術出版社・1993），P. Wachtel『心理療法の統合を求めて』（訳・金剛出版・2002），F. Pine『欲動・自我・対象・自己』（共訳・創元社・2003），P. Wachtel『心理療法家の言葉の技術』（訳・金剛出版・2004），J.D. Frank and J.B. Frank『説得と治療』（訳・金剛出版・2007），『統合的アプローチによる心理援助 ── よき実践家を目指して』（単著・金剛出版・2009），『12 人のカウンセラーが語る 12 の物語』（共編著・ミネルヴァ書房・2010），『技芸（アート）としてのカウンセリング入門』（単著・創元社・2012），『カウンセラーの共感の技術』（単著・創元社・2015），『心理臨床家の言葉の技術［第 2 版］』（訳・金剛出版・2015）ほか多数。

[訳者略歴]

小林 眞理子
（こばやし・まりこ）

京都大学教育学部教育心理学科卒業。京都市立紫野高等学校英語科教諭として国際交流や留学生への日本語教育に携わった後，日本語教師としてオーストラリアの永住権を取得し渡豪。NSW 州の私立校で幼稚園から高校 3 年生までの生徒に日本語を教えるかたわら，NAATI (National Accreditation Authority for Translators and Interpreters：オーストラリア翻訳・通訳資格認定機関) 公認翻訳士として主に産業翻訳に従事。オランダ出身の夫との間に一男。

ポール・ワクテルの心理療法講義
しんりょうほう じっさい なに お
心理療法において実際は何が起こっているのか?

印　　刷	……………………………………………………………………	2016 年 3 月 1 日
発　　行	……………………………………………………………………	2016 年 3 月 10 日
著　者	……………………………………………………………………	ポール・L・ワクテル
監訳者	……………………………………………………………………	杉原保史
発行者	……………………………………………………………………	立石正信
発行所	…………………	株式会社 金剛出版 (〒112-0005 東京都文京区水道1-5-16)
		電話 03-3815-6661　振替 00120-6-34848
装　　幀	……………………………………………………………………	HOLON
印刷・製本	……………………………………………………………………	シナノ印刷

ISBN978-4-7724-1473-9　C3011　©2016　PRINTED IN JAPAN

心理療法家の言葉の技術 第2版
治療的コミュニケーションをひらく

［著］=ポール・L・ワクテル　［訳］=杉原保史

●A5判　●上製　●472頁　●定価 **5,800**円+税
● ISBN978-4-7724-1351-0 C3011

心理療法家によってプログラムされた言葉が，
中断・停滞・悪循環に陥った心理面接を
劇的に好転させていく。
名著の第2版，待望の刊行！

統合的アプローチによる心理援助
よき実践家を目指して

［著］=杉原保史

●四六判　●上製　●276頁　●定価 **2,800**円+税
● ISBN978-4-7724-1069-4 C3011

ポール・ワクテルの理論と実践を道標に，
言葉の使い方，暗示，イメージ誘導技法など
サイコセラピーの技法を丁寧に解説しながら，
あるべき実践家の理想を示した好著。

説得と治療
心理療法の共通要因

［著］=ジェローム・D・フランク　ジュリア・B・フランク　［訳］=杉原保史

●A5判　●上製　●380頁　●定価 **5,400**円+税
● ISBN978-4-7724-0991-9 C3011

心理療法のみならず
カルトやシャーマニズムまでを研究対象に，
時代や学派を超えた治療の共通要因を探り，
「心理療法の統合」を志向する。